全国高等学校循证医学类教材

系统综述与 Meta 分析

主　编　詹思延

副主编　王聪霞　孙　凤

编　委（以姓氏笔画为序）

卫茂玲	四川大学	张博恒	复旦大学
王聪霞	西安交通大学	张誉清	麦克马斯特大学
毛　琛	南方医科大学	武珊珊	首都医科大学附属北京友谊医院
田金徽	兰州大学	袁蓓蓓	北京大学
刘建平	北京中医药大学	高　培	北京大学
孙　凤	北京大学	席　波	山东大学
李　迅	北京中医药大学	唐少文	南京医科大学
李春波	上海市精神卫生中心	董圣杰	烟台市烟台山医院
杨祖耀	香港中文大学	彭晓霞	首都医科大学附属北京儿童医院
杨智荣	剑桥大学	曾宪涛	武汉大学
张　岩	西安交通大学	韩　梅	北京中医药大学
张　渊	麦克马斯特大学	詹思延	北京大学
张天嵩	复旦大学	臧嘉捷	上海市疾病预防控制中心

秘　书

　　杨智荣（兼）

人民卫生出版社

图书在版编目(CIP)数据

系统综述与 Meta 分析 / 詹思延主编. —北京：人民卫生出版社，2019

ISBN 978-7-117-29045-6

Ⅰ. ①系… Ⅱ. ①詹… Ⅲ. ①统计分析－应用软件－医学院校－教材 Ⅳ. ①C819

中国版本图书馆 CIP 数据核字（2019）第 231060 号

人卫智网	www.ipmph.com	医学教育、学术、考试、健康，购书智慧智能综合服务平台
人卫官网	www.pmph.com	人卫官方资讯发布平台

系统综述与 Meta 分析

主　　编：詹思延

出版发行：人民卫生出版社（中继线 010-59780011）

地　　址：北京市朝阳区潘家园南里 19 号

邮　　编：100021

E - mail：pmph @ pmph.com

购书热线：010-59787592　010-59787584　010-65264830

印　　刷：北京盛通商印快线网络科技有限公司

经　　销：新华书店

开　　本：787×1092　1/16　印张：22　插页：1

字　　数：549 千字

版　　次：2019 年 12 月第 1 版　2023 年 2 月第 1 版第 2 次印刷

标准书号：ISBN 978-7-117-29045-6

定　　价：65.00 元

打击盗版举报电话：010-59787491　E-mail：WQ @ pmph.com

质量问题联系电话：010-59787234　E-mail：zhiliang @ pmph.com

全国高等学校循证医学类教材编写委员会

（全国高等医药教材建设研究会·人民卫生出版社）

3

全国高等学校循证医学类教材目录

1. 循证医学基础（双语）
2. 循证医学证据检索与评估
3. 系统综述与 Meta 分析
4. 循证临床实践及案例分析
5. 循证医疗卫生决策与管理
6. 循证医学与临床研究
7. 循证临床实践指南的制定与实施
8. 循证中医药
9. 循证医学回顾、现状和展望（双语）

前　言

随着循证医学的兴起，如何系统地评估和总结既往的研究成果，为循证决策提供高质量的证据日益受到重视，系统综述（systematic review，SR）和 Meta 分析（Meta-analysis，MA）作为严格评价和整合证据的最佳手段，其汇总结果不仅被视为最高级别的证据，也是制定循证指南的基础。过去 30 年间这种整合证据的方法在医学研究领域得到了广泛的应用，检索 1998—2018 年间 PubMed 收录的文章可见，Meta 分析高达 15 万篇，且呈快速增长趋势（1988 年仅百余篇，1998 年一千余篇，2008 年四千余篇，2018 年近两万篇）；我国发表的 SR/MA 的数量自 2001 年以后也呈现持续增长的趋势，目前已经成为全球发文绝对数量最多的国家。与此同时，整合方法本身也在不断发展，SR/MA 的研究类型越来越多；加之人工智能和机器学习的引入，RobotReviewer 的开发，高效快速制作高质量的 SR/MA 已经指日可待。

大量的 SR/MA 源源不断地被制作和发表，但其意义何在仍需要深刻反思。正如斯坦福大学 JPA Ioannidis 教授在 2016 年的一篇文章中所言，1991—2014 年间，每年发表的随机对照试验的 SR/MA 数量远多于新的临床试验；并对以下现状表示担忧：Meta 分析的主题重复；许多 Meta 分析有利益冲突问题；中国贡献了大量的遗传关联性 Meta 分析（2014 年占全球 63%），研究结果可能存在误导；不少 Meta 分析没有发表；等等。由此可见，数量多不等于意义大，目前仍存在误用和滥用 SR/MA 的问题。如何确定有意义的研究选题，选择恰当的研究类型，设计科学合理的研究方案，严格进行原始研究的质量评价和整合，完整透明地报告研究过程，谨慎分析和解读研究结果，皆是 SR/MA 制作者必须重视和考虑的问题。

有鉴于此，组织了这本《系统综述与 Meta 分析》教材的编写。全书共计二十二章，第一至三章属于基础篇的内容，概括介绍 SR/MA 定义及其发展，经典的 SR/MA 的步骤，Meta 分析的基本原理；第四至二十一章分别介绍各种研究类型，如交叉设计试验的 Meta 分析（第四章）、整群随机对照试验的 Meta 分析（第五章）、重复测量资料的 Meta 分析（第六章）、剂量 - 反应关系的 Meta 分析（第七章）、网状 Meta 分析（第八章）、诊断试验准确性的 Meta 分析（第九章）、队列研究的 Meta 分析（第十章）、生存数据的 Meta 分析（第十一章）、遗传关联性研究的 Meta 分析（第十二章）、疾病频率的 Meta 分析（第十三章）、量表评分的 Meta 分析（第十四章）、累积 Meta 分析（第十五章）、Meta 分析的样本量估算和试验序贯分析（第十六章）、前瞻性 Meta 分析（第十七章）、个体病例数据的 Meta 分析（第十八章）、贝叶斯 Meta 分析（第十九章）、系统综述概览（第二十章）、定性研究的整合（第二十一章）；最后一章介绍系统综述在临床决策中的应用（第二十二章）。此外，还以附录的形式列出各类

SR/MA 的报告规范,供读者借鉴。

　　本书的作者来自 18 家单位,无论是高校教师,还是临床医生或科研人员,他们均亲自主持或参与过 SR/MA 的制作和发表,且对证据整合方法有较深入的研究。因此,该书不仅有 SR/MA 的基本原理和经典方法的系统阐述,还有各种研究类型的概括性介绍,尤其是对案例的详细解读并提供统计分析程序,力求帮助读者更好地学习和应用这些方法。在此感谢全体作者对我的信任和支持,正是大家的共同努力和相互理解,才保证了教材章节编排的协调统一并避免内容的重复。为了保证书稿的质量,还组织了数次的交叉审稿;我要衷心感谢副主编孙凤副教授、王聪霞教授、杨智荣博士、武珊珊副研究员等编委,他们在审稿和定稿中承担了大量工作,为教材的顺利付梓做出了巨大的贡献;感谢北京大学公共卫生学院对定稿会的大力支持。

　　由于主编本人水平有限,书稿中难免有不尽如人意的地方和错误之处,恳请读者谅解并不吝赐教。

詹思延

2019 年 8 月

目　录

第 一 章

系统综述和 Meta 分析及其发展

第一节　系统综述和 Meta 分析的概念

一、基本概念

系统综述(systematic review，SR)是指针对某一具体临床问题，通过全面收集所有相关的研究(包括已发表和未发表的研究)，采用统一、科学的标准对其逐个进行严格评价和分析，筛选出符合质量标准的文献，通过定性或定量研究，得出综合结论的方法。系统综述又常称为系统评价。

系统综述可提供大量经过综合的新信息。其一般是以临床重大问题为出发点，通过全面、系统地收集所有有关研究文献资料，经流行病学文献评价标准严格评价，纳入符合质量要求的文献，并通过专门的统计分析，做出能正确反映相应结论的综述，并以电子刊物的形式在 Cochrane 图书馆或其他刊物发表。

Meta 分析(Meta-analysis)，又叫荟萃分析，以综合研究结果为目的，用于比较和综合针对同一科学问题研究结果的统计学方法，其结论是否有意义取决于纳入研究的质量，常用于系统综述中的定量合并分析。通常是针对某一问题收集文献，对这些研究的结果进行统计分析，提供一个量化的平均效果和联系强度，从而回答所研究的问题。它是一种定量合成的统计学分析方法。

Meta 分析最大的优点是通过综合各原始文献的研究结果，增大了研究的样本量。系统综述与 Meta 分析并不是包含与被包含的关系。系统综述并非要对所有的研究进行统计学分析(Meta 分析)。而作为一种统计学方法，Meta 分析也并不全用于系统综述。读者应注意系统综述与 Meta 分析之间的区别和联系。

二、系统综述与叙述性综述的区别与联系

文献综述分为两大类，一类为叙述性综述，一类为系统综述。叙述性综述和系统综述都是对已发表的文献进行综合，得出相关的结论。前者是传统的文献综合分析方法，后者是针对某一具体的研究问题，系统全面地收集所有相关发表与未发表的研究，采用预先定义好的原则和方法对文献进行评价和分析，筛选出符合质量标准的文献，在进行定性或定量合成的基础上得出综合结论。系统综述无论是在文献检索、文献选择和评价，还是对结果的综合上，都比叙述性综述更加科学和客观。

系统综述与传统综述的最大区别在于其质量不同，即在于其减少偏倚的程度不同。系

统综述在数据提取过程中对偏倚进行控制，两个研究者独立进行数据提取和质量评价，不同意见通过讨论解决或由第三者决定；严格按照流行病学或循证医学相关方法和原则进行质量评价；合理设计用于提取数据信息的表格。

制定检索策略、进行全面检索是系统综述区别于传统综述的关键之一。传统综述作者在检索过程中往往随意性较大，较少考虑文献检索的系统性、全面性和完整性以及相应的合理的检索策略。系统综述的文献来源渠道明确，在电子检索过程中按照检索需要和标准制定科学规范的检索策略查找文献，可以大大减少检索过程偏倚。而且系统综述文献检索方式多种多样，还注重于那些"灰色文献"的检索，更加增加了结果的可信性。

系统综述在完成一定时间后，要进行改进和及时更新，加入新的相关研究结果重新进行汇总分析，观察其对原结论有无影响，这样可以得出更新、更确切的结论。而传统综述则并未定期更新。两者的异同点见表 1-1。

表 1-1　叙述性综述与系统综述的异同点

比较项	叙述性综述	系统综述
待研究的问题	范围通常较广泛	常集中于某一问题
文献检索的方法	常未说明	多种来源，较全面
原始文献的来源	通常并未查全所有相关文献	包含已发表与未发表的文献，较全面
对原始文献的选择	通常以作者的主观判断为主，存在选择性偏倚	有明确的选择标准，常采用多人评审与盲审法，降低偏倚
对原始文献的评价	评价方法不统一	有严格的评价方法
结果的合成方法	多采用定性合成的方法，使收集的资料条理化	多采用定量的方法
结果的更新	文章发表后，作者一般不对其进行更新	定期更新

第二节　起源和发展

一、系统综述的起源和发展

最早的系统综述可追溯到 1940 年，是由伦敦大学应用数学的教授卡尔·皮尔逊所写的。文章用系统综述的方法综合了诸多研究伤寒疫苗接种主题的文献，并用统计学方法得出了综合性结论。尽管早期系统综述多集中于医学领域，但是教育学、心理学等社会科学领域也在系统综述方面做了很多尝试，发展并改进了很多系统综述方法，产生了大量报告。20 世纪 60~70 年代，早期的系统综述开始大量产生。1972 年，公共卫生学者 Archie Cochrane 编写出版了《效果与效率：卫生服务随想》，该书提出随机对照试验是检验卫生干预措施的最佳方法。1979 年，Cochrane 提出应该将医学领域里所有相关的随机对照试验收集起来综合分析，并随着临床试验的出现不断更新，以便得出更为可靠的结论。Furberg 在 1983 年发表了医学领域的第一篇系统综述"心肌梗死后抗心律失常药物对病死率的结果影响"。20 世纪 80 年代，Cochrane 首次正式提出系统综述的概念。1992 年，英国卫生服务中心（NHS）资助在牛津正式成立英国 Cochrane 中心，次年国际 Cochrane 协作网成立。该协作网主要是制作、保存和传播卫生领域有效性随机对照试验的系统综述，并定期发表于

Cochrane 图书馆。

20 世纪 80 年代,系统综述引入我国,应用于社会科学、行为医学,并逐渐推广应用到医学领域,已经成为一种重要方法和最佳证据来源。

二、Cochrane 系统综述

(一) Cochrane 系统综述制作所需条件

"基于问题的研究,遵循证据的决策,关注实践的结果,后效评价、止于至善"是实践循证医学的 4 个基本原则。要完成一篇高质量系统综述,首先要完成选题,这是系统综述的灵魂所在。因为根据提出的研究目的才能确定收集什么资料,纳入什么试验,提取什么数据等。系统综述的结果正越来越广泛地运用到指导临床实践、卫生决策和临床研究课题的选定中。研究人员有必要了解这一趋势。因此,Cochrane 系统综述选题应结合临床问题和研究需求。

为了避免重复,在确立研究目的前,应进行全面、系统的检索,了解同一临床问题的 Cochrane 系统综述是否已经存在或正在进行。如果有,确定是否与将要研究的目的一致? 是否已经回答所需要的问题? 其质量如何? 是否已经过时? 一个正规的研究问题应包括 4 个关键成分:①研究对象;②干预措施;③疗效标准;④设计方案。一般来说,范围太窄的系统综述推广性较差,其结果容易有偏倚。而范围太宽的系统综述针对性较差,消耗时间、经费较多。在制定纳入与排除标准过程中,应考虑到:①选择对卫生保健决策有意义的结局指标,首选终点指标,再根据具体情况选择次要结局指标;②不能因为原始研究选择了某种结局指标,系统综述就选择此结局指标;③结局指标不仅包括有利结局指标(如有效率),还应包括负性事件(如不良反应)等;④除某些特殊情况如调查某地区的疾病发病率或死亡率外,应尽量检索全球证据而不受语种、国家或地区及发表与否的限制。进行 Cochrane 系统综述的人员必须经过统一培训,合格后才能制作系统综述。

(二) Cochrane 系统综述的注册

确定选题后,制作 Cochrane 系统综述的第一步是注册题目。目前 Cochrane 协作网有 52 个系统综述小组(Cochrane review groups, CRG),几乎涵盖了人类重大疾病大部分干预措施的所有医学专业。每个 CRG 均公布其主题范围,有的系统综述小组还发布重要系统综述的优先领域。为避免重复,作者需将 Cochrane 系统综述的题目发送至 CRG。CRG 会根据具体情况,为选择题目提供建议和咨询。有的 CRG 还会要求填写题目注册表。为提高研究方法和研究过程的透明度,题目注册成功后,CRG 会要求作者在一年内提交研究方案。研究方案需通过系统综述小组编辑审核和外审通过后再发表。根据 Cochrane 协作网的规定,如果一份综述方案在两年内还未能完成系统综述,则该方案应从 Cochrane 系统综述数据库中撤出。除作者中止系统综述之外,其他情况下撤出一份综述方案还会在某一期 Cochrane 系统综述数据库中发表剔除通知。之后,撤出的综述方案的信息将会在 Cochrane 系统综述小组中传达。

(三) Cochrane 系统综述制作、保存、发表和更新原则

1. Cochrane 系统综述的制作　除前瞻性 Meta 分析外,Cochrane 系统综述是回顾性研究,其结论的可靠性取决于原始研究的质量及制作过程中偏倚风险的控制。

系统综述的制作主要有以下步骤:①提出要解决的问题;②检索及筛选相关研究;③评估纳入研究的偏倚风险;④收集数据;⑤分析数据;⑥解释系统综述的结果;⑦完善和更新

系统综述。

2. 系统综述的保存、发表和偏倚的控制

（1）文献检索过程中的偏倚控制：制定检索策略、进行全面检索，这是系统综述区别于传统综述的关键之一。系统综述的文献来源渠道明确，在电子检索过程中按照检索需要和标准制定科学规范的检索策略式查找文献，可以大大减少检索过程中的偏倚。发表偏倚一直是文献综述中存在的主要问题之一。控制的有效办法之一是将未发表的研究列入检索的范围。因此，进行多途径检索显然有助于减少发表偏倚。

（2）数据分析处理过程中对发表偏倚的识别和控制：系统综述在数据处理过程中还特别对发表偏倚进行识别、控制。用于检查是否存在发表偏倚的方法之一是采用漏斗图进行分析。该方法的基本思想是每个纳入研究的效应值的精度随该研究的样本含量的增加而增加，即采用单个研究的治疗效应估计值（X 轴）对应各个研究样本大小的量值（Y 轴）构成的散点图，小样本研究的效应值散布在图形下方，而大样本研究将逐渐向上变窄，形成类似倒漏斗的图形。在没有偏倚存在的情况下，图形呈对称势态；如果图形不对称或不完整时，则提示可能存在发表偏倚，通常是有未发表的阴性结果。

（3）文献选择过程中的偏倚控制：①制定科学统一的文献纳入与排除标准，根据标准而不是依据作者偏好选择研究；②由两个研究者按照标准先独立地进行选择，然后进行核对，如有不同意见则由第三人，最好是专家决定，或通过讨论解决；③数据处理过程中做敏感性分析。

（4）数据提取过程中的偏倚控制：两个研究者独立进行数据提取和质量评价，不同意见通过讨论解决或由第三者决定；严格按照流行病学或循证医学相关方法和原则进行质量评价；合理设计用于提取数据信息的表格。

（5）所纳入研究的偏倚控制：系统综述对纳入的研究要根据科学统一的标准进行方法学质量评估，排除低质量文献，将符合条件的高质量研究结果进行合并、定量处理，从而在较大程度上减少偏倚，避免明显的错误发生，所以进行方法学质量评估是判断研究质量的标准之一。随机化和分配隐藏是避免选择性偏倚的最好办法。同样，避免实施性偏倚和测量性偏倚的有效方法是对医师和病人，甚至研究者等实施盲法。因此，使用盲法与否可作为评估研究质量的标准之一。尽量在系统综述的各个环节加以控制，尽可能减少产生的偏倚。

（四）Cochrane 系统综述的更新

Cochrane 系统综述的宗旨是为临床与决策研究和实践提供及时、最佳、可及的证据。Cochrane 系统综述每两年更新一次。Cochrane 系统综述更新包括两方面：第一，检索更新，包括更新检索策略、检索时间及新增加的数据库，尽力筛检和纳入新研究；第二，方法学更新。Cochrane 系统综述在不断完善与提高中发展。Cochrane 协作网有专门的方法学小组为 Cochrane 系统综述做方法学支撑。2008 年以前发表的 Cochrane 系统综述均须更新其方法学。Cochrane 系统综述更新后作为新文献引用有以下 5 个标准：①更新中结论改变：包括增加或减少结局；方法学改变如新结局指标、干预措施比较、研究对象改变，或先前版本中不确定结论在更新后确定，在摘要中注明这些重要改变；②更新后发现严重错误，如结论错误或作者姓名拼写错误：类似杂志中对发表文献的更正；③紧急增加新信息后结论改变；④作者改变：主要是指第一作者改变，一般不包括作者顺序改变或删除作者；⑤累积变化：虽然更新的 Cochrane 系统综述结论未改变，但发表时间很早如 5 年以上，且文字体量有很大改变。

三、非 Cochrane 系统综述注册平台——PROSPERO

为了有效填补 Cochrane 协作组在系统综述注册方面的空缺,为非 Cochrane 系统综述提供新的注册平台,英国国家健康研究所属下的综述和传播中心(Centre for Reviews and Dissemination,CRD)成功筹建了 PROSPERO。PRISMA 网站的主页上也提供了 PROSPERO 的链接,把它作为系统综述注册的主要推荐平台。PROSPERO 当前主要接受关于治疗、预防、诊断、监测等方面研究的系统综述注册,关于危险因素和遗传关联的系统综述也逐步纳入注册范围,但尚不接受系统综述概览、方法学和动物研究的系统综述注册。

第三节　用　途

一、临床医疗的需要

传统医学是以经验医学为主,即根据非实验性的临床经验、临床资料和对疾病基础知识的理解来诊治病人。显然,传统医学以经验知识为主的操作过程已不适应现代医学发展的需要,必须更新观念。循证医学倡导以病人生存时间、生存质量作为主要终点指标,以科学依据、安全性、有效性和预后终点来评价疗效。循证医学是对经验医学的超越,是临床医学模式质的飞跃。例如:过去一直认为,β 受体阻滞剂禁用于心力衰竭病人。后经大规模临床试验的循证结果发现,β 受体阻滞剂从小剂量开始逐渐加到合适剂量后,在血管紧张素转换酶抑制剂的基础上再降低心力衰竭死亡率 35%,因此可成为治疗心力衰竭的首选药物之一。无法否认,循证医学很大程度上克服了经验医学模式的局限性,极大地改变了现代医学治疗的观点和方向。目前,国内已有 60 多种医学杂志刊登循证医学文章,越来越多的临床医师采用循证医学方法指导日常临床工作。循证医学有助于改进和规范医务工作者的医疗实践行为。

二、科研工作的需要

临床科研要具有先进性、新颖性和临床价值。循证医学提倡以病人为中心而不是以疾病为中心,因此主张判断一种疗法是否有效,应当使用与病人密切相关的临床指标(如病死率、日常生活能力、生命质量等),而不是中间指标。解决临床问题是循证医学的重点。循证医学在不排斥基础研究证据的同时,强调了以人为主的临床研究证据,特别是以病人为中心的诊断、治疗、康复、预后及预防等方面的高质量临床研究证据。科研人员可利用循证医学的证据数据库加以论证,使课题设计标书更科学、更有效,避免了人为因素而导致课题评价的不真实性。因此,选取循证医学的临床研究课题将更能迅速为病人提供获益。

三、反映学科新动态

围绕专业发展的热点,纵览某一领域的最新文献资料,做好有关专业的系统综述,全面、深入和集中反映该领域目前的动态和趋势、存在问题和发展方向,以促进学科发展,不断吸收新知识、新营养,而居于学科前沿位置。

系统综述是反映当前某一领域中某分支学科或重要专题的最新进展、学术见解和建议,它往往能反映出有关问题的新动态、新趋势、新水平、新原理和新技术等。系统综述是从某一方面的专题研究论文或报告中归纳出来的。但是,系统综述不是单纯把一级文献客观地归纳报告，也不像研究进展那样只讲科学进程，其特点是"综述"，"综"是要求对文献资料进行综合分析、归纳整理，使材料更精练明确、更有逻辑层次；"述"就是要求对综合整理后的文献进行比较专门的、全面的、深入的、系统的论述。总之，系统综述是作者对某一方面问题的历史背景、前人工作、争论焦点、研究现状和发展前景等内容进行评论的科学性论文，能够反映学科的新动态。

四、医学教育的需要

医学是一门实践性很强的应用科学，医学生的培养目的是科学、有效地诊治病人，培养重点是临床思维方法、技能和工作能力。医学生接触的第一个临床课程就是物理诊断学，从开始学习阶段引入循证医学（evidence based medicine，EBM）概念，可以使医学生跨入临床的同时就牢固建立正确而完善的临床思维模式，形成良好的医疗实践行为。将 EBM 的理念融入物理诊断学教科书的编写，从而涌现了不少质量很高的诊断学专著。

在教学中，应把"授之以渔"贯穿于教学之中。对于学生在接触临床后提出感兴趣的问题时，最重要的不是告诉学生什么是正确答案，而是要遵循 EBM 实践的"五步曲"寻求答案：提出问题、检索证据、评价证据、应用证据和自我评估；培养学生自己寻求正确答案的能力，鼓励学生的创造性思维，而不是墨守成规地依赖教科书；指导学生查阅相关医学文献资料，搜集最新的证据来验证症状和体征对疾病诊断的重要性，并在教师指导下科学、客观地评价文献的真实性和临床价值，将文献结果与具体病人的病情相结合以解决临床实际问题。另外，广大的基层医务工作者，由于工作繁忙、文献资源有限，为了不断更新知识，可通过阅读有使用价值的、真实可靠的系统综述，作为学习新知识的继续教育资源。

五、卫生决策的需要

在卫生保健的决策中，决策者首先考虑的是某种卫生服务或卫生干预的价值如何，但是过去很多决策者对事物价值大小的确定往往停留在自身经验的判断上，即根据自身的经验和相应的知识进行思维和判断，并以此做出决策。这种思维决策方法的缺陷是对问题的判断没有依据，做出的决策很难使人信服，且不能保证不出现偏差。这就需要一种新的决策方法来科学地制定卫生决策，更好地利用卫生资源，解决现有的矛盾。

循证公共卫生决策强调"循证"二字，即必须在决策时有据可依，有证可循。其关键是获取证据，核心是评价证据，目的是提高决策水平，使决策更加科学可行。改变传统的主观臆断卫生决策，促进卫生政策和系统研究知识的应用与传播，以改进国家和地区卫生系统的绩效。影响循证卫生决策效果的3个要素是：研究证据、可利用的卫生资源以及政策的价值取向。实用的循证决策方法是一种卫生政策研究的工具，常用于政策的制定。它包含多种方法，如系统综述、决策分析、应用社区信息与流行病学技术方法循环交替和以需要为基础的卫生评价等。循证卫生决策的过程既是科学也是艺术，以科学可靠的研究结果为依据，合理分配卫生资源、提高有限卫生资源的利用率。

第四节　类　　型

对收集到的资料，既可以采用定性也可以采用定量分析的方法对文献进行分析，以获得相应的结果。

一、定性分析

定性研究是采用描述的方法,将每个临床研究的特征按研究对象、干预措施、研究结果、研究质量和设计方法等进行总结并制作成表格,以便浏览纳入的研究情况、研究方法的差异和不同研究间的差异,进行定性合成和结果解释,因此,定性分析是定量分析前必不可少的步骤。定性的系统综述会总结相关研究的结果,不结合统计。

根据纳入的试验不同可分为随机对照试验、非随机试验性研究、观察性研究、诊断性研究和动物实验等。

(一)随机对照试验

随机对照试验(randomized controlled trials,RCT)是按事先规定的诊断标准(或纳入标准、排除标准),选择合格的研究对象,将研究对象按照随机化的方法分为试验组(或称干预组)和对照组。然后,两组分别接受不同的处理措施,在一致的条件和环境里同步进行,观察试验效应,并用客观的标准对试验结果进行科学的衡量和综述,比较两组结果的差异。

(二)非随机试验性研究

非随机试验性研究(non-randomized controlled trials)是指把病人分到不同处理组时不用随机化的方法,而采用一种预先确定的按顺序的方法;或由医师实施分配,或按不同医院加以分组,如按生日的单双日确定病例列入治疗组或对照组,这称为系统法。如按医院分组时,以一所医院作为研究组使用新疗法,另一所医院作为对照组实施现行疗法,经过一段时间以后比较两组的疗效。

非随机试验性研究的优点:设置对照的方法简便易行,也易为病人和医师接受。缺点:受试对象在分布上不均衡,缺乏可比性,使临床试验的结果产生偏倚。

(三)观察性研究

观察性研究(observational study)是指在自然状态下对研究对象的特征进行观察、记录,并对结果进行描述和对比分析。

观察性研究,又称非实验性研究或对比研究,确切地说应是非随机化对比研究。该研究的研究者不能人为设置处理因素,同时受试对象接受何种处理因素或同一处理因素的不同水平也不是由随机化而定的。

在观察性研究中一般只有两个基本要素:一个是研究对象,另一个是研究因素。在描述性研究中,研究因素是影响因素;在分析性研究中,研究因素称为危险因素或暴露因素。其特征是在研究中,不向研究对象施加任何实验因素(干预因素),可以将观察对象按某种特征分组,但不需随机分组。

(四)诊断性研究

面对就诊的病人,为获得疾病的诊断,通常需要采用大量的诊断性试验,并花费大量的时间和精力对这些临床诊断信息进行判断,使得临床医师常常感叹诊断过程本身的复杂和费时。实际上对临床诊断试验的使用和解释有一些基本原则,如果临床医师熟悉这些原则,有选择地使用诊断性试验,往往能简化诊断的过程,并获得对诊断性试验结果的合理解释。

诊断试验(diagnostic test)是指应用临床各种试验、医疗仪器等检查手段对就诊的病人进行检查,从就诊者实验室检查结果来诊断和鉴别诊断疾病的试验。临床医师根据就诊者临床表现,结合诊断试验进行临床诊断的确定。

诊断性研究(diagnostic study)是研究对疾病进行诊断的试验方法,包括对各种实验室检查、各种影像学检查以及放射性核素、纤维内镜等诊断方法的研究。诊断性研究可以涉及临床医学各领域及环节。在临床工作中，疾病准确且快速的诊断甚为重要。为了提高临床诊断水平和效率，不仅需要不断进行诊断试验供临床参考，同时，也需要对现有的诊断试验进行科学的评估和判定，以指导临床医师正确认识和选用。

（五）动物实验

动物实验（animal experiment）指在实验室内，为了获得有关生物学、医学等方面的新知识或解决具体问题而使用动物进行的科学研究。动物实验必须由经过培训的、具备研究学位或专业技术能力的人员进行或在其指导下进行。

实验动物科学是伴随着生物医学科学，通过漫长的动物实验过程形成的。但是，实验动物科学的迅速发展，使得实验动物的研究价值已经不仅限于生物科学方面，而是广泛地与许多领域科学实验研究紧紧地联系在一起，成为保证现代科学实验研究的一个必不可少的条件。在很多领域的科学研究中，实验动物充当着非常重要的安全试验、效果试验、标准试验的角色。

二、定量分析

定量的系统综述是指使用统计方法合并 2 个及以上研究的结果，又称为 Meta 分析。Meta 分析从开始的合并 P 值至今，根据实践需求及统计学方法的突破，已经有了多种类型。从统计学派来讲，有基于经典统计学派的 Meta 分析方法和基于贝叶斯统计学派的 Meta 分析方法。在此阐述的 Meta 分析的类型不按统计学派来划分，可将其划分为如表 1-2 所示类型。

表 1-2 Meta 分析的类型

分类依据	Meta 分析类型
数据类型	二分类数据、有序数据、连续型数据、效应量（或其对数）及其 CI/SE/Variance、P 值、相关系数
数据来源	个体病人资料、处理数据
证据比较方式	直接比较、间接比较、网状
研究目的	诊断、筛查、治疗、病因、预后、不良反应
研究领域	临床、基础（动物实验、基因遗传研究及细胞研究）、卫生经济学、流行病学
研究设计类型	随机对照试验（包括比较诊断）、非随机实验性研究、观察性研究（队列、病例对照、横断面） 其他特殊类型的设计
与人体关系	在体研究、体外研究

Meta 分析的具体类型：

1. 常规 Meta 分析 当前，常规 Meta 分析主要基于有对照组的直接比较的研究，最常见的是基于 RCT 的干预性 Meta 分析。此外，还有预后研究、动物实验、病因研究、基因多态性等的 Meta 分析。

2. 单组率 Meta 分析 单组率 Meta 分析是一种只提供了一组人群的总人数和事件发生人数，不像其他类的 Meta 分析有两组人群，多为患病率、检出率、知晓率、病死率、感染率等的调查，基于的原始研究为横断面研究（cross-sectional study）。

3. Meta 回归分析 在 Meta 分析时,需分析各研究间的异质性,并对异质性的来源进行探讨,Meta 回归(Meta-regression)分析可评价研究间异质性的大小及来源。一般认为,Meta 回归分析是亚组分析的一种扩大,主要通过对多因素的效应量进行联合分析实现,仅当 Meta 分析纳入的研究数量在 10 个以上时才行此分析。

4. 累积 Meta 分析 累积 Meta 分析(cumulative Meta-analysis)最早应用于 1981 年,是指将研究资料作为一个连续的统一体,按研究开展的时间顺序及时将新出现的研究纳入原有 Meta 分析的一种方法。因此,Meta 分析每次研究加入后均重复一次 Meta 分析,可以反映研究结果的动态变化趋势及各研究对结果的影响,也有助于尽早发现有统计学意义的干预措施。

5. 其他类型 Meta 分析 近年来,随着方法学的研究进展及循证实践的实际需求,出现了许多上述未涉及的 Meta 分析。

(1)间接证据比较的 Meta 分析:在临床实践中,经常会碰到没有直接比较的证据或者需要从众多干预措施中选择对病人最佳的措施,此时,研究者往往会从 RCT 中寻找间接证据,这就形成了间接比较的 Meta 分析。

(2)合并了直接与间接证据比较的网状 Meta 分析。

(3)个体病例数据的 Meta 分析:个体病例数据(individual patient data, IPD)的 Meta 分析是近年来发展起来的一种特殊类型,其不是直接利用已经发表的研究结果总结数据进行 Meta 分析,而是通过从原始研究作者那里获取每个参与者的原始数据,并对这些数据进行 Meta 分析。

(4)诊断性 Meta 分析:因地区、个体、诊断方法及条件的差异,使得发表的关于同一诊断方法的研究结果存在着不同;且随着新技术不断走向临床,选择也愈来愈多。诊断性 Meta 分析是近年来出现的,并为"诊断试验准确性研究的报告规范(STARD)"指导小组和"Cochrane 协作网"所推荐。

(5)前瞻性 Meta 分析:前瞻性 Meta 分析(prospective Meta-analysis, PMA)是指在 RCT 的结果尚未出来之前,先进行系统检索、评价综述和制定纳入及排除标准的一种 Meta 分析。因 PMA 是在研究开始之前或者进行中就制订好了计划,可以避免各研究间出现较大的差异,同时具有个体病例数据的 Meta 分析的优点。当前认为,PMA 是针对需要行多中心、大样本研究但现实又不能实现的情况下的最有效方式,但成本非常高、操作困难且需要耗费大量的时间。

此外还有诸如不良反应的 Meta 分析、成本 - 效果 / 效用 / 效益的 Meta 分析、病人报告结局的 Meta 分析、全基因组关联研究的 Meta 分析、Meta 分析的汇总分析等。

(王聪霞)

参考文献

[1] 王吉耀. 循证医学与临床实践[M]. 3 版. 北京:科学出版社,2012.
[2] 刘鸣. 系统评价、Meta- 分析设计与实施方法[M]. 北京:人民卫生出版社,2011.
[3] 王家良. 循证医学[M]. 2 版. 北京:人民卫生出版社,2010.
[4] 曾宪涛,冷卫东,郭毅,等. Meta 分析系列之一:Meta 分析的类型[J]. 中国循证心血管医学杂志,2012,4(1):3-5.
[5] 罗杰,冷卫东,曾宪涛,等. 系统评价 Meta 分析理论与实践[M]. 北京:军事医学科学出版社,2013.

第二章

传统系统综述的步骤

本章引例

　　李先生，82岁，汉族，既往有高胆固醇血症和吸烟史，约20年前出现临床明显的冠心病，69岁时接受了多支血管的冠脉支架植入术，术后开始服用他汀类药物。82岁时，李先生和其配偶（80岁，也服用他汀类药物）可以自理生活，每天都去公园进行健身锻炼。李先生近期只服用阿托伐他汀（10mg）、雷米普利（10mg）和阿司匹林（100mg）。他汀类药物是治疗冠状动脉粥样硬化性心脏病（冠心病）的基石，自2013年起美国心脏病学会推荐所有冠心病病人均应采用强化他汀治疗，但之前很多大样本研究并未包括中国人群。我国CHILLAS研究结果并不支持强化他汀治疗能给急性冠脉综合征病人带来更多获益，由此在心血管领域引发了有关冠心病治疗中他汀类药物剂量的讨论。他汀的剂量如何制定是每一个心血管医师需要面对的问题。针对这一问题需要查阅文献，进行系统综述，以明确不同强度他汀类药物治疗中国人群冠心病的疗效及安全性。

第一节　提　出　问　题

一、提出研究能回答的问题

　　"提出一个好的问题，用可靠的方法来回答这个问题"是提高临床研究质量的关键。要弄清研究要解决什么问题就是明确研究目的，因此，要做系统综述和Meta分析首先要会提出问题。选题应遵循实用性、必要性、可行性、创新性、科学性5大原则，即选题要能实际地解决临床问题，具有研究价值，符合客观规律，具备相关条件，不要重复他人已经研究过的问题。

二、问题的构成要素

　　问题是从临床实际工作中而来。系统评价选题的要点将关系到确定哪些研究应该纳入、怎样收集临床研究、怎样提取资料、怎样确定结局指标及怎样评价研究的真实性及重要性等过程。比如冠心病治疗时均需服用他汀类药物，但冠心病不同人群他汀类药物服用的强度不同，问题就出来了，该选用何种强度的他汀类药物治疗中国人群的冠心病？一个研究问题一般要包括下列内容：病人或疾病类型（patient/problem）、干预（intervention）或暴露、比较（comparison）、感兴趣的结局（outcome），这种问题格式称 PICO 格式。按此格式提出的问题精炼且容易回答。按这个格式来剖析一下上面这个问题。"选用何种强度的他汀类药物治疗中国人群冠心病？"，这里"病人"是指接受治疗的中国人群的冠心病病人，当然，冠心病病人又可根据病变严重程度等情况进一步分为各种亚类；"干预"是指应用他汀类药物，当然他汀类药物包括很多种类，可以进一步指出是哪种；"比较"是指什么呢？问题中不太明确，但仔细分析一下，"比较"应该是指不同药物强度的比较，如两种不同强度的他汀类药物应用疗效是否有差别，要"比较"，纳入的研究就应有分组；"结局"是指经过干预后的病人出现的心血管并发症的例数。通过比较不同干预措施的病人的心血管事件发生率，就可以知道哪种干预效果好。

问题的构成要素主要包括：

1. 确定研究对象类型 确定合适的研究对象一般分为两步。首先，任何研究对象一定要符合该病公认的确诊标准，最过硬的则为"金标准"诊断。其次，要确定研究对象最重要的特征，如年龄、性别、种族、研究实施场所等。

2. 确定干预措施及对照措施 系统综述的第二个关键要素是具体说明所关注的干预措施以及作为对照的干预措施。

3. 结局指标 结局指标是系统评价问题的第三个关键要素，一般来说，系统综述应当包括所有对临床医师、病人（消费者）、一般公众、管理者和决策者来说有意义的结局指标，而应避免在纳入研究中报告琐碎的或对决策者无意义的结局指标。结局指标一般分为主要结局指标（primary outcomes）和次要结局指标（secondary outcomes）。结局指标还受到随访时间的影响，不同随访时间会影响到结局的测量。

4. 研究类型 系统综述主要研究防治、康复方面干预措施的疗效，因此主要关注随机对照试验。在临床干预措施上，病人是否接受某一干预措施受很多因素包括预后因素的影响。

三、修正提出的问题

恰当的选题范围很重要。确定选题范围应考虑所具有的资源和条件、临床意义和研究质量等问题。

系统综述选题中常常出现以下问题：

1. 选题范围过宽 范围太宽的问题可能对病人的处理没有帮助。如"他汀类药物治疗冠心病的疗效：随机对照试验的系统评价"这一选题，范围就较宽，一方面不清楚是哪一种他汀和多大强度的药物剂量。不同的药物种类及剂量对冠心病的疗效不相同，因此不能为冠心病病人提供有用的信息。另一方面可导致纳入的病人或研究的异质性增大而使研究结果难以解释。然而，范围宽的研究可提供较多的信息，实用性和推广性较好，缺点是消耗了更多资源和时间。

2. 选题范围过窄 选题范围过窄的系统评价因所获资料或纳入研究较少，而容易出现偶然性，增加出现假阳性和假阴性结果的机会，使结果不可靠，其推广价值也受限制。但范围窄的系统评价可提高研究对象的同质性。另外需注意的是，系统综述研究的问题应该在进行系统综述全文前的研究方案中确定。

第二节　文　献　检　索

针对问题提出的要点决定研究的检索与选择。

1. 明确检索来源　为全面查找所有相关临床研究,凡是可能收录与研究问题相关的原始研究数据库均应考虑在内,不限定语种和时间。系统评价检索来源主要包括:①综合性文献数据库资源,如 MEDLINE、EMBASE、Cochrane 对照试验中心数据库(Cochrane Central register of controlled trails,CENTRAL);②专业数据库,如专业小组资料库、中医药库等;③查找其他相关资源,包括临床试验注册平台;人工检索相关杂志、灰色文献和已发表研究参考文献;检索美国科学引文索引数据库(Science Citation Index,SCI)或与研究通讯作者联系等。

2. 确定检索词　检索词确定与研究主题和被检数据库的收录标引情况有关。原则上包括:选择规范检索词,优先选择与问题相关的主题词及其同义词、相近词;同一概念的几种表达方式对于词根相同者可用截词符解决,并考虑其上下位概念词;选择外文文献习惯用语;选用动植物药名的中文、英文和拉丁文;不选用禁用词、动词和形容词,尽量少用不能表达研究实质的高频词。

3. 确定检索策略　检索策略就是为科学、准确、全面系统表达检索要求,利用布尔逻辑算符、位置算符、截词符、限制符等制定的检索提问式。将检索词进行组配,确定检索词之间概念关系或位置关系,准确表达检索需求内容。

4. 实施检索、结果导出及管理　根据制定好的检索策略,对相应数据库进行检索,获取原始研究。获取原始文献主要是利用检索获得文献线索,常用方式有:利用计算机检索系统中提供的全文或全文信息链接,或网上申请订购、联机传递或脱机邮寄获得原文;利用馆际互借系统申请原文传递;与原作者联系,通过作者提供原文。

第三节　文献管理和筛选

一、确定文献的纳入标准和排除标准

在制作系统评价时,临床试验研究的选择和纳入可能发生偏倚和人为错误。尤其是有时需要对上百甚至上万篇检索出的文献研究进行筛选,决定是否纳入时,如何保证文献选择和纳入的准确可靠,尽可能减少偏倚和人为错误,同时又节省时间呢?掌握文献研究选择和纳入的基本原则就非常重要了。以下就系统评价中,对文献选择和纳入的基本原则进行阐述。

1. 选择标准的排序应该先重要、再次要　选择标准包含了对文献研究的很多方面的评估,有时只要有一项重要标准不满足,就足以将该文献排除于系统评价之外。因此,在实际操作中,设计文献筛选标准时,系统评价纳入标准的项目应该按照项目的重要性进行排序。一旦有一项标准不能满足,就可将该文献研究排除,不需要再进行此后的评估。

2. 不能根据研究结果来决定是否纳入文献　之前已经提及,决定文献研究是否纳入要基于与问题要素 PICOS 是否相吻合。有一些系统评价的作者常常是在关注了文献研究本身的研究结果之后，再根据结果来决定文献是否被纳入。这种做法会给系统评价带来极大的偏倚，应该避免。

二、文献筛选的过程

文献筛选的过程如图 2-1 所示。

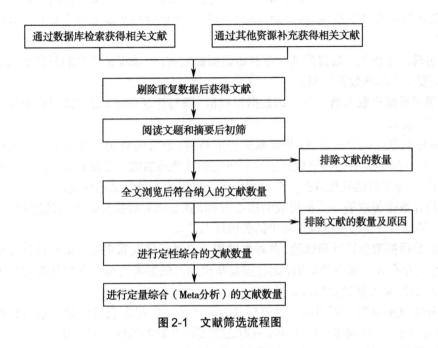

图 2-1 文献筛选流程图

1. 影响研究文献纳入的因素 有时，系统评价的文献评价员包含了所涉及的临床专业的专家。而专家可能有一些预先形成的观念影响他们对于研究的相关性和有效性的评估。另一方面，如果对某一领域的知识完全没有了解又很难对文献研究做出判断。缩小这种偏倚的方法就是让不同背景的研究者，比如一个专业人员和一个非专业人员，来做系统评价的文献评价员，对研究做出判断。

2. 盲法评价 对系统评价的文献评价员隐瞒文章的某些细节，比如杂志的名字、作者、作者单位等，可以减少初筛或全文筛选偏倚的发生。但事实是，这种做法耗时耗力，却没有对分析的结果产生实质性的有区别的影响。

3. 预试验 对于多数系统评价，需要进行文献选择和纳入的预试验。即根据系统评价计划书预先制定的选择标准，设计文献筛选表格（主要指全文筛选表格）之后，选取 10～12 篇文献研究（应该包括肯定纳入的、可能纳入的和排除的文献），用此选择标准进行筛选和评估，以此讨论此选择标准是否合适。预试验可以用于调整完善纳入标准，同时也可以训练文献评价者，保证纳入标准可以同时被两个以上的评价者使用。

4. 排除文献列表 系统综述应该包括排除文献的列表，详细描述读者认为应该纳入却没有被纳入的文献研究。关于排除文献的描述，一般是针对全文筛选阶段。不要求列出检索后被排除的所有文献，不要求列出明显没有满足纳入标准的文献，尤其是如果系统评价只纳入随机试验，不需要列出明显不是随机试验的文献。

第四节 信 息 提 取

一、针对问题的关键引导资料收集

撰写系统评价计划书时就应明确需要收集哪些数据，并针对数据提取制定详细的操作流程。该如何应用基本原则，有序地进行具体的数据提取呢？本节将主要介绍数据提取的基本步骤。

1. 明确需要纳入的数据类型 在开始数据提取前，应该根据研究的问题明确数据提取过程中需要纳入哪些数据类型。

2. 明确数据提取人员 在开始数据提取前（撰写计划书时）就应该明确由哪些人员来进行数据提取工作。

为避免提取过程中的错误，提高数据提取质量，通常需要两人及以上分别进行数据提取工作。进行数据提取的人员最好包括对研究领域熟悉的临床专家和熟悉系统评价方法的统计学家，以便更好地处理数据提取过程中可能出现的各种复杂的问题。

3. 设计数据提取表 数据提取的核心过程，就是填写数据提取表格的过程。因而，数据提取表格的设计是数据提取步骤中的关键环节。

4. 对数据提取表进行预试验，并对数据提取表进行修改和完善 最初设计完成的数据提取表往往存在或多或少的缺陷，此时需要从拟纳入的参考文献中选择几篇有代表性的文章进行预试验，以发现数据提取表的潜在问题，并加以修改和完善。

5. 开始数据提取 采用经预试验后修改完善的数据提取表对原始文献的数据进行提取，这个过程不只是简单的信息摘抄，有时还需要涉及数据的换算和合并。

6. 数据核查、修改 由两位及两位以上的评价员分别提取数据后，还应对提取后的数据进行核对检查，对存在分歧的地方核对原始文献进行修改。

7. 处理意见分歧 有时，数据提取的分歧并非由于评价员的粗心或错误所致，而是由于对原始文献的理解存在分歧。对这种情况通常有两种解决方案：评价员协商解决或者请第三方（通常是系统评价撰写人员中经验更丰富的专家）进行仲裁。

二、提取表的制定

数据提取表的设计尚无统一标准。数据提取表可以设计为包含所有需要信息的一张表格，也可以由一系列表格构成，每个表格只评估某个方面的内容。例如：设计专门的表格评估纳入研究的质量，而另一个表格收集原始研究的结果。不同的系统评价需要提取的数据也不尽相同，因此每个系统评价的数据提取表都应该充分反映研究问题的特征，具有唯一性。设计数据提取表时通常应该纳入以下信息：纳入研究的基本信息，研究方法和可能存在的偏倚，研究对象特征，干预措施，结局指标，研究结果，其他需要收集的信息。

三、收集数据

不同的系统评价需要提取的数据不尽相同，因此每个系统评价的数据提取表都应该充分反映研究问题的特征，具有唯一性。但系统评价数据提取表包含的基本内容是一致的。

有些作者还在数据提取表的基本信息特征之后,加入"纳入研究合格性"内容,最后确认最终纳入的研究是否确实符合系统评价的选择标准,即再次证实纳入研究的合格性。

第五节　原始研究质量评价

在系统综述过程中,研究者通过文献筛选过程确定了符合纳入与排除标准的研究之后,需要对每个研究的研究质量进行评价。对纳入研究进行偏倚风险评价,是系统综述中最重要的工作内容。

如果一个研究出现质量问题,就会有偏倚的风险,但是研究结果是否与真实值存在差异(即出现偏倚)却是无法得出明确结论的。系统综述都要求作者对纳入研究进行偏倚风险的评估。而偏倚风险的评估工具根据研究类型不同有所不同。对于随机对照试验,目前最广为接受的是 Cochrane 偏倚风险评估工具,详见表 2-1。这个评价工具共有 6 个方面,包括随机序列产生、分配隐藏、针对病人和医生的设盲与针对结局评价的设盲、结果不完整、选择性报告以及其他偏倚风险;评价结果可以分为高偏倚风险、低偏倚风险或者偏倚风险不清楚三个类别。

为避免选择文献和评价文献质量人员的偏倚,可考虑一篇文章由多人或采用盲法选择和评价,也可采用专业与非专业人员相结合的共同选择和评价办法,对选择和评价文献中存在的意见分歧可通过共同讨论或请第三方仲裁的方法解决。多人选择文献时,还可计算不同评价者间的一致性(Kappa 值)。此外,应进行预试验,以摸索经验,标化和统一选择、评价方法。

表 2-1　Cochrane 协作网的偏倚风险评价工具

评价条目	评价内容描述	作者判断
①随机分配方法	详细描述产生随机分配序列的方法,以帮助评估能否产生组间可比性	随机分配序列的产生是否正确
②分配方案隐藏	详细描述隐藏随机分配序列的方法,以帮助判断干预措施分配情况是否可预知	分配方案隐藏是否完善
③盲法(研究对象、治疗方案实施者、研究结果测量者,针对每一研究结果评估)	描述对受试者或试验人员实施盲法的方法,以防止他们知道受试者接受的干预措施。提供判断盲法是否成功的相关信息	盲法是否完整
④结果数据的完整性(针对每一研究结果评估)	报告每个主要结局指标的数据完整性,包括失访和退出的数据。明确是否报告失访/退出、每组人数(与随机入组的总人数相比)、失访/退出原因,是否采用意向性治疗分析	结果数据是否完整
⑤选择性报告研究结果	描述选择性报告结果的可能性(由系统综述者判断)及情况	研究报告是否提示无选择性报告结果
⑥其他偏倚来源	除以上 5 个方面,是否存在其他引起偏倚的因素?若事先在计划书中提到某个问题或因素,应在全文中作答	研究是否存在引起高度偏倚风险的其他因素

第六节　证　据　合　并

一、Meta 分析的定义、目的

Meta 分析是用于比较和综合针对同一科学问题研究结果的统计学方法，其结论是否有意义取决于纳入研究的质量，常用于系统综述中的定量合并分析。过去的 20 年，系统综述和 Meta 分析在医学领域的应用越来越普遍，方法学和统计学也有了长足的发展。

进行 Meta 分析一般要经过下列一些步骤，即拟定研究计划，收集资料，根据纳入标准选择合格的研究，复习每个研究并进行质量评估，提取信息，填写记录表，建立数据库，计算各独立研究的效应大小，异质性检验，敏感性分析，总结报告。

二、数据分析的步骤

数据录入后可采用相应的公式计算各独立研究的效应大小。通常两组间比较时，连续变量用平均差值表示效应大小；二分变量用率差（rate difference，RD）、比值比（odds ratio，OR）、相对危险度（relative risk，RR）、相对危险度降低（relative risk reduction，RRR）、需治疗人数（number needed to treat，NNT）等来表示效应的大小。如保肝药预防抗结核药致肝损伤随机对照研究文献综述中结局是肝损伤病例数，属二分变量，可用 OR、RR、RRR 或 NNT 等表示效应大小。

异质性检验是 Meta 分析的重要环节。一般认为当 $P>0.1$ 时，各独立研究结果一致性较好，采用固定效应模型进行分析。如果存在异质性，调查者对资料的汇总就要慎重，若合并资料仍然具有临床意义，可采用随机效应模型分析；但如果异质性严重，建议不要进行 Meta 分析，而应寻找异质性的来源。当异质性严重时，研究者可以根据异质性的来源进行亚组分析，或进行敏感性分析，或考虑协变量的影响进行 Meta 回归分析等（具体详见第四章）。

第七节　其　　他

一、研究方案和全文的撰写

一个好的系统综述应该具备如下特征：清楚地表明题目和目的；采用综合检索策略；明确研究纳入和排除标准；列出所有纳入的研究；清楚地表达每个纳入研究的特点并对其方法学质量进行分析；阐明所有排除研究的原因；如果可能，使用 Meta 分析合并合格的研究结果，并对合成的结果进行敏感性分析；要采用统一的格式报告研究结果。要达到这些标准，必须科学设计和严格实施系统综述及 Meta 分析。

二、AMSTAR-2 评价

2007 年，来自荷兰阿姆斯特丹自由大学（Vrije Universiteit Amsterdam）医学研究中心和加拿大渥太华大学的临床流行病学专家们在英国医学委员会期刊《医学研究方法学》上发表了名为"Development of AMSTAR：A Measurement Tool to Assess Systematic Reviews"的专论，标志着 AMSTAR 的正式形成。研发小组认为，系统评价在跟进医学专业最新知识和信息、形成有价值的临床证据以及影响医疗卫生决策方面扮演着难以替代的重要角色。但系统评价制作过程是一项复杂、需要谨慎进行的工作，研究者和使用者都必须检查其真实性。

Shea 等在英国医学会期刊（BMJ）发表了 AMSTAR-2，主要用于评价纳入随机和 / 或非随机对照试验的系统评价的方法学质量。本文将 AMSTAR-2 用中文表述见表 2-2，每个条款的评语选项有"符合""部分符合""不符合"以及"未执行 Meta 分析"。

表 2-2　AMSTAR-2 评价清单及说明

序号	领域	评价
1	系统评价的研究问题和纳入标准是否基于 PICO 构建？	□符合□不符合
2	制作系统评价前是否制订前期研究方案，若有修订，有无报告修订的细节？	□符合□部分符合□不符合
3	研究设计的选择依据是否给予解释？	□符合□不符合
4	是否使用了全面的检索策略？	□符合□部分符合□不符合
5	研究筛选是否具有可重复性？	□符合□不符合
6	数据提取是否具有可重复性？	□符合□不符合
7	是否提供排除研究的清单以及排除理由？	□符合□不符合
8	是否描述纳入研究详细的基本信息？	□符合□部分符合□不符合
9	纳入研究的偏倚风险评估方法是否合理？	□符合□部分符合□不符合
10	是否报告系统评价纳入研究的基金资助信息？	□符合□不符合
11	如果执行 Meta 分析，结果合成的统计学分析方法是否合适？	□符合□不符合□未执行 Meta 分析
12	如果执行 Meta 分析，是否评价单个研究偏倚风险对 Meta 分析结果的影响？	□符合□不符合□未执行 Meta 分析
13	在解释和讨论系统评价的结果时是否考虑了单个研究的偏倚风险？	□符合□不符合
14	是否对存在的异质性进行满意的解释和讨论？	□符合□不符合
15	如果进行定量合并，是否充分调查了存在发表偏倚的可能性，并讨论发表偏倚对结果的影响？	□符合□不符合□未执行 Meta 分析
16	是否存在潜在的利益冲突来源，包括目前评价系统接受的基金资源？	□符合□不符合

三、GRADE 分级

GRADE 系统比以往的分级系统更具优势。GRADE 系统已被超过 25 个组织广泛采纳，GRADE 系统的普及表明其方法学严谨、使用方便。

为达到透明和简化的目标，GRADE 系统将证据质量分为高、中、低、极低 4 级（表 2-3）。一些使用 GRADE 系统的组织甚至把低和极低归为一级。虽然基于 RCT 得出的证据一开始被定为高质量，但对该类证据的信心可能会因为下面 5 个因素而降低：研究的局限性、研究结果不一致、间接性、结果不精确、报告有偏倚。

观察性研究（如队列研究和病例对照研究）一开始被归为低质量，但若某干预措施疗效显著（如髋关节置换术治疗严重的髋关节炎）、证据显示存在剂量效应关系、不存在各种可能导致疗效显著性降低的偏倚时，观察性研究证据的等级将可能提高。

表 2-3 GRADE 分级评价

证据质量等级	定义
高质量	进一步研究也不可能改变该疗效评估结果的可信度
中等质量	进一步研究很可能影响该疗效评估结果的可信度,且可能改变该评估结果
低质量	进一步研究极有可能影响该疗效评估结果的可信度,且该评估结果很可能改变
极低质量	任何疗效评估结果都很不确定

第八节 实 例 分 析

一、实例背景

他汀类药物是治疗冠状动脉粥样硬化性心脏病(冠心病)的基石,自 2013 年起美国心脏病学会推荐所有冠心病病人均应采用强化他汀治疗,但之前很多大样本研究并未包括中国人群。我国 CHILLAS 研究结果并不支持强化他汀类药物治疗能对急性冠脉综合征病人带来更多获益,由此在心血管领域引发了有关冠心病治疗中他汀类药物剂量的讨论。

二、实例解读

1. 目的   探讨不同强度他汀类药物治疗中国人群冠心病的疗效及安全性。

2. 检索策略   计算机检索 PubMed、EMBASE、Web of Science、中国生物医学文献数据库(CBM)、万方医学网数据库、中国知网学术文献总库(CNKI)、中文科技期刊数据库(VIP)等中英文数据库或检索平台,文献检索策略采用主题词和自由词相结合的原则,并辅以手工检索,发现潜在相关的原始研究。

3. 文献纳入与排除标准   纳入标准:①研究对象为中国冠心病人群。②以不同强度他汀类药物(强化他汀即阿托伐他汀 >40mg/d、瑞舒伐他汀 >20mg/d 或其他同等剂量;中等强度他汀即阿托伐他汀 10～20mg/d、瑞舒伐他汀 5～10mg/d 或其他同等剂量;低强度他汀即阿托伐他汀 <10mg/d 或其他同等剂量)治疗的随机对照试验,且未联用其他降脂药物。③主要结局指标包括非致死性心肌梗死、死亡、脑卒中的发生率;次要结局指标包括总胆固醇和低密度脂蛋白胆固醇水平;不良反应包括横纹肌溶解、肌痛、肌无力、肝肾功能损害和消化道症状。④用药及随访时间 >12 个月。⑤单组样本量 >30 例。

排除标准:①数据不全;②重复报道;③动物实验;④半年内使用他汀强度前后不一致;⑤通过各种方式无法获取全文。

4. 文献筛选、数据提取及质量评价   文献筛选、数据提取及质量评价均由 2 位研究者独立完成,而后交叉核对,如遇分歧则通过讨论解决。如果还有争议,则与第 3 位评价者讨论决定。

第九节 软 件 介 绍

随着循证医学的发展,Meta 分析已被公认为客观评价和合成针对某一特定问题研究证据的最佳手段,被视为最高级别的证据,成为循证决策的良好依据。上一章对 Meta 分析的类型进行了介绍,为了适应不同类型的需要,多种 Meta 分析软件被开发出来了。这些软件中有的软件可以进行各种 Meta 分析,有的仅仅是针对某一种类型的 Meta 分析开发的;基于的操作系统有 Windows、DOS、Linux 和 Mac;按照是否需要编程又分为编程软件和非编程软件。

一、编程软件

STATA 软件是基于 C 语言的一个功能强大而又小巧玲珑的统计分析软件,最初由美国计算机资源中心(Computer Resource Center)研制,现为 STATA 公司的产品。1985 年 STATA 1.0 版问世,从 4.0 版起进入 Windows 时代,当前最新版本为 16.0,操作系统还有 Linux 和 Mac。STATA 的许多高级统计模块均是程序文件(ado 文件),并允许用户自行修改、添加和发布 ado 文件,用户可随时到 STATA 网站或者其他个人网站上寻找并免费下载所需的程序包安装后使用。

二、非编程软件

RevMan(Review Manager)软件是国际 Cochrane 协作网制作和保存 Cochrane 系统评价的专用软件,其独特的功能是可以与 Archie 服务器连接。RevMan 由北欧 Cochrane 中心制作和更新,基于的操作系统有 Windows、Linux 和 Mac。

RevMan 软件中设置了干预措施系统评价、诊断试验精确性系统评价、方法学系统评价和系统评价汇总评价 4 类格式,支持 Windows、Linux 和 Mac OSX 操作平台,可绘制森林图及漏斗图,但不能进行 Meta 回归分析、累积 Meta 分析、Begg 检验、Egger 检验及绘制拉贝图等。

RevMan 是所有 Meta 分析软件中唯一可与 GRADEprofiler 软件相互导入进行证据等级评级的软件。RevMan 是当前医学领域应用最为广泛的 Meta 分析软件。

(张 岩)

参考文献

[1] 王吉耀. 循证医学与临床实践[M]. 3 版. 北京:科学出版社,2012.
[2] 刘鸣. 系统评价、Meta- 分析设计与实施方法[M]. 北京:人民卫生出版社,2011.
[3] 王家良. 循证医学[M]. 2 版. 北京:人民卫生出版社,2010.

第 三 章

Meta 分析的基本原理

第一节 Meta 分析的基本原理

一、相关概念与术语

1. Cochrane 系统评价 Cochrane 系统评价（Cochrane systematic review, CSR）是由国际 Cochrane 协作网作者制作，严格遵循 Cochrane 系统评价作者手册，采用固定内容格式，统一制作软件 RevMan 录入和分析数据、撰写系统评价计划书和全文，结果发表在 Cochrane 图书馆。CSR 步骤包括：提出问题、撰写计划书、检索文献、选择文献与纳入合格研究、评价纳入研究的偏倚风险、提取数据、数据分析、报告结果、解释结果、总结得出结论、发表系统评价和更新系统评价。

2. Meta 分析 Meta 分析是对两个或多个相似研究结果进行定量综合分析的方法。目的在于增大样本含量，提高检验效能，回答单个研究不能回答的问题，尤其当多个研究结果不一致或都无统计学意义时，采用 Meta 分析可得到接近真实情况的统计分析结果。Meta 分析广义上与系统评价过程类似，狭义 Meta 分析专指系统评价的定量分析。

二、Meta 分析的主要内容

Meta 分析的核心是将多个相同的研究统计量进行合并（相加、汇总），按统计学原理，只有同质的资料才能进行统计量合并。Meta 分析的内容有：①异质性分析及处理多个独立研究的统计量一致性检验；②合并效应量计算：对具有一致性的统计量进行加权合并，综合估计出平均统计量；③合并效应量的检验：对综合估计的统计量进行检验和统计判断。

（一）异质性的分析及处理

1. 异质性概念 异质性（heterogeneity）即不一致性或变异。在 Meta 分析中纳入的多个研究尽管都是同一临床问题或具有相同假设的研究，但这些研究在纳入和排除标准、样本量、质量控制等方面很可能不同，从而导致同一结局指标在多个研究之间有差异。

2. 异质性种类 Cochrane 协作网将异质性分为临床异质性、方法学异质性和统计学异质性三类。①临床异质性：不同研究中与临床相关的异质性，如不同研究对象、干预措施和结局指标测量等变异；②方法学异质性：不同研究中试验设计和研究质量存在的差异，如盲法和分配隐藏不一致；③统计学异质性：不同研究中干预措施的效应值存在的差异。

3. 异质性识别 异质性的识别常用 Q 检验、I^2 和图示法判断。

（1）异质性检验（tests for heterogeneity）：又称同质性检验（tests for homogeneity），是用

假设检验的方法检验多个独立研究的异质性（同质性）是否具有统计学意义。目前多用 Q 检验（Q test）方法，或称卡方检验（Chi square test）。若异质性检验结果 $P>0.10$ 时，认为多个研究的异质性无统计学意义；若 $P \leq 0.10$ 时，多个研究的异质性有统计学意义。

（2）I^2：衡量多个研究之间异质性的大小和程度，描述各个研究之间由非抽样误差所引起的变异（异质性）占总变异的百分比。Cochrane 系统评价认为，若 I^2 在 0～40% 则认为异质性可能不重要，若 I^2 在 30%～60% 则表示有中度异质性，若 I^2 大于 50% 则表示有显著异质性。

（3）图示法观察：直接作森林图观察各研究结果的效应值和可信区间是否有重叠，若森林图显示各研究结果重叠性好，则纳入研究的异质性较小。若重叠性不好或可信区间差异太大，则放弃合并分析或采用随机效应模型。

4. 异质性的处理 当异质性检验结果为 $P \leq 0.10$，则认为多个研究结果有异质性。对纳入研究的异质性处理常用亚组分析、随机效应模型和敏感性分析法等。

（1）亚组分析（subgroup analysis）：根据病人可能影响预后的因素分成不同的亚组来分析其结果是否因为这些因素的存在而发生变化。亚组分析可从临床专业角度考虑。注意：亚组分析对临床指导个体化处理有重要意义，但因为亚组样本量常较小，易因偶然性大得出错误结果，一般看作假说的产生。

（2）随机效应模型（random effect model）：若经上述方法分析处理后，多个同类研究结果仍有异质性，可用随机效应模型处理。注意，随机效应模型仅是对异质性资料的统计处理方法，不能代替异质性原因分析。随机效应模型处理方法不能控制混杂、校正偏倚、减少异质性或消除产生异质性的原因。

（二）合并效应量的计算

如果异质性检验为 $P>0.10$ 时，可认为多个同类研究具有同质性，使用固定效应模型计算合并统计量，也称合并效应量。

1. 效应量概念 效应量（effect size），也称效应尺度（effect magnitude），是指多个独立研究的结果合并或汇总成一个综合指标。

2. 效应量选择 效应量的选择根据临床研究的性质、资料的类型确定。

（1）计数资料的效应量选择：计数资料变量常有二分类变量、有序分类资料等。二分类资料的 Meta 分析指标可选择比值比 OR、相对危险度 RR 或危险差 RD 为合并效应量来描述多个研究的合并结果。RR 或 OR 均是相对测量指标，其结果解释与单个研究指标相同，若 OR=1 或 RR=1 提示没有意义。而 RD 是两个率的绝对差值，若 RD=0 提示没有意义。

（2）数值资料的效应量选择：计量资料又称数值变量（numerical variable）或连续性变量（continuous variable），常见连续性变量如血压值、身高、体重和各种实验室指标。

数值变量 Meta 分析指标常选用加权均数差（weighted mean difference，WMD）、标准化均数差（standardized mean difference，SMD）来描述。

3. Meta 分析统计模型及选择 Meta 分析合并效应量常用统计模型有固定效应模型和随机效应模型两种。

（1）若多个研究具有同质性时，采用固定效应模型，如 Mantel-Haenzel 法、Peto 法和倒方差法（inverse variance）等。

（2）若多个研究不具有同质性时，先对异质性原因进行分析和处理；若异质性分析与处理后仍无法解决时，可使用随机效应模型。常用 Meta 分析方法见表 3-1。

表 3-1 常用 Meta 分析方法一览表

资料类型 （type of data）	合并统计量 （summary statistic）	模型选择 （model）	计算方法 （method）
二分类变量 （dichotomous）	OR（odds ratio）	固定效应模型	Peto 法
		固定效应模型	Mantel-Haenszel 法
		随机效应模型*	D-L 法
	RR（relative risk）	固定效应模型	Mantel-Haenszel 法
		随机效应模型*	D-L 法
	RD（risk difference）	固定效应模型	Mantel-Haenszel 法
		随机效应模型*	D-L 法
数值变量 （continuous）	WMD（weighted mean difference）	固定效应模型	倒方差法
		随机效应模型*	D-L 法
	SMD（standardized mean difference）	固定效应模型	倒方差法
		随机效应模型*	D-L 法
个体资料 （individual）	OR（odds ratio）	固定效应模型	Peto 法

*在异质性分析和处理以后，异质性检验仍出现 $P \leq 0.10$ 才考虑使用

（三）合并效应量的检验

无论用何种计算方法得到的合并效应量，都需要进行假设检验，以检验多个同类研究的合并效应量是否具有统计学意义。常用 $z(u)$ 检验和可信区间法。

1. z(u)检验 根据 $z(u)$ 值得到该统计量的概率（P）值。若 $P \leq 0.05$，多个研究的合并统计量有统计学意义；若 $P > 0.05$，多个研究的合并统计量没有统计学意义。

2. 置信区间法 当试验效应指标为 OR 或 RR 时，其值等于 1 时试验效应无效，此时其 95% 的可信区间若包含了 1，等价于 $P > 0.05$，即无统计学意义；若其上下限不包含 1（均大于 1 或均小于 1），等价于 $P < 0.05$，即有统计学意义。当试验效应指标为 RD、WMD 或 SMD 时，其值等于 0 时试验效应无效，此时其 95% 的可信区间若包含了 0，等价于 $P > 0.05$，即无统计学意义；若其上下限不包含 0（均大于 0 或均小于 0），等价于 $P < 0.05$，即有统计学意义。

三、敏感性分析

敏感性分析（sensitivity analysis）是用于评价 Meta 分析或系统评价结果是否稳定和可靠的分析方法。敏感性分析既可以帮助发现异质性来源，也是处理异质性的方法之一。

敏感性分析的内容包括：改变研究类型（如使用不同测量方法的临界点）的纳入标准、研究对象、干预措施或终点指标、用某些结果不太确定的研究估计值重新分析、对缺失数据进行合理估计后重新分析、使用不同的统计方法和效应量重新分析，如排除非安慰剂对照的研究等影响结果的重要因素，再重做 Meta 分析，并与未排除这些研究的 Meta 分析结果比较，以探讨被去除的研究对合并效应的影响。若敏感性分析对 Meta 分析或系统评价结果没有本质性改变，说明分析结果可靠性大。若敏感性分析导致了不同结论，意味着对 Meta 分析或系统评价的结果解释和结论须谨慎。

四、发表偏倚的识别和处理

漏斗图（funnel plots）是 Meta 分析过程中最常见的识别发表偏倚的方法。其假设为效应量的精确性随着样本量的增加而增加，小样本研究的效应估计值分布于图的底部，分布范围较宽；大样本研究的效应估计值分布范围较窄，趋近于点状，最后形状类似一个倒置的漏斗。在没有偏倚情况下，其图形呈对称的倒漏斗状，故称为"漏斗图"。如果存在偏倚，则漏斗图出现不对称。导致漏斗图不对称的原因可能有：选择性偏倚、发表偏倚、语言偏倚、引用偏倚、重复发表偏倚、真实的异质性和机遇等。注意绘制漏斗图时，纳入研究个数最好在 10 个以上，否则不推荐。漏斗图也会受到结局变量、测量指标、纵轴的权重影响，只能作为一种主观定性方法判断发表偏倚。

五、不做 Meta 分析的情况

当通过临床专业知识、方法学知识和统计学知识等进行判断。若仍然无法解释和处理研究之间的异质性时，建议不做 Meta 分析。因为错误的 Meta 分析比没有结果的危害性更大。此时，只需做描述性的汇总。

不做 Meta 分析的情况有：研究间的异质性无法得到合理的解释；多个研究的合并结果无临床意义；没有足够的、真实的相关研究结果等。

第二节 RevMan 软件及 Meta 分析操作

【案例 3-1】 分类资料的 Meta 分析

为了解二甲双胍对多囊卵巢综合征的作用，研究者收集了以病人排卵数为评价指标的 7 个随机对照试验的结果，其数据如表 3-2 所示。

表 3-2 两组排卵数比较 *

原始研究	二甲双胍组		对照组		OR	OR 的 95%CI	
	排卵数（n）	治疗总数（N）	排卵数（n）	治疗总数（N）		下限	上限
Fleming 2002	37	45	30	47	2.62	0.99	6.90
Jakubowicz 2001	8	28	0	28	23.63	1.29	433.02
Nestler 1996	5	11	1	13	10.00	0.94	105.92
Nestler 1998	12	35	1	26	13.04	1.57	108.36
Ng 2001	3	9	3	9	1.00	0.14	7.10
Vandermolen 2001	1	12	1	15	1.27	0.07	22.72
Yarail 2002	6	16	1	16	9.00	0.94	86.52
合计	72	156	37	154			

* 选自 Jonathan M L, Ingrid H K F, Robert J N. Metformin in polycystic ovary syndrome: systematic review and Meta-analysis. BMJ, 2003, 327: 951

【案例 3-2】 数值资料的 Meta 分析

为研究钙补充对健康儿童骨质密度的影响，某研究者收集了以儿童的骨矿物密度为指标的 9 个研究, 比较有钙补充的儿童与未接受钙补充的儿童的骨矿物密度有无差别, 数据如表 3-3 所示。

表 3-3　两组骨矿物密度比较*

第 i 个研究	有钙补充组			无钙补充组			P 值
	n_{1i}	$\overline{X}_{1i}$	S_{1i}	n_{2i}	$\overline{X}_{2i}$	S_{2i}	
1	44	1 783.00	238.00	47	1 714.00	302.00	>0.05
2	30	1 179.57	209.01	36	1 151.25	195.57	>0.05
3	49	860.29	134.19	51	860.34	138.69	>0.05
4	88	685.55	88.00	90	681.50	80.55	>0.05
5	65	2 143.00	265.00	66	2 088.00	235.00	>0.05
6	24	1 583.00	504.00	24	1 512.00	372.00	>0.05
7	54	1 932.11	292.33	57	1 907.53	328.77	>0.05
8	22	1 340.90	216.37	63	1 186.10	285.32	<0.05
9	73	2 796.00	415.00	70	2 770.00	407.00	>0.05
合计	449			504			

* 选自 Tania W, Kelly S, Jayne F, et al.Effects of calcium supplementation on bone density in healthy children: Meta-analysis of randomised controlled trials. BMJ, 2006, 333: 775

一、RevMan 软件概述

RevMan 软件是国际 Cochrane 协作网制作和保存 Cochrane 系统评价的专用软件。其结构化格式有利于制作统一标准格式化电子转换文档, 便于系统评价人员学习。内设系统评价有: 干预措施系统评价 (intervention review)、诊断试验精确性系统评价 (diagnostic test accuracy reviews)、方法学系统评价 (methodology reviews)、系统评价汇总评价 (overviews of reviews) 和其他类型的系统评价 (flexible reviews)。

二、RevMan 软件操作流程

RevMan 软件操作流程包括: RevMan 软件操作准备、文档操作、添加研究和参考文献、添加表格、数据分析以及完成系统评价等。

（一）RevMan 软件准备

1. 下载　下载 RevMan 软件, 可通过国际 Cochrane 协作网官网渠道下载。

2. 安装　双击已下载文件"revman 5.3 windows"开始安装, 连续点击"开始安装", 直到安装完成。软件默认安装路径为 C:\\Program Files(x86)\Review Manager。选择默认选项进入 RevMan 初始主界面。

3. 创建系统评价　在初始主界面菜单栏(Menu Bar)"File"下, 点击"New", 进入软件提供的系统评价类型(Type of Review), 默认是干预试验系统评价(Intervention Review), 根据软件提示输入系统评价题目, 进入 RevMan 5.3 默认计划书(Protocol)操作主界面。每个系统评价都以独立窗口展开, 分为左侧大纲栏(Outline Pane)、中间内容栏(Content Pane)和右侧写作方法指导栏(Guidance Pane)。

4. 设置系统评价写作阶段　Cochrane 系统评价写作常历经三个阶段: 注册题目(title)、

撰写计划书（protocol）和完成全文（review）。若要设置系统评价写作阶段，如从计划书转换成全文，只需点击操作界面内容栏中右上方紫色属性（Properties）按钮，然后在写作阶段（Stage）项下选择全文（Full Review），点击OK即可。

5. 设置作者信息　在操作界面下点击工具栏（Tools）打开"references"操作窗后直接录入姓名即可。

（二）文本操作

文本操作主要包括添加系统评价文本、更改系统评价文本格式、更改标题设置、添加备注、追踪文本修改痕迹和保存。RevMan提供三种保存方式：①在菜单栏点击"File"，选择"Save as"；②在工具栏直接点击"Save"；③在关闭操作窗口时，RevMan自动提醒是否需保存。

（三）添加研究和参考文献

研究和参考文献包括所有纳入研究、排除和不确定研究，是数据合并分析的前提。若要向系统评价添加研究（adding studies to a review），首先需为每个研究设置唯一识别号（study ID），研究识别格式为："首作者姓和研究发表年代"，如Fleming 2002。操作如下（图3-1）：

（1）点开大纲栏中研究与参考文献（Studies and references）下面的研究参考文献（Reference to studies）。

（2）光标指向纳入研究（Included studies），点击鼠标右键选择"Add Study"；或在内容栏"Included Studies"下点击按钮添加研究（Add Study），打开"New Study Wizard"窗口。

（3）按提示录入研究ID，如"Fleming 2002"。

（4）根据下拉清单选择数据来源（Data source），默认"Published data only"（Unpublished not sought）。

（5）弹出窗口询问研究是否有其他识别号（Does the study have other identifiers you wish to add）？如果拟添加研究的其他识别ID号，如试验注册号或文档ID，此处应点击按钮"Add Identifier"，并从下拉框清单中选择"Identifiers"类型，输入ID。如果没有ID号直接进行下一步操作。

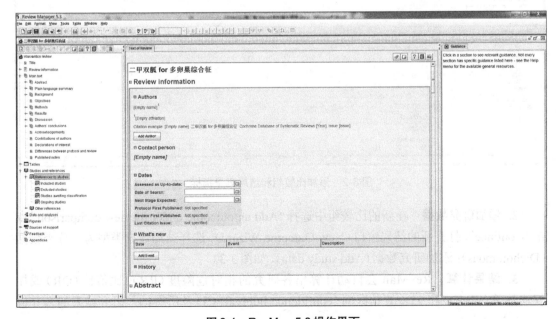

图3-1　RevMan 5.3 操作界面

（四）添加表格

对系统评价中添加的纳入研究参考文献逐个进行描述，方法为：①在系统评价文本中描述；②以两个标准化表格描述，即纳入研究特征表和纳入研究的偏倚风险评估表。

1. 纳入研究特征表（characteristics of included studies） 每个纳入研究特征，包括研究方法（S）、研究对象（P）、干预措施（I）、对照措施（C）和结局（O），均应在此表格描述。

2. 偏倚风险评估表（risk of bias tables） 偏倚风险评估表是用来记录纳入研究的方法学偏倚风险评估判断的结果。偏倚风险表格内容包括偏倚来源、作者评价及判断理由。若认为其中条目不适合，可点击表旁紫色属性按钮 🔗 并激活（Activated）。

3. 排除研究或待评估研究特征表 对于文献筛选过程中所有可能相关的研究进行方法学评估后，将肯定不符合纳入标准的研究列在排除研究表格（characteristics of excluded studies）中，同时注明排除原因。对于暂不确定者列入待评估研究表（characteristics of studies awaiting classification）。

（五）数据分析

只有当对纳入研究进行了前面描述后，才可以进行数据合并分析（Meta 分析），步骤如下：

1. 添加比较组和结局 首先，添加选择大纲栏数据与分析"Data and analyses"，点击按钮添加比较组"Add Comparison"，打开窗口"New Comparison Wizard"，录入比较组信息，描述干预措施与比较措施，如"二甲双胍组"与"对照组"。其次，录入每个比较组的结局测量指标，如图3-2。

图3-2 添加比较组和结局测量指标

2. 添加研究数据 在新的比较组中选择"Add an outcome under the new comparison"点击"Continue"，打开新的结局窗口（New Outcome Wizard），选择结局数据类型为二分类数据（Dichotomous）；添加研究数据（Add study data），如图3-3。

3. 结果计算 RevMan 会自动计算出各研究的相对危险度（RR）、比值比（OR）或加权均数差（WMD）和 95% 置信区间（confidence interval，CI）及所有纳入研究结果的合并值（pooled values）。

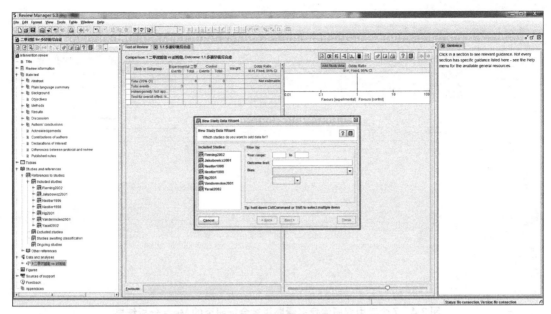

图 3-3　添加研究数据

4. 结果以森林图显示　森林图中每一个研究的相对危险度或比值比以蓝色方框显示，水平线显示该研究可信区间，合并结果以黑色菱形显示。

5. 发表偏倚和漏斗图　RevMan 提供了利用漏斗图检测系统评价可能存在的发表偏倚。打开任一森林图，点击右上方漏斗图形按钮即可打开一个漏斗图。若其图形较对称，可认为该系统评价研究的偏倚较小。

【案例 3-1 结果分析】

按照表 3-2 提供的数据进行录入和分析，从表 3-2 可见，在 7 个研究中第 1、3、5、6、7 个研究 OR 的 95%CI 都包含了 1（下限小于 1，上限大于 1），即无统计学意义，认为二甲双胍无效，而其余 2 个研究的 95%CI 的下限大于 1，认为二甲双胍有效。据此结果，很难得到二甲双胍对多囊卵巢综合征是否有治疗作用的结论。该资料在 RevMan 5.3 软件的计算结果如图 3-4 所示。

图 3-4 显示该资料 Meta 分析的以下内容：

（1）图 3-4 左侧所示为 7 个独立研究的数据。

（2）图 3-4 中间所示为 7 个独立研究的固定效应模型 OR 值及 95%CI 的计算结果，如 Fleming 2002（第 1 个）的研究，其 OR 为 2.62，95%CI 为 0.99～6.90，余类推。

（3）图 3-4 右侧所示为 7 个独立研究的森林图（forest plots），该图的竖线为无效线，即 OR=1，每条横线为该研究的 95%CI 上下限的连线，其线条长短直观地表示了可信区间范围的大小，线条中央的小方块为 OR 值的位置，其方块大小为该研究权重大小。若某个研究 95%CI 的线条横跨无效竖线，即该研究无统计学意义，反之，若该横线落在无效竖线的左侧或右侧，该研究有统计学意义。

（4）图 3-4 中间底部所示为该 7 个研究的 Meta 分析结果：

异质性检验 χ^2 值和 P 值，该实例 $\chi^2=7.17$，$P=0.31$，$I^2=16\%$

1）合并效应量 $OR_{合并}$（Total），该例 $OR_{合并}=4.44$。

2）合并效应量 $OR_{合并}$ 的 95%CI，该例 $OR_{合并}$ 95%CI=2.35～8.35。

3）合并效应量的检验（Test for overall effect）Z 值（即 u 值）和 P 值，该例 Z=4.61，P<0.001。

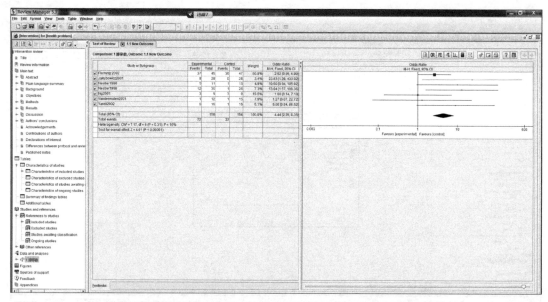

图 3-4　7 个二甲双胍治疗多囊卵巢综合征研究的 Meta 分析结果

根据上述分析结果，可认为这 7 个二甲双胍治疗多囊卵巢综合征的研究资料具有同质性（异质性检验 $\chi^2 = 7.17$，$P = 0.31$，$I^2 = 16\%$），因此，合并效应量 OR 采用固定效应模型，$OR_{合并} = 4.44$，其 95%CI = 2.35～8.35，可认为二甲双胍治疗多囊卵巢综合征有效。

该系统评价纳入研究的漏斗图如图 3-5 所示，其图形较对称，可认为该系统评价研究的发表偏倚较小。

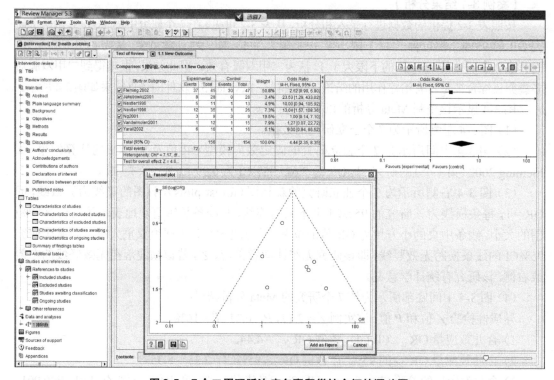

图 3-5　7 个二甲双胍治疗多囊卵巢综合征的漏斗图

【案例 3-2 结果分析】

按照表 3-3 提供的数据进行录入和分析,从表 3-3 可见,在 9 个研究中第 8 个研究的 $P<0.05$,可认为有钙补充儿童的骨矿物密度大于无钙补充的儿童,而其余 8 个研究的 $P>0.05$,不能认为有钙补充儿童的骨矿物密度大于无钙补充的儿童。据此结果,很难得到有钙补充儿童的骨矿物密度是否与无钙补充的儿童有差别。该数据资料在 RevMan 5.3 软件中的计算结果如图 3-6 所示。

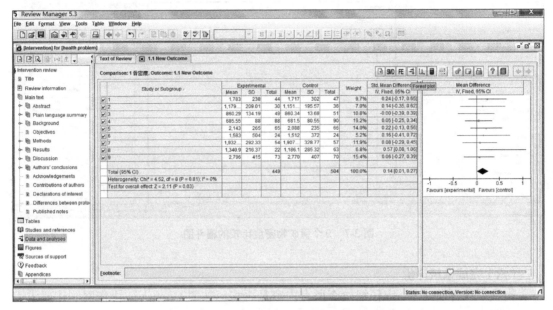

图 3-6　9 个骨矿物密度比较的 Meta 分析结果

图 3-6 显示连续性资料 Meta 分析的以下内容:

(1)图 3-6 左侧所示为 9 个独立研究的试验组和对照组的例数、均数和标准差数据。

(2)图 3-6 中间所示为 9 个独立研究的标准化均数差(SMD)的固定效应模型加权均数差值及 95%CI 的计算结果,如 Lloyd 1993(第 1 个)的研究,标准化均数差值(SMD)为 0.24,其 95%CI 为 -0.17~0.65,余类推。

(3)图 3-6 右侧所示为 9 个独立研究的森林图,该图的竖线为无效线,即 SMD=0,每条横线为该研究的 95%CI 上下限的连线,其线条长短直观地表示了可信区间范围的大小,若某个研究 95%CI 的线条横跨无效竖线,即该研究无统计学意义,反之,若该横线落在无效竖线的左侧或右侧,该研究有统计学意义。

(4)图 3-6 中间底部所示为该 9 个研究的 SMD 法的 Meta 分析结果:

1)异质性检验 χ^2 值和 P 值,该例 $\chi^2=4.52$,$P=0.81$,$I^2=0\%$。

2)标准化均数差的合并效应量(total)为 0.14。

3)标准化均数差的合并效应量的 95%CI 为 0.01~0.27。

4)合并效应量的检验 Z 值(即 u 值)和 P 值,该例 $Z=2.11$,$P=0.03$。

根据上述分析结果,可认为这 9 个研究资料具有同质性(异质性检验 $\chi^2=4.52$,$P=0.81$,$I^2=0\%$),因此,合并效应量采用固定效应模型,标准化均数差($SMD_{合并}$)的合并效应量(total)为 0.14,其 95%CI 为 0.01~0.27,可认为有钙补充儿童的骨矿物密度高于没有钙补充儿童的骨矿物密度。

该研究的漏斗图如图 3-7 所示，其图形较对称，可认为该研究的偏倚较小。

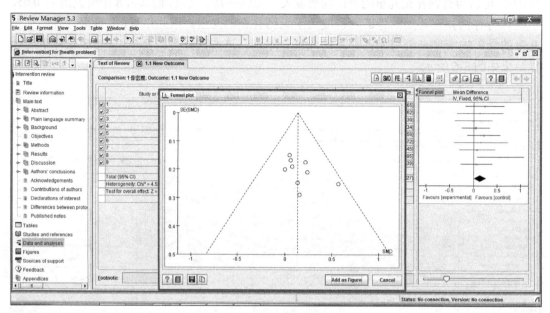

图 3-7　9 个骨矿物密度比较的漏斗图

（六）完成系统评价

提交系统评价之前，应仔细检查所有内容是否均已按照 Cochrane 协作网制作要求完成，可借助 RevMan 自带"Validate as You Type"功能实现。当按照软件预设条目完成了系统评价草稿，就可提交给相关 Cochrane 专业组编辑团队审阅修改，并履行相应发表手续。

（七）注意事项

谨慎应用与评价 Meta 分析的结果，建议从如下方面考虑：①异质性检验与处理。若研究间有足够同质性，选用合适的模型（固定效应模型或随机效应模型均可）估计合并效应量；若存在异质性且来源已知，采用 Meta 回归模型或亚组分析，估计合并效应量。若异质性检验有统计学意义但异质性来源未知，可分别用两种模型计算结果，其中随机效应模型的估计结果更保守些。②考察 Meta 分析结果的稳健性，常用敏感性分析。③ Meta 分析结果的适用性。合并效应量实际上是多个研究效应量的加权平均值，推广应用时应注意个体对象的生物学或文化差异等。在无肯定性结论时，应注意区别是证据不充分，还是有证据表明确实无效。④时效性，因为 Meta 分析的结论可能会随着新研究的纳入发生改变。

本章主要介绍了 Cochrane 系统评价及其 RevMan 5.3 操作内容，未尽内容请参考 Review Manager 5.3 Tutorial 相关内容。

（卫茂玲　康德英）

参考文献

[1]　王家良. 临床流行病学——临床科研设计、衡量与评价 [M]. 2 版. 北京：人民卫生出版社，2001.

[2]　刘鸣. 系统评价、Meta- 分析设计与实施方法 [M]. 北京：人民卫生出版社，2011.

[3]　Review Manager（RevMan）[Computer program]. Version 5.3. Copenhagen: The Nordic Cochrane Centre,

The Cochrane Collaboration，2014.

[4] Wei M L，Liu J P，Li N，et al. Acupuncture for slowing the progression of myopia in children and adolescents［J］. Cochrane Database of Systematic Reviews，2011，9：No.CD007842.

[5] Wei M L，Kang D，Gu L，et al. Chemotherapy for thymic carcinoma and advanced thymoma in adults［J］. Cochrane Database of Systematic Reviews，2013，8：No.CD008588.

第 四 章

交叉设计试验的 Meta 分析

> ## 本章引例
>
> 　　在某家医院的儿科门诊，一位母亲陪着她 12 岁的儿子就诊。母亲诉近期孩子的情绪不稳定，沉默寡言，没有诱因的情绪易怒。医生经过评估后认为孩子符合 DSM-Ⅳ 中对立违抗性障碍和品行障碍的诊断，建议药物治疗。但孩子的母亲担心药物是否有效，是否会对孩子造成伤害，希望医生给予细致的建议。
>
> 　　这个临床问题涉及一个药物疗效和安全性问题，疗效的证据可以应用随机对照研究（RCT）系统综述获得。RCT 的设计，通常将研究对象随机地分为两个不同的、平行的治疗组。虽然大多数的 RCT 研究被广泛接受，但对有些临床问题不太容易开展 RCT，比如青少年对立违抗性障碍和品行障碍，这种疾病往往被家长所忽略，即使诊断了，家长和孩子也可能不愿意参加药物治疗的临床研究，这往往会造成样本量不足。这种情况可应用具有独有特征的临床研究设计方案来实现，如交叉设计试验（cross-over design）。对不同设计的 RCT 进行合并，并判断这些方法是否合适，这是对 Meta 分析的一大挑战。交叉设计试验属于前瞻性实验研究，其因果联系的论证力较强，是临床试验设计中的主要方法之一，用于评价临床治疗或干预效果。其主要特征是在一个研究方案框架内既有自身对照又有平行对照。本章介绍交叉设计试验，在原理和方法上考虑了数据的整合问题。

第一节　交叉设计试验及其解决的临床问题

一、交叉设计试验涉及的一些基本概念

　　交叉设计试验与经典的随机对照试验不同，它的对照组设置很有特色。比如最简单的 2 处理 2 阶段的交叉设计试验，研究对象随机分组后，先后分别接受两种不同的干预措施，一组为需要评价的措施，另一组为对照，对照一般应用标准治疗，也可用安慰剂。经过第一阶段研究后，两组互换干预措施，进行第二阶段研究，为了防止第一阶段的效应带入，所以在第二阶段之前需要有一个洗脱期。从整个设计中可以看出，每个研究对象既是试验者又是对照者，这种既有自身前后对照又有组间平行对照的设计，可以消除或减少组间非处理因素不均衡分布的问题，从而提高了研究结果的真实性。

当然交叉设计试验比经典的临床研究多些考虑和要求。交叉设计试验要求：①研究对象的病情在试验期间是稳定的；②严格随机分组；③治疗可临时改善结果而不是治愈疾病。另外，要避免前一阶段治疗对后一阶段的影响，还要求：①研究对象在整个试验期间的自身变异比研究对象间的变异小；②后一阶段开始时前一阶段的残余效应已完全消失，并且疗效不受前阶段治疗影响。

交叉设计试验有时会被不当使用。当一个干预措施改变获益条件甚至导致研究对象在进入下一阶段时系统性地偏离了初始状态，使用交叉设计试验是不合适的，应用时需要慎重。极端的例子就是当治疗措施能够使研究对象痊愈时（病人不愿接受第二种方法的治疗）或者当病人死亡时（无法进行第二种治疗方法的治疗）。

下面借助图 4-1，最简单的 2 处理 2 阶段设计，阐述一些与交叉设计试验关联密切的基本概念。

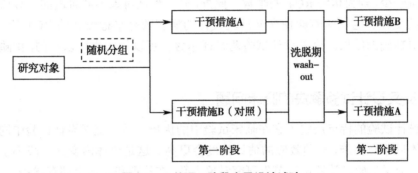

图 4-1　2 处理 2 阶段交叉设计试验

1. 随机化　与经典的随机对照研究一样，研究对象被分配至哪一组是随机决定的，各组处理的先后顺序（即序列）不同。随机分组是使两组研究对象在人口学特征、临床特征等非处理因素具有良好的可比性，减少选择偏倚，为统计分析提供基础。

2. 序列　接受干预措施的先后顺序。如 AB 表示先接受干预措施 A，再接受干预措施 B。

3. 阶段（period）　每个研究对象在各个阶段只接受一种干预。

4. 准备阶段（run-in period）　确保每个研究对象在进入试验时处于一个相对稳定状态。那些不稳定状态的病人将被排除在试验外。另外，若能测得进入试验前的研究对象的基线值，则可应用带有协变量的统计分析方法进行分析。

5. 初值　初值是指在试验开始（接受干预前）时研究对象的指标值，相当于一个基线水平。在交叉设计试验中，有一个稳定的初值尤为重要，有时会在试验开始前专门设计一段洗脱期来获得一个稳定的初值。

6. 洗脱期（washout period）　或称清洗期，为了避免前一阶段干预效果延续至后一阶段，对后一阶段干预产生"污染"，需要一个洗脱期以"清洗"前一阶段干预的延滞效应。经过洗脱期，可使研究对象回到试验前的基本状态。洗脱期的长短取决于药物的生物半衰期，还要考虑到受试者的年龄、代谢等因素对药物清除的影响。不同干预措施的洗脱期长短不一，在交叉设计试验中应同时考虑两种干预措施的洗脱期。

7. 延滞效应（carry-over effect）　或称残余效应，延滞效应发生在第一阶段干预效应延续到第二个阶段的干预。一般来说，它是指干预措施（包括药物、生理、心理）带来的对后续治疗的影响。在交叉设计试验中需要特别被关注的就是延滞效应。例如，在以安慰剂为对照的交叉设计试验中，先用安慰剂再用有效治疗措施不会受到延滞效应的影响。但是先使用有效治疗措施其后再使用安慰剂，如果洗脱期不够长，前一阶段治疗的延滞效应会夸大安慰剂治疗的效应，造成有效措施的效应被低估。治疗间设置洗脱期可以减少延滞效应对结果的影响。

二、简单的 2 处理 2 阶段交叉设计试验

最简单的交叉试验设计只包含 2 种处理（比如试验药和安慰剂）和 2 个阶段。将两种干预措施记为 A 和 B，研究对象随机分配至第一组：先接受干预措施 A，一段时间后再接受干预措施 B（序列为 AB）；或第二组：先接受干预措施 B，一段时间后再接受干预措施 A（序列为 BA）。所以 2 处理 2 阶段交叉设计试验也称为 AB/BA 设计。

交叉设计的临床试验也需要样本量估计。因为交叉设计包含有如同配对的自身对照，所需样本量较少，约为传统 RCT 的半数。此外，同一受试对象不同阶段的变异通常小于不同病人间的变异。这意味着即使交叉试验设计的病例数是平行设计的 RCT 的一半，依旧可以提供更精确的结果。交叉设计试验两组样本含量可以相同也可以不同，由随机的策略决定。

三、交叉设计试验解决的临床问题

交叉设计试验的特点决定了它在临床试验中的优势。因为交叉设计试验中同一受试对象接受了不同干预措施，干预效应的估计精度会更高。这是个体内变异一般小于个体间变异的缘故。交叉试验设计还可以节省研究对象人数，在伦理和经济上都有优势。

尽管交叉试验设计有其独特的优势，但在实践中却不多。可能是因为符合交叉设计的情景并不多，实践中大多数干预的效应往往是不可逆的。另外，试验中研究对象的失访和退出会影响试验的统计分析。交叉试验设计适用于病情稳定、实施干预措施后起效快、效应消退也快的慢性病临床研究。交叉试验设计较多地应用于新药临床试验的Ⅰ期、Ⅱ期和等效性试验。交叉试验设计在临床药理学、儿科学研究中广受欢迎，有报道说 68% 的抗焦虑药疗效研究应用了交叉设计试验。

从疾病角度看，交叉设计适用于评价那些只是缓解症状而且治疗效果是可逆的或短暂的情形，如哮喘、高血压、多发性硬化、类风湿关节炎等慢性疾病的治疗。这些疾病有个共同特点就是经过治疗病情能迅速缓解，但一旦停止治疗，症状又逐渐复原。对于那些在治疗过程中会发展成另一种状态的疾病，如恶性肿瘤或是精神分裂症，则交叉设计不太适用。

第二节 交叉设计数据的选择

一、交叉设计数据选择

在一个 2 处理 2 阶段的交叉设计试验中，将研究对象随机分成两组，设为甲组和乙组，两种干预措施为 A 和 B。甲组的序列为 AB，即研究对象先接受干预措施 A，经过洗脱期后接受干预措施 B；类似地，乙组的序列为 BA。对研究对象干预发生在阶段 1 和 2，它是交叉试验设计的主体，也是统计分析的主要数据源。交叉设计的终点变量可以是无序分类变量

（一般为二分类）、有序多分类、个体计数变量（Poisson 分布）和连续型变量。对于连续性数据，可以得到数据如表 4-1。

表 4-1 2 处理 2 阶段交叉设计试验的数据分析

治疗分组	阶段 1		洗脱期	阶段 2	
	初值	治疗后		洗脱后值	治疗后
甲组（AB）（样本量 n_1）	X_{11k}	Y_{11k}		X_{12k}	Y_{12k}
乙组（BA）（样本量 n_2）	X_{21k}	Y_{21k}		X_{22k}	Y_{22k}

其中，对 $i=1, 2; j=1, 2; k=1, 2, \cdots, n_i$；$X_{ijk}$、$Y_{ijk}$ 分别为第 i 组第 j 阶段第 k 个研究对象的治疗前后结果值。n_i 分别为第 1 组和第 2 组的研究对象数

表 4-1 比较完整地记录了交叉设计试验的数据，可以深入分析交叉设计试验中效应的各种影响。还可用简略方式呈现结果，也能基本分析交叉设计试验的效应差异，如表 4-2。为了说明交叉设计试验的特征，本章选用了简略的形式。

表 4-2 2 处理 2 阶段交叉设计试验的数据分析简略表

治疗分组	阶段 1	阶段 2
甲组（AB）	$Y_{11}=EA+e_1$	$Y_{12}=EB+e_2$
乙组（BA）	$Y_{21}=EB+e_1$	$Y_{22}=EA+e_2$

EA、EB 分别表示干预措施 A 和 B 的效应，而 e_1、e_2 分别表示阶段 1 和阶段 2 的效应。Y 表示研究对象的综合效应

二、交叉设计数据的统计分析

对于 2 处理 2 阶段交叉试验设计，统计分析的 4 个方面问题：①处理效应，如药物效应，比较处理间是否有差异；②阶段效应，比较阶段间是否有差异；③延滞效应；④处理与阶段的交互作用，分析在不同阶段的处理效应是否不同。2 处理 2 阶段交叉设计试验对二分类变量可以进行统计学分析，但其统计效能远不及连续性变量。

（一）连续性数据

为便于理解，可以将数据整理如表 4-3、表 4-4。

表 4-3 2 处理 2 阶段交叉设计试验的结果呈现

组别 1（AB 组）					组别 2（BA 组）				
研究对象	阶段 1 处理 A	阶段 2 处理 B	m_1（A+B）	d_1（A−B）	研究对象	阶段 1 处理 B	阶段 2 处理 A	m_2（B+A）	d_2（B−A）
①	②	③	④	⑤	⑥	⑦	⑧	⑨	⑩
1					1				
2					2				
...					...				
n_1					n_2				

表 4-4　2 处理 2 阶段交叉设计试验统计分析步骤

步骤	分析内容	分析方法	分析结果
1	延滞效应，即处理与阶段的交互作用	比较两组别 m 值（表 4-3 中的④⑨列）	①无统计学意义表示没有证据表明存在延滞效应，进入步骤 2 ②有统计学意义表示前一阶段的处理效应延续到下一阶段，放弃第二阶段的数据，仅使用第一阶段的数据
2	阶段效应	比较两组别的 d 值（表 4-3 中的⑤⑩列）	①无统计学意义表示没有证据表明存在阶段效应，合并两组别 AB 项作处理间的配对检验 ②有统计学意义表示存在阶段效应，需用校正阶段效应的比较，即表 4-3 中第⑤列与第⑩列的相反数

【案例 4-1】　为了评价双丙戊酸钠治疗青少年对立违抗性障碍和品行障碍的疗效，应用交叉设计试验，以安慰剂作为对照。治疗后症状评分如表 4-5。

表 4-5　双丙戊酸钠（A 法）相对于安慰剂（B）治疗青少年对立违抗性障碍和品行障碍后症状评分（模拟数据）

对象编号	AB 组（12 例）		m_1 (A+B)	d_1 (A−B)	对象编号	BA 组（10 例）		m_2 (B+A)	d_2 (B−A)
	A 法	B 法				B 法	A 法		
1	10	6	16	4	1	12	13	25	−1
2	16	11	27	5	2	7	10	17	−3
3	10	1	11	9	3	14	11	25	3
4	11	8	19	3	4	9	10	19	−1
5	13	7	20	6	5	9	11	20	−2
6	5	6	11	−1	6	5	10	15	−5
7	8	1	9	7	7	9	16	25	−7
8	2	1	3	1	8	3	6	9	−3
9	15	13	28	2	9	9	15	24	−6
10	12	3	15	9	10	10	9	19	1
11	9	6	15	3					
12	15	14	29	1					
均数			16.92	4.08				19.80	−2.40
标准差			8.08	3.20				5.25	3.10

1. 检验处理间延滞效应的差别　计算每一例两种治疗效果之和，比较两个顺序组疗效和的均数 m_1 和 m_2，可用两组比较的 t 检验或秩和检验。若 $H_0: m_1 - m_2 = 0$，不能被拒绝（$P > 0.10$），就可以推论两药延滞效应差别无统计学意义，根据表 4-4 步骤，进入下一步分析。反之，若 $P \leqslant 0.10$，则两药延滞效应差别有统计学意义，放弃第二阶段数据，只分析第一阶段数据。

$$t = \frac{|m_1 - m_2|}{\sqrt{S_{(m)}^2 \left(\frac{1}{n_1} + \frac{1}{n_2}\right)}} = \frac{|16.92 - 19.80|}{\sqrt{48.30 \times \left(\frac{1}{12} + \frac{1}{10}\right)}} = 0.97$$

其中合并标准差为

$$S_{(m)} = \sqrt{\frac{(n_1 - 1) S_{m_1}^2 + (n_2 - 1) S_{m_2}^2}{n_1 + n_2 - 2}} = \sqrt{\frac{(12 - 1)8.08^2 + (10 - 1)5.25^2}{12 + 10 - 2}} = 6.95$$

自由度为 20，$P=0.344$，不能拒绝 H_0，两药的延滞效应差别无统计学意义。

2. 比较处理间效应的差别

（1）不考虑阶段效应，处理间效应的差别检验：当假设不存在阶段效应时，就可简单地应用配对检验。本例应用配对 t 检验，两处理组 $A-B$ 的综合值（这里要注意 $A-B$，第二组的值要取相反数）和合并标准误。

$$d = \frac{d_1 \times n_1 + (-d_2) \times n_2}{n_1 + n_2} = \frac{4.08 \times 12 + 2.40 \times 10}{12 + 10} = 3.316$$

$$S_e = \sqrt{\frac{\left(\sum_{n_1}^{1}(d_{1i} - d)^2 + \sum_{n_2}^{1}(-d_{2i} - d)^2\right)/(n_1 + n_2 - 1)}{n_1 + n_2}} = 0.682$$

$$t = \frac{d}{S_e} = \frac{3.316}{0.682} = 4.862$$

自由度为 21，$P<0.001$。提示 A 药疗效优于 B 药。

（2）考虑阶段效应，处理间效应的差别检验：要检验新药是否有效，可以简单地应用成组 t 检验。

$$S_d = \sqrt{\frac{(n_1 - 1)S_{d_1}^2 + (n_2 - 1)S_{d_2}^2}{n_1 + n_2 - 2}} = \sqrt{\frac{(12-1) \times 3.20^2 + (10-1) \times 3.10^2}{12 + 10 - 2}} = 3.16$$

$$S_{(d_1 - d_2)} = \sqrt{S_d^2 \left(\frac{1}{n_1} + \frac{1}{n_2}\right)} = \sqrt{3.16^2 \left(\frac{1}{12} + \frac{1}{10}\right)} = 1.35$$

$$t = \frac{|d_1 - d_2|}{S_{(d_1 - d_2)}} = \frac{|4.08 - (-2.40)|}{1.35} = 4.79$$

自由度为 20，$P<0.01$。提示 A 药疗效优于 B 药，A 药相对于 B 药的疗效评分点估计为：$[4.08 - (-2.40)]/2 = 3.24$，其标准误为 $S_{(d_1 - d_2)}/2 = 1.35/2 = 0.675$；$t_{20, 0.05} = 2.086$，95%CI 为 $1.83 \sim 4.65$。

考虑是否存在阶段效应，其结果是比较接近的，分别为 3.32 和 3.24。说明本例中阶段效应即使存在，影响也不是很大。当然也可以继续检验阶段效应是否存在。只要检验两组的阶段间差值均数和是否为 0。即：

$$t = \frac{d_1 + d_2}{S_{(d_1 - d_2)}} = \frac{1.68}{1.35} = 1.24$$

自由度为 20，$P=0.11$，检验结果提示没有阶段效应。

（二）二分类数据

遵循表 4-2 的思路，有多种二分类变量的 2 处理 2 阶段交叉设计试验统计分析方法。

表 4-6　2 处理 2 阶段交叉设计试验的二分类数据结果呈现

	组别 1（AB 组）				组别 2（BA 组）		
阶段 1 处理 A	阶段 2 处理 B			阶段 1 处理 B	阶段 2 处理 A		
	+	−			+	−	
+	a_1	b_1	$a_1 + b_1$	+	a_2	b_2	$a_2 + b_2$
−	c_1	d_1	$c_1 + d_1$	−	c_2	d_2	$c_2 + d_2$
合计	$a_1 + c_1$	$b_1 + d_1$	n_1		$a_2 + c_2$	$b_2 + d_2$	n_2

1. 检验两种处理的延滞效应差别

根据表 4-6，计算总有效率 P_i 及方差 V_{P_i}

$$P_i = \frac{(2a_i + b_i + c_i)}{2n_i}$$

$$V_{P_i} = \frac{n_i(a_i + d_i) - (a_i - d_i)^2}{4n_i^3}$$

比较两组总有效率的差别，$H_0: P_1 = P_2$

$$X^2 = \frac{[|P_1 - P_2| - \frac{1}{4}(\frac{1}{n_1} + \frac{1}{n_2})^2]}{V_{P_1} + V_{P_2}}$$

自由度 = 1，若不能拒绝 H_0，则认为两个处理的延滞效应差异无统计学意义。

2. 比较两处理的效应差别

（1）当两处理延滞效应差异无统计学意义时，可直接比较两组治疗不一致的病例，即 b_i、c_i，列成四格表（表 4-7），根据 χ^2 值进行判断两处理的效应是否存在差别。

表 4-7　2 处理 2 阶段交叉设计试验无延滞效应时二分类数据疗效比较

分组	阶段 1 有效且阶段 2 无效	阶段 2 有效且阶段 1 无效
第一组（AB）	b_1	c_1
第二组（BA）	b_2	c_2

（2）当两处理延滞效应差别有统计学意义时，放弃第二阶段的数据，只比较第一阶段的结果。将配对排列的四格表还原成普通四格表。第一阶段的结果如表 4-8。

表 4-8　2 处理 2 阶段交叉设计试验有延滞效应时二分类数据疗效比较

分组	有效	无效
第一组（AB），处理 A 有效	$a_1 + b_1$	$c_1 + d_1$
第二组（BA），处理 B 有效	$a_2 + b_2$	$c_2 + d_2$

对于二分变量是否存在严重的延滞效应，很大程度上依赖于临床判断，因为目前统计技术判断延滞效应并不成熟。有一个专门针对二分变量交叉设计试验的分析方法，即 Becker-Balagtas 法，该法亦称为边际法（marginal method）。Becker-Balagtas 法通过 Δ 方法衍生出一个方差，当两阶段之间的相关系数增加时，方差减小。但这个方法其实是简化了统计分析，忽视了延滞效应、阶段效应。

Becker-Balagtas 法可以根据表 4-8 的数据，分别计算边际概率，然后估计出 OR 及其方差：

整个研究中 A 处理结果阳性，即：$P_{1^+} = (a_1 + b_1 + a_2 + c_2) / N$

A 处理结果阴性：$P_{1^-} = (c_1 + d_1 + b_2 + d_2) / N$

B 处理结果阳性：$P_{2^+} = (a_1 + c_1 + a_2 + b_2) / N$

B 处理结果阴性：$P_{2^-} = (b_1 + d_1 + c_2 + d_2) / N$

其中 $N = n_1 + n_2$

$$OR_{AB} = \frac{P_{1^+} P_{2^-}}{P_{1^-} P_{2^+}}$$

$$Var(\ln OR_{AB}) = (1/P_{1^+} + 1/P_{1^-} + 1/P_{2^+} + 1/P_{2^-} - 2\varDelta)/N$$

其中，$\varDelta = (P_{11} - P_{1^+}P_{2^+})/(P_{1^+}P_{1^-}P_{2^+}P_{2^-})$

P_{11} 是两阶段的成功的联合概率，$P_{11} = (a_1 + a_2)/N$

$\varDelta/N$ 是一个协方差，$\varDelta/N = \rho/N(P_{1^+}P_{1^-}P_{2^+}P_{2^-})^{1/2}$，

其中 $\rho = (P_{11} - P_{1^+}P_{2^+})/(P_{1^+}P_{1^-}P_{2^+}P_{2^-})^{1/2}$。

第三节　交叉试验的 Meta 分析

上文阐述了单个交叉设计试验的例子，下面将介绍交叉设计试验的 Meta 分析。Cochrane 手册在特殊设计类型的 Meta 中介绍了交叉试验 Meta 分析的技术要点，并给出了连续性变量 Meta 分析的近似分析法。

一、交叉试验 Meta 分析的基本原理

1. 交叉试验的设计合理性　在考虑 Meta 分析纳入交叉试验时，研究者首先要分析的是该疾病和干预措施是否适合应用交叉试验设计。尽管在阿尔茨海默病干预措施疗效评价中有很多交叉试验设计，其实这个疾病并不适合应用交叉设计试验，因为阿尔茨海默病有不可逆退行性改变的特征。所以在进行 Meta 分析时，通常只能应用第一阶段数据。第二个需要考虑的问题为是否存在严重的延滞效应，这在很大程度上依赖于临床判断，尤其是对二分变量的结果，因为目前靠统计技术判断延滞效应并不成熟。干预措施的性质、洗脱期的长短是重要的考虑因素。

2. 交叉试验风险偏倚的评估　交叉试验中存在的主要偏倚风险是：①交叉设计试验是否合理。交叉设计试验适合相对稳定（如哮喘），不需要长期随访的疾病。首先要考虑的问题是这个疾病是否适合交叉设计。②是否有延滞效应。前一阶段的治疗效果可能延续到下一阶段，影响总体疗效评价（通常低估疗效，导致阴性结果的偏倚）。③是否只有第一阶段数据可用。若存在延滞效应，通常做法仅将第一阶段的数据纳入 Meta 分析。交叉试验第一阶段实际上是一个平行组比较，但这样做可能存在着偏倚，同时也削弱了交叉设计的优势。④不正确统计分析。交叉试验的分析要充分利用自身配对的设计优势，进行配对分析。但对 Meta 分析来说，尽管研究者采用了配对分析方法，但结果未报告或报告不充分，无法提取相应的配对数据。而非配对数据与所估计的效应或统计学显著性无关。这其实是统计的方法学问题。⑤与平行组试验结果的可比性。假定不存在延滞效应，理论上交叉试验的结果应与平行试验结果相近。

交叉试验 Meta 分析尚存在其他的偏倚风险。①受试者完成第一阶段研究后脱落，而未接受第二次治疗；②存在阶段效应；③报告中治疗和阶段数目描述不清；④交叉试验中干预措施的顺序不随机；⑤对脱落的报告不够详尽等。

RevMan 手册中建议在交叉试验中偏倚风险评估要回答以下问题：①采用交叉设计试验是否合理？②接受干预的顺序是否随机？③是否能假定延滞效应不影响试验结果？④是否提供无偏的数据？

3. 交叉试验分析方法　如果交叉试验中不存在延滞效应和阶段效应，对一个 2 处理 2 阶段连续性资料交叉试验的分析方法就是配对 t 检验。可以通过计算每个对象 A 处理效

减去对照 B 措施效果,估计这些差值的均数及标准误,应用 RevMan 中采用的通用倒方差法进行 Meta 分析。

在交叉试验中,只要能获取下列任一方式中的相关数据,即可用配对分析:

(1)可以与研究者联系,获取受试者个体资料。

(2)可获得受试者特异的 A 处理效果和对照 B 措施疗效差值的均值和标准差(或标准误)。

(3)获得差值均数,且配对 t 检验的 t 统计量;或配对 t 检验 P 值;或差值均数的可信区间。

(4)可以提取受试者个体的处理 A 效果和对照 B 措施疗效数据的图表。

4. 交叉试验进行 Meta 分析的方法 不幸的是,现实中的交叉试验报告尚不规范,报告的结果形式多变,通常只是分别报道了试验组和对照组的均数和标准差(或标准误),往往无法获取 Meta 分析要求的配对分析数据。这种情况可尝试应用近似的方法。最简单的方法就是将结果看作来自于平行试验,将所有干预措施和对照措施分别合并进行 Meta 分析。这样做常引入分析单元误差(unit-of-analysis error),应该避免使用,除非能证明结果与配对分析非常近似。因为这样的 Meta 分析,忽略配对数据的特征,导致可信区间太宽,试验的权重过小,掩饰重要的临床异质性。不过这种分析方法虽不精确,但因为低估了试验的权重,而不是过度加权,所以其估计值相对保守。有人认同这种方法,认为它会降低分析单元误差的严重性。

第二种方法是只利用交叉试验的第一阶段数据。如果考虑到延滞效应的存在会影响结果,或因为其他原因认为交叉试验设计不适合,那么这样的处理有其合理性。但第一阶段数据很有可能只是整个研究中一个有偏的子集,因为很有可能研究者认为存在有统计学意义的延滞效应,而只报告了第一阶段的数据。

第三种方法是对那些不恰当报告的交叉试验,通过填补缺失标准差进行近似配对分析。

二、连续性变量交叉设计试验的 Meta 分析

(一)配对分析法

如果不考虑延滞效应和阶段效应,对 2 处理 2 阶段交叉试验的连续变量分析方法是配对 t 检验。根据每个交叉试验的均差和标准差(标准误),可以直接进行常规的 Meta 分析。可以参考前面的章节。

(二)近似分析法

Cochrane 手册对连续性变量介绍了应用近似分析法作交叉试验的 Meta 分析。表 4-9 是交叉试验中常可以获得的数据,根据这些数据可以近似地估计均差或标准均差,用于 Meta 分析。在数据缺失情况下,是选择应用近似分析法估计还是直接剔除该研究,各有利弊,做 Meta 分析的作者可以根据被估计值的可信程度进行权衡。

表 4-9 交叉试验报告中可以获得的数据

	核心统计量	其他统计量
实验组 E	N, M_E, SD_E	M_E 的标准误
对照组 C	N, M_C, SD_C	M_C 的标准误
受试者内差值 E–C	N, MD, SD_{diff}	MD 的标准误;可信区间;配对 t 检验的 t 值;P 值

交叉试验的均差为 $MD = M_E - M_C$,均差的标准误为 $SE(MD) = \dfrac{SD_{\text{diff}}}{\sqrt{N}}$,其中 N 是受试者人数,SD_{diff} 是表中受试者内 E 和 C 的差值的标准差。这个值也可通过 MD 的可信区间、配对 t 检验的 t 值或 P 值推导获得。将 MD 和 $SE(MD)$ 输入 RevMan,应用通用的倒方差法即可完成 Meta 分析。

1. 相关系数估计 当无法直接获得标准误时,可以用 Meta 分析中常用的标准差填补法。当然,估计会有误差,Meta 分析时需要做敏感性分析。若从研究报告中无法得到均数差值标准差的信息,可通过分析受试者内部干预 E 和 C 测量值之间的相似性,计算其相关系数。相关系数的期望值在 0 到 1 之间,若相关系数为 0 或负数,意味着与平行分组试验相比,交叉设计试验已无任何统计学优势。

根据表 4-9,差值的标准差可利用各干预组的标准差和相关系数(Corr)来估计。

$$SD_{\text{diff}} = \sqrt{SD_E^2 + SD_C^2 - (2 \times \text{Corr} \times SD_E \times SD_C)}$$

相关系数(Corr)值来源多样,可根据 Meta 分析中其他研究结果来估计,也应有 Meta 分析以外的资源,甚至可以基于合理假设得来,只是需要对相关系数进行敏感性分析,分析不同 Corr 对结果稳定性的影响。

根据上面的公式转换,相关系数:

$$\text{Corr} = \frac{SD_E^2 + SD_C^2 - SD_{\text{diff}}^2}{2 \times SD_E \times SD_C}$$

2. 标准化均数差 交叉试验结果最理想的报告形式是采用标准化均数差(SMD),即用均值差除以测量值的标准差(而不是差值的标准差)。SMD 可由合并干预组标准差来计算:

$$SMD = \frac{MD}{SD_{\text{pooled}}}$$

式中:

$$SD_{\text{pooled}} = \sqrt{\frac{SD_E^2 + SD_C^2}{2}}$$

SMD 标准误的计算也需要相关系数:

$$SE(SMD) = \sqrt{\frac{1}{N} + \frac{SMD^2}{2N}} \times \sqrt{2(1 - \text{Corr})}$$

另外,使用估算的相关系数,也可将 MD 转化为 SMD:

$$SMD = \frac{MD}{SE(MD) \times \sqrt{\dfrac{N}{2(1 - \text{Corr})}}}$$

这种情况下,估算的相关系数不仅对标准误有影响,同时可影响 SMD 自身效应强度的估计。

(三)实例

从上面的介绍可以理解,在假设没有延滞效应和阶段效应的前提下,连续性变量的交叉试验 Meta 分析与平行试验并无区别。案例 4-2 主要想展示存在数据缺失、应用近似分析的方法进行 Meta 分析。

【案例 4-2】 模拟应用双丙戊酸钠治疗青少年对立违抗性障碍和品行障碍疗效的例

子,在进行交叉试验 Meta 分析时收集到 3 个研究,其中研究 1 和研究 3 提供了详细的数据,而研究 2 的报告中只有试验组和对照组均值和标准差,没有报告配对分析的均值和标准差(表 4-10)。

表 4-10 模拟三个交叉试验的结果

研究	样本量	报告数据结果					
		$mean_E$	SD_E	$mean_C$	SD_C	$mean_{diff}$	SD_{diff}
Smith 2003	23	8.3	3.1	7.0	2.6	1.3	1.4
Johnson 2004	14	7.9	2.8	7.1	2.1	/	/
Lau 2009	27	8.8	3.2	6.9	2.5	1.9	1.7

可以应用几种方法来估计研究 2 的缺失值。假设这些研究的相关系数相对一致,则可以根据研究 1、研究 3 分别估计相关系数。

$$\text{Corr}(\text{Smith 2003}) = \frac{SD_E^2 + SD_C^2 - SD_{diff}^2}{2 \times SD_E \times SD_C} = \frac{3.1^2 + 2.6^2 - 1.4^2}{2 \times 3.1 \times 2.6} = 0.89$$

$$\text{Corr}(\text{Lau 2009}) = \frac{SD_E^2 + SD_C^2 - SD_{diff}^2}{2 \times SD_E \times SD_C} = \frac{3.2^2 + 2.5^2 - 1.7^2}{2 \times 3.2 \times 2.5} = 0.85$$

由于两个研究的估计比较一致,所以可选其中一个(Smith 2003)来估计研究 2 的配对分析标准差。研究 2 的均差为 7.9 - 7.1 = 0.8。标准差:

$$SD_{diff} = \sqrt{SD_E^2 + SD_C^2 - (2 \times \text{Corr} \times SD_E \times SD_C)} = \sqrt{2.8^2 + 2.1^2 - (2 \times 0.89 \times 2.8 \times 2.1)} = 1.34$$

利用另一个研究(Lau 2009)数据来估计,进行敏感性分析,过程略。当然这个 Corr 值还可以根据经验来估计,然后调整。

根据以上数据,可以整理为表 4-11,应用 STATA 软件,即可完成 Meta 分析。

表 4-11 模拟三个交叉试验的结果

研究	样本量	$mean_{diff}$	SD_{diff}	SE_{diff}
Smith 2003	23	1.3	1.4	0.29
Johnson 2004	14	0.8	1.3	0.36
Lau 2009	27	1.9	1.7	0.33

从结果上看,研究之间存在着一定的异质性,I^2 约为 60%,应用随机效应模型得到干预均差为 1.35,95%CI 为 0.760~1.937。

```
. input str20 study es sees

       study     es   sees
"Smith 2003" 1.3 0.29
"Johnson 2004" 0.8 0.36
"Lau 2009" 1.9 0.33

end


. metan es sees,label(namevar = study)random
```

Study		ES	[95% Conf. Interval]		% Weight
Smith 2003		1.300	0.732	1.868	36.28
Johnson 2004		0.800	0.094	1.506	30.70
Lau 2009		1.900	1.253	2.547	33.01
D+L pooled ES		1.345	0.754	1.935	100.00

Heterogeneity chi-squared=5.14(d.f.=2)p=0.077

I-squared(variation in ES attributable to heterogeneity)=61.1%

Estimate of between-study variance Tau-squared=0.166 3

Test of ES=0: z=4.46　p=0.000

三、二分类变量交叉设计试验的 Meta 分析

虽然二分变量的交叉试验的统计分析技术还不够成熟，Meta 分析时还是同样地假设没有延滞效应和阶段效应的影响，按照 Becker-Balagtas 的主张，应该合并平行分组研究中得出的经典的最大似然比估计值和交叉设计试验中得出的边际比值比。合并比值比的对数（lnOR）可通过将各试验的 lnOR 进行常规的加权平均求得，此处权重应用 lnOR 方差的倒数。当然，如果这些交叉设计试验治疗阶段间的相关性是不同的，则不应该合并它们的条件比值比，否则得出的结果可能会有偏倚。同时还建议，应用 Becker-Balagtas 边际法主要强调了比值比（OR）而不是相对风险（RR）。

（一）二分类变量交叉试验 Becker-Balagtas 边际法

下面介绍具体实施过程，先应用 Becker-Balagtas 边际法来准备数据，简单地将数据按干预措施和干预效果来合并。

将表 4-6 转为类似配对资料的格式，如表 4-12。

表 4-12　二分类变量交叉试验设计后结果的呈现

处理 A	处理 B		合计
	+	−	
+	$a_1+a_2(s)$	$b_1+c_2(t)$	$a_1+a_2+b_1+c_2$
−	$c_1+b_2(u)$	$d_1+d_2(v)$	$c_1+b_2+d_1+d_2$
合计	$a_1+a_2+c_1+b_2$	$b_1+c_2+d_1+d_2$	N

再将表 4-12 转化为表 4-13。

表 4-13　二分类变量交叉试验设计后结果的呈现

	处理 A	处理 B
+	$a_1+b_1+a_2+c_2(a=s+t)$	$a_1+c_1+a_2+b_2(b=s+u)$
−	$c_1+d_1+b_2+d_2(c=u+v)$	$b_1+d_1+c_2+d_2(d=t+v)$

简化过程，可按表 4-14 显示结果和关键的参数。

表 4-14 二分类变量交叉试验设计后结果的呈现

试验	疗效判断				n	$OR_{marginal}$	Δ 值	$Var(\ln OR_{marginal})$
	A^+B^+	A^+B^-	A^-B^+	A^-B^-				
试验 1	s_1	t_1	u_1	v_1	$s_1+t_1+u_1+v_1$			
试验 2	s_2	t_2	u_2	v_2				
试验 3	s_3	t_3	u_3	v_3				
……								

$$OR_{marginal} = \frac{ad}{bc}$$

$$\Delta = n^2(\frac{ns-ab}{abcd})$$

$$Var[\ln(OR_{marginal})] = 1/a+1/b+1/c+1/d-2\Delta/n$$

相关系数 ρ:

$$\rho = (\frac{ns-ab}{\sqrt{abcd}})$$

根据这些基础数据,可以简单实现 Meta 分析。

（二）实例

【案例 4-3】 模拟应用双丙戊酸钠治疗青少年对立违抗性障碍和品行障碍疗效的例子,若将结果变量的评定定义为对改善症状有效、无效的二分变量,在进行交叉试验 Meta 分析时收集到 4 个研究,见表 4-15。

表 4-15 模拟二分变量的交叉试验,予以处理 A 和处理 B

试验	A^+B^+	A^+B^-	A^-B^+	A^-B^-	n	$OR_{marginal}$	Δ 值	$Var(\ln OR_{marginal})$
	(s)	(t)	(u)	(v)				
试验 1	40	30	27	44				
试验 2	38	32	36	35				
试验 3	28	25	24	29				
试验 4	68	35	61	39				

应用 STATA 软件,可以帮助计算剩余的空格。采用倒方差法 Meta 分析,计算合并效应值。

从结果上看,I^2 约为 44%,不认为研究之间存在着异质性,应用固定效应模型得到 OR 为 0.848,95%CI 为 0.681～1.055,效应值没有达到统计学意义。

主要命令和结果如下:

```
. gen a=s+t
. gen b=s+u
. gen c=u+v
. gen d=t+v
. gen n=s+t+u+v
. gen ormarg=(a*d)/(b*c)
. gen delta=(n^2)*(n*s−a*b)/(a*b*c*d)
. gen varlnormarg=1/a+1/b+1/c+1/d−2*delta/n
```

. gen lnormarg = ln（ormarg）

. gen selnormarg = sqrt（varlnormarg）

分别应用固定效应模型和随机效应模型

. metan lnormarg selnormarg, label（namevar = study）fixed effect（OR）

Study	| ES	[95% Conf. Interval]		% Weight
trial1	| 0.085	−0.335	0.505	27.18
trial2	|−0.114	−0.572	0.345	22.79
trial3	| 0.038	−0.480	0.556	17.89
trial4	|−0.526	−0.912	−0.140	32.14
I-V pooled ES	|−0.165	−0.384	0.054	100.00

Heterogeneity chi-squared = 5.36（d.f. = 3）p = 0.147

I-squared（variation in ES attributable to heterogeneity）= 44.0%

Test of ES = 0: z = 1.48　p = 0.139

. metan lnormarg selnormarg, label（namevar = study）random effect（OR）

Study	| ES	[95% Conf. Interval]		% Weight
trial1	| 0.085	−0.335	0.505	26.46
trial2	|−0.114	−0.572	0.345	23.99
trial3	| 0.038	−0.480	0.556	20.70
trial4	|−0.526	−0.912	−0.140	28.85
D + L pooled ES	|−0.149	−0.444	0.147	100.00

Heterogeneity chi-squared = 5.36（d.f. = 3）p = 0.147

I-squared（variation in ES attributable to heterogeneity）= 44.0%

Estimate of between-study variance Tau-squared = 0.039 9

Test of ES = 0: z = 0.99　p = 0.324

第四节　合并平行试验和交叉试验的 Meta 分析

假设希望将交叉设计试验的结果和平行分组试验的结果合并,可以先求得每个研究的疗效估计值和它的标准误,然后采用常规方法进行 Meta 分析。从交叉试验中获得疗效估计值和标准误如上文所介绍。理论上说,交叉设计试验通过配对分析将结果纳入 Meta 分析中,其关键是能获得配对分析所需要病人治疗前后进行自身对照的信息。理想的情况是,可以从研究报告或联系作者获取标准差合适的疗效估计值。如果不能直接获得这些数据,可以通过计算得出这些数据。当数据为连续数据时,分析方法直接明了。但如果二分类变量,或者交叉试验可能存在延滞效应,在 Meta 分析时需要更多的考虑。

第二种方法是只纳入试验第一阶段的数据。其实交叉试验的第一阶段数据与平行试验是等价的。舍弃第二阶段可以使所有试验都可被当做相同类型的研究。然而,这个方法只在每个治疗阶段的结果都被单独列出时才有可能实现。即使可以获得这样的数据,这种方法仍然有一些缺陷。舍去第二阶段数据造成了信息的丢失。更重要的是,试验报告将每个阶段的结果都分别列出,通常是因为作者考虑试验中存在延滞效应,所以这类数据很有可能是存在偏倚的。所以,ELbourne D R 等建议只有发现交叉试验不合理时,才单独应用第一阶段的数据。

第三个选择是单纯地忽略这些试验的交叉试验属性,也就是说把第一和第二个治疗阶段的结果看作是来自两组不同病人的结果。ELbourne D R 等不推荐应用这种方法,因为这种方法过于局限,它忽略了病人自身对照的相关性,因此并未体现出交叉设计的优点。更重要的是,这个方法忽略了一个事实,即在两治疗组中出现的病人是相同的,因此他们实际上并不是相互独立的个体,而在标准统计假设中是以个体的相互独立为前提。

交叉试验和平行试验的设计有本质的区别,至少存在方法学的异质性。交叉试验只包含那些病情稳定的病人,治疗时间短,药物的起效快、消退也快等特点。若存在明显问题,不应勉强合并,可以分别进行 Meta 分析。

Curtin F 等更进一步对存在延滞效应时交叉试验进行 Meta 分析的方法进行了探索。他应用了更复杂的统计方法进行模拟,但此方法尚未纳入 RevMan 手册中,有兴趣的读者可以参阅。

第五节 总 结

交叉试验是一种独特的随机对照试验,相对于平行试验设计,它的优势是消除了个体间变异,提高了统计精度;操作过程中减少了试验对象,具有更好的伦理性和经济性。但也有其缺点,不适用于结果不可逆转或治疗时间过长的疾病;适用于病情稳定、起效快、易恢复的慢性病。

交叉试验分析时除了考虑干预效应外,还需注意是否存在延滞效应及阶段效应。目前统计学家针对这些问题,有了一定的处理方法,但总体来说,限制太多,尚需进一步完善。

从理论上说,交叉试验的结果可以单独做 Meta 分析,也可与平行试验合并做 Meta 分析。尤其是后者,往往有很多假设,基本是基于排除延滞效应和阶段效应的假设。有了这些假设,基本上是将交叉试验类似地看做平行试验。若在实际操作中发现有延滞效应,则只能取其中一部分数据,这样的策略(即丢弃第二阶段数据)是有严重缺陷的,会导致结论的偏倚。Senn 和其他一些学者则认为,有效的交叉设计试验是建立在假设以最小残留效应进入下一周期治疗的基础上。根据这一理论,在统计分析时,与其检验延滞效应,不如直接默认并不存在延滞效应。

(张博恒)

参考文献

[1] Elbourne D R, Altman D G, Higgins J P T, et al. Meta-analysis involving cross-over trials: Methodological issues[J]. Int J Epidemiol, 2002, 31: 140-149.

[2]　Curtin F，Altman D G，Elbourne D R. Meta-analysis combining parallel and cross-over clinical trials. Ⅰ：Continuous outcomes［J］. Stat Med，2002，21（15）：2131-2144.

[3]　Curtin F，Elbourne D R，Altman D G. Meta-analysis combining parallel and cross-over clinical trials. Ⅱ：Binary outcomes［J］. Stat Med，2002，21（15）：2145-2159.

[4]　Curtin F，Altman D G，Elbourne D R. Meta-analysis combining parallel and cross-over clinical trials. Ⅲ：The issue of carry-over［J］. Stat Med，2002，21（16）：2161-2173.

[5]　Higgins J P T，Deeks J J，Altman D G. Chapter 16: Special topics in statistics［M/OL］//Cochrane Handbook for Systematic Reviews of Interventions Version 5.1.0. The Cochrane Collaboration，2011.［2018-09-15］. http://handbook-5-1.cochrane.org/.

[6]　张天嵩，钟文昭，李博. 实用循证医学方法学［M］. 2版. 武汉：中南大学出版社，2014.

第五章

整群随机对照试验的 Meta 分析

> **本章引例**
>
> 　　男童，3 岁，生活在某热带低收入国家，生长发育迟缓，血红蛋白 90g/L，血清铁蛋白 10μg/L。怀疑该男童患有缺铁性贫血，需要接受补充铁剂的治疗。但最近有相关报道称，补铁可能提高感染疟疾的风险。为进一步评价铁剂治疗与贫血及疟疾发病的关系，现需要对相关的 RCT 进行系统综述。初步检索发现，除了传统的以个体为随机分配对象的 RCT，还有以群组为分配对象的 RCT，但这类 RCT 大部分并没有采用正确的统计学方法进行分析。怎样在系统综述中处理这类 RCT 的数据，怎样评价它的偏倚风险，是在考虑这类 RCT 时所需要解决的问题，也是本章所要讲述的主要内容。

第一节　整群随机对照试验

　　整群随机对照试验（cluster randomized controlled trial，cRCT）是一类以群组为随机分配单位的 RCT。其分配单位可为医院、门诊、学校、班级、家庭、工厂、社区、城镇等。cRCT 特别适用于群组水平干预措施的有效性评价，例如卫生政策、健康教育等。cRCT 也可用于个体水平干预措施的评价，如药物、饮食干预等，它可保证群组内的个体都接受相同的干预，从而减少个体间干预沾染的可能。此外，实施 cRCT 可便于管理和提高依从性。

　　例如，为评价铁补充对疟疾发生的影响，一项 cRCT 纳入了 451 个家庭，225 个家庭（共 340 名儿童）随机分到铁剂组，226 个家庭（共 344 名儿童）随机分到安慰剂组。该研究排除无基线数据的儿童（铁剂组 33 例，安慰剂组 37 例）后，对 614 名儿童的数据进行了分析。

　　从上述例子可看出，cRCT 突出的特点是分组单位和观察单位的不同。cRCT 是对群组进行随机分组，群组内所有个体均接受所在组别的干预措施。但在结局测量和数据分析时，一般是以个体为单位，而非群组。这使得个体观测值之间可能存在组内相关性，个体间的观察数据并非相互独立。例如，在上述的 cRCT 中，分组单位是家庭，但由于同一个家庭的儿童个体所暴露的自然环境、营养条件、蚊子特点、预防措施等较为近似，可导致个体间的观察结局存在相关性，即群集效应（clustering effect）。然而很多 cRCT 在分析时并没有考虑这种非独立的数据特点，误用经典平行设计 RCT 的分析方法，导致分析单位错误（unit-of-analysis error）。这种未考虑群组之间变异的分析方法，所得到的 P 值偏小，95%CI 偏窄，因此容易出现假阳性结果。如果不对原始研究中的这种错误加以纠正，这类 cRCT 的权重在

Meta 分析中就很可能偏大,从而导致对干预措施效果的有偏估计。

关于在系统综述和 Meta 分析中如何处理 cRCT 信息和数据,图 5-1 是对其整个流程的总结。

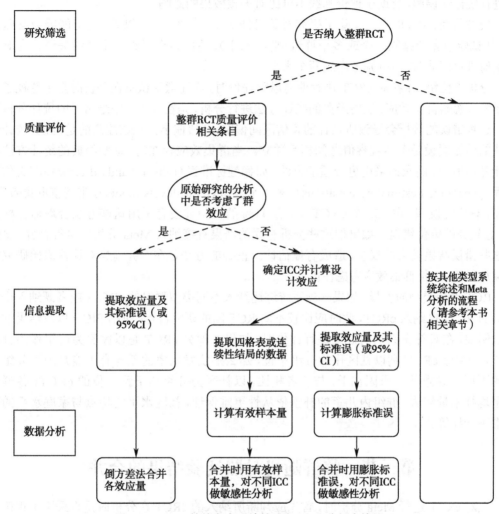

图 5-1 cRCT 的信息在系统综述和 Meta 分析中的处理
ICC: 组内相关系数

第二节　整群随机对照试验的偏倚风险评价

在对 cRCT 进行偏倚风险评价时,除了经典 RCT 的相关评价条目(如 Cochrane 风险评估工具的条目)以外,还要对 cRCT 特有的偏倚风险进行评价。主要包括:招募偏倚、基线不可比、失访偏倚、分析单位错误、RCT 设计类型的差异。

招募偏倚:在 cRCT 中,个体研究对象是在把各群组随机分配到不同的干预组以后再招募到研究的。招募个体的方法可能是随机的,可能是全体个体,或者其他选择方法。如果不同的干预组中,个体招募率不同,或个体的招募跟个体水平的预后因素有关(尤其是当分组隐藏不可行的时候),则可能带来招募偏倚。

基线不可比:cRCT 通常存在两个层次,群组和个体水平,不同干预组之间这两个水平的基线信息不应该存在显著性差异。但当随机化的群组数目较少时,由于机会因素,可能导致干预组间的基线不可比。详细报告组间基线比较的结果,当存在基线特征不可比时对其进行统计学调整,有助于评价基线不可比对干预效果的影响。

失访偏倚:在 cRCT 中,除了研究对象可能失访(个体水平)以外,也可能因为某些原因,从试验中完全排除一个或多个群组(群组水平),造成整个群组内个体的失访。在对失访偏倚进行评估时,应分别考虑这两个水平。

分析单位错误:在对 cRCT 进行偏倚风险评价时,应注意该试验在分析时是否忽视了群集效应。忽略群集效应,误用经典的统计方法进行分析,是在 cRCT 中最常见的统计分析错误。这种错误的分析会导致所估计的置信区间偏窄,P 值偏小。应该注意的是,经典统计学方法的前提假设是个体观察值之间相互独立。当群集效应存在时,这些经典的统计方法很可能并不适用,而应该采用更合适的方法,如稳健标准误(robust standard error)、广义估计方程(generalized estimating equations)、多水平模型(multi-levels model),来调整群集效应。然而,有研究发现,在 152 个 cRCT 中,有 41% 的试验并没有采用这些方法合理估计标准误,导致分析单位错误。如果把这些分析有误的结果直接纳入 Meta 分析中进行合并,将给予这些错误结果较大的权重,造成有偏估计。正确的方法是在合并前先对这些原始研究的结果加以校正,把群集效应考虑在内。

RCT 设计类型的差异:如果一项系统综述纳入不同类型群组的 cRCT;或者既纳入个体随机的 RCT,也纳入 cRCT,此时应比较不同 RCT 间的研究特点,包括 PICO 以及结果的差异。例如,在对补充铁剂的效果进行评价时,如果一部分 cRCT 是以家庭为群组作为分组单位,一部分 cRCT 则以社区作为分组单位,那么疟疾发病率的差异有可能是因为分组单位的不同而导致的。原因在于,与前者相比,以社区为分组和干预单位的 cRCT,各群组的平均样本量较大,群组内儿童的补铁依从性更难保证,社区水平的特点与家庭水平的特点也不一样等。

第三节 整群随机对照试验结果的合并

在对 cRCT 进行 Meta 分析时,首先应判断所纳入的 cRCT 在分析时是否采用了正确的分析方法来调整群集效应。如果是,可以采用一般倒方差的方法直接通过 cRCT 中所报告的效应估计值及其标准误(或 95%CI)进行合并。调整群集效应的统计方法包括群组水平分析、稳健标准误、多水平模型、广义估计方程等。

如果 cRCT 只考虑了个体间的变异,忽略了群组间的变异,那么在进行合并前需对原始研究中的样本量或标准误进行调整,根据调整后的样本量或标准误进行合并。调整的目的是增加群组间变异所带来的不确定性,从而减少该研究结果所占的权重。以下分别对有效样本量和膨胀标准误的计算进行说明。Cochrane 手册上也对这两种方法进行了说明。

一、有效样本量

计算有效样本量需要以下三个方面的信息:

1. 各组的结局信息 即结局发生数和总人数(二分类结局),或各组均数、其标准差和总人数(连续性结局)。

2. 各组的群组数(或群组总数)或每个群组的平均样本量(M)　根据总人数和群组数可计算 M。若原始研究中报告了平均样本量,可直接用于计算有效样本量。

3. 组内相关系数的近似估计　组内相关系数(intracluster correlation coefficient,ICC)是组间变异跟总变异的比值,表示组内结局数据的相似性。ICC 越大,说明组间变异越大,而组内越相似。

计算有效样本量的关键在于得到设计效应(design effect,deff)。deff 可通过 M 和 ICC 进行计算:deff=$1+(M-1)\times$ICC。若有文章报告相应的 deff,可直接用其计算有效样本量,不需要用上述 2 和 3 的信息。用 deff 来除各组的原有样本量(原有样本量/deff)即为有效样本量,然后在有效样本量的基础上进行效应值的合并。

例如,一项对疟疾流行地区儿童中应用口服铁制剂的效果进行评价的系统综述,其中一个所纳入的 cRCT,把 451 个家庭(共 684 名儿童)随机分成干预组和对照组。随访 12 个月以后,504 名儿童(其余儿童因失访而未纳入分析)中发生贫血的情况如下:干预组(180/232),对照组(172/272)。根据相关文献的信息,该系统综述作者对以家庭作为群组的 cRCT 采用赋值为 1.4 的 deff。因此调整样本量以后的贫血发生情况如下:干预组(129/166),对照组(123/194)。然后用调整后的数据跟其他 RCT 的相关数据进行合并。

值得注意的是,在大多数的 cRCT 中,很少会报告 ICC 的估计值,因此 ICC 通常需要从其他相关研究中获取,在使用时说明出处。ICC 的取值一般小于 0.1。然而当群组平均样本量较大时,即使 ICC 的取值很小,此时所计算出来的 deff 仍然会很大,导致有效样本量大幅度减少。

由上述例子可见,对于二分类结局,在计算有效样本量时,需要对分子和分母同时进行调整。但对于连续性结局来说,只需要对各组样本量进行调整,均数和标准差保持不变。

本方法的局限性在于:①有效样本量必须是整数,当计算出来不是整数时需要四舍五入,降低了数据的精确性;②当 cRCT 中各组数据不能完全获取,或者其他 RCT 未提供相应的用四格表或均数以及标准差的数据进行合并时,本方法不再适用。此时,可考虑对效应量(lnRR、lnOR、均数差等)的标准误进行调整。

二、调整标准误

对效应量的标准误进行调整时需要以下三个方面的信息:①效应量的点估计值及其标准误(或 95%CI);②各组的群组数(或群组总数)或每个群组的平均样本量;③ ICC 的近似估计。

上述信息②和③用于计算 deff。跟计算有效样本量时相同,如果 deff 可从相关文献中直接获得,可以不用这两部分信息。跟计算有效样本量不同的是信息①,这里需要获得关于效应量的信息而不是各组的结局信息,即二分类结局的 lnRR 或 lnOR 及其标准误,连续性结局的均数差及其标准误。若文中只报告了效应量的 95%CI,需要通过相关公式计算其标准误(见其他相关章节)。然后对标准误进行调整,公式为:调整标准误=原有标准误×$\sqrt{\text{deff}}$。然后用倒方差的方法基于原有效应量及其调整标准误进行合并。

例如,在上述的纳入了 451 个家庭(共 684 名儿童)的 cRCT 中,对 614 名儿童(排除无基线数据的 70 名儿童)的疟原虫血症情况进行了分析,结果显示 RR 为 0.98,lnRR 为 −0.02,lnRR 的标准误为 0.28。根据另外文献报告,deff 取值为 1.34,调整后的标准误为 0.32

$(0.28 \times \sqrt{1.34})$。然后用 -0.02 作为效应量，0.32 作为其调整后的标准误，与其他研究的效应量进行合并。

需要强调的是，对于二分类结局来说，如果原始研究中有四格表数据，那么不管是通过调整样本量还是标准误，调整结果都是等价的。如果没有四格表数据，那么只能通过调整标准误的方法来校正群集效应。同理，对于连续性结局来说，如果原始研究中报告了各组的样本量、均数及其标准差，那么两种调整方法也是等价的。若各组的数据不全，那么也只能通过调整标准误的方法来处理。当两种方法都可行时，还应对其他研究中的数据结构加以考虑。如果其他研究也有四格表或各组的样本量、均数及其标准差的数据，选用有效样本量的方法可能更方便，因为不用额外计算对数转换后的效应量及其标准误；否则，应选用调整标准误的方法。

第四节 实 例 分 析

本节以探讨铁剂与疟疾关系的一篇 Cochrane 系统综述为例，对如何在系统综述中处理 cRCT 进行解读。

一、实例背景

补充铁剂是治疗缺铁性贫血的有效方法，但同时也可能增加疟疾发生的风险。该 Cochrane 综述旨在评价铁剂在疟疾高发地区的儿童中使用与疟疾发生的关系。研究对象为 18 岁以下的儿童，不管基线时是否患有贫血或疟疾。干预措施可为铁剂、铁剂和叶酸、铁剂和抗疟疾药物，对照措施可为安慰剂、无治疗措施、抗疟疾药物（仅限于干预措施为铁剂和抗疟疾药物时）。主要结局为疟疾相关，包括临床疟疾、严重疟疾和全因死亡。该文章检索了多个电子数据库和 RCT 注册平台，采用了 Cochrane 手册上推荐的方法进行了文献筛选、数据提取和偏倚风险评价。通过亚组分析和敏感性分析，对可能的异质性来源进行了探讨。

二、实例解读

以下就该系统综述中关于如何处理 cRCT 方面的内容进行解读。

纳入标准：该文章对研究类型进行了限制，只纳入以个体为分配对象的经典 RCT 以及以群组为分配对象的 cRCT，而且要求每个比较组至少含有两个群组。但作者并没有明确说明为什么要纳入 cRCT。

文献筛选：在进行筛选时，作者会特意对 cRCT 用字母"C"进行标识，以便于后续工作中对 cRCT 的识别。

信息提取：作者提取了 cRCT 的相关内容，包括分组的单位（例如家庭、村落等）、群组的数目、平均群组大小、统计方法、是否调整了群组效应、ICC、未调整或调整后的点估计值及其标准差或 95%CI。作者提取的这些内容为后续的偏倚风险评价和数据分析做了充分的准备。

偏倚风险评价：作者在标准的 Cochrane 偏倚风险评估工具的基础上，根据 Cochrane 手册上的推荐意见，多加了 5 个跟 cRCT 相关的条目：招募偏倚、基线不可比、群组失访、分析错误、RCT 设计类型的差异。作者在结果中以文字描述的方式展现了评价的结果，但在偏倚风险图中未展示这些条目偏倚风险高、低或不清楚的图案，这一评价结果的呈现不够充分。

数据分析：文章对 cRCT 中的群集效应分两种情况进行调整。①若一部分 cRCT 对群集效应进行了调整，另一部分未进行调整，则采用调整标准误法对未调整的标准误进行调整，调整标准误＝原有标准误×$\sqrt{\text{deff}}$；②若 cRCT 均未调整群集效应，则采用有效样本量法，对每个 cRCT 组样本量均进行调整。作者用调整后的数据与以个体为分配对象的 RCT 数据进行合并。此外，作者还在附件中详细说明了 ICC 或 deff 如何选取，并有相应的参考文献支持。作者所选用的方法合理，所选 ICC 或 deff 有相关数据为依据，可以有效地对群集效应作近似调整。在对结果进行报告时，作者通过表格展示了每个 cRCT 调整前后的标准误或样本量，为读者提供了充分的可对比的信息。

三、整体评价

该实例制作规范，检索全面，文献筛选、信息提取、偏倚风险评价、数据分析等方法合理可靠，在各个环节都充分考虑了 cRCT 的特殊性，恰当处理了群集效应。方法部分的报告清晰全面，唯一明显的不足在于偏倚风险评价结果的报告欠充分。整体来说，该实例在如何处理 cRCT 数据方面值得借鉴。

第五节　软件操作

本节将采用 STATA 软件分析本章第四节所介绍的实例，主要介绍临床疟疾这一结局的数据合并，比较铁剂与安慰剂（或比较铁剂＋抗疟疾药与抗疟疾药）的结局差异。表 5-1 是从纳入研究中提取并整理好的数据，可用于下一步分析。

表 5-1　临床疟疾结局的数据结构

id	crct	ave	deff	lnRR	u_se	a_se
Adam 1997	1	1.5	1.34	0.4	0.17	
Ayoya 2009	0			0.73	0.58	
Desai 2003	0			−0.53	0.19	
Gebreselassie 1996	0			0.47	0.28	
Massaga 2003	0			0.055	0.23	
Massaga 2003	0			−0.17	0.14	
Menendez 1997	0			−0.062	0.13	
Menendez 1997	0			−0.18	0.21	
Smith 1989	1	1.5	1.34	0.47	0.42	
Verhoef 2002	0			0.36	0.31	
Verhoef 2002	0			0.043	0.25	
Zlotkin 2013	1			−0.14		0.052

注：①变量说明：crct，是否为 cRCT（1 是，0 否）；ave，cRCT 中群组的平均大小（该数值从相关文献中选取）；deff，设计效应（该数值从相关文献中选取）；lnRR，RR 的对数值；u_se，未调整的 lnRR 的标准误；a_se，已调整的标准误

②有三个 RCT（Massaga 2003，Menendez 1997，Verhoef 2002）包含了两种比较，即铁剂与安慰剂，以及铁剂＋抗疟疾药与抗疟疾药之间的比较。这两类比较来源于不同的人群，该 Cochrane 系统综述明确说明不对这两种比较进行区分，所以同时进行合并

从表 5-1 可看出，纳入了三个 cRCT，其余为经典的 RCT。其中，只有一个 cRCT（Zlotkin 2013）在分析时考虑了群集效应，另外两个 cRCT（Adam 1997 和 Smith 1989）并未调整群集效应。因此，在对上述所有数据进行合并前，先计算这两个 cRCT 调整后的标准误，生成新变量 se，命令语句为：

. gen se＝u_se*sqrt（deff）if crct＝＝1

然后把其他 RCT 所报告的标准误直接填充到变量 se 下面，命令语句为：

. replace se＝a_se if crct＝＝1 & se＝＝.

. replace se＝u_se if crct＝＝0

最后用 metan 命令进行 Meta 分析：

. metan lnRR se, label（namevar＝id）fixedi eform

STATA 中显示的合并结果为 0.912（95%CI：0.843～0.987），P 值为 0.022。异质性检验 P 值为 0.017，I^2＝52.5%。与原文的结果一致。

总之，cRCT 是以群组作为分组单位，通常以个体作为干预和分析单位的 RCT。在进行偏倚风险评价时需加以考虑招募偏倚、基线不可比、失访偏倚、分析单位错误、与个体随机化 RCT 之间的差异等方面的内容。由于群组内的个体可能存在相似性，结局的测量值之间并不独立，在分析原始数据时需要采用合适的方法来调整群集效应。对于原始分析中已调整群集效应的 cRCT，可利用纳入文献中所报告的效应量及其标准误（或 95%CI）直接进行合并或经正态性转换后合并。对于原始分析时没有调整群集效应的 cRCT，在进行数据合并前需要选用合适的 ICC 对文献中所报告的数据进行近似调整。该调整一般可通过计算有效样本量或膨胀标准误实现。由于合并的结果受到近似调整的影响，因此可考虑选用不同的 ICC 进行敏感性分析。

（杨智荣　詹思延）

参考文献

[1] Higgins J P T, Deeks J J, Altman D G. Chapter 16: Special topics in statistics［M/OL］//Cochrane Handbook for Systematic Reviews of Interventions Version 5.1.0. The Cochrane Collaboration，2011.［2018-09-15］. http://handbook-5-1.cochrane.org/.

[2] Mebrahtu T，Stoltzfus R J，Chwaya H M，et al. Low-dose daily iron supplementation for 12 does not increase the prevalence of malarial infection or density of parasites in young Zanzibari children［J］. Journal of Nutrition，2004，134（11）：3037-3041.

[3] Whiting-O'Keefe Q E，Henke C，Simborg D W. Choosing the correct unit of analysis in medical care experiments［J］. Medical Care，1984，22：1101-1114.

[4] Eldridge S M，Ashby D，Feder G S，et al. Lessons for cluster randomized trials in the twenty-first century: a systematic review of trials in primary care［J］. Clinical Trials，2004，1：80-90.

[5] Neuberger A，Okebe J，Yahav D，et al. Oral iron supplements for children in malaria-endemic areas［J］. Cochrane Database of Systematic Reviews，2016，2：CD006589.

第 六 章

重复测量资料的 Meta 分析

本章引例

一位 70 岁女性病人，数月来出现持续膝关节疼痛，活动后加重，下楼梯更明显，休息后可获缓解。骨科医师检查发现关节局部有肿胀、压痛、屈伸运动受限，经磁共振成像检查提示患有"膝关节退行性病变合并有半月板撕裂"，经用物理疗法、服用止痛药等治疗效果不明显。该病人听说关节镜手术可以治疗本病，但不清楚关节镜手术近期、远期疗效是否优于已经使用的非药物、药物治疗方法，同时又担心手术会造成损害，因此病人希望医师给她提供合理化建议。

要回答这一问题，可能需要查找相关的重复测量设计（repeated measurement design）文献特别是系统评价和 Meta 分析文献，从中得到相关治疗方法对持续性膝关节疼痛病人在不同时间点观察指标的变化情况，以期获得答案。

第一节　重复测量资料的定义及特点

在统计学中，数据资料一般可分为横断面数据（cross-sectional data）、时间序列数据（time-series data）、合并数据（pooled data）三种类型。横断面数据是指在某一时点收集的不同研究对象的数据，它对应同一时点上不同研究对象所组成的一维数据集合，研究的是某一时点上的某种测量结局，突出研究对象的差异；时间序列数据是对同一研究对象在不同时间连续观察所取得的数据，它着眼于研究对象在时间顺序上的变化，寻找研究对象发展的规律，时间序列的时间间隔可以是秒、分、时、日、周、月、季度、年等，甚至是更大的时间单位；合并数据指将时间序列数据与横断面数据综合起来的数据类型。

合并数据中有一类具有时间序列和断面两个维度的特殊数据，按两个维度排列时，是排在一个平面上，整个表格像是一个面板，所以称为面板数据（panel data），又称纵向数据（longitudinal data），即通常所说的重复测量数据（repeated measurement data），是指对同一受试对象的同一观察指标在不同时间点上进行多次测量获得的数据。观察研究对象的效应包括研究结局和出现结局变量的时间，可以用于分析某观察指标在不同时间点上的变化特点。重复测量数据的特点：不同观测对象的测量值之间独立，同一观测对象不同时间测量值组内相关。

第二节　重复测量资料 Meta 分析策略

重复测量数据的 Meta 分析方法大体可以分为：①经典的单变量 Meta 分析方法；②个体病例数据 Meta 分析方法；③多水平模型；④多元（多变量）分析策略；⑤稳健方差估计策略；⑥贝叶斯 Meta 分析方法等。

众所周知，Meta 分析在实际运用时常存在"采用单变量（univariate）分析解决多变量（multivariate）问题"的错误倾向。医学研究领域中非独立数据无处不在，在 Meta 分析时主要表现为"相关效应"（correlated effects）和"层次效应"（hierarchical effects）两大类相关数据。重复测量数据既是典型的相关效应数据，因为是同一指标在不同时间点的测量；也可以作为层次效应数据，因为不同时间测量结果嵌套在研究中，所以常需应用多元 Meta 分析（multivariate Meta-analysis）策略和稳健方差估计（robust variance estimation）策略来处理。

一、多元 Meta 分析策略

重复测量数据进行 Meta 分析时，要考虑数据可能存在多样性和相关性。如能获知研究内协方差矩阵结构，则多元 Meta 分析策略是处理此类相关数据的最佳方法。

（一）多元 Meta 分析模型

众多的多元 Meta 分析模型由线性混合效应模型扩展而来。假设纳入 Meta 分析 N 个研究中共有 K 个测量时间点，指定第 i 个研究中的观测值或第 i 个研究中的效应估计值为 Y_i，其第 j 个观测时间点的值为 Y_{ij}，因此在不同时间点的测量值或效应估计值构成 $K \times 1$ 维向量，则线性混合效应模型为：$Y_i = X_i\theta + Z_i\delta_i + \varepsilon_i$。式中，$X_i$ 为 $K \times P$ 维依时协变量矩阵；θ 为 $P \times 1$ 维固定效应向量；Z_i 为 $K \times q$ 维随机效应协变量矩阵，通常为 X_i 的子集；δ_i 为 $q \times 1$ 维随机效应向量；ε_i 为 $K \times 1$ 维误差向量。

线性混合效应模型的假定有：假设来自不同研究的观测相互独立，因此，当研究 $i \neq m$ 时，对于任一观测时间点 $j, l = 1, \cdots, K$，则 $cov(\varepsilon_{ij}, \varepsilon_{ml}) = 0$；同样，假设误差和随机效应相互独立，即 $cov(\varepsilon_i, \delta_i) = 0$。随机效应为联合分布，假设其服从均数为 0 及 $q \times q$ 协方差矩阵 D 的 q 维多元正态（multivariate normal, MVN）分布：$\delta_i \sim MVN_q(0, D)$；假设误差服从联合 MVN 分布：$\varepsilon_i \sim MVN_K(0, S_i)$，式中 S_i 表示 $K \times K$ 维协方差矩阵。因此，Y_i 的边缘分布可以通过 $MVN_K(X_i\theta, V_i)$ 给定，式中 $V_i = Var(Y_i) = Z_iDZ_i' + S_i$。

该模型具有较广的适用性，可以允许每个研究的观测次数不同，也允许观测时间间隔不同；可以适用于不同设计、不同效应量，但需要效应量服从或至少近似正态分布。

多元 Meta 分析模型关键的问题是估计或指定随机效应协方差矩阵 D（研究间协方差矩阵）及误差协方差矩阵 S_i（研究内协方差矩阵）。在多元 Meta 分析实践中，很少能从已发表的研究文献中获取处理效应的研究内方差 - 协方差，因此合理设置 S_i 非常重要，一般应为对角矩阵（diagonal matrix），其值为研究中所得估计值的方差，如将研究 i 中的 S_{ij}^2 指定为矩阵中第 j 个对角元素。有两种策略用于估计研究内协方差：一是，研究内协方差矩阵已知，即是纳入 Meta 分析的研究报告了效应量估计值之间的协方差，则这些协方差的值可以用于填充 S_i 的对角线外元素，这种情况比较少见；二是，如果研究内相关系数未知，则可以借用个体参与者数据获得的相关系数。如果不存在个体参与者数据，也可以基于临床考虑设置一个貌似合理的数值；或者从跨研究间处理效应估计值中获得经验性相关系数；或者从不同效应量间计算获得研究内协方差，因此 S_i 对角元素为方差而对角线外元素从纳入研究的数据中计算获取，称为混合策略，有可能需要设置 S_i 的结构，同时引进更多的估计参数。一般情况下，纳入 Meta 分析的数据有限，因此指定矩阵结构时要考虑对参数的个数进行限制。

根据研究间方差（τ）、相邻测量时间点效应量相关性（ρ）等假设不同，随机效应模型协方差矩阵一般有以下几种情况：①复对称结构：方差、相关性均相同；②异方差复对称结构：方差不同、相关性相同；③同方差自相关结构：方差相同、自回归相关；④异方差自相关结构：方差不同、自回归相关；⑤无结构矩阵：方差不同、相关性无规律等。假设有四个测量间点，不同矩阵分别如 $D_1 \sim D_5$ 所示。

$$D_1 = \tau^2 \begin{bmatrix} 1 & \rho & \rho & \rho \\ \rho & 1 & \rho & \rho \\ \rho & \rho & 1 & \rho \\ \rho & \rho & \rho & 1 \end{bmatrix}, D_2 = \begin{bmatrix} \tau_1^2 & \rho\tau_1\tau_2 & \rho\tau_1\tau_3 & \rho\tau_1\tau_4 \\ \rho\tau_2\tau_1 & \tau_2^2 & \rho\tau_2\tau_3 & \rho\tau_2\tau_4 \\ \rho\tau_3\tau_1 & \rho\tau_3\tau_2 & \tau_3^2 & \rho\tau_3\tau_4 \\ \rho\tau_4\tau_1 & \rho\tau_4\tau_2 & \rho\tau_4\tau_3 & \tau_4^2 \end{bmatrix},$$

$$D_3 = \tau^2 \begin{bmatrix} 1 & \rho & \rho^2 & \rho^3 \\ \rho & 1 & \rho & \rho^2 \\ \rho^2 & \rho & 1 & \rho \\ \rho^3 & \rho^2 & \rho & 1 \end{bmatrix}, D_4 = \begin{bmatrix} \tau_1^2 & \rho\tau_1\tau_2 & \rho^2\tau_1\tau_3 & \rho^3\tau_1\tau_4 \\ \rho\tau_2\tau_1 & \tau_2^2 & \rho\tau_2\tau_3 & \rho^2\tau_2\tau_4 \\ \rho^2\tau_3\tau_1 & \rho\tau_3\tau_2 & \tau_3^2 & \rho\tau_3\tau_4 \\ \rho^3\tau_4\tau_1 & \rho^2\tau_4\tau_2 & \rho\tau_4\tau_3 & \tau_4^2 \end{bmatrix},$$

$$D_5 = \begin{bmatrix} \tau_1^2 & \rho_{12}\tau_1\tau_2 & \rho_{13}\tau_1\tau_3 & \rho_{14}\tau_1\tau_4 \\ \rho_{21}\tau_2\tau_1 & \tau_2^2 & \rho_{23}\tau_2\tau_3 & \rho_{24}\tau_2\tau_4 \\ \rho_{31}\tau_3\tau_1 & \rho_{32}\tau_3\tau_2 & \tau_3^2 & \rho_{31}\tau_3\tau_4 \\ \rho_{41}\tau_4\tau_1 & \rho_{42}\tau_4\tau_3 & \rho_{43}\tau_4\tau_3 & \tau_4^2 \end{bmatrix}.$$

在 Meta 分析时，常因数据较少，无结构等多参数协方差矩阵结构等易使问题复杂化，有时甚至不能获得估计值，因此通常是将研究内及研究间协方差矩阵指定使用同方差 / 异方差等一阶自相关结构［first-order autocorrelation，AR（1）］。

（二）模型拟合软件

标准策略（如最大似然估计、限制性最大似然估计、矩法等）和替代策略（如剖面似然法等）均可拟多元 Meta 分析模型。众多统计软件可以实现标准策略，如 SAS 软件的 MIXED 程序、NLMIXED 程序，STATA 软件中 mvmeta、gllamm 等命令，R 软件中的 mvmeta、metafor 等扩展包。

二、稳健方差估计策略

由 Hedges 等提出的一种用于合并非独立效应量估计的方法，称为稳健方差估计策略，不需要效应量估计的协方差结构信息，可以解决重复测量数据 Meta 分析时不能获得研究内相关性问题。

（一）稳健方差估计

稳健方差估计建立在异方差稳健标准误、聚类标准误等工作基础上。假设纳入 Meta 分析有 $i = 1, \cdots, N$ 个研究，每个研究具有 K 个效应量估计指定 Y_i，研究 i 具有 $K \times 1$ 维残差向量 ε_i、设计矩阵 X_i、权重矩阵 W_i，则有线性模型 $Y = X\beta + \varepsilon$。式中，与研究 N 相对应，向量

$Y=(Y'_1,\cdots,Y'_N)'$ 和向量 $\varepsilon=(\varepsilon'_1,\cdots,\varepsilon'_N)'$ 均含有 $K_i\times1$ 堆积向量，设计矩阵 $X_i=(X'_1,\cdots,X'_N)'$ 为 $K_i\times p$ 堆积矩阵，$\beta=(\beta'_1,\cdots,\beta'_N)'$ 为 $p\times1$ 维未知回归系数向量，向量 $\varepsilon=(\varepsilon'_1,\cdots,\varepsilon'_N)'$ 均含有 $K_i\times1$ 堆积向量，假定期望和方差分别为 $E(\varepsilon_i)=0$ 和 $V(\varepsilon_i)=\sum_i$，不需要分布假定。

回归系数 β 可由加权最小二乘法获得 $b=(\sum_{i=1}^{N}X'_i\,W_iX_i)^{-1}(\sum_{i=1}^{N}X'_i\,W_iT_i)$，而其相应精确抽样方差则为 $V(b)=(\sum_{i=1}^{N}X'_i\,W_iX_i)^{-1}(\sum_{i=1}^{N}X'_i\,W_i\sum_{i=1}^{N}W_iX_i)(\sum_{i=1}^{N}X'_i\,W_iX_i)^{-1}$。估算 $V(b)$ 的难点在于估算每个研究效应量估计的协方差矩阵 $\sum_i$，尤其是原始研究未报告相关信息时。稳健方差估计通过以研究内残差交叉矢积替代第 i 个研究的 $\sum_i$，即 $V^R=(\sum_{i=1}^{N}X'_i\,W_iX_i)^{-1}(\sum_{i=1}^{N}X'_i\,W_ie_ie'_i\,W_iX_i)(\sum_{i=1}^{N}X'_i\,W_iX_i)^{-1}$，式中 $e_i=Y_i-X_ib$，表示第 i 个研究中 $K_i\times1$ 维残差向量。虽然 $e_ie'_i$ 是对于每个研究的 $\sum_i$ 粗略估计，但随着纳入研究数量增加，合并方差 V^R 渐近收敛趋向真的 $V(b)$。

学者们对 SMD、lnOR、lnRR、RD 等不同效应量的模拟研究表明，使用稳健方差估计时，一般情况下，如果合并总的效应量，至少需要 10 个研究；如果求解 Meta 回归系数，至少需要 40 个研究且每个研究平均要有 5 个效应量；如果少于 40 个研究，估计效应量的 95%CI 要窄，要使用更低的 α 水平（如 0.01 或 0.001）来决定统计显著性；如果纳入研究数量比较少，也可以采用校正 V^R 或校正自由度等方法对稳健方差估计进行小样本校正，Tipton 提出的校正 V^R 与校正自由度相结合的方法，并最终根据自由度是否大于 4 来判断是否相信获得的合并结果。

（二）模型拟合软件

STATA 软件 robumeta 命令、SPSS 软件 Robustmeta.sps 命令，R 软件的 robumeta 扩展包，均可以实现稳健方差估计，尤以后者功能最齐全，如可以合并效应量、进行小样本校正、敏感性分析、绘制森林图等。

第三节 实 例 分 析

一、实例背景

膝关节退行性病变（degenerative knee）又称膝关节骨关节炎（osteoarthritis of the knee），是以膝关节软骨的变性、破坏及骨质增生为特征的慢性关节病，常因关节的疼痛与功能障碍严重影响病人的生活质量。本病在中年以后多发，女性多于男性，在 45 岁以上者，男性约 6%～13%、女性约 7%～9% 会罹患本病；其他因素如遗传、职业、反复膝关节弯曲及负重、基因易感性等也会增加患病危险。目前的治疗手段一般有非药物疗法、药物疗法、外科手术治疗，治疗目的在于缓解疼痛、阻止和延缓疾病的进展、保护关节功能、改善生活质量等。

膝关节镜下行半月板切除术常用于持续性膝关节疼痛的中老年病人，这些病人常出现软骨、半月板退行性病变，伴有其他组织的损伤，提示骨关节炎。然而基于采用磁共振成像的人群研究发现，这种损伤也常见于无膝关节症状的人群、无 X 线征象的骨关节炎病人，提示临床意义不清楚。既往的 9 个随机对照试验中除了 1 个研究外，均提示与其他对照干预方法相比,对具有持续性膝痛的中老年病人关节镜手术干预无效,因此对该类病人关节镜手术包括半月板切除术等是否受益存在不确定性。然而,众多专家根据自己的临床经验确信该手术可以使病人受益,最近几个研究表明在过去的 10 年中,经膝关节镜半月板切除术使用率没有减少,同时关节镜的不良事件也引起关注。因此,在选择治疗方法时权衡病人获益与受损非常重要。

针对有持续性膝痛的中老年病人,为提供合理治疗选择,围绕获益与受损,关节镜手术相对于其他治疗方法,Thorlund J B 及其同事做了全面的系统评价,研究背景按 PICOS 原则摘要如下。研究人群:具有膝痛和膝关节退行性病变的中老年病人,伴有或不伴有骨关节炎 X 线征象;除外伴有十字韧带损伤者。干预措施:关节镜下行半月板切除术、关节镜清创术单用、或两者并用。对照措施:非手术疗法,如假手术(包括关节内灌洗)、运动、药物治疗等。测量结局:评价受益与否的指标为疼痛评分和躯体功能;评价损害的指标为深静脉血栓形成、感染、心血管事件、肺栓塞、死亡等不良事件发生情况。研究类型:评价受益情况,纳入文献的研究类型为随机对照试验;评价损害情况,纳入文献的类型为队列研究、注册登记研究(register based study)、病例系列研究等。

二、实例解读

研究者 Thorlund J B 及其同事检索了 MEDLINE、EMBASE、CINAHL、Web of Science、Cochrane Central Register of Controlled Trials(CENTRAL)等数据库,检索时间从建库到 2014 年 8 月(评价损害情况只纳入 2000 年以后文献)。根据制定的纳入和排除标准,共纳入评价膝关节镜手术是否使中老年膝痛和膝关节退行性病变病人受益的 9 个研究,主要分析是合并每个研究治疗后 3～24 个月的主要终点,对疼痛显示膝关节镜手术与对照干预相比疗效有小的差异,效应量为 0.14(95%CI: 0.03～0.26),相当于 0～100mm 视觉模拟评分(visual analogue scale, VAS)有 2.4(95%CI: 0.4～4.3)的差异,分别分析治疗后 3 个月、6 个月、12 个月、18 个月、24 个月等不同随访时间点疼痛评分数据,可以发现在 3 个月和 6 个月时有 3～5mm 获益,在 12 个月、18 个月、24 个月则无受益;躯体功能无受益,效应量 0.09(95%CI: −0.05～0.24)。共有 9 个研究被纳入用于评价损害情况,最常见的是深静脉血检形成,每 1 000 例手术事件发生率为 4.13(95%CI: 1.78～9.60),其次为感染、肺栓塞、死亡等。在术后有限的时间内关节镜手术对膝关节退行性病变病人有小而不重要的益处但在术后 1～2 年则无效,而且膝关节镜手术伴随有损害,综合考虑,本研究结果不支持对伴有或无骨关节炎征象的中老年膝痛病人使用关节镜手术。

三、整体评价

(一)方法学质量评价

AMSTAR 是国外研发用于评价系统评价/Meta 分析方法学质量的测量工具,共有 11 个条目,具有良好的效度、信度和反应度,得到了较为广泛的运用。运用 AMSTAR 对该系统评价进行评价如下:

条目 1,原文没有说明该系统评价/Meta 分析是否预先制订前期设计方案,也没说明是否在 Cochrane 协作网注册相应的研究计划书。条目 2,纳入研究的选择和数据提取可重复性较好,由多人选择和提取,如文中说明由双人从所有文献题目和摘要选取中潜在合格的文献,对于可能合格的全文至少由 1 人判断是否符合纳入标准;由二人或三人独立提取数据，并说明不典型数据提取方法。条目 3，实施广泛的电子检索策略，至少检索了 5 个数据库及详细说明数据库相应年份，并在文章附件中提供了详细的检索策略，并根据不同的数据库对检索策略进行修改；相对而言补充检索不足，没有说明是否咨询最新信息的目录、综述、教科书、专业注册库，或特定领域的专家，没有说明是否进行额外检索，如检索文献后的参考文献等。条目 4，研究者没有说明发表情况是否已考虑在纳入标准中，如没有说明如何查找灰色文献，提示预防发表偏倚和查找灰色文献方面不够。条目 5，没有提供纳入和排除的研究文献清单。可能因杂志版面限制，非 Cochrane 系统评价相对于 Cochrane 系统评价该条目较欠缺。条目 6，在文章附件中描述纳入研究的特征，应包括受试者、干预措施和结局指标等信息，并以诸如表格的形成进行总结；同时也报告纳入研究的一系列特征如病人平均年龄、性别、体重指数等。条目 7，文章附件中按 Cochrane 风险偏倚评估标准对纳入研究的科学性进行评价，并报告了相关结果。条目 8，在分析结果和推导结论中，已经考虑方法学的严格性和科学性。条目 9，合成纳入研究结果的方法基本恰当。但没有考虑不同时间点的处理效应间相关性。条目 10，没有采用一定的方法来判断和评估发表偏倚的可能性。根据 Cochrane 手册的要求，纳入研究少于 10 个，没必要绘制漏斗图及对其进行不对称性检验。条目 11，没有声明是否存在相关利益冲突。

（二）报告质量评价

PRISMA 主要用于评价随机对照试验的系统评价报告质量，共含有 1 个流程图、27 个条目。正如本文作者在文中所述"使用 PRISMA 声明推荐报告条目作为本研究的报告指南"，该研究是按 PRISMA 声明报告要求撰写，除了没有声明是否存在相关利益冲突外，其他条目和流程图均有明确报告。

总体而言，该文是一篇方法学质量和报告质量比较高的非 Cochrane 系统评价。

第四节 软 件 操 作

膝关节退行性病变数据：本章仅选取实例研究有关疼痛评分数据进一步分析，因原文未报告详细数据，向作者索取数据并获授权重新分析，只合并分析不同随访时间点的效应量。该数据来自 9 个研究，不同研究在治疗后 3 个月（9 个研究）、6 个月（6 个研究）、12 个月（7 个研究）、18 个月（2 个研究）、24 个月（3 个研究）等不同时间点进行疼痛评分。因为 9 个报告分别采取不同的疼痛量表，而且不同研究报告的均数相差比较大，需要消除观测指标绝对值大小和测量单位不同的影响，故计算每个研究中干预与对照相比的标化均数差（Hedges' g）作为效应量，并计算其相应方差，用于进一步分析，如表 6-1 所示。

假设已将表 6-1 中左侧 8 列数据输入存储在 C 盘根目录下名为"example7.xlsx"的 Excel 工作表"sheet1"中，首行的变量名分别为"study""time""n1i""m1i""sd1i""n2i""m2i""sd2i"，分别表示不同研究、不同测量时间点、干预和对照组的样本量、均数及标准差。表 6-1 中右侧效应量相关数据按表 6-2 格式据输入存储在 C 盘根目录下名为"example7.xlsx"的 Excel 工作表"sheet2"中，首行的变量名分别为"study""y1i-y5i""v1i-v5i"，分别表示不同研究、不同测量时间点处理效应量及其方差。

接下来，以 R 软件相关扩展包分别拟合单变量 Meta 分析、多元 Meta 分析和稳健方差估计分析策略。

表 6-1　9 个关节镜手术治疗膝关节退行性病变研究的具体数据

研究	测量时间（month）	干预组			对照组			效应量	
		样本量	均数	标准差	样本量	均数	标准差	标化均数差	方差
Chang（1993）	3	18	5	3.47	14	5.4	3.47	−0.112	0.127
Chang（1993）	6								
Chang（1993）	12	18	5.3	4.02	14	5	4.02	0.073	0.127
Chang（1993）	18								
Chang（1993）	24								
Gauffin（2014）	3	66	−77	16.27	57	−69	20.73	−0.430	0.033
Gauffin（2014）	6								
Gauffin（2014）	12	70	−84	14.68	60	−78	19.36	−0.351	0.031
Gauffin（2014）	18								
Gauffin（2014）	24								
Herrlin（2007）	3	47	−89	16.296	43	−86	14.074	−0.195	0.045
Herrlin（2007）	6	47	−89	16.296	43	−86	16.296	−0.183	0.045
Herrlin（2007）	12								
Herrlin（2007）	18								
Herrlin（2007）	24								
Katz（2013）	3	155	23	17.646	154	31	17.588	−0.453	0.013
Katz（2013）	6	161	21.1	17.99	169	25.2	18.438	−0.225	0.012
Katz（2013）	12	156	19.1	17.388	164	19.3	17.511	−0.011	0.013
Katz（2013）	18								
Katz（2013）	24								
Kirkley（2008）	3	90	141	109	80	172	124	−0.265	0.024
Kirkley（2008）	6	90	143	113	73	155	118	−0.104	0.025
Kirkley（2008）	12	80	155	125	77	147	116	0.066	0.026
Kirkley（2008）	18	78	179	140	70	158	115	0.162	0.027
Kirkley（2008）	24	88	168	134	80	185	132	−0.127	0.024
Mosely（2002）	3	58	−46.8	21.9	115	−47	23.03	0.009	0.026
Mosely（2002）	6	55	−45.1	20.6	116	−46.15	24.26	0.045	0.027
Mosely（2002）	12	51	−44.5	24.3	111	−43.19	23.02	−0.056	0.029
Mosely（2002）	18	51	−46.8	22.8	109	−42.68	24.9	−0.169	0.029
Mosely（2002）	24	52	−45	23	112	−43.37	23.3	−0.070	0.028
Østerås（2012）	3	8	2.6	1.1	9	2	1.4	0.449	0.242
Østerås（2012）	6								
Østerås（2012）	12								
Østerås（2012）	18								
Østerås（2012）	24								
Sihvonen（2013）	3	70	3.1	2.1	76	4.1	2.63	−0.416	0.028
Sihvonen（2013）	6	70	2.5	2.31	76	3.1	2.41	−0.253	0.028
Sihvonen（2013）	12	70	2.7	2.52	76	2.9	2.41	−0.081	0.027

续表

研究	测量时间（month）	干预组			对照组			效应量	
		样本量	均数	标准差	样本量	均数	标准差	标化均数差	方差
Sihvonen（2013）	18								
Sihvonen（2013）	24								
Yim（2013）	3	50	2.4	1.8	52	2.7	1.5	−0.180	0.039
Yim（2013）	6	50	1.5	1.8	52	2.1	1.5	−0.360	0.040
Yim（2013）	12	50	1.7	1.8	52	1.8	1.5	−0.060	0.039
Yim（2013）	18								
Yim（2013）	24	50	1.8	1.8	52	1.7	1.5	0.060	0.039

注：该数据由 Thorlund J B 提供，并获授权重新对其进行分析

表6-2 每个研究在不同时间点的处理效应量及方差

Study	y1i	v1i	y2i	v2i	y3i	v3i	y4i	v4i	y5i	v5i
Chang（1993）	−0.112	0.127			0.073	0.127				
Gauffin（2014）	−0.430	0.033			−0.351	0.031				
Herrlin（2007）	−0.195	0.045	−0.183	0.045						
Katz（2013）	−0.453	0.013	−0.225	0.012	−0.011	0.013				
Kirkley（2008）	−0.265	0.024	−0.104	0.025	0.066	0.026	0.162	0.027	−0.127	0.024
Mosely（2002）	0.009	0.026	0.045	0.027	−0.056	0.029	−0.169	0.029	−0.070	0.028
Østerås（2012）	0.449	0.242								
Sihvonen（2013）	−0.416	0.028	−0.253	0.028	−0.081	0.027				
Yim（2013）	−0.180	0.039	−0.360	0.040	−0.060	0.039			0.060	0.039

一、单变量 Meta 分析软件实现

以疼痛评分数据为例，原作者采用重要时间点分析及所有时间点 Meta 分析（all time-point Meta-analysis，ATM）策略，假设每个时间点测量独立、原始研究时间点重叠，所需要的是获得纳入 Meta 分析研究中每个时间点的概括统计量及其方差等数据，为经典的单变量 Meta 分析方法。本章以 R 软件的 metafor 扩展包实现在不同测量时间点经典 Meta 分析的具体过程如下。

第一步，加载扩展包，读入"example7.xlsx"的 Excel 工作表"sheet1"中的数据，建立数据集。

> library（metafor）

> library（xlsx）

> dat<-read.xlsx（"C:\\example7.xlsx"，1）

第二步，数据整理，计算单个研究的效应量及方差，并删除含有缺失值的观测。

> dat <- escalc（m1i = m1i, sd1i = sd1i, n1i = n1i, m2i = m2i, sd2i = sd2i, n2i = n2i, measure = "SMD", data = dat, digits = 3）

> is.miss <- is.na（dat$yi）

> dat <- dat［!is.miss，］

第三步，按不同时间点分亚组进行经典 Meta 分析。

> res.3m <- rma（yi, vi, data = dat, method = "REML", weighted = TRUE, digits = 3, subset =（time == "3"））

> res.6m <- rma（yi, vi, data = dat, method = "REML", weighted = TRUE, digits = 3, subset =（time == "6"））

> res.12m <- rma（yi, vi, data = dat, method = "REML", weighted = TRUE, digits = 3, subset =（time == "12"））

> res.18m <- rma（yi, vi, data = dat, method = "REML", weighted = TRUE, digits = 3, subset =（time == "18"））

> res.24m <- rma（yi, vi, data = dat, method = "REML", weighted = TRUE, digits = 3, subset =（time == "24"））

第四步，显示结果。

> summary（res.3m）

> summary（res.6m）

> summary（res.12m）

> summary（res.18m）

> summary（res.24m）

请注意，第一次使用 metafor 及 xlsx 等扩展包时，要以 install.packages() 函数来安装它们，如以 Windows 操作系统为例，在联网情况下，在 R 操作界面键入 install.packages（"metafor"）、install.packages（"xlsx"）等命令，按照提示操作即可。xlsx 扩展包中 read.xlsx() 函数可以使 R 软件很方便地读入 .xlsx 格式文件；metafor 扩展包中 escalc() 函数用于计算每个研究的效应量，由选择项"measure"决定效应量的类型如 MD、SMD 等；rma() 函数用于合并效应量，选择项"method"用于指定估计效应量及方差的方法，本例指定的限制性最大似然估计法（REML），选择项"subset"用于亚组分析；summary() 函数用于显示结果。主要结果见表 6-3。

二、多元 Meta 分析软件实现

R 软件的 metafor 扩展包实现多元 Meta 分析的具体过程如下。

第一步，加载扩展包，读入"example7.xlsx"的 Excel 工作表"sheet2"中数据，建立数据集。

> library（metafor）

> library（xlsx）

> dat<-read.xlsx（"C:\\example7.xlsx", 2）

第二步，数据整理。该数据格式为"宽数据"格式，需要将其转换成"长数据"格式。

> dat.long <- reshape（dat, direction = "long", idvar = "study", v.names = c（"yi", "vi"）, varying = list（c（2, 4, 6, 8, 10）, c（3, 5, 7, 9, 11）））

> dat.long <- dat.long［order（dat.long$study, dat.long$time）, ］

> rownames（dat.long）<- 1 : nrow（dat.long）

> is.miss <- is.na（dat.long$yi）

> dat.long <- dat.long［!is.miss, ］

上述命令中，reshape() 函数具有强大数据重塑功能，可以轻松地将宽形数据与长形数据相互转换，具体操作可以参见 reshape 包自带的帮助文件。

第三步,构建方差 - 协方差矩阵。构建具有 AR(1)的全(分块)矩阵,研究内相关系数指定为 0.5(分别指定其他值作为敏感性分析)。

```
> rho.within <- 0.5
> V <- lapply(split(with(dat, cbind(v1i, v2i, v3i, v4i, v5i)), dat$study), diag)
> V <- lapply(V, function(v) sqrt(v)  %*%  toeplitz(ARMAacf(ar = rho.within, lag.max = 4))) %*%  sqrt(v))
> V <- bldiag(V)
> V <- V[!is.miss, !is.miss]
```

上述命令中,lapply() 函数能将函数映射到列表中,可以按 R 软件处理向量的方式处理列表中的每个元素,把一个列表作为其第一个参数,把要应用到的每个元素的函数作为它的第二个参数,并以列表形式返回其结果,可以用替代循环执行重复任务,请注意 lapply() 函数包含的数据必须是数据框;split() 函数将向量或数据框分割为组并输出为列表;bldiag() 函数 metafor 扩展包中自带的函数,用于从(一系列)矩阵中创建分块对角矩阵。

第四步,模型拟合。拟合具有异方差 AR(1)结构的多元 Meta 分析模型。

```
res <- rma.mv(yi, V, modes = ~ factor(time)- 1, random = ~ time | study, struct = "HAR", data = dat.long)
print(res, digits = 4)
```

上述命令中,rma.mv() 函数是 metafor 扩展包中用于拟合多元 Meta 分析的函数,"modes"选项中加用"－1"表示模型移除截距,即拟合无截距模型;对于重复测量数据,假设真实效应随时间呈自相关较为合理,可以通过"struct"选项选用 AR(1)或 HAR 等来指定。print() 函数用于打印对象"res"中的统计汇总结果,主要结果见表 6-3。

三、稳健方差估计软件实现

R 软件的 robumeta 扩展包可以完美地实现大样本和小样本稳健方差估计,其中 robu() 函数是拟合模型实现稳健方差估计的主要函数。

第一步,加载扩展包,读入"example7.xlsx"的 Excel 工作表"sheet1"中的数据,建立数据集。

```
> library(metafor)
> library(robumeta)
> library(xlsx)
> dat<-read.xlsx("C:\\example7.xlsx", 1)
```

第二步,数据整理,计算效应量,设定因子变量。

```
> dat <- escalc(m1i = m1i, sd1i = sd1i, n1i = n1i, m2i = m2i, sd2i = sd2i, n2i = n2i, measure = "SMD", data = dat)
> is.miss <- is.na(dat$yi)
> dat <- dat[!is.miss, ]
> dat$time <- factor(dat$time, levels = c("3", "6", "12", "18", "24"))
```

上述命令中,采用 factor() 函数是将变量 time 转换为水平按指定顺序的因子变量。

第三步,拟合相关效应模型。

```
> res.corr<- robu(formula = yi~ -1 + factor(time), data = dat, studynum = study, var.eff.size = vi, rho = .5, modelweights = "CORR", small = TRUE)
```

> print（res.corr）

命令中，formula 与其他线性模型相同，yi 表示用户从原始研究中计算获得效应量向量，−1 表示拟合无截距模型，factor（time）表示用户指定的协变量，为因子变量类型；var.eff.size 用于指定效应量的研究内方差；rho 允许用户指定研究内效应量相关系数，默认为 0.8，本例指定为 0.5；modelweights 指用户根据需要拟合指定模型，"CORR"表示选择相关效应模型，small=TRUE 或 small=FALSE 表示允许用户是否选择小样本校正，默认为 TRUE。print() 用于打印拟合模型结果，主要结果见表 6-4。

同样，可以采用下列命令拟合层次效应模型。

> res.hier<- robu（formula = yi ∼-1 + factor（time），data = dat，studynum = study，var.eff.size = vi，modelweights ="HIER"，small = TRUE）

> print（res.hier）

与拟合相关效应模型相比，不需要加用 rho 选择项，只将 modelweights ="HIER"即可。主要结果见表 6-4。

第四步，敏感性分析。sensitivity() 函数可以用于敏感性分析，可以按不同的相关系数（0，1）分别计算平均效应量及相应标准误、τ^2。如对相关效应模型的结果进行敏感性分析，命令如下：

> sensitivity（res.corr）

结果分别给出 rho = 0，0.2，0.4，0.6，0.8，1 等不同相关系数，5 个不同时点的效应量及标准误、τ^2，结果均未发生变化。

稳健方差估计将重复测量数据按相关效应和层次效应两大类非独立效应量的模型来处理；同时因纳入 Meta 分析的研究数只有 9 个，所以采用小样本校正法，主要结果见表 6-4。虽然结果显示统计学意义没有显著改变，但要注意小样本校正提示有三个时间点上的校正自由度小于 4，提示解读结果时要小心。

表 6-3　单变量和多元 Meta 主要分析结果（R 软件 metafor 包）

时间点	单变量 Meta 分析			多元 Meta 分析		
	效应量		研究间方差	效应量		研究间方差
	点估计及 95%CI	P 值	点估计及标准误	点估计及 95%CI	P 值	点估计
3	−0.273（−0.409，−0.137）	<0.001	0.009（0.020）	−0.278（−0.405，−0.151）	<0.001	0.004 5
6	−0.177（−0.303，−0.052）	0.006	0（0.015）	−0.189（−0.312，−0.066）	0.003	0.000 3
12	−0.060（−0.183，0.063）	0.338	0（0.015）	−0.057（−0.180，0.066）	0.362	0.000 3
18	−0.001（−0.325，0.324）	0.996	0.027（0.078）	−0.020（−0.335，0.296）	0.901	0.030 7
24	−0.061（−0.254，0.132）	0.536	0（0.029）	−0.073（−0.262，0.117）	0.451	0

表 6-4 稳健方差估计主要结果（R 软件 robumeta 包）

时间点	相关效应模型（rho＝0.5）		层次效应模型	
	效应量		效应量	
	点估计及 95%CI	P 值	点估计及 95%CI	P 值
3	−0.291（−0.479，−0.103）	0.010	−0.287（−0.472，−0.101）	0.010
6*	−0.194（−0.299，−0.089）	0.008	−0.177（−0.316，−0.039）	0.024
12	−0.084（−0.268，0.101）	0.279	−0.060（−0.188，0.068）	0.273
18*	0.005（−2.097，2.107）	0.981	0.002（−2.102，2.105）	0.994
24*	−0.053（−0.283，0.178）	0.425	−0.061（−0.283，0.161）	0.347
I^2	0		0	
τ^2	0		0	

* 自由度小于 4

结果解读：一般认为，SMD 在 0～0.2 之间差异无意义，0.2～0.5 之间差异意义较小，0.5～0.8 之间差异意义中等，>0.8 差异意义较大。因此，从统计学角度来讲，在 3 个月效应量为 0.27 左右，具有较小意义的差异，而在第 6 个月效应量不到 0.2，虽然差异有统计学意义，但差异无意义；从临床角度来讲，根据原作者转换的方法，两者如果按 0～100mm 疼痛评价尺度，则结果表明关节镜与其他疗法相比仅能改善 3～5mm 的疼痛评分，实际上这种差异没有临床意义。

（张天嵩）

参考文献

[1] Higgins J P T, Deeks J J, Altman D G. Chapter 16: Special topics in statistics [M/OL]//Cochrane Handbook for Systematic Reviews of Interventions Version 5.1.0. The Cochrane Collaboration, 2011. [2018-09-15]. http://handbook-5-1.cochrane.org/.

[2] 张天嵩, 董圣杰, 周支瑞. 高级 Meta 分析方法——基于 Stata 实现 [M]. 上海：复旦大学出版社, 2015.

[3] Peters J L, Mengersen K L. Meta-analysis of repeated measures study designs [J]. J Eval Clin Pract, 2008, 14(5): 941-950.

[4] Ishak K J, Platt R W, Joseph L, et al. Meta-analysis of longitudinal studies [J]. Clin Trials, 2007, 4(5): 525-539.

[5] Trikalinos T A, Olkin I. Meta-analysis of effect sizes reported at multiple time points: a multivariate approach. Clin Trials, 2012, 9(5): 610-620.

[6] Hedges L V, Tipton E, Johnson M C. Robust variance estimation in Meta-regression with dependent effect size estimates [J]. Research Synthesis Methods, 2010, 1(1): 39-65.

[7] Tipton E. Small sample adjustments for robust variance estimation with Meta-regression. Psychol Methods, 2015, 20(3): 375-393.

[8] Thorlund J B, Juhl C B, Roos E M, et al. Arthroscopic surgery for degenerative knee: systematic review and Meta-analysis of benefits and harms [J]. BMJ. 2015, 350: h2747.

[9] Viechtbauer W. Package 'Metafor' [EB/OL]. [2015-09-28]. https://cran.r-project.org/web/packages/Metafor/Metafor.pdf.

[10] Fisher Z, Tipton E. Package 'robuMeta' [EB/OL]. [2015-03-18]. https://cran.r-project.org/web/packages/robuMeta/robuMeta.pdf.

第七章

剂量 - 反应关系的 Meta 分析

本章引例

病人，女，65 岁，于 2016 年 7 月 22 日来医院泌尿外科门诊就诊，主诉"无痛性肉眼血尿 11 天"。结合就诊时携带本地医院 CT 检查结果"膀胱占位，脾脏肿大"，门诊体格检查及病史询问后，以"膀胱肿瘤"收治入院。入院后行膀胱镜检结果示膀胱腺癌，后再于 2016 年 8 月 16 日在全麻下行腹腔镜下膀胱根治性切除术＋回肠膀胱术，术后予以抗感染、补液等处理。在病史记载中，病人否认有吸烟史及饮酒史。尽管已经知道，吸烟与饮酒是膀胱癌已经确定的危险因素，为什么有的年龄与该病人相仿，且吸烟和饮酒的就诊病人却没有罹患膀胱癌？有的不吸烟或亦不饮酒的病人却罹患了膀胱癌？应该是有吸烟与饮酒之外其他的危险因素。

考虑到我国人群喜爱饮茶的习惯，做出了一个研究问题：饮茶是否为膀胱癌的危险因素？遗憾的是，该病人的病史记载中无饮茶史信息，但这并不影响去探讨这个主题。要知道每个人是否每天饮用、每天饮用频次多少、每次饮用的茶叶量多大都是不太相同的，那么，这里就涉及了一个剂量 - 反应关系，即饮茶累积剂量与膀胱癌发病风险的相关性。

第一节　剂量 - 反应关系资料的特点和适用范围

一、剂量 - 反应关系研究

在流行病学研究中，经常评价某暴露因素水平的增加（或降低）与某疾病发病风险的关系是否符合线性剂量 - 反应（效应）关系（dose-response relations），即随着剂量的增加或减少对结局指标的影响。比如研究饮茶次数的增加（1 杯、2 杯、3 杯……）是否会增加（或减少）膀胱癌发生风险，饮茶量为暴露因素水平，而膀胱癌发生即为结局指标，像这样的研究即为剂量 - 反应型研究，也称趋势分析（trend analysis）。表 7-1 展示了来源于 Hemelt M 等 *"Fluid intake and the risk of bladder cancer: results from the South and East China case-control study on bladder cancer"* 一文中的有关饮绿茶与膀胱癌风险的数据，即为剂量 - 反应数据。以未校正的数据为例，与不饮绿茶相比，< 每天饮用绿茶的比值比（odds ratio, OR）为 0.94，饮用绿茶 <4 杯 /d 的 OR 为 1.34，饮用绿茶≥4 杯 /d 的 OR 为 1.10。

剂量 - 反应关系研究的数据主要有三种类型：分别为病例对照型数据（case-control data）、发病率型数据（incidence-rate data）、累积发病率型数据（cumulative incidence data）。对于剂量 - 反应型研究，效应指标根据研究设计的类型及主题，在相对危险度（relative risk，RR）、比率（rate ratio，RR）、OR 或风险比（hazard ratio，HR）中选择合适的指标。表 7-1 所示数据因来源于病例对照研究，故选择了 OR 作为效应指标。

表 7-1 饮用绿茶与膀胱癌风险的数据

饮绿茶	病例组	对照组	OR（95%CI）[1]	OR（95%CI）[2]
否	120	113	1.00	1.00
是	299	271	1.09（0.79~1.50）	0.95（0.68~1.32）
<每天	143	149	0.94（0.63~1.38）	0.83（0.54~1.27）
每天	156	122	1.20（0.84~1.70）	1.02（0.71~1.48）
<4 杯 /d	68	47	1.34（0.85~2.12）	1.23（0.76~1.97）
≥4 杯 /d	88	75	1.10（0.74~1.65）	0.83（0.53~1.28）

[1] 未行校正；[2] 校正年龄、性别、吸烟状况、吸烟频次和持续时间

二、剂量 - 反应关系 Meta 分析

在病因学研究中常常会遇到如表 7-1 所示的不同暴露水平与结局 RR、OR 或 HR 数据资料，对于这种类型的资料，传统的 Meta 分析是将其按照分层模型（category model）进行处理，即按照暴露水平，分为高比低两组，或者高比中比低的多分层形式。这种方法不仅各层数据的暴露剂量在不同研究中存在差异，并且由于分层后会导致每层数据的样本量减少，大大降低了结果的准确性及统计把握度。随着数学模型的发展，线性函数、多项式函数、样条函数等基于参数法下的逼近思想逐渐引入剂量 - 反应关系 Meta 分析。剂量 - 反应关系 Meta 分析雏形——线性剂量相关模型被提出，随后发展到非线性相关模型，到目前的灵活非线性相关模型，解决了传统的分层模型 Meta 分析的问题。

剂量 - 反应关系 Meta 分析的研究思路大致如下：确定研究的目标后，一般先收集暴露与疾病的病例对照和队列研究，在每个病例对照或队列研究中挑选出最高剂量组相对于最低剂量组的 RR 或 OR 值及其 95%CI 进行 Meta 分析合并，得到一个汇总的 RR 或 OR 合并值；然后，再进一步进行剂量 - 反应关系 Meta 分析探讨这种关联是否存在剂量 - 反应趋势。

剂量 - 反应关系 Meta 分析的数据结构与剂量 - 反应关系研究的数据结构相同。假设一项剂量 - 反应关系 Meta 分析共纳入了 k 项研究，那么对于其中的一项，可以用表 7-2~表 7-4 来反映。

表 7-2 病例对照型数据结构

剂量	指定剂量	病例样本	对照样本	总样本	校正的 OR	ub	lb
$0 \sim A_1$	A'_1	n_1	n'_1	N_1	1.0 (reference)	ub_1	lb_1
$A_1 \sim A_2$	A_2	n_2	n'_2	N_2	OR_2	ub_2	lb_2
…	…	…	…	…	…	…	…

表 7-2 中，剂量（dose）是表示研究中剂量范围分层，如 0~1、1~2……；指定剂量（assigned dose）有的文献用对应剂量范围的中位数来代替，有的文献用对应剂量范围右侧

值的 1.5 倍来表示；校正的 RR 或 OR（adjusted RR 或 OR）第一项值（RR_1 或 OR_1）始终校正为 1.0（参考标准），然后进行其他分层 RR 或 OR 的校正，目的是使结果更为直观，这在原始剂量-反应研究中一般都有提供；ub 和 lb 分别表示校正的 RR 或 OR 的上下限，相当于 RR 或 OR 的置信区间，只是这里将 CI 也同步校正了。

表 7-3 中展示的这种数据主要是队列研究的数据形式（故没有对照组），以此来计算发病率，因此称发病率型数据，各项意义同表 7-2。表 7-4 中各项意义也同表 7-2。

表 7-3　发病率型数据

剂量	指定剂量	样本	人年	校正的 RR	ub	lb
$0\sim A_1$	A'_1	n_1	$n_1 \times year$	1.0（reference）	ub_1	lb_1
$A_1 \sim A_2$	A_2	n_2	$n_2 \times year$	RR_2	ub_2	lb_2
…	…	…	…	…	…	…

表 7-4　累积发病率型数据

剂量	指定剂量	病例样本	总样本	校正的 RR	ub	lb
$0\sim A_1$	A'_1	n_1	N_1	1.0（reference）	ub_1	lb_1
$A_1 \sim A_2$	A_2	n_2	N_2	RR_2	ub_2	lb_2
…	…	…	…	…	…	…

第二节　模型的分类及选择

一、分层模型

在原始研究中，每项不同的原始研究分层的数目及节点各不相同，如表 7-1 所示的数据有否、< 每天、<4 杯 /d 和 ≥4 杯 /d 共 4 层。假设探讨饮用茶与膀胱癌风险的剂量-反应关系 Meta 分析了 4 项研究，其分层的结果如表 7-5 所示。那么使用分层模型时，不管纳入研究分了多少层，一般使用三层比较：即分别采用每项纳入研究的最高层比最低层的结果（合并的为：研究 1 的第 4 层 vs. 第 1 层，研究 2 的第 5 层 vs. 第 1 层，研究 3 的第 5 层 vs. 第 1 层，研究 4 的第 4 层 vs. 第 1 层）、第二最高层比最低层的结果（合并的为：研究 1 的第 3 层 vs. 第 1 层，研究 2 的第 4 层 vs. 第 1 层，研究 3 的第 4 层 vs. 第 1 层，研究 4 的第 3 层 vs. 第 1 层）、第三最高层比最低层的结果（研究 1 的第 2 层 vs. 第 1 层，研究 2 的第 3 层 vs. 第 1 层，研究 3 的第 3 层 vs. 第 1 层，研究 4 的第 2 层 vs. 第 1 层）。

表 7-5　假设的不同分层数据

纳入研究	第 1 层	第 2 层	第 3 层	第 4 层	第 5 层
研究 1	否	<2 杯 /d	2～4 杯 /d	>4 杯 /d	/
研究 2	否	< 每天	<2 杯 /d	<3 杯 /d	>3 杯 /d
研究 3	< 每天	<2 杯 /d	2～3 杯 /d	≤4 杯 /d	>4 杯 /d
研究 4	<1 杯 /d	1～2 杯 /d	2～4 杯 /d	>4 杯 /d	/

可以看出，使用分层模型时，超过 4 层的研究中，多余的分层数据是没有被使用的（研究 2 和研究 3 的第 2 层 vs. 第 1 层数据）。这可能会造成较大的误差，因此分层模型的使用没有得到充分的推荐。

二、线性模型

线性剂量 - 反应关系的 Meta 分析使用的是方差加权最小二乘法（weighted least-squares，VWLS 法）或广义最小二乘法（generalized least squares for trend，GLST 法）进行估计。当获得某项研究的剂量 - 反应关系的数据之后，往往能获得各组相对于自己参考组（一般以最低剂量组为参考组）的 RR 或 OR 值及其 95%CI。根据这些数据可以估算 RR 或 OR 的自然对数（lnRR 或 lnOR），以及 RR 或 OR 的标准误（standard error，SE）。然后以 lnRR 或 lnOR 为因变量，以各剂量组的估计剂量为自变量去做线性回归，同时采用倒方差法加权（就是以 SE 的倒数为权重），所得的回归系数（β）就是剂量 - 反应关系效应量，即剂量每增加一个单位发生风险增加 $\exp(\beta)$ 倍，这就是 VWLS 法。但是这一方法假设同一研究各组间的 lnRR 或 lnOR 是相互独立。Greenland 与 Longnecker 指出假设同一研究各组间 lnRR 或 lnOR 的零相关会导致对趋势变异的有偏估计，于是他们使用广义线性模型将这些相关纳入了对剂量 - 反应关系线性趋势的估计，称为 GLST 法。

三、非线性模型

非线性剂量 - 反应关系 Meta 分析使用限制性立方样条（restricted cubic spline）回归模型来估算。回归样条（regression spline）是对自变量处理的一种方式，通过对自变量取不同的分段点，将自变量拆分为不同的小段然后用回归模型拟合，其本质是一个分段多项式回归，但它一般要求每个分段点上连续并且二阶可导，即设自变量数据的范围在区间 $[a, b]$，并根据需要分成 k 个段 $a = t_0 < t_1 < \cdots < t_{k-1} < t_k = b$，在每个区间 (t_{k-1}, t_i) 分别用一个多项 $S_i(x)$ 式表示，则回归样条 $f(x) = S_i(x)$ 当 $x \in [t_{k-1}, t_i)$，并且 $f''(x)$ 在 $[a, b]$ 存在连续。限制性立方样条是在回归样条的基础上附加要求：样条函数在自变量数据范围两端的两个区间 $[t_0, t_1)$ 和 $(t_{k-1}, t_k]$ 内是线性函数，满足上述性质的样条函数通常用 $\text{Rcs}(x)$ 表示。

四、模型的选择

剂量 - 反应 Meta 分析的本质就是回归分析，一个重要的假设就是通过选择合适的连接函数，来定量评价暴露剂量与效应量的关系。在做剂量 - 反应关系的 Meta 分析中会涉及一个线性剂量 - 反应关系和非线性剂量 - 反应关系统计学判定问题，一般的做法是先用限制性立方样条作为连接函数拟合一个非线性模型，若设定限制性立方样条分段点为 3 时，会产生 2 个回归样条，利用卡方检验对第 2 个回归样条的回归系数做是否为 0 的假设检验，若设定限制性立方样条为 4 个时，会产生 3 个回归样条，则利用卡方检验对第 2 个和第 3 个回归样条的回归系数做是否同时为 0 的假设检验，如果 $P > 0.05$，则为线性剂量 - 反应关系，反之则不能认为存在线性剂量 - 反应关系，这时可以考虑使用非线性的回归模型，如果 P 值刚好在临界值 0.05 附近，则同时拟合两种模型。

第三节 实 例 分 析

现以 2017 年发表于 *Frontiers in Physiology* 上的 "*Tea Consumption and Risk of Bladder*

Cancer: *A Dose-Response Meta-Analysis*"一文为例，介绍剂量-反应关系 Meta 分析的制作。

一、实例背景

膀胱癌是一种全球非常普遍的疾病，尽管在过去的几十年里，大多数西方国家的膀胱癌发病率一直在下降，但在美国膀胱癌仍然是一种重要而致命的癌症。相关研究结果显示，在 2012 年全球范围内约有 429 800 例新患病例和 165 100 例死亡病例。在过去的几十年里，膀胱癌的发病率一直保持稳定或下降的原因可能是由于吸烟率的降低、增加了水果和蔬菜的摄入量以及血吸虫病的控制和治疗等导致的。然而，预防膀胱癌的有效性措施仍然是一个迷，故应确定更多的膀胱癌风险因素对其进行预防。

茶是世界范围内普遍饮用的饮品，已有相关的体外及体内研究结果提示茶多酚能够降低包括膀胱癌在内的癌症发生。尽管茶的消耗和膀胱癌风险之间的关系在生物学上是合理的，但针对这一主题的流行病学研究的结果却是矛盾的。2001 年 Zeegers 等和 2012 年 Qin 等开展的基于观察研究的 Meta 分析显示茶的摄入量与罹患膀胱癌的风险没有关系；然而，2013 年 Wang 等的 Meta 分析表明绿茶能够显著降低亚洲人群罹患膀胱癌的风险，2015 年 Zhang 等的 Meta 分析表明茶的摄入与西方国家患膀胱癌的风险降低有关，2013 年 Wu 等的 Meta 分析表明吸烟者高水平饮茶能够增加患膀胱癌的风险，但女性高红茶摄入量能够降低患膀胱癌的风险。通过分析，作者们发现以上发表的 Meta 分析均未进行剂量-反应分析。因此，为进一步探讨饮茶与患膀胱癌风险之间的关系，作者们开展了本项剂量-反应关系的 Meta 分析。

二、实例解读

作者遵照 PRISMA 报告规范进行该研究的报告。

（一）研究选择

纳入标准为：①研究设计为队列研究或病例对照研究；②暴露因素为饮茶，包括绿茶、红茶、马黛茶和乌龙茶；③结局指标为膀胱癌的发生风险；④研究需直接报告了 OR/RR 及其 95%CI 或通过报告的数据能够进行计算；⑤若是两项及以上研究来源于同一个研究人群，选择报告信息最完善的研究。

（二）资料提取及质量评价

资料提取由两位研究者使用预先设计好的资料提取表进行，所有的不一致通过讨论解决。提取的数据有：第一作者姓名、发表年份、地理位置、研究时间、性别、病例对照研究的对照组情况、样本量、饮用茶的种类、饮茶量的分级、每一级的 OR/RR 及其 95%CI（选择最大校正程度的）、校正因素。当未报告校正结果时，提取未校正的 OR/RR 及其 95%CI。此外，不同吸烟状态下的 OR/RR 及其 95%CI 也进行了提取，以用于分析吸烟这一重要因素对相关性的影响。采用纽尔卡斯-渥太华量表（Newcastle-Ottawa Scale，NOS）进行纳入研究的质量评价。该量表评分从 0 至 9，评分越高，代表研究质量越高。

（三）统计分析

作者首先对饮茶与膀胱癌风险的整体相关性进行了探讨，基于随机效应模型合并每项纳入研究的最高层比最低层的结果，采用 OR 及其 95%CI 做为效应指标。若纳入研究仅报告了相关子集（性别、吸烟状况、茶叶种类）的信息，作者先使用固定效应模型对子集结果进行合并，然后再进行 Meta 分析。

作者采用 GLST 法进行剂量 - 反应分析。使用限制性立方样条分段点为 3（在 10%、50% 和 95% 分布情况下）的设置对茶叶摄入量进行建模以探讨潜在的非线性关联。将每个饮茶量级别的上、下限的中位数或中间点作为相应的剂量。若最高的饮茶量级别上限是未封闭的（如 >4 杯 /d），则假设这两个边界都是最接近的级别；如最低边界没有报告（如 < 每天），则被认为是零。剂量 - 反应分析纳入报告了三种或更多的饮茶量级别的研究。

使用 Cochrane Q 和 I^2 统计量来探讨研究间的异质性，当 $P<0.10$ 或 $I^2>50\%$ 时认为存在实质性的异质性。根据研究设计类型、性别、研究地点、吸烟状态、是否校正年龄和是否校正吸烟进行分层分析，以探索异质性的可能来源。此外，根据茶叶的种类进行亚组分析，以进一步探讨不同种类茶叶与膀胱癌风险之间的相关性。基于前述变量，使用 Meta 回归分析探讨组间异质性。采用剔除仅报告了粗 OR 研究的方法进行敏感性分析。采用 Egger 检验和漏斗图法探测发表偏倚情况。所有分析均采用 STATA 12.0 软件进行，以双侧 $\alpha=0.05$ 为检验水准。

（四）结果及探讨

初检出 2 455 篇相关文献。经过文题及摘要筛选后，选取 50 篇进一步筛选。最终纳入 32 项研究。作者采用流程图展示了整个筛选流程，采用表格展示纳入研究的基本特征。

原文中采用图 2 展示了整体及不同研究设计类型的相关性结果，结果显示：与最低茶叶饮用量组相比，整体合并的 OR 值为 0.96（95%CI：0.86～1.06）；基于医院对照的病例对照研究合并的 OR 值为 0.98（95%CI：0.78～1.24）；基于人群对照的病例对照研究合并的 OR 值为 1.00（95%CI：0.91～1.10）；基于队列研究合并的 OR 值为 0.88（95%CI：0.67～1.17）。然后作者进行了亚组分析，并用原文中的表 2、图 4 和图 6 展示亚组分析的结果。亚组分析的因素有：茶叶种类、性别、地区、是否校正年龄、是否校正吸烟和吸烟状况。

原文中采用图 3、图 5 和图 7 分别展示整体饮茶、饮用黑茶、饮用绿茶与膀胱癌发病风险的剂量 - 反应关系。在所有开展的剂量 - 反应分析中，作者均未发现饮茶与膀胱癌发病风险之间存在非线性关系（$P>0.05$）。

通过 Meta 分析的结果显示，饮茶与膀胱癌间不存在相关性、亦不存在非线性相关性。

三、整体评价

例文采用了分层模型、线性模型和非线性模型三种方法来探讨茶叶饮用与膀胱癌发病风险之间的关联，然后分别探讨了茶叶种类与膀胱癌的关联，是剂量 - 反应关系 Meta 分析制作的一个较好的典型例子。

第四节　STATA 软件操作

一、glst 命令简介

STATA 软件可用 glst 命令实现 GLST 法对合并的剂量 - 反应数据的趋势估计。操作前，需安装该命令，安装命令为：ssc install glst。glst 命令的操作格式为：glst depvar dose [indepvars][if][in], se(varname) cov(n cases)[options]。

其中，depvar 结果变量（多为 lnRR 或 lnOR），dose 为暴露水平，indepvars 为协变量（如剂量的多项式或交互项），se(varname) 指结果变量的标准误，cov(n cases) 指拟合协方差所需的信息（如发病率数据时 *n* 指相应暴露水平的人数，病例对照数据时 *n* 指该研究的样本量，累积发病率数据时 *n* 指研究的总人数；cases 指相应暴露水平的病例数）。[options]选择项常用的有 pfirst（id study）、tstage（{f｜r}）、vwls、random 等，pfirst（id study）中 id 代指研究，且必须为数字，同一研究的不同暴露水平均采用同一数字，study 指研究类型，“1”表示病例对照研究，“2”表示发病率研究，“3”表示累积发病率研究；此外，在估计单个研究的趋势时不需要使用 pfirst（id study），此时，需要采用“cc”“ir”“ci”来分别指定相应的研究类型（分别为病例对照研究、发病率研究、累积发病率研究）；tstage（{f｜r}）指两阶段固定或随机效应剂量 - 反应线性趋势估计，与 pfirst（id study）同时使用；vwls 为指定采用加权线性回归模型进行趋势估计；random 为指定随机效应 Meta 回归模型。

特别指出，vwls 命令采用加权需先计算出每项研究的效应量及其标准误，然后再采用 metan 命令进行 Meta 分析，这种方法将不同暴露水平相应的效应量作为独立个体来估计，没有考虑其相关性，因此不推荐使用 VWLS 进行剂量 - 反应 Meta 分析。

二、数据录入

现仍以上文数据为例，介绍剂量 - 反应关系 Meta 分析的 STATA 软件操作。分层模型的操作与一般二分类资料的 Meta 分析类似，故本节暂不作展示。

数据录入到 STATA 软件的数据管理器（图 7-1），共纳入 23 项前瞻性队列研究，其中，id 表示每项研究的标记，study 表示研究名称，year 表示发表时间，type 表示研究类型（“cc”

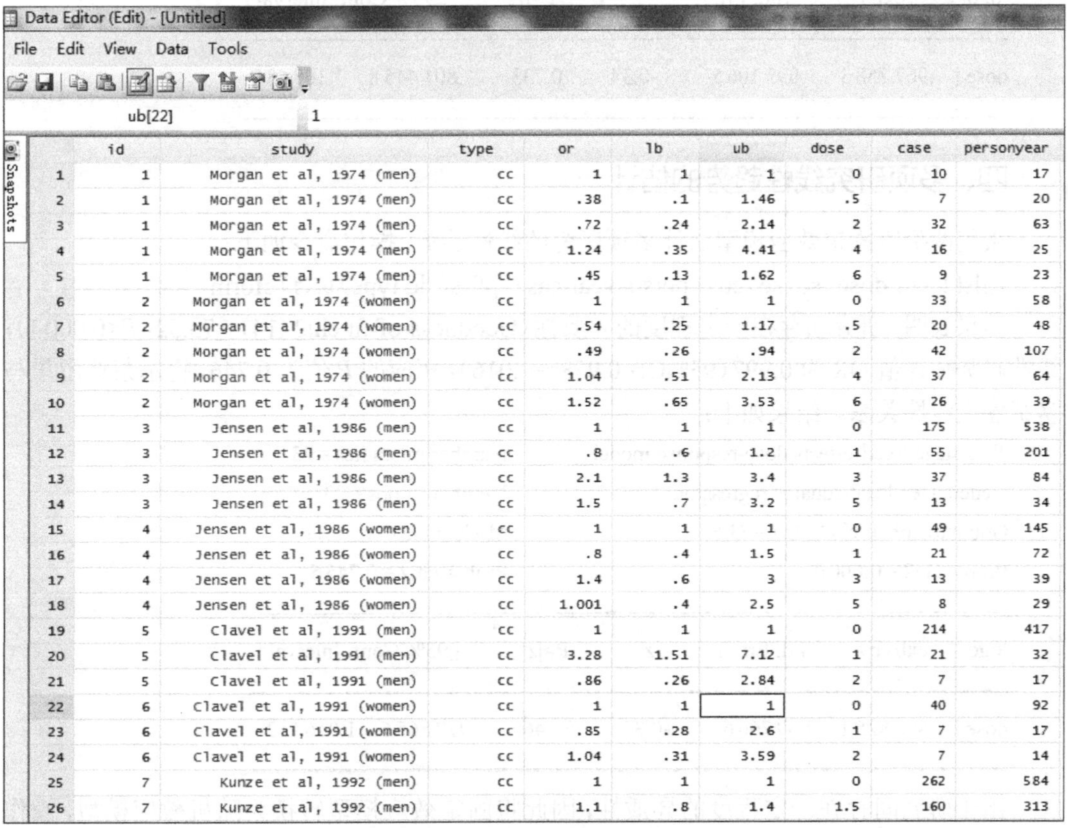

	id	study	type	or	lb	ub	dose	case	personyear
1	1	Morgan et al, 1974 (men)	cc	1	1	1	0	10	17
2	1	Morgan et al, 1974 (men)	cc	.38	.1	1.46	.5	7	20
3	1	Morgan et al, 1974 (men)	cc	.72	.24	2.14	2	32	63
4	1	Morgan et al, 1974 (men)	cc	1.24	.35	4.41	4	16	25
5	1	Morgan et al, 1974 (men)	cc	.45	.13	1.62	6	9	23
6	2	Morgan et al, 1974 (women)	cc	1	1	1	0	33	58
7	2	Morgan et al, 1974 (women)	cc	.54	.25	1.17	.5	20	48
8	2	Morgan et al, 1974 (women)	cc	.49	.26	.94	2	42	107
9	2	Morgan et al, 1974 (women)	cc	1.04	.51	2.13	4	37	64
10	2	Morgan et al, 1974 (women)	cc	1.52	.65	3.53	6	26	39
11	3	Jensen et al, 1986 (men)	cc	1	1	1	0	175	538
12	3	Jensen et al, 1986 (men)	cc	.8	.6	1.2	1	55	201
13	3	Jensen et al, 1986 (men)	cc	2.1	1.3	3.4	3	37	84
14	3	Jensen et al, 1986 (men)	cc	1.5	.7	3.2	5	13	34
15	4	Jensen et al, 1986 (women)	cc	1	1	1	0	49	145
16	4	Jensen et al, 1986 (women)	cc	.8	.4	1.5	1	21	72
17	4	Jensen et al, 1986 (women)	cc	1.4	.6	3	3	13	39
18	4	Jensen et al, 1986 (women)	cc	1.001	.4	2.5	5	8	29
19	5	Clavel et al, 1991 (men)	cc	1	1	1	0	214	417
20	5	Clavel et al, 1991 (men)	cc	3.28	1.51	7.12	1	21	32
21	5	Clavel et al, 1991 (men)	cc	.86	.26	2.84	2	7	17
22	6	Clavel et al, 1991 (women)	cc	1	1	1	0	40	92
23	6	Clavel et al, 1991 (women)	cc	.85	.28	2.6	1	7	17
24	6	Clavel et al, 1991 (women)	cc	1.04	.31	3.59	2	7	14
25	7	Kunze et al, 1992 (men)	cc	1	1	1	0	262	584
26	7	Kunze et al, 1992 (men)	cc	1.1	.8	1.4	1.5	160	313

图 7-1　STATA 数据管理器界面

表示病例对照研究），or、lb、ub 分别表示效应量及其 95%CI 的上、下限，dose 表示暴露水平（单位为杯 /d），case 表示相应暴露水平的病例数，personyear 表示相应暴露水平的总人数（病例对照研究）或人年数（队列研究）。

由于 glst 命令的结果变量为 logor，且 se（varname）需要制定效应量的标准误，因此，该管理器中的数据需先计算出 logrr 及其标准误，命令如下：

```
. gen double logor = log（or）
. gen double logub = log（ub）
. gen double loglb = log（lb）
. gen double se = (logub-loglb)/(2*invnormal（0.975）)
```

三、估计单项研究的趋势

先对第一项研究进行趋势估计，命令如下：

`. glst logor dose if id == 1, se（se）cov（personyear case）ir eform`

运行上述命令后，得出第一项研究线性趋势估计值 OR 为 0.968（95%CI：0.801～1.169），相应的 P 值为 0.733。结果如下：

Generalized least-squares regression	Number of obs = 4	
Goodness-of-fit chi2（3）= 5.02	Model chi2（1）= 0.12	
Prob > chi2 = 0.170 3	Prob > chi2 = 0.733 4	

logor	exb（b）	Std. Err.	z	P>|z|	[95% Conf. Interval]
dose	.967 758 3	.093 106 5	-0.34	0.733	.801 445 8 1.168 58 3

四、多项研究线性趋势的估计

采用两阶段固定效应模型估计多项研究的线性趋势，操作命令如下：

`. glst logor dose, se（se）cov（personyear case）pfirst（id type）ts（f）eform`

结果表明，研究间存在一定程度的异质性（Goodness-of-fit chi2（14）= 73.52，P<0.000 1），线性趋势估计值 OR 为 0.997（95%CI：0.978～1.016），相应的 P 值为 0.746，提示茶饮用量与膀胱癌无线性关系。结果如下：

Two-stage fixed-effects dose-response model	Number of studies = 23	
Generalized least-squares regression	Number of obs = 23	
Goodness-of-fit chi2（22）= 73.52	Model chi2（1）= 0.11	
Prob > chi2 = 0.000 0	Prob > chi2 = 0.745 5	

logor	exb（b）	Std. Err.	z	P>|z|	[95% Conf. Interval]
dose	.996 825 1	.009 766 6	-0.32	0.746	.977 865 6 1.016 152

由于研究间存在一定程度的异质性，因此将固定效应模型转换为随机效应模型，操作命令如下：

. glst logor dose, se(se)cov(personyear case)pfirst(id type)ts(r)eform

结果表明,线性趋势估计值 OR 为 1.007(95%CI: 0.968~1.048),相应的 P 值为 0.730,提示茶饮用量与膀胱癌无线性关系。

Two-stage random-effects dose-response model	Number of studies = 23
Generalized least-squares regression	Number of obs = 23
Goodness-of-fit chi2(22) = 73.52	Model chi2(1) = 0.12
Prob > chi2 = 0.000 0	Prob > chi2 = 0.729 6

logor	exb(b)	Std. Err.	z	P>|z|	[95% Conf. Interval]	
dose	1.007 066	.020 515 3	0.35	0.730	.967 648 9	1.048 089

Moment-based estimate of between-study variance of the slope: tau2 = 0.005 386 8

若结果有统计学意义,即茶饮用量与膀胱癌有线性关系,此时,可以采用 lincom 命令来获得每日增加 3 杯茶饮用量的相应效应量,命令为: lincom dose*3, eform。

五、多项研究非线性趋势的估计

非线性趋势的估计紧接上文的步骤,采用三个节点(10%、50% 和 90%)和两阶段随机效应模型,操作命令如下:

. capture drop doses*
. _pctile dose, percentile(10 50 90)
. ret list
. mkspline doses = dose, knots('=r(r1)''=r(r2)''=r(r3)') cubic displayknots
. glst logor doses*, se(se)cov(personyear case)pfirst(id type)random

上述命令的最终结果为:

Random-effects dose-response model	Number of studies = 23
Iterative Generalized least-squares regression	Number of obs = 69
Goodness-of-fit chi2(67) = 90.03	Model chi2(2) = 0.12
Prob > chi2 = 0.031 8	Prob > chi2 = 0.942 4

logor	Coef.	Std. Err.	z	P>|z|	[95% Conf. Interval]	
doses1	.012 775	.037 422 1	0.34	0.733	-.060 571	.086 121 1
doses2	-.012 009 5	.062 516 3	-0.19	0.848	-.134 539 2	.110 520 3

Moment-based estimate of between-study variance of the slope: tau2 = 0.012 691 6

非线性相关性的检验命令如下:

. testparm doses2

结果显示茶饮用量与膀胱癌无非线性相关性(P = 0.847 7)。非线性检验的结果如下:

doses2 = 0

chi2(1) = 0.04

Prob > chi2 = 0.847 7

六、剂量 - 反应趋势图的绘制

（一）线性趋势图的绘制

线性趋势图的绘制命令如下：

. glst logor dose，se（se）cov（personyear case）pfirst（id type）ts（r）

. predictnl lor_lin＝_b［dose］*dose，ci（lo hi）

. gen or_lin＝exp（lor_lin）

. gen lblin＝exp（lo）

. gen ublin＝exp（hi）

. levelsof dose，local（level）

. xblc dose，c（dose）at（'r（levels）'）ref（0）eform

. tw（line or_lin lblin ublin dose，sort lp（1 shortdash shortdash）lc（black black black）），scheme（s1mono）ylabel（0.6（0.2）2）xlabel（0（1）13）legend（off）ytitle（"OR"，margin（right））xtitle（"Tea consumption（cups/day）"，margin（top_bottom））plotregion（style（none））

上述命令运行后得出的结果为图 7-2，即为茶饮用量与膀胱癌的线性趋势图。

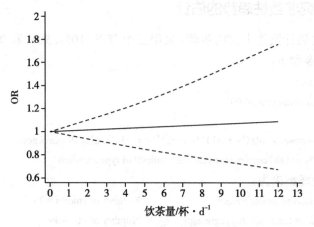

图 7-2　茶饮用量与膀胱癌的线性趋势图

（二）非线性趋势图的绘制

非线性趋势图的绘制命令如下：

. glst logor doses*，se（se）cov（personyear case）pfirst（id type）

. predictnl logorwithref＝_b［doses1］*doses1＋_b［doses2］*doses2，ci（lol hil）

. gen orwithref＝exp（logorwithref）

. gen lbwithref＝exp（lol）

. gen ubwithref＝exp（hil）

. levelsof dose，local（level）

. xblc doses*，c（dose）at（'r（levels）'）ref（0）eform

. tw（line lbwithref ubwithref orwithref dose，sort lp（longdash longdash 1）lc（black black black）），scheme（s1mono）ylabel（0.6（0.2）1.6）xlabel（1（1）13）legend（off）ytitle（"OR"，margin（right））xtitle（"Tea consumption（cups/day）"，margin（top_bottom））plotregion（style（none））

运行上述命令后得出图 7-3，即为茶饮用量与膀胱癌的非线性趋势图。

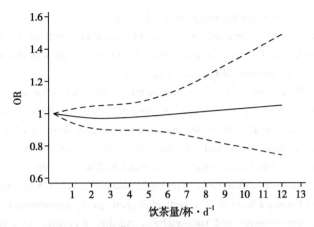

图 7-3 茶饮用量与膀胱癌的非线性趋势图

第五节 总 结

制作剂量-反应关系 Meta 分析时，一般先采用二分类模型进行传统的 Meta 分析，即先探讨暴露与非暴露的比较，然后采用分层模型进行 Meta 分析，最后进行线性和非线性趋势的估计，并绘制线性或非线性趋势图。进行非线性趋势估计时，需要定义节点及其个数，在限制性立方样条模型中，一般选择 3～5 个节点就可以满足需求，4 个节点最为常用。

准确地说，分层模型不属于剂量-反应关系的模型，较传统二分类模型更准确，但也存在一定的局限性。此外，非线性趋势除了采用立方样条回归模型进行估计外，还可以采用二次函数回归模型和灵活分段多项式模型。其中，立方样条函数在多数条件下都可以很好地满足非线性趋势的估计，是应用最为广泛的一种方法；二次函数模型的局限性较大，使用较少；灵活分段多项式模型较为灵活，可以很好地拟合非线性趋势，但由于其开发者只公布了应用 SAS 软件运行的代码，难度较大，限制了该方法的推广和应用。

（曾宪涛）

参考文献

[1] 罗杰, 冷卫东. 系统评价/Meta 分析理论与实践[M]. 北京: 军事医学科学出版社, 2013.

[2] 曾宪涛, 任学群. 应用 STATA 做 Meta 分析[M]. 2 版. 北京: 中国协和医科大学出版社, 2017.

[3] 曾宪涛, 张超. R 与 Meta 分析[M]. 北京: 军事医学科学出版社, 2015.

[4] Hemelt M, Hu Z, Zhong Z, et al. Fluid intake and the risk of bladder cancer: results from the South and East China case-control study on bladder cancer[J]. Int J Cancer, 2010, 127(3): 638-645.

[5] Weng H, Zeng X T, Li S, et al. Tea Consumption and Risk of Bladder Cancer: A Dose-Response Meta-Analysis[J]. Front Physiol, 2017, 7: 693.

[6] Zeegers M P, Tan F E, Goldbohm R A, et al. Are coffee and tea consumption associated with urinary tract cancer risk? A systematic review and Meta-analysis[J]. Int J Epidemiol, 2001, 30(2): 353-362.

[7] Qin J, Xie B, Mao Q, et al. Tea consumption and risk of bladder cancer: a Meta-analysis[J]. World J Surg Oncol, 2012, 10: 172.

[8] Wang J, Wu X, Kamat A, et al. Fluid intake, genetic variants of UDP-glucuronosyltransferases, and bladder cancer risk[J]. Br J Cancer, 2013, 108(11): 2372-2380.

[9] Zhang YF, Xu Q, Lu J, et al. Tea consumption and the incidence of cancer: a systematic review and Meta-analysis of prospective observational studies [J]. Eur J Cancer Prev, 2015, 24 (4): 353-362.

[10] Wu S, Li F, Huang X, Hua Q, et al. The association of tea consumption with bladder cancer risk: a Meta-analysis [J]. Asia Pac J Clin Nutr, 2013, 22 (1): 128-137.

[11] Liu Q, Cook N R, Bergström A, et al. A two-stage hierarchical regression model for Meta-analysis of epidemiologic nonlinear dose-response data [J]. Comput Stat Data An, 2009, 53 (12): 4157-4167.

[12] Greenland S, Longnecker M P. Methods for trend estimation from summarized dose-response data, with applications to Meta-analysis [J]. Am J Epidemiol, 1992, 135 (11): 1301-1309.

[13] Orsini N, Li R, Wolk A, et al. Meta-analysis for linear and nonlinear dose-response relations: examples, an evaluation of approximations, and software [J]. Am J Epidemiol, 2012, 175 (1): 66-73.

[14] Zeng X, Zhang Y, Kwong J S, et al. The methodological quality assessment tools for preclinical and clinical studies, systematic review and Meta-analysis, and clinical practice guideline: a systematic review [J]. J Evid Based Med, 2015, 8 (1): 2-10.

[15] 罗美玲, 林希建, 刘如春, 等. 剂量反应关系 Meta 分析在 Stata 软件中的实现 [J]. 循证医学, 2014, 3: 182-187.

第八章

网状 Meta 分析

本章引例

精神科医生某天接诊了一个躁狂症病人,病人症状明显,思维奔逸、情绪高涨,语言动作较平时增多。医生查询获知目前新型抗躁狂症药陆续批准上市,可供临床选择的常用抗躁狂症药至少有 13 种,如果按照不同药厂的产品分类,可能种类更多。如此繁多的种类,作为医生该如何选择最有效、安全的抗躁狂症药? 可能很多医生都会有类似的困惑。此外,能否把这些抗躁狂症药按照疗效优劣排个秩出来? 答案是肯定的,网状 Meta 分析就可以较好地解决这个问题,还可以按照某种结局指标把这些药物排秩,为临床医生决策提供参考。其实类似的临床问题还有很多,比如治疗原发性高血压的 β 受体阻滞剂有很多种,到底该如何选择?

第一节　网状 Meta 分析概述

一、网状 Meta 分析起源与发展

(一)起源

传统 Meta 分析只能通过定量合并的方法得到两种干预措施 A 与 B 效果孰优孰劣的结论。但是,政策制定者或医生和病人在做决策时,并不仅仅希望得到某两种干预措施之间比较的结果,而更希望得到同一临床问题涉及的所有干预措施(A、B、C、D、E 等)的比较数据,从而回答同一证据体中哪种干预措施最佳的问题。

要回答这个问题,理想的情况是设计一个大型随机对照研究(RCT),同时纳入所有相关的干预措施,但遗憾的是,这种 RCT 规模相当庞大、耗时费力,很难获得足够资金支持;另外,由于药物生产者之间存在竞争关系,在一个 RCT 中纳入所有的干预措施不切实际。因此,在实效研究中,很难获得同一证据体中所有药物相互比较的证据,尤其是两个强竞争药物之间的研究证据。

近年来新发展的方法——网状 Meta 分析(network Meta-analysis,NMA)可以解决治疗同种疾病的多种干预措施之间相互比较这一难题,对尚未开展直接比较的两种干预措施,可通过间接比较来估计两者间的效应关系,突破了两两比较的局限,可同时比较多种干预并进行排序,从而为决策者制定临床指南提供重要参考证据。

(二) 发展

自 20 世纪 90 年代的单组间接比较到 2014 年 NMA 理论体系的成熟，期间伴随着统计方法和软件的不断完善，具体发展历程如下。

20 世纪 90 年代，研究者从不同研究中选择不同干预措施的数据，分别合并各单组的数据，然后比较这些不同干预措施间效果差异，即单组间接比较（图 8-1）。单组间接比较忽略了可能影响研究结果的因素在研究间的可比性，直接叠加不同研究的数据，破坏了 RCT 的随机性，增加了结果的偏倚，使结果不可靠性增加。

Bucher 等于 1997 年提出通过设定共同对照来比较两个干预措施间疗效差异，即调整间接比较（图 8-1）。由于该方法基于 Meta 分析的结果，基于共同对照的结果进行调整，并未破坏随机对照试验的随机性，减少偏倚。

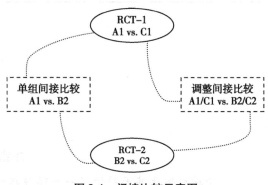

图 8-1　间接比较示意图

2002 年，Lumley 等采取频率统计方法合并直接比较和间接比较结果，首次提出 NMA 和不连贯性的概念，比调整间接比较方法更先进，可同时对多个间接比较、直接比较与间接比较结果进行合并，这种分析本质上就是混合治疗效应的 Meta 分析，相对于直接比较和间接比较结果，具有更高的统计学效能和精确性。

2003 年，Song 等验证了 Z 检验的可靠性，但 Z 检验只适合纳入两臂研究的 NMA。

2004 年，Lu 等采用贝叶斯方法合并直接比较和间接比较结果，首次提出混合治疗效应。这种方法主要通过 WinBUGS 软件实现，比较灵活方便，是目前 NMA 应用最广的方法，开创了 NMA 新局面。

2006 年，Lu 等提出不一致性因子（inconsistency factor），采用贝叶斯模型计算闭合环中的不一致性因子，但该方法不容易判断是否存在不一致性。

2009 年，加拿大渥太华大学 Wells 等研发的间接比较软件（indirect treatment comparison，ITC）是最早可进行调整间接比较的软件，最多纳入 10 个干预措施（共同对照除外），比较某两个干预措施间的间接治疗效果差异。该软件首先需对这些干预措施与共同对照进行 Meta 分析，才能使用 ITC 软件进行间接比较。

2010 年，Dias 等提出两种不一致性的计算方法：后推法（back-calculation method）和点分法（node-splitting）。后推法根据合并结果和直接比较结果计算间接比较结果，分析直接比较和间接比较结果间的不一致性；点分法是将某一对照措施的结果拆分为直接比较和间接比较结果，比较两者间的一致性。这两种方法计算比较麻烦，不容易实施，尤其是点分法需要在 R 软件中建模。

2011 年，White 等更新 STATA 软件中的 mvmeta 程序包，为频率统计方法开展 NMA 提供模块化的程序支持。

2012 年，White 发表 STATA 软件的 Network 命令，是目前基于 STATA 实现 NMA 最为简单的命令，可同时实现一致性和不一致性 NMA 及采取点分法检测不一致性。

2013 年，NICE 提出广义线性模型，并提供亚组分析、Meta 回归、异质性检验和风险偏倚调整分析模型，至此 NMA 的统计方法和模型已趋近完善，可分析不同情况下的数据。

2013 年，Chaimani 等发表 STATA 软件程序包，可实现以图的形式展示 NMA 的主要要素：证据关系图、NMA 结果、不一致性结果、疗效排序及证据贡献图等。

2013 年，荷兰格罗宁根大学 Gert van Valkenhoef 等开发的 ADDIS 软件可同时实现直接比较 Meta 分析、NMA 和风险收益评估，其界面简单，操作容易。该软件提供贝叶斯方法的一致性或不一致性模型，以及检验不一致性的点分法模型。

2014 年，在 NMA 中应用证据推荐分级的评估、制订与评价（grading of recommendations assessment, development and evaluation, GRADE）框架评估其证据质量的论文陆续发表，标志着 NMA 已经初步形成较为成熟的理论体系。

2015 年，NMA 的报告规范 PRISMA-NMA 发布，为 NMA 相关论文的撰写提供了全面的指导。

二、NMA 的定义

NMA 被认为是传统 Meta 分析的扩展，也称为混合治疗比较 Meta 分析（mixed treatment comparison Meta-analysis, MTC）或多处理比较 Meta 分析（multiple treatments Meta-analysis, MTM），这些词经常被互换来使用。目前并不能很好地区分这 3 个术语，同时在术语使用上也存在着困难，3 种术语都分别有着自身不同的解释和含义。NMA 中的网状主要来自于对证据图的解释，证据图的形状是网状，因此，NMA 就是基于形成证据图的研究对不同的干预措施进行分析；MTC 要求同时存在一个或者多个闭合环，基于间接比较结果及间接比较结果与直接比较结果的合并结果同时分析三个及以上干预措施效果差异；MTM 强调是对 2 种以上干预措施进行比较的 Meta 分析。但是就目前的流行程度而言，大多数研究更倾向使用 NMA。

此外，调整间接比较和混合治疗效应比较可视为 NMA 常见的两种研究设计类型，其命名应该基于证据图中是否含有闭合环进行。当证据图中不含有闭合环，所有干预措施间只有间接比较，这样的研究为调整间接比较的 Meta 分析（图 8-2a～c）。当证据图中含有闭合环的情况，某些干预措施间既有直接比较也有间接比较，这样可对两者进行合并，得出合并结果，这样的研究即为 MTC（图 8-2d～e）。

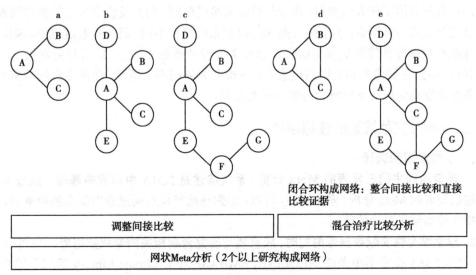

图 8-2 NMA 示意图

综上,网状 Meta 分析(NMA)可定义为是指将包含 3 种及 3 种以上干预措施的证据体里所有研究的相互关系以证据图的形式呈现,并结合直接比较和 / 或间接比较,基于 Meta 分析技术进行加权合并的一种 Meta 分析方法。该方法可同时比较证据体中多个干预措施之间治疗效果差异,并按效果优劣进行排序。

三、NMA 的原理和特点

假设证据网中共含有 S 个研究,T 个干预措施,N 种直接比较,干预措施 k 相对于其他干预措施 c(其中 $k, c = 1, 2, \cdots, T$)的相对效应为 μ_{kc},那么在进行 NMA 时并不需要计算所有 μ_{kc},只需要估计基本参数 $\mu_t (t = 1, 2, \cdots, T-1)$,它表示($T-1$)个干预措施与另外一个共同对照措施之间比较的效应。具体方法是,通过选择 T 个干预措施中某一个为对照(如 A),则每个 μ_t 代表干预措施 $t (t = 1, 2, \cdots, T; t \neq A)$ 相对于 A 的效应,所以 $\mu_t = \mu_{tA}$,NMA 需要根据 S 个研究估计出所有 μ_{tA}(基本参数),因此,不含有参照 A 的其他两两比较的合并效应(功能参数)则可以通过一致性等式获得:$\mu_{kc} = \mu_{kA} - \mu_{cA} = \mu_k - \mu_c$。要使这个等式成立,要求证据网中的研究满足同质性、相似性和一致性三个前提假设。

Meta 回归模型、层次模型和多元 Meta 回归模型等都可以用于 NMA 模型的拟合,其共同特点是围绕一致性假设等将待估计参数最小化,这些模型只是构建的角度不同,实际上是等效的。NMA 的方法学比传统的 Meta 分析更为复杂,其进展和问题主要集中在以下两个方面:基于三个假定的证据合成和结果的真实性评价,具体见下文。

第二节　网状 Meta 分析文献检索

一、NMA 文献检索存在的问题

目前 NMA 检索存在的主要问题有:①数据库检索并不全面,主要表现在:检索数据库数量少,对其他资源和未发表数据的检索不够充分;②检索报告不充分,主要表现在:检索策略的构建和呈现以及检索细节的报告;③只有极少 NMA 提及实施文献检索人员和数量,以及是否有图书馆工作人员参与,非专业检索人员受时间、精力及检索技能等条件限制,可能难以完全正确实施检索;④不同数据库的检索系统略有不同,而在检索过程中,未能结合检索课题和数据库的特性选择与研究课题相关的专业数据库,也可能会导致漏检;⑤对主题词和自由词、主题检索和关键词检索 / 基本检索的异同不太清楚,并在主题词检索时,未充分考虑上位概念词与下位概念词的隶属关系等。

二、NMA 文献检索的注意事项

(一)检索资源选择

1. 检索相同主题已发表的 Meta 分析 / 系统综述是 NMA 中检索的基础　通过检索相同主题已发表的 Meta 分析 / 系统综述,可以:①弥补选择检索词过程中漏选的检索词;②补充数据库检索结果漏检的研究。

2. 检索综合性文献数据库的同时,应重视与研究课题相关的专业数据库　与传统 Meta 分析一致,NMA 检索至少考虑 MEDLINE、EMBASE 和 Cochrane Library 等三个综合性数据库,并尽可能多地检索其他综合型数据库和临床试验注册平台,同时根据课题选择专业数据库,如 PsycINFO 和 CINAHL 等。

3. 检索灰色文献和辅助检索是获取全面文献信息的必要手段 研究者除了要全面检索数据库外,还应当进行灰色文献和手工检索、追踪参考文献列表和检索搜索引擎。

(二)制定和报告检索策略

合理、详细的检索策略既是提高文献查全率、查准率及确保 NMA 质量的前提,也是检索结果得以重现的前提。制定检索策略时,应注意:①不要过分依靠已有的检索策略或检索过滤工具,由于 NMA 的检索策略目前还处于不断完善的过程,检索时应注意针对不同的数据库和不同的检索平台选择检索词和制定检索策略。②咨询信息检索专家,提高纳入研究的可信度,尽管目前已有 NMA 撰写和报告相关研究出版,但针对不同数据库,NMA 检索策略稍有不同。在制定 NMA 检索策略时若能得到相关信息检索专家或者图书馆相关工作人员的支持和指导,将会提高 NMA 中相关研究检索的全面性、准确性及可靠性。③如果 NMA 的共同比较很清楚,如安慰剂,可在检索实施过程中加入共同比较,如果共同比较尚不清楚,建议实施检索的时候,加入研究设计相关检索词,如 RCT。

最好的检索方式是自由词和主题词相结合。NMA 的检索策略应该清楚报告以下信息:①检索资源:应该报告检索资源名称及所属者名称和时间范围,如果实施了手工检索,应该详细报告手工检索的信息。②检索词:应该包括自由词和主题词以及自由词的同义词。如果使用了检索过滤器,也应该报告。③检索限制:说明限制类型以及原因,如果没有任何限制,也应该在文章中报告。④检索时间:除了报告检索资源的时间区间外,还应该报告检索的实施时间,如果更新了检索,还需报告更新检索实施时间。⑤检索实施者:检索实施者的名字和资质。⑥检索结果:报告检索的最终结果、各个数据库的检索结果和其他检索来源的结果。

第三节　网状 Meta 分析的假设

NMA 有三个前提假设。只有同时满足这些假设,才能保证合并结果的准确性。三个假设分别是同质性、相似性、一致性(图 8-3),分别对应直接比较、间接比较和混合比较三个证据合并层次。

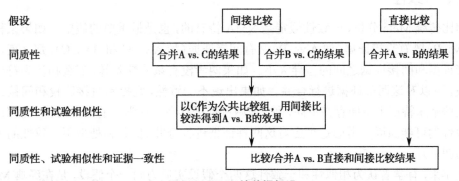

图 8-3　NMA 的前提假设

一、同质性

同质性是经典 Meta 分析中的前提假设,即同一种直接证据中(如 A vs. B),不同研究之间具有相似的临床特点和方法学特点,不同研究的效应估计值在统计学上没有系统性差异。这里所讲的临床特点或方法学特点是指那些可能影响效应估计值的因素（即效应修正因素）。与同质性相对概念的是异质性，包括临床异质性、方法学异质性、统计学异质性（具体请见第二、三章）。

二、相似性

相似性又称可传递性，指在间接比较中（如以 C 作为桥梁，通过 A vs. C 以及 B vs. C 的效应值来估计 A vs. B 的效应值），重要的临床特点和方法学特点在 A vs. C 的证据和在 B vs. C 的证据中的分布相似，因此，有临床相似性和方法学相似性。所谓的相似性并不是要求 A vs. C 以及 B vs. C 所涉及的研究在重要的研究特点（即效应修正因素）上都相似，而只是要求它们在两种证据集中的分布相似。因此有学者提出，用可传递性来命名这个假设可能更合适。

除了从效应修正因素分布的角度以外，还可以从下述几个角度理解相似性。这些理解都是等价的。

1. 共同对照的角度 干预 C 作为共同对照，其特点在 A vs. C 和 B vs. C 的证据集中相似。若 C 在不同研究中的某种特征（如剂量）不尽相同，但该特征的分布在两个证据集中没有系统性差异，那么仍可认为相似性假设在该特征上成立。

2. 干预缺失机制的角度 某种干预在某类证据集的研究中的缺失（如 B 在 A vs. C 的研究中缺失或 A 在 B vs. C 的研究中缺失）是随机的。

3. 随机分组的角度 整个证据网络（如 A-B-C）中所纳入的研究对象理论上可以随机分配到某一干预组（如 A、B 或 C）。

4. 观察值和潜在值之间的差异 在直接比较的研究（如 B vs. C）中所观察到的效应值（U_{B-C}）与在其他比较研究（如 A vs. C）中未观察到但潜在存在的效应值（U'_{B-C}）之间不存在异质性以外的差异。

需要注意的是，相似性与临床或方法学同质性并没有必然的联系，即在不满足同质性假设的情况下，相似性假设依然可能满足，反之亦然。

三、一致性

相比传统 Meta 分析，一致性假定是 NMA 特有的，也是最重要的假定。如果某种比较（如 A vs. B）既有直接证据（如 A vs. B）又有间接证据（如 A vs. C 和 B vs. C），那么就可以比较直接证据和间接证据之间的差异大小。如果两者没有系统性差异，那么则认为符合一致性假设，可以对这两类证据进行合并。如果出现不一致性，则提示直接比较和间接比较证据在某些临床特征上可能存在不同，和/或两种证据存在方法学上的差异，此时需探讨出现不一致性的可能原因并考虑是否应对这两种证据进行合并（检验和处理不一致性的方法见本章第四节）。

近年来，有学者认为相似性和一致性这两个假设实质为同一个假设，是在经典 Meta 分析的同质性假设的基础上拓展而来的。相似性对应临床和方法学异质性，都是需要根据专业知识进行判断，而不能通过统计学进行检验或量化。而一致性则是从统计学异质性的概念拓展而来，专指相似性在统计学上的体现。Cochrane 多处理比较方法学组（http://methods.cochrane.org/cmi/）在撰写相关文章或开展相关培训时一般都是采用这种分类方法对 NMA 的假设进行阐述。但这个分类与上述所介绍的三个假设的分类并没有实质差别，只是理解的角度有所不同。这种较新的分类方法也有利于把 NMA 的假设与经典 Meta 分析的假设联系起来。

第四节 异质性和不一致性的识别和处理

一、异质性的识别和处理

在 NMA 的基本假设中,用于传统 Meta 分析的同质性假设和用于调整间接比较的相似性假设,均属于异质性范畴的两个方面,关于传统 Meta 分析中异质性的识别与处理参考第四章第四节。而 NMA 中的相似性的定义为影响效应量的因素在间接比较所涉及的不同对照间具有相似的分布,相似性分为临床相似性和方法学相似性,其中临床相似性是指影响效应量的临床特征,如病人、干预措施、研究地点等分布相似;而方法学相似性是影响效应量的研究设计相关因素的分布相似,如偏倚风险。评估相似性可通过对相关因素作描述性分析来进行探讨。

二、不一致性的识别和处理

一致性假设是 NMA 的重要假设,一般而言,NMA 必须满足一致性假设,最理想的状态是所有研究在临床基本特征和方法学特征上保持一致,然而纳入研究难免在临床特征和方法学特征上存在差异,就需考虑直接比较结果和间接比较结果之间的差异。

当前检测不一致性方法有 10 余种,有定性的方法,也有定量的方法,下面介绍几种常见的方法。

1. Bucher 假设检验 Bucher 假设检验是不一致性最简单的评估方法,通过 Z 检验比较直接和间接结果间的一致性。但这种方法只适用于两臂随机对照试验(即每个研究仅含有两个干预措施)的网状 Meta 分析。

对于二分类变量,分别以 $\ln OR_{ab}$($Se_{\ln OR_{ab}}$)、$\ln OR_{ab'}$($Se_{\ln OR_{ab'}}$)表示干预措施 A 与 B 直接、间接比较结果及其标准误,那么

$$\Delta = \ln OR_{ab} - \ln OR_{ab'}$$

$$Se(\Delta) = \sqrt{(Se_{\ln OR_{ab}})^2 + (Se_{\ln OR_{ab'}})^2}$$

$$Z = \frac{\Delta}{Se(\Delta)}$$

不一致性也可通过比值比之比(ROR)及其 95%CI 来说明,ROR=$exp(\Delta)$,其 95%CI 即为 $exp(\Delta \pm 1.96Se(\Delta))$,进而通过 95%CI 判断直接比较证据和间接比较证据是否一致。

对于连续变量,并不需要对效应量取对数,直接按照均数差(MD,即直接比较结果和间接比较结果的差值)及其 95%CI 来判断不一致性。之后根据 Z 值计算对应的 P 值,进而判断直接结果和间接结果是否一致。一般 $P<0.05$ 认为差异有统计学意义。

2. 后推法 由于间接比较的结果获取可能存在一定的难度,因此也可通过对 NMA 结果与直接比较结果进行后推的方式获取间接比较结果的效应量与标准误。然后利用假设检验方法判断直接比较和间接比较结果间的不一致性(同 Bucher 法)。

3. 点分法 由 Dias 等提出,针对有闭合环的 NMA,将一个闭合环中的某一个对照的

结果拆分为直接比较结果和间接比较结果。点分法可计算直接比较证据和间接比较证据之间的差异,通过 P 值的大小判断是否存在不一致性。目前,GeMTC 软件和 ADDIS 软件主要采取这种方法进行不一致性的判断。

4. 不一致性模型　在进行 NMA 时,若直接比较和间接比较结果都存在,此时通常采用一致性模型(consistency models),即假定直接比较结果与间接比较结果是一致的,但事实上这种假设未必令人满意。因此,国外学者提出使用不一致性模型(inconsistency models)对结果进行模拟,不一致性模型最大优势是将不一致性因子引入模型中。一致性模型与不一致性模型的基本理念如下:

一致性模型需满足:$d_{BC}=d_{AC}-d_{AB}$(d 表示差异,A 是共同对照,B、C 是其他干预)

在不一致性模型中,需引入不一致性因子 ω_{ABC},即直接比较和间接比较之间存在差异,需要满足 $d_{BC}=d_{AC}-d_{AB}+\omega_{ABC}$。

分别计算一致性模型和不一致性模型,比较两者的结果差异,如果不一致性模型显示出很好的模型拟合,就说明可能存在不一致性,反之,则没有不一致性。

当网状关系图中存在闭合环时,描述不一致性探索的结果,最好以图表形式呈现,它应该包括一致性模型和不一致性模型中直接比较和间接比较的不一致性的统计量和 P 值,以及局部网络和整个网络的不一致性结果。

综上所述,假设检验适合两臂研究,后推法、点分法和不一致性模型适合任何情景的 NMA。

第五节　效果的排序与检验效能

一、效果的排序

NMA 不仅可以对不同干预措施进行比较,而且还可以对所有相关干预的效果进行排序。对于某一测量指标的干预措施的排序可应用排序概率和多维标图法实现,对于多个测量指标则可基于构建干预措施与疗效群组进行综合评估。采用频率法与贝叶斯方法进行效果排序的原理有所不同,贝叶斯法不仅可有效地整合数据,灵活建模,还可利用所得到的后验概率对所有参与比较的干预措施进行排序,分出优劣顺序。而频率统计在排序上目前仅能依靠两两比较的效应量值及其 95%CI。下面介绍几种效果排序的方法。

1. 排序概率图(rankogram)　以柱状图或曲线图形式表示各干预的排序概率,可直观体现排序情况。当干预措施之间差异较大时,可通过排序概率图快速预判最优或最劣干预措施(图 8-4A、B,见文末彩插)。排序概率图的优势在于可提供干预措施排序的初步判断,但拥有较高排序概率的干预措施并不一定为最有效的,仍有许多不确定因素可干扰排序,如可信区间的宽度。若单纯以排序概率判断干预的优劣,可能得出错误的结论。

2. 排序概率表(rank probabilities)　由行数与列数等于总干预数的表格组成,首行为排序,首列为干预措施,表格中的数据为排序概率,即干预措施排列在第 n 位的概率(图 8-4C,见文末彩插)。

3. 累积排序概率图(cumulative ranking plot)　根据累积概率制作出各干预措施的累积排序概率图,横坐标为排序,纵坐标为概率(图 8-5)。

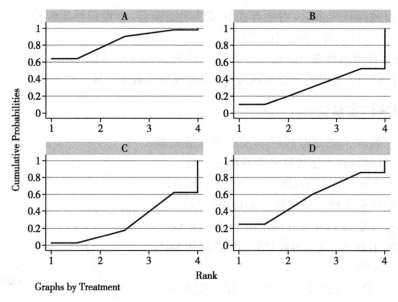

图 8-5　累积排序概率图

4. 累积排序概率图下面积（surface under the cumulative ranking, SUCRA）　为汇总累积排序概率的指标，SUCRA 的值介于 0～1 之间，当 SUCRA 为 1 时提示干预措施绝对有效，而为 0 时则提示干预措施绝对无效。根据 SUCRA 值的大小可进行干预措施优劣的排序。但当疗效评估尺度不一致时，使用 SUCRA 可导致错误的结论。

但必须意识到，要谨慎使用和解释基于统计软件获得的干预措施排序结果，有可能某干预措施样本量小，统计效能较低，使得排序结果不稳定。

二、检验效能

在传统 Meta 分析中，可以采用试验序贯分析方法计算样本量，它以纳入的研究为个体，按照发表时间的顺序进行累计，通过调整随机误差，最终估算得出确切结论时所需的样本量。在 NMA 中，也同样存在样本量与统计效能计算的问题，Mills E J 等通过模拟研究发现，NMA 合并结果往往因统计效能不足而缺乏可信性，撰写者及证据使用者谨慎评价 NMA 合并结果的统计效能，对判断证据的真实性和临床价值尤为重要。目前，NMA 的样本量及统计效能的计算方法主要有：有效合并研究数量法（the effective number of trials, ENT）、有效样本量法（the effective sample size, ESS）和有效统计信息量法（the effective statistical information, ESI）。

1. 有效合并研究数量法　应用 ENT 法进行计算时，需满足纳入合并的各个研究方差相等且具有同质性的假设，其计算主要包括：①根据有效研究数目比值确定精确性比率；②根据间接比较需达到的检验效能水平，结合精确性比率计算有效合并研究数量理论值；③根据理论值确定最终的有效合并研究数量。

2. 有效样本量法　将 NMA 证据网络中的每一个比较组视为一个临床研究，通过估算每一个比较组所需样本量（有效样本量）来计算间接比较的统计效能和精确性。该法包括非校正和异质性校正两种模式，其计算主要包括：①根据样本量比值计算精确性比率；②分析各比较组是否存在异质性；③对具有同质性的比较组，用总体间接样本量乘以精确性比率即可获得有效间接样本量,对于存在异质性的比较组,则通过异质性校正因子对实际样本进行处理后,再计算有效间接样本量。

3. 有效统计信息量法　该法基于间接比较的 Meta 分析的统计信息量(用于估算指定数据集精确性的较为复杂的统计学测度)计算实现统计效能计算。

三、有效样本量法

以下介绍常用的通过有效样本量法来计算检验效能的步骤,其他两种方法请读者查看相关文献。

假设在一个复杂的证据网络中有一个闭合环 ABC(A、B、C 分别代表某种干预措施),AB、BC、AC 直接比较的样本量分别为 19 929、1 664 和 1 848(图 8-6),I^2 分别为 63%、0 和 0。现在需要计算 BC 在网状 Meta 分析中的检验效能。

第一步:计算直接比较所需的样本量。在不考虑异质性的情况下,计算方法等同于一项 RCT 的样本量计算。

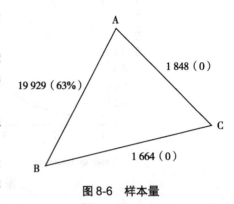

图 8-6　样本量

$$N = C \times \left(Z_{1-\frac{\alpha}{2}} + Z_{1-\beta}\right)^2 \times \frac{V^2}{d^2}$$

d 为预期效应值(如两组有效率的差值),V 是预期效应值的方差,$Z_{1-\frac{\alpha}{2}}$ 和 $Z_{1-\beta}$ 分别是正态分布在 $1-\frac{\alpha}{2}$ 和 $1-\beta$ 百分位上的 Z 值。一般假设两组样本量相等,此时 $C=4$。

若存在异质性,此时需要在 N 的基础上乘以异质性校正系数 $\frac{1}{1-H}$,$H=I^2$。

根据上述公式,若预计 B 组有效率为 22.5%,C 组有效率能提高到 26% 则认为有实际意义,$\alpha=0.05$,$1-\beta=90\%$,图 8-6 中 BC 直接比较所需样本量为:

N=4×(1.96+1.28)²×[(0.26+0.225)/2]×[(1−(0.26+0.225)/2)]/(0.26−0.225)²=6 303。

第二步:计算间接比较的有效样本量 n_{ind} 也分为存在和不存在异质性两种情况。若不存在异质性时,BC 间接比较的有效样本量为:

$$n_{ind} = \frac{n_{AB} \times n_{AC}}{(n_{AB} + n_{AC})}$$

若有异质性存在,则需要先对 n_{AB} 和 n_{AC} 进行调整,即分别乘以相应的 $1-I^2$。然后把调整后的 n_{AB} 和 n_{AC} 代入上述公式。

根据上述公式,图 8-6 中 $n_{AB}=19\,929 \times (1-0.63)=7\,374$,$n_{AC}=1\,848$,$n_{ind}=(7\,374 \times 1\,848)/(7\,374+1\,848)=1\,478$。

第三步:计算合计的有效样本量 n。此时只需要把 BC 直接比较的样本量和间接比较的有效样本量相加,即 $n=1\,664+1\,478=3\,142$。

第四步:计算检验效能 $1-\beta$。

$$1-\beta = \Phi^{-1}\left(-Z_{1-\frac{\alpha}{2}} + \sqrt{\frac{nd^2}{CV^2}}\right)$$

把上述所有参数代入公式，得到 $1-\beta=63\%$。这说明基于当前样本量的 NMA 结果，并没有足够的检验效能发现 BC 有效率的差异。

第六节 贝叶斯方法与频率学方法

经典统计学与贝叶斯统计学派是当前统计学两个主要学派。经典统计学是基于概率的频率解释，将概率解释为大量重复试验后频率的稳定值；贝叶斯统计学是基于观察数据及参数条件概率解释，在获得数据后可计算未知参数条件概率，即后验概率。当前贝叶斯方法与频率学方法广泛应用于 NMA 中。

一、贝叶斯方法

层次模型是 NMA 最常用的数据分析模型，可以通过贝叶斯方法实现。该模型由 Lu 与 Ades、Salanti、Chaimani 等提出并不断完善，建模灵活、易于扩展，可用于臂水平数据（arm-level data）和对比水平数据（contrast-level data）的分析，是目前众多贝叶斯 NMA 的基础，核心为广义线性模型，可以通过不同的连接函数拟合服从二项分布、正态分布、泊松分布等指数分布的数据，如表 8-1。具体模型详见本书第十九章相关内容。

表 8-1 常见的指数分布族及连接函数

分布	连接函数	连接函数表达式	对应的模型
正态分布	恒等函数	$\eta=\mu$	多元线性回归模型
二项分布	Logit 函数	$\eta=\log[\pi/(1-\pi)]$	Logistic 回归模型
二项分布	Probit 函数	$\eta=\Phi^{-1}(\pi)$	Probit 回归模型
泊松分布	对数函数	$\eta=\log(\lambda)$	泊松回归模型

二、频率学方法

虽然在 NMA 中贝叶斯方法占主要地位，但近年来涌现出基于频率学的模型和方法，如 Meta 回归模型和多元 Meta 分析模型等，具有计算速度快、可避免因选择不同先验需要进行敏感性分析和蒙特卡洛误差分析等优点；同时这些模型可以由常见统计软件如 SAS、STATA、R 等实现，因此得到广泛应用。

（一）Meta 回归模型

该模型首先由 Lumley 提出，是将不同干预比较在 Meta 回归模型中处理为协变量，该模型为无截距模型，所估计回归系数为不同比较与基本参照的 NMA 合并效应量。假设整个网络中含有 T 个干预措施，研究 i 均为两臂研究，其观察效应为 y_i，基本参数合并效应量为 μ_t，随机项为 δ_i，随机误差为 ε_i，协变量为 x_{it}，则有：$y_i=\mu_1 x_{i1}+\cdots+\mu_{(T-1)}x_{i(T-1)}+\delta_i+\varepsilon_i$。

协变量 x_{it} 可以取值 -1，0 或 1。如果研究 i 中比较干预措施 A 和 $t(t=1,2,\cdots,T-1)$，则 $x_{it}=1$，其他协变量则设为 0；如果研究 i 中比较干预措施 k 和 c，则有 $x_{ic}=1$ 和 $x_{ik}=-1$，其他协变量为 0。在网络中，所有 S 个研究的协变量 t 的值称为设计矩阵 X，为一具有 S 行、$T-1$ 列的矩阵，其元素为 1，-1 和 0。对于多臂研究，估计同一研究中不同配对比较要考虑相关性，可以按 Salanti 提出的多元 Meta 回归框架处理。

（二）多元 Meta 分析模型

由 White 等在 Salanti 等工作基础上提出，通过基本比较处理不同测量结局和采用经典多重测量结局 Meta 分析技术来实现，因此需要每个研究有一个共同的参照干预措施，如果某些研究不含共同对照，则可以通过数据填补策略（data augmentation approach）处理。

设 $T-1$ 个基本参数 μ_t 表示比较"结果"tA，为每个研究中的系列子集，如果某些研究中不含参照干预措施 A，可以采用数据填补技术给予臂 A 一个极小的数据信息，它反映出以下两个观点：缺失臂是随机缺失的一致性假设，网络中所有比较均可以通过基本对比来表达。因此，每个研究中报告一个或多个测量结局 $y_{itA}=y_{it}$，模型为 $(y_{i1}...y_{i(T-1)})=(\mu_{1}...\mu_{i(T-1)})+(\delta_{1}...\delta_{i(T-1)})+(\varepsilon_{1}...\varepsilon_{i(T-1)})$。需要指出的是，该模型适合任意测量结局，如 MD、SMD、logRR、logOR 等。

可以看出，对于比较组不含 A 的研究，通过数据填补变为至少含有三臂的研究，因此在每个研究中不同干预措施间的 $(\delta_{1}...\delta_{i(T-1)})$ 和 $(\varepsilon_{1}...\varepsilon_{i(T-1)})$ 满足方差-协方差的多元正态分布。

（三）基于图形原理法

Rücker 等分析了 NMA 与电网的相似点，提出该方法。假设在 NMA 中有 n 个不同干预措施（点），存在 m 个比较（线），显然，如果纳入的均为两臂研究，则 m 为纳入分析研究的个数，假设干预措施（点 $1,\cdots,n$）和研究（边 $1,\cdots,m$）按固定顺序任意编号。令向量 $y=(y_{1},\cdots,y_{m})^{T}$ 和 $w=(w_{1},\cdots,w_{m})^{T}$ 分别表示观测效应量及其抽样方差倒数，并定义对角线 $m\times m$ 矩阵 $W=diag(w)$，含有研究（边）在其对角线线上的权重 w_i，令 W_y 为经倒方差加权观测效应 $(w_iy_i)_i$ 的点乘向量。为了给定比较，首先要定义网络结构，Rücker 引入几个非常重要的概念，一是边点发生矩阵（edge-vertex incidence），是 $m\times n$ 设计矩阵，行表示研究（边），在同一行中，某列用"1"表示干预措施（点）所在研究（边）的起点，"−1"表示终点；二是拉普拉斯矩阵（Laplacian matrix），是 $n\times n$ 矩阵，定义为 $L=B^{T}WB$；三是拉普拉斯矩阵的伪逆矩阵（Moore-Penrose pseudoinverse）$L^{+}=(L-J)^{-1}+J/n$，其中，J 为含 1 的 $n\times n$ 矩阵。通过这些矩阵，可以计算直接比较和间接比较的方差，进而估计 Q 统计量、成对比较的效应量等。

第七节　发表偏倚的识别与解释

一、问题的提出

同经典的 Meta 分析一样，发表偏倚也是影响 NMA 结果真实性的重要偏倚来源，需要对其进行识别与处理。有研究发现，如果某种干预措施相关的研究存在发表偏倚，就会严重影响整个证据网络的合并结果。虽然通过原始研究的注册和阴性结果的发表，可从根本上控制和减少发表偏倚，但目前发表偏倚在医学研究领域依然非常普遍。

为减少发表偏倚的影响，研究者首先应进行系统全面的检索，尤其应包括研究注册平台以及灰色文献的检索，并通过严格的文献筛选流程，保证合格的文献都纳入到分析当中（文献检索见本章第二节）。但在实践中，即使经过全面的检索，也不可能纳入所有相关研究。因此，需要通过漏斗图或者统计学检验来判断发表偏倚是否存在，如果怀疑存在发表偏倚，可进一步通过模型进行调整，并解释其潜在影响。本节将介绍两种检测和调整 NMA 发表偏倚的常用方法：校正比较漏斗图和网状 Meta 回归，这两种方法都是基于小样本效应（small-study effects）的原理。新近出现一些统计模型如 Copas 选择模型等可参阅相关文献。

二、发表偏倚的识别与解释

（一）校正比较漏斗图

1. 校正比较漏斗图的解读　漏斗图法是经典的识别发表偏倚的方法,而校正比较漏斗图(comparison-adjusted funnel plot)是将经典漏斗图扩展应用到 NMA 中,评价干预网络中是否存在小样本效应。如果漏斗图不对称,则提示发表偏倚有可能存在。此外,异质性、结局的选择性报告等原因也能引起漏斗图的不对称(详见第四章)。

由于 NMA 涉及多种干预措施的比较,因此不同比较干预之间的相对效应本身就有可能存在差异,因此需要在漏斗图上对所比较的干预进行合理的调整,这也是校正比较漏斗图与经典漏斗图的主要区别所在。在绘图时,需要计算不同比较的研究效应估计量:图的横轴表示某研究中某个配对比较的效应量与所有同类比较的合并效应量之差;纵轴则与经典漏斗图相同,一般为效应量的标准误,如果没有小样本效应则校正比较漏斗图将围绕着零位线对称。

此外,校正比较漏斗图中一般还会出现一条回归线,是根据所有研究效应值所做的线性回归,可提示小规模研究效应的方向。如图 8-7(见文末彩插),回归线提示新药更可能出现小规模研究效应。若这种小规模效应确实由发表偏倚所致,那么对这些研究进行 NMA,结果很可能夸大新药的效果。

需要强调的是,在绘制校正比较漏斗图时,首先必须对所有干预措施进行编号排序。这种排序是基于某种小规模研究效应假设进行的。例如,若假设新药更可能出现小规模研究效应,那么可以按照药物的新旧对所有比较的药物进行编号排序(图 8-7)。如果不按照某种假设对所有干预事先进行排序,这样做出来的漏斗图在 NMA 中是没有意义的。若按某种假设排序后,所得到的漏斗图未呈现出明显的不对称,此时也不能排除发表偏倚的可能性,因为这可能是由于该假设本身不成立所致。这是校正比较漏斗图固有的局限性,在解释其对称性时应加以注意。

2. 校正比较漏斗图的绘制　该漏斗图可由 Chaimani 编写的 netfunnel 命令来绘制。命令安装方法:在联网情况下,在 STATA 命令输入窗口键入"net from http://www.mtm.uoi.gr",在结果窗口出现的链接中,点击"network_graphs"链接,按提示操作即可,具体使用方法可以阅读命令自带的帮助文档。

以本章引例解读所用数据为例,将数据整理成如表 8-2 所示,首行变量"study""t1""t2""r1""r2""n1""n2",分别表示研究 ID、两两比较的臂(药物)、每个臂中事件发生的人数和总人数。

表 8-2　本章引例抗躁狂药物的有效性数据(基于对照格式)

study	t1	t2	r1	r2	n1	n2
1	ARI	PLA	155	63	253	131
2	ARI	PLA	72	42	137	135
3	ARI	HAL	89	72	175	172
4	ARI	PLA	49	23	130	132
5	ARI	PLA	110	49	267	134
6	PLA	QUE	29	44	100	91

study	t1	t2	r1	r2	n1	n2
7	PLA	QUE	48	59	105	106
8	LITH	QUE	46	60	77	78
9	PLA	QUE	53	82	161	155
10	PLA	ZIP	23	65	70	140
11	PLA	ZIP	19	63	66	140
12	PLA	ZIP	48	50	103	102
13	PLA	ZIP	129	271	222	458
14	OLA	PLA	34	16	70	69
15	OLA	PLA	35	24	55	60
16	DIV	OLA	52	68	126	125
17	OLA	PLA	149	51	229	115
18	HAL	OLA	158	167	219	234
19	OLA	PLA	37	39	58	60
20	PLA	RIS	51	105	145	146
21	PLA	RIS	30	40	76	75
22	PLA	RIS	29	55	125	134
23	OLA	RIS	80	72	165	164
24	DIV	LITH	9	12	14	13
25	DIV	PLA	89	60	192	185
26	DIV	PLA	9	2	20	22
27	CARB	DIV	8	11	15	15
28	DIV	PLA	47	30	69	67
29	CARB	PLA	112	54	223	220
30	LAM	LITH	8	9	15	15
31	LITH	OLA	52	60	71	69
32	PLA	PAL	51	156	122	347
33	CARB	HAL	4	5	8	9
34	LITH	OLA	5	3	20	20
35	PLA	TOP	32	26	144	143
36	OLA	PLA	40	30	101	101
37	ARI	LITH	72	71	155	160
37	ARI	PLA	72	56	155	165
37	LITH	PLA	71	56	160	165
38	ARI	HAL	78	80	167	165
38	ARI	PLA	78	58	167	153
38	HAL	PLA	80	58	165	153
39	LITH	PLA	52	26	98	97

study	t1	t2	r1	r2	n1	n2
39	LITH	QUE	52	57	98	107
39	PLA	QUE	26	57	97	107
40	HAL	PLA	55	35	99	101
40	HAL	QUE	55	43	99	102
40	PLA	QUE	35	43	101	102
41	HAL	PLA	93	18	172	88
41	HAL	ZIP	93	65	172	178
41	PLA	ZIP	18	65	88	178
42	DIV	OLA	75	82	201	215
42	DIV	PLA	75	31	201	105
42	OLA	PLA	82	31	215	105
43	HAL	PLA	59	39	144	140
43	HAL	RIS	59	65	144	154
43	PLA	RIS	39	65	140	154
44	ASE	OLA	78	94	194	190
44	ASE	PLA	78	26	194	105
44	OLA	PLA	94	26	190	105
45	DIV	LITH	35	18	69	36
45	DIV	PLA	35	18	69	74
45	LITH	PLA	18	18	36	74
46	PLA	QUE	36	94	105	193
46	PLA	PAL	36	106	105	195
46	QUE	PAL	94	106	193	195
47	HAL	OLA	13	53	20	105
47	HAL	PLA	13	43	20	99
47	OLA	PLA	53	43	105	99

以 STATA13.1 软件的 netfunnel 命令绘制校正比较漏斗图的具体过程如下：

. gen logor = log((r1/(n1 − r1))/(r2/(n2 − r2)))

. gen selogor = sqrt(1/r1 + 1/(n1 − r1) + 1/r2 + 1/(n2 − r2))

. netfunnel logor selogor t1 t2, random

结果如图 8-7（见文末彩插）所示，可以看出，漏斗图左下角缺少研究，提示可能存在发表偏倚。

（二）网状 Meta 回归

漏斗图在评价小规模研究效应时容易受主观的影响，通过统计学定量检测，可以弥补单纯从视觉上判断漏斗图是否对称的不足。这种定量检测可通过回归的方法来实现，例如常用的 Egger 检验，就是把观察效应值对研究的精确度作线性回归。按照这个理念，在对证据网络进行发表偏倚的检测时，也可以采用回归的方式。这种方法还能对小规模研究效应进行调整，得到调整后的效应合并值。

该模型是把每个研究的潜在效应值对观察效应值的方差作线性回归。以二分类结局为例，该模型最基本的形式表述如下：

$$r_{iX} \sim B(\pi_{iX}, n_{iX}), r_{iY} \sim B(\pi_{iY}, n_{iY}),$$

$$\text{logit}(\pi_{iY}) = \mu_i$$

$$\text{logit}(\pi_{iX}) = \mu_i + \theta^*_{iXY}$$

$$\theta^*_{iXY} = \theta_{iXY} + I_{iXY} \times \beta_{XY} \times Se^2_{iXY}$$

$$\theta_{iXY} \sim N(\mu_{XY}, \tau^2)$$

$$\mu_{XY} = \mu_{YA} - \mu_{XA}$$

r_{iX} 和 r_{iY} 分别是第 i 个研究中 X 和 Y 组的事件发生例数，n_{iX} 和 n_{iY} 分别是 X 和 Y 组的样本总数，参数 π_{iX} 和 π_{iY} 分别是 X 和 Y 组事件发生的概率。θ^*_{iXY} 是研究 i 中 X 与 Y 相比的潜在效应值。Se^2_{iXY} 是观察效应值 lnOR 的方差。θ_{iXY} 是调整小规模研究效应后的效应值，服从期望为 μ_{XY}，方差为 τ^2 的正态分布，此为随机效应模型。μ_{XY} 可用以 A 作为共同干预的一致性公式表示。

在该模型中，主要需要理解 I_{iXY} 和 β_{XY} 的设置和意义。I_{iXY} 是方向变量，可取 1、0 或 −1。该取值是基于某种小规模研究效应假设事先设定的。例如，若假设新药更可能出现小规模研究效应（即小规模研究更可能出现支持新药的结果，以下简称"新药假设"），那么对于新药 vs. 老药的研究，取值为 1，而对于老药 vs. 新药的研究，取值为 −1，若两种药物的年代相当，取值为 0。除了新药假设以外，研究者还可以依据是否有药厂资助（资助假设）、是否与安慰剂比较（安慰剂假设）等与小规模研究之间的关系建立假设，然后根据这些假设对 I_{iXY} 这个变量进行赋值。

β_{XY} 是模型里需要估计的系数。按照上述的新药假说，若 β_{XY} 的估计值 >0，且有统计学意义，则支持新药假设。相反，若 β_{XY} 的估计值 <0，且有统计学意义，则不支持新药假设，提示在小规模研究中更可能出现支持老药的结果。

除了系数的估计值以外，模型还能给出调整小规模研究效应以后的效应估计值以及研究间的方差估计值。所有这些模型都可以通过 WinBUGS 软件实现。

第八节　NMA 的证据质量评价及进展

NMA 的制定流程以及方法学已经比较成熟，ISPOR 组织先后制定了 3 部专门论述如何制定、解读和评价 NMA 的手册。此外，关于 NMA 报告规范的 PRISMA 扩展版亦于 2016 年发布，但很少有研究专门介绍如何在 NMA 中应用 GRADE 对其进行证据质量分级。在 GRADE 之前，很多 NMA 仅仅是通过评价纳入研究的偏倚风险来推测总体证据质量，这种方法由于没有考虑到其他偏倚因素而存在很大局限性。如果不对 NMA 进行证据质量分级，可能对读者理解 NMA 结论的真实性和可靠性造成障碍，甚至会误导读者。

一、GRADE 证据分级原理与评价流程

GRADE 工作组开发了一整套科学透明的证据分级体系，目的在于评价不同干预措施对病人的重要结局（如全因死亡、心绞痛复发等）产生影响的可信程度，即证据质量。评价的主要内容包括五个降级因素，分别为：纳入研究的方法学质量（risk of bias，偏倚风险）；研究关注的人群、干预措施以及结局指标的外推性（indirectness，间接性）；不同研究间结果

的一致程度（inconsistency，不一致性）；不同研究合并结果的精确程度（imprecision，不精确性）；对符合标准研究纳入的全面程度（publication bias，发表偏倚）。评价的主要内容还包括三个升级因素，即大效应量（large effect）、剂量效应关系（dose-response gradient）和相关混杂（plausible confounding）。

需要注意的是在不同研究类型的系统评价中，GRADE 分级标准侧重的内容存在一定差异，由于 NMA 主要是基于 RCT，因此 GRADE 在 NMA 中应用的基本原则主要是考察上述 5 个降级因素，具体流程 GRADE 工作组已经在相关文章中做了详细阐述。但与其他类型系统评价或 Meta 分析相比，NMA 中同时纳入直接比较和间接比较证据，因而分级过程会相对复杂一些，除了要考虑上述 5 个降级因素之外，还需要考虑间接比较中不同组别在人群基线特征、共同对照以及结果测量方面的不可传递性（intransitivity）以及直接比较和间接比较结果的不同质性（incoherence）即不一致性（inconsistency）。针对 NMA 的特殊性，GRADE 工作组建议分 4 步对其进行证据质量分级：第 1 步，将直接比较和间接比较的效应量和可信区间分开呈现；第 2 步，对每一组直接比较和间接比较的证据质量分别进行分级；第 3 和 4 步，确定和呈现基于直接比较和间接比较 NMA 结果的证据质量。

关于 GRADE 工作组推荐的具体分级流程，杨楠等于 2016 年以案例形式对 GRADE 在 NMA 中应用的基本原理方法和评价流程进行了详细介绍，具体步骤请参考文献[中国循证医学杂志，2016，16（5）：598-603]。

二、CINeMA 软件的操作流程

CINeMA（Confidence in Network Meta-Analysis）是 2017 年瑞士伯尔尼大学社会与预防医学机构最新发布的在线使用的专门用于评价 NMA 证据质量的工具（available from cinema.ispm.ch），评价的主要内容仍然基于 GRADE 五个降级因素，分别为偏倚风险、间接性、不一致性、不精确性和发表偏倚。评价框架思路主要基于 Salanti G 等 2014 年发表于 PloS One 的文献，该软件评价框架可直接分析并给出直接比较对 NMA 的贡献，在此基础上评价 NMA 的可信度（credibility）。该软件的开发，大大提升了 NMA 的 GRADE 评价质量和效率。

进入 CINeMA 的官方网站在线操作，页面上方列出了该网站进行 GRADE 评级的步骤，分别是构建网状图（configuration）、研究的局限性（study limitations）、不精确性（imprecision）、不一致性（inconsistency）、间接性（indirectness）、发表偏倚（publication bias）、生成报告（report）。用户可以点击网页右上角的"documentation"来对 GRADE 评价进行一个系统的学习。

三、应用进展

虽然 GRADE 工作组提出了对 NMA 进行证据质量分级的四步法，进一步完善了 GRADE 在 NMA 中运用的理论基础，但在具体分级的过程中，分级人员需要对 GRADE 的基本理论和原则很熟悉，并进行预试验，以保证对分级标准理解的一致性。此外，还需要考虑间接比较中不同组别间的不可传递性以及直接比较和间接比较结果的不一致性。当然 GRADE 在 NMA 中的应用也存在一些问题，如当直接比较和间接比较的结果一致性较差时，GRADE 工作组也难以权衡其对最后结果证据质量的影响。但 GRADE 依然是当前针对 NMA 进行证据质量分级最有价值的工具。相信随着 NMA 的文献数量增多，以及研究质量的逐步提高，GRADE 在 NMA 中的运用将会逐渐成熟和普及。

第九节　软件介绍与软件操作

一、软件选择

如本章第一节所述，NMA 涉及不同的数据，如二分类、连续性资料、生存数据等。这些数据类型对应着不同的统计模型。目前流行的统计软件根据不同的数据类型和统计模型，分别设计不同的程序或软件包，但并无一种软件可简洁高效地实现所有数据类型的不同模型。研究者往往需要根据课题涉及的效应量、数据类型、证据类型选择合适的统计框架和策略，然后再选择合适的计算软件。常用的软件可以分为贝叶斯和频率学两大类，简述如下。

（一）贝叶斯软件

WinBUGS（1.43 版本）是贝叶斯学派最常用的软件，目前已停止更新；OpenBUGS 是 WinBUGS 的开源版本，一直不断更新，目前最新版本为 3.2.3，两者语法基本一致，均可进行贝叶斯 NMA，详见第十九章"贝叶斯 Meta 分析"。理论上可以适用任何数据类型、拟合任何模型，可以轻松获得相关模型代码，但缺点是绘图功能相对欠缺。

此外，SAS 自带贝叶斯分析模块，采用 PROC MCMC 程序可以直接进行贝叶斯 NMA。R 软件，目前最新版为 3.5.1 版（2018 年 7 月 2 日发布），可通过 gemtc、pcnetmeta、mcnet、nmaINLA 等扩展包，调用 WinBUGS 或 OpenBUGS，实现贝叶斯 NMA，特别是 gemtc 包可以用于多种数据类型的分析，绘制多种图形。基于 JAVA 等开发的 ADDIS/GeMTC 包也可以实现贝叶斯 NMA。另外，一款名为 MetaXL 的 Microsoft Excel 的插件为免费软件，目前为 5.3 版，可以用于 Meta 分析，在 4.0 以后的版本可以支持 NMA 功能。

（二）频率学软件

三大著名统计软件 SAS、STATA、R 软件，具有良好接口和可扩展性，功能强大，是最常用的实现频率学 NMA 的软件。

大多数 SAS 自带的程序比如 PROC MIXED、PROC NLMIXED、PROC GLIMMIX 等可用来实现 NMA，拟合多种模型。因其设计主要针对专业用户，操作仍以编程为主，非统计专业人员掌握较为困难。

STATA 是功能强大而又小巧的统计分析软件，White、Chaimani 等学者为 NMA 编写好了两组程序文件，功能强大，如 mvmeta 组命令、network 图形工具组命令，可以实现频率学 NMA，可拟合多元 Meta 分析模型、Meta 回归模型、两步法线性模型等，并绘制精美的相关图形。

目前 R 软件 netmeta、mvmeta、metafor、meta、nlme 等扩展包均可以实现频率学 NMA，用于拟合基于图形原理、多元 Meta 分析、Meta 回归等模型为基础的 NMA。

ITC 是一款基于 Bucher 法策略，用户界面友好的、可用于干预措施间接比较的软件，使用灵活，但只能用于两臂研究数据，功能有限。

（三）NMA 模型及软件选择

NMA 的统计模型主要有四种，分层模型（hierarchical model）、Meta 回归模型（Meta-regression model）、多元 Meta 分析（multivariate Meta-analysis）以及多元 Meta 回归模型（multivariate Meta-regression）。

分层模型优点是灵活性高，可根据数据类型选择不同的精确似然函数（exact likelihood），如二分类数据选用二项分布、计数数据选用泊松分布等。分层模型可以处理基于臂的研究数据,因此适用性最强,最为常用。贝叶斯框架可以轻松地实现分层模型,但在频率学派框架下较难实现。目前 WinBUGS、OpenBUGS、JAGS 可以拟合任何数据类型的分层模型。GeMTC、ADDIS 软件可以拟合二分类及连续性数据类型的分层模型;R 语言的 gemtc 包可拟合二分类、连续性数据、生存资料、计数资料等分层模型,并可进行网状 Meta 回归分析;R 语言 pcnetmeta 包分析基于臂的数据,包括二分类、连续性及人年为分母的计数资料。SAS 软件的 PROC GENMOD 及 PROC GLIMMIX 程序分别可实现连续性数据 NMA 的固定效应模型及随机效应模型;PROC MCMC 程序可以选择不同的似然函数分析多种数据类型,但是比 WinBUGS 复杂一些。

Meta 回归模型由 Lumley 提出,将不同的对比作为协变量进行回归分析,不同干预的对比可由设计矩阵进行构建,模型提出早期只限于两臂的研究,后来拓展到多臂研究及多元 Meta 回归模型。目前常用的软件均可构建设计矩阵进行 Meta 回归模型,如 R 语言 lme 命令、STATA 的 metareg 命令等。

NMA 的多元 Meta 分析模型由 White 提出,该方法要求每个研究有一个共同的干预参照,如果某些研究不含共同对照,则通过数据填补生成参照组数据。随着对不一致性的研究的深入,在多元 Meta 分析模型的基础上将设计与干预的交互作用作为协变量进行多元 Meta 回归分析,即出现了 DBT 模型(design by treatment model),该模型为 STATA 软件进行 NMA 的主要模型基础。此外,Rücker 等人基于图论(graph theory)的原理开发了 R 语言的 netmeta 包,是基于频率学派的方法,该程序包可对 Q 统计量进行分解,对异质性及不一致性进行定量评估,同时可绘制热图(heatmap plot)对其进行展示。在上述模型的基础上,引入不同的评价不一致性的随机项,即引申出不同的不一致模型,如 Lu & Ades 模型、DBT 模型等。

根据每种软件可获得性、易用性、功能等,合理选择拟合各种模型的软件,常见模型及实现软件见表 8-3。本节主要介绍 STATA 或 R 等软件的操作方法,拟合一致性模型,WinBUGS/OpenBUGS 软件的 NMA 操作案例见第十九章。

表 8-3　NMA 模型及软件选择

模型或方法	软件	扩展包或命令
Bucher 法	R 软件	meta 包、metafor 包、rmeta 包
	STATA 软件	indirect 命令
	ITC	/
	WinBUGS、OpenBUGS	/
Meta 回归模型	R 软件	nlme 包、metafor 包、mcnet 包、nmaINLA 包
	STATA 软件	metareg 命令
	WinBUGS、OpenBUGS	/
多元 Meta 分析模型	R 软件	mvmeta 包
	STATA 软件	mvmeta 命令、network 组命令
	WinBUGS、OpenBUGS	/
基于图形原理法	R 软件	netmeta 包
	WinBUGS、OpenBUGS	/
	ADDIS/GeMTC	/

续表

模型或方法	软件	扩展包或命令
层次模型	R 软件	gemtc 包、pcnetmeta 包
	SAS 软件	genmod 程序、glimmix 程序、mcmc 程序
两步法线性模型	WinBUGS、OpenBUGS	/
	STATA 软件	mvmeta 命令
	SAS 软件	mixed 程序

二、拟合层次模型

这里仅介绍基于 R 软件 gemtc 包拟合层次模型。首先在 R 软件中安装好 gemtc 扩展包。适用于 gemtc 包的数据格式默认为"基于臂"的格式,即是每个研究中每个臂的相关数据占一行,一般有四个变量,默认变量名分别为"study"、"treatment"、"responders"、"sampleSize"分别表示研究 ID、干预措施、每个臂事件发生人数及总人数。基本数据如表 8-2 所示。

第一步,加载包,读入数据。

```
> library(xlsx)
> dat<-read.xlsx("C:\\example8.xlsx", 1)
```

第二步,拟合模型。首先以 mtc.network() 函数构建网络,然后以 mtc.model() 模型建模,最后以 mtc.run() 函数拟合模型。

```
> library(gemtc)
> network <- mtc.network(dat)
> model<-mtc.model(network, type="consistency", n.chain=3, dic=TRUE)
> results<- mtc.run(model, thin=10)
```

第三步,显示结果。如果以"PLA"为对照,显示与其他药物相比较的结果,则以 summary() 函数和 relative.effect() 函数联用;如要绘制森林图,则需要 forest() 函数和 relative.effect() 函数联用,过程如下:

```
> summary(relative.effect(results, "PLA", c("ARI", "ASE", "CARB", "DIV", "HAL", "LAM", "LITH", "OLA", "PAL", "QUE", "RIS", "TOP", "ZIP")))
> forest(relative.effect(results, "PLA"))
```

森林图如图 8-8 所示。

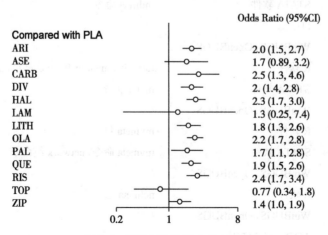

图 8-8　森林图(以 PLA 为对照)

如果要显示两两比较的结果，则需要使用 relative.effect.table() 函数，过程为：

> relative.effect.table（results, covariate＝NA）

请注意，结果显示的 lnOR，如果转换成 OR 需要再分别用"exp()"函数计算。如要获得"ARI vs PLA"的 OR 及 95%CI，命令为"exp（0.696 3）"、"exp（0.415 0）"、" exp（0.979 5）"，则结果为 2.006（95%CI：1.514～2.663），其他以此类推。

三、拟合多元 Meta 分析模型

STATA 的 mvmeta 和 network 组命令可以拟合多元 Meta 分析模型，安装方法：在联网情况下，在 STATA 命令窗口键入"net from http://www.homepages.ucl.ac.uk/～rmjwiww/stata/"，在结果窗口出现链接中，点击蓝色的"meta"链接，在新出现的链接中，分别点击"network:"和"mvmeta:"两个链接，软件会自动完成安装。

（一）STATA 软件 mvmeta 命令

适用于 mvmeta 命令的数据格式为"基于对照"格式，如表 8-4 所示，将数据输入存储在 C 盘根目录下名为"example8.xlsx"的 Excel 工作表"sheet2"中，首行变量"study"、"r1～r14"、"n1～n14"分别表示研究 ID、每个研究中的臂（药物）中事件发生的人数和总人数。

第一步，数据读入和填补。请注意，STATA 读入 Excel 工作表中空白的数据时，会自动将其处理为缺失数据，在数据管理器中显示的是圆点。数据填补策略是在所有研究中将某一干预 A（臂 A）作为参照，如果有不含臂 A 的研究，则用一个很小的数据填补在臂 A 内，如分别将无数值的参照臂中总人数和事件发生人数分别填补为 0.01、0.001 等。

```
. import excel "C: \example8.xlsx", sheet（"Sheet2"）firstrow clear
. replace r1＝0.001 if missing（n1）
. replace n1＝0.01 if missing（n1）
```

第二步，数据预处理，计算效应量及方差、协方差。

```
. foreach trt in 1 2 3 4 5 6 7 8 9 10 11 12 13 14{
      if "trt"=="1" continue
      gen y'trt'＝log（r'trt'/（n'trt'-r'trt'））- log（r1/（n1-r1））
      gen S'trt' 'trt'＝1/r'trt'＋1/（n'trt'-r'trt'）+1/r1＋1/（n1-r1）
      foreach trt2 in 1 2 3 4 5 6 7 8 9 10 11 12 13 14{
          if "trt2"=="1" continue
          if "trt2">"trt'" gen S'trt' 'trt2'＝1/r1＋1/（n1-r1）if !mi（r'trt'）& !mi（r'trt2'）
      }
}
. format y* S* %6.2g
```

第三步，构建方差 - 协方差矩阵，拟合模型。假设跨研究的比较间异质性相同。

```
mat p13＝0.5*（I（13）+J（13, 13, 1））
. mvmeta y S, bscov（prop p13）
. mvmeta, eform
```

第四步，获得两两比较结果。可以通过一致性方程，采用"lincom"命令获得全部药物两两比较的 OR 及 95%CI。如要获得干预 2 vs. 干预 3 比较结果，则命令如下，以此类推。仅选取其他药物与对照药物相比较的结果如表 8-6 所示。

```
. lincom _b[y2]- _b[y3], eform
```

表 8-4 本章引例抗躁狂药物的有效性数据（基于填补策略的对照格式）

study	r1	r2	r3	r4	r5	r6	r7	r8	r9	r10	r11	r12	r13	r14	n1	n2	n3	n4	n5	n6	n7	n8	n9	n10	n11	n12	n13	n14
1	63								155						131								253					
2	42								72						135								137					
3					72				89										172				175					
4	23								49						132								130					
5	49								110						134								267					
6	29									44					100									91				
7	48									59					105									106				
8							46			60											77			78				
9	53									82					161									155				
10	23												65		70												140	
11	19												63		66												140	
12	48												50		103												102	
13	129												271		222												458	
14	16							34							69							70						
15	24							35							60							55						
16				52				68										126				125						
17	51							149							115							229						
18					158			167											219			234						
19	39							37							60							58						
20	51										105				145										146			
21	30										40				76										75			
22	29										55				125										134			
23								80			72											165			164			
24				9			12											14			13							

续表

study	r1	r2	r3	r4	r5	r6	r7	r8	r9	r10	r11	r12	r13	r14	n1	n2	n3	n4	n5	n6	n7	n8	n9	n10	n11	n12	n13	n14
25	60			89											185			192										
26	2			9											22			20										
27			8	11													15	15										
28	30			47											67			69										
29	54		112												220		223											
30						8	9													15	15							
31							52	60													71	69						
32	51													156	122													347
33			4		5												8		9									
34							5	3													20	20						
35	32											26			144											143		
36	30							40							101							101						
37	56						71		72						165						160		155					
38	58				80				78						153				165				167					
39	26						52			57					97						98			107				
40	35				55					43					101				99					102				
41	18				93								65		88				172								178	
42	31			75				82							105			201				215						
43	39				59						65				140				144						154			
44	26	78						94							105	194						190						
45	18			35			18								74			69			36							
46	36									94				106	105									193				195
47	43				13			53							99				20			105						

注：1，安慰剂（PLA）；2，阿塞那平（ASE）；3，卡马西平（CARB）；4，丙戊酸钠（DIV）；5，氟哌啶醇（HAL）；6，拉莫三嗪（LAM）；7，碳酸锂（LITH）；8，奥氮平（OLAN）；9，阿立哌唑（ARI）；10，喹硫平（QUE）；11，利培酮（RIS）；12，托吡酯（TOP）；13，加巴喷丁（ZIP）；14，齐拉西酮（PAL）

（二）STATA 软件 network 组命令

STATA 软件的 mvmeta 命令来实现 NMA 时存在诸多挑战，如数据预处理、模型参数化、结果图示化等，为此，White 编写了一组名为"network"的 STATA 命令用于实现 NMA，操作非常方便。主要的命令及其功能如表 8-5 所示。

表 8-5 netwrok 组命令的组成及主要功能

主要命令	主要功能	使用方法举例
network setup	设置数据	二分类数据：network setup events total [if][in][, 选择项] 连续型数据：network setup mean sd total [if][in][, 选择项]
network convert	数据转换	network convert augmented|standard|pairs [, 选择项]
network map	绘制网状结构图	network map [, 选择项]
network meta	NMA（拟合一致性 / 不一致性模型）	network Meta [consistency|inconsistency][if][in][, 选择项]
network rank	疗效排序	network rank min|max [if][in][, 选择项]
network sidesplit	不一致性检验（节点分割法）	network sidesplit [if][in]trt1 trt2|all [, 选择项]
network forest	绘制森林图	network forest [if][in][, 选择项]

第一步，数据读入及预处理。network setup 命令可以处理"基于臂"格式的数据。如以"PLA"为参照，并进行数据填补，具体过程如下：

. import excel "C:\example8.xlsx", sheet ("Sheet2") firstrow clear

. network setup responders sampleSize, studyvar (study) trtvar (treatment)

. format (augment) or ref (PLA)

第二步，拟合一致性模型。

. network meta consistency

可以获得其他药物与"PLA"相比较的效应量（lnOR），然后分别用"dis exp（某一效应量的 lnOR 值）"命令获得相应 OR 及 95%CI，如"ARI vs. PLA"点估计值由"dis exp（0.688 4281）"可得 1.991，95%CI 为 1.532～2.586，与 mvmeta 命令计算结果完全相同，如表 8-6 所示。

四、实现基于图形原理法

联合使用 R 软件的 metafor 扩展包（v1.9-8）以及 netmeta 扩展包（v0.90）实现基于图形原理的 NMA 方法。

netmeta 扩展包的主要函数为 netmeta()，它有五个主要参数，相对应要求数据中含有主要的五个变量：研究 ID、两两比较的干预措施、两两比较的效应量及标准误。

请注意，特别重要的是研究 ID，对于多臂研究中所有的两两比较需要通过研究 ID 来识别，netmeta() 函数会自动计算多臂研究内相关性。具体过程如下：

第一步，加载扩展包，读入数据。

> library (xlsx)

> dat<-read.xlsx ("C:\\example8.xlsx", 3)

第二步，计算单个研究的效应量（lnOR）及标准误（Se$_{lnOR}$）

> library（metafor）

> dat <- escalc（measure="OR", n1i=n1, n2i=n2, ai=r1, ci=r2, data=dat）

> dat$sei <-with（dat, sqrt（vi））

第三步，拟合随机效应模型，进行 NMA，结果显示到小数点后 3 位。仅选取其他药物与对照药物相比较的结果如表 8-6 所示。

> library（nemeta）

> net <- netmeta（TE=yi, seTE=sei, treat1=t1, treat2=t2, studlab=study, data=dat, sm="OR", comb.random=TRUE）

> print（summary（net）, digits=3）

第四步，以安慰剂为参照，绘制森林图。结果与图 8-8 的 R 软件 gemtc 包层次模型结果相近。

> forest（net, ref="PLA"）

从表 8-6 结果可以发现，采用不同软件拟合贝叶斯或频率学框架下的不同模型，所得效应量非常相似，也充分表明各种不同的模型是等效的，无优劣之分。

表 8-6　不同软件拟合不同模型结果汇总（以 PLA 为参照）

| 比较 | 贝叶斯框架层次模型 | | 频率学框架 | |
	winbugs	R: gemtc 包	多元 Meta 分析 STATA: mvmeta/network 组命令	图形原理 R: netmeta 包
ARI vs. PLA	2.025（1.527～2.651）	2.006（1.514～2.663）	1.990（1.532～2.586）	1.992（1.527～2.599）
ASE vs. PLA	1.808（0.909～3.290）	1.712（0.883～3.304）	1.691（0.920～3.113）	1.693（0.911～3.147）
CARB vs. PLA	2.589（1.310～4.516）	2.461（1.298～4.465）	2.485（1.373～4.495）	2.472（1.362～4.488）
DIV vs. PLA	2.204（1.445～2.784）	2.001（1.453～2.784）	1.973（1.437～2.710）	1.976（1.435～2.723）
HAL vs. PLA	2.295（1.723～3.026）	2.282（1.732～3.049）	2.249（1.720～2.941）	2.253（1.718～2.954）
LAM vs. PLA	1.929（0.259～7.041）	1.373（0.252～6.740）	1.347（0.278～6.530）	1.348（0.276～6.576）
LITH vs. PLA	1.830（1.261～2.592）	1.812（1.269～2.603）	1.767（1.248～2.502）	1.770（1.246～2.513）
OLA vs. PLA	2.223（1.736～2.803）	2.204（1.715～2.807）	2.177（1.731～2.740）	2.177（1.725～2.749）
PAL vs. PLA	1.775（1.073～2.789）	1.744（1.075～2.830）	1.724（1.098～2.705）	1.724（1.090～2.728）
QUE vs. PLA	1.945（1.443～2.584）	1.964（1.466～2.644）	1.938（1.464～2.567）	1.941（1.461～2.578）
RIS vs. PLA	2.423（1.700～3.356）	2.387（1.675～3.380）	2.361（1.708～3.264）	2.361（1.700～3.280）
TOP vs. PLA	0.844（0.341～1.748）	0.773（0.339～1.729）	0.778（0.356～1.699）	0.778（0.352～1.716）
ZIP vs. PLA	1.399（0.997～1.944）	1.388（1.000～1.960）	1.369（0.993～1.885）	1.372（0.993～1.895）

第十节　实 例 分 析

本节以 Cipriani 等 2011 年 *Lancet* 上发表的一篇比较 13 种抗躁狂症药疗效与安全性的 NMA 为例，着重对 NMA 与传统 Meta 分析不同之处进行解读。

一、实例背景

随着神经生物学与精神药理学研究的不断深入，新型非典型抗精神病药物的研发积极性持续活跃，目前批准上市的已有十余种，在躁狂症中的临床应用逐渐增多，药物疗效与安全性的争议也持续受到关注。但由于采用传统 Meta 分析仅能得出 2 种不同抗躁狂症药物之间的疗效对比，并不能全面反映 3 种以上药物之间孰优孰劣的问题，因此，为了全面评价治疗躁狂症不同药物间的疗效和安全性，本案例作者检索了多个电子数据库和 RCT 注册平台，采用了 Cochrane 手册上推荐的方法进行了文献筛选、数据提取和偏倚风险评价。该文章通过 NMA，综合考虑直接和间接比较结果评价了 13 种抗躁狂症药和安慰剂的临床疗效和可接受性，分析结果有助于急性躁狂症病人在治疗中更好地选择药物。

二、实例解读

（一）临床问题表述清晰

具体临床问题：比较喹硫平、卡马西平、阿塞那平、利培酮、丙戊酸钠、齐拉西酮、氟哌啶醇、碳酸锂、阿立哌唑、加巴喷丁、拉莫三嗪、奥氮平、托吡酯和安慰剂之间的临床疗效和可接受性差异。PICOS 如下：

研究对象（P）：急性躁狂症病人或双相情感障碍病人。

干预措施（I）：上述 13 种抗躁狂症药物和安慰剂。

对照措施（C）：干预措施中的任何一个。

结局指标（O）：临床疗效和可接受性。

研究类型（S）：RCT。

（二）文献质量评价

该研究仅纳入 RCT，采用了 Cochrane 推荐的偏倚风险评估工具评价纳入的 RCT 质量。

（三）事先制定了详细的分析策略

对于传统 Meta 分析，采用随机效应模型进行 Meta 分析，其中计数资料以 OR 及其 95%CI 为效应分析统计量，连续变量资料采用 SMD 及其 95%CI 为效应分析统计量。通过计算 I^2 及其 95%CI，以及检验结果的 P 值评价异质性。

对于 NMA，采用基于贝叶斯的随机效应模型进行 Meta 分析，以效应量及其 95%CI 呈现结果，同时呈现结果的排序（rankograms），评价间接比较和直接比较的一致性。

多个软件结合，应用的软件有 STATA 10.0（传统 Meta 分析和 I^2 计算）、R2.11.1（评价一致性、rankograms 和制作 SUCRA 图）和 WinBUGS1.4.3（NMA）。

（四）结果详实

1. 纳入研究基本情况 筛选检出文献，最终纳入 68 篇 RCT 进行 NMA 分析，54 篇 RCT 为双臂研究，14 篇 RCT 为三臂研究，共 16 073 例病人。图 8-9 为抗躁狂症药的网状图，圆点大小代表样本量大小，线的粗细代表 RCT 数量的多少。

2. 疗效与可接受性直接比较 针对疗效，氟哌啶醇、利培酮、奥氮平、碳酸锂、喹硫平、阿立哌唑、卡马西平、阿塞那平和丙戊酸钠优于安慰剂，而加巴喷丁、拉莫三嗪和托吡酯并不优于安慰剂；针对可接受性，奥氮平、利培酮和喹硫平优于安慰剂（结果请见原文献）。

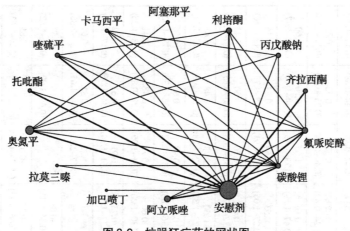

图 8-9　抗躁狂症药的网状图

3. 疗效与可接受性 NMA　由图 8-10 可知：①疗效：利培酮与奥氮平疗效相当，但优于丙戊酸钠、齐拉西酮、拉莫三嗪、托吡酯和加巴喷丁，托吡酯和加巴喷丁的疗效低于其他抗狂躁症药物；②可接受性：氟哌啶醇不如奥氮平，碳酸锂不如奥氮平、利培酮、喹硫平，拉莫三嗪不如奥氮平和利培酮，加巴喷丁不如奥氮平，托吡酯不如其他抗狂躁症药物，如氟哌啶醇、奥氮平、利培酮、喹硫平、阿立哌唑、卡马西平和丙戊酸钠；③疗效排序分析：氟哌啶醇、利培酮和奥氮平最为有效；可接受性排序分析：而奥氮平、利培酮和喹硫平的可接受性最好。

（五）结论明确

现有证据表明，利培酮、奥氮平和氟哌啶醇等可能是治疗躁狂症较好的药物，在制定临床实践指南时应该予以考虑。

三、整体评价

本文采用 NMA 的方法对 13 种抗躁狂症药物的疗效和可接受性进行比较，以选择出成人急性躁狂症病人或双相情感障碍病人的最佳治疗药物。作者紧密联系临床问题，选题具有理论意义和临床实用价值。

本 NMA 的方法和步骤正确，纳入和排除标准明确。经筛选后，详细描述了纳入研究的基本特征。以下几个亮点值得借鉴：①作者发表的论文只有 10 页，而其提供的附件多达 99 页，读者通过附件可以完全了解作者撰写 NMA 的全过程；②作者在开展 NMA 之前，撰写了研究计划书，并详细描述了研究背景、研究目的、PICOS、质量评价、比较剂量和统计分析方法（亚组分析和 Meta 回归分析）；③作者通过附件提供了完整的检索信息，将检索词分为疾病、干预措施和研究设计三大部分，特别是不同抗躁狂症药物的不同表达搜索得非常全面，这为今后开展类似研究的检索提供了借鉴；④作者通过附件提供纳入研究基本特征信息，主要信息包括药物名称及剂量、是否合并用药、随访时间、门诊病人还是住院病人、样本量和是否接受企业资助等；⑤作者在附件中提供了纳入研究 Cochrane 偏倚风险评价结果、直接比较的异质性检验结果（I^2 及 95%CI）、主要结局指标 WinBUGS 统计分析结果和一致性统计分析结果；⑥附件同时提供了敏感性分析结果、SUCRAs 和 Rankograms 图排序结果；⑦作者采用 Meta 回归方法分析企业资助对 NMA 结果的影响；⑧在正文中作者通过柱

图 8-10 抗躁狂症药的 NMA 结果

0.48 (0.16~1.44)	0.56 (0.34~0.93)	0.85 (0.62~1.15)	0.69 (0.36~1.36)	0.93 (0.59~1.49)	1.16 (0.73~1.86)	0.86 (0.46~1.60)	1.16 (0.63~2.14)	1.11 (0.75~1.66)	1.32 (0.85~2.06)	0.81 (0.53~1.22)	1.49 (1.03~2.15)	1.40 (0.93~2.11)	**氟哌啶醇**
0.34 (0.11~1.03)	0.40 (0.24~0.68)	0.61 (0.44~0.83)	0.50 (0.25~0.98)	0.67 (0.41~1.10)	0.83 (0.51~1.34)	0.62 (0.33~1.16)	0.83 (0.44~1.57)	0.80 (0.51~1.25)	0.94 (0.60~1.47)	0.58 (0.37~0.88)	1.06 (0.72~1.56)	**利培酮**	-0.06 (-0.22~0.11)
0.32 (0.11~0.95)	0.38 (0.23~0.61)	0.57 (0.44~0.74)	0.47 (0.24~0.89)	0.63 (0.40~1.00)	0.78 (0.52~1.17)	0.58 (0.33~1.00)	0.78 (0.43~1.44)	0.75 (0.49~1.13)	0.88 (0.58~1.36)	0.54 (0.37~0.79)	**奥氮平**	-0.07 (-0.22~0.08)	-0.12 (-0.28~0.02)
0.60 (0.20~1.77)	0.70 (0.44~1.11)	1.05 (0.78~1.43)	0.86 (0.47~1.59)	1.15 (0.71~1.91)	1.44 (0.92~2.28)	1.07 (0.57~2.00)	1.44 (0.81~2.60)	1.38 (0.91~2.12)	1.63 (1.06~2.54)	**碳酸锂**	-0.06 (-0.22~0.10)	-0.13 (-0.30~0.04)	-0.19 (-0.36~-0.04)
0.36 (0.12~1.10)	0.43 (0.25~0.73)	0.64 (0.45~0.91)	0.53 (0.27~1.05)	0.71 (0.42~1.20)	0.88 (0.53~1.46)	0.66 (0.34~1.25)	0.88 (0.46~1.70)	0.85 (0.52~1.35)	**喹硫平**	-0.01 (-0.18~0.17)	-0.07 (-0.24~0.11)	-0.13 (-0.31~0.04)	-0.19 (-0.37~-0.01)
0.43 (0.14~1.29)	0.50 (0.30~0.85)	0.76 (0.55~1.06)	0.62 (0.32~1.24)	0.84 (0.51~1.39)	1.05 (0.64~1.70)	0.77 (0.41~1.47)	1.04 (0.55~1.98)	**阿立哌唑**	0.00 (-0.19~0.20)	-0.01 (-0.18~0.17)	-0.06 (-0.23~0.11)	-0.13 (-0.31~0.05)	-0.19 (-0.36~-0.02)
0.41 (0.13~1.37)	0.48 (0.25~0.96)	0.73 (0.42~1.28)	0.60 (0.27~1.33)	0.80 (0.41~1.59)	1.00 (0.52~1.91)	0.74 (0.34~1.62)	**卡马西平**	-0.01 (-0.29~0.26)	-0.01 (-0.30~0.26)	-0.02 (-0.28~0.24)	-0.08 (-0.34~0.18)	-0.14 (-0.42~0.12)	-0.19 (-0.36~-0.01)
0.56 (0.17~1.82)	0.65 (0.33~1.30)	0.98 (0.57~1.72)	0.81 (0.36~1.83)	1.08 (0.56~2.14)	1.35 (0.71~2.58)	**阿塞那平**	-0.06 (-0.39~0.28)	-0.07 (-0.34~0.20)	-0.07 (-0.34~0.20)	-0.08 (-0.41~0.27)	-0.14 (-0.36~0.10)	-0.20 (-0.46~0.05)	-0.20 (-0.50~-0.10)
0.41 (0.13~1.25)	0.48 (0.28~0.83)	0.73 (0.51~1.05)	0.60 (0.30~1.20)	0.80 (0.47~1.37)	**丙戊酸钠**	-0.10 (-0.37~0.18)	-0.15 (-0.44~0.13)	-0.17 (-0.38~0.05)	-0.17 (-0.38~0.05)	-0.10 (-0.41~0.23)	-0.23 (-0.43~-0.03)	-0.30 (-0.50~-0.10)	-0.26 (-0.52~-0.01)
0.52 (0.17~1.58)	0.61 (0.34~1.06)	0.91 (0.61~1.34)	0.75 (0.37~1.51)	**齐拉西酮**	-0.01 (-0.24~0.23)	-0.10 (-0.39~0.18)	-0.16 (-0.45~0.14)	-0.18 (-0.39~0.04)	-0.17 (-0.39~0.05)	-0.15 (-0.44~0.16)	-0.24 (-0.43~-0.03)	-0.31 (-0.51~-0.10)	-0.36 (-0.56~-0.15)
0.69 (0.21~2.30)	0.81 (0.40~1.65)	1.22 (0.67~2.21)	**拉莫三嗪**	-0.12 (-0.43~0.19)	-0.13 (-0.43~0.18)	-0.22 (-0.57~0.12)	-0.28 (-0.63~0.08)	-0.29 (-0.58~0.00)	-0.29 (-0.58~0.00)	-0.32 (-0.67~0.06)	-0.36 (-0.64~0.08)	-0.43 (-0.71~-0.14)	-0.48 (-0.77~-0.19)
0.57 (0.20~1.62)	0.66 (0.44~1.00)	**安慰剂**	-0.08 (-0.34~0.18)	-0.20 (-0.37~-0.03)	-0.20 (-0.52~-0.04)	-0.30 (-0.53~-0.07)	-0.36 (-0.60~-0.11)	-0.37 (-0.51~-0.23)	-0.37 (-0.51~-0.23)	-0.37 (-0.63~-0.11)	-0.43 (-0.71~-0.14)	-0.50 (-0.78~-0.31)	-0.56 (-0.69~-0.43)
0.85 (0.28~2.63)	**托吡酯**	-0.07 (-0.24~0.09)	-0.15 (-0.46~0.15)	-0.27 (-0.51~-0.04)	-0.28 (-0.52~-0.04)	-0.38 (-0.66~-0.09)	-0.43 (-0.72~-0.14)	-0.45 (-0.66~-0.23)	-0.44 (-0.66~-0.23)	-0.45 (-0.75~-0.14)	-0.51 (-0.70~-0.31)	-0.58 (-0.78~-0.37)	-0.63 (-0.84~-0.43)
加巴喷丁	-0.25 (-0.77~0.28)	-0.32 (-0.82~0.18)	-0.40 (-0.96~0.16)	-0.52 (-1.05~0.01)	-0.53 (-1.05~0.01)	-0.62 (-1.17~-0.07)	-0.68 (-1.23~-0.12)	-0.69 (-1.21~-0.17)	-0.69 (-1.21~-0.17)	-0.70 (-1.21~-0.18)	-0.76 (-1.27~-0.24)	-0.83 (-1.34~-0.31)	-0.88 (-1.40~-0.36)

形图和球面图将有效率和可接受性的排序结果整合在一起，更有利于临床决策者选择，上述这些分析思路和展示方式都值得肯定。但存在的不足主要是并未检索已发表的 Meta 分析和系统综述，可能会漏检；此外，该 NMA 对两个结局的合并结果尚未给出证据分级。

（张天嵩　田金徽　孙　凤　杨智荣）

参考文献

[1] Bucher H C, Guyatt G H, Griffith L E, et al. The results of direct and indirect treatment comparisons in Meta-analysis of randomized controlled trials[J]. J Clin Epidemiol, 1997, 50(6): 683-691.

[2] Lumley T. Network Meta-analysis for indirect treatment comparisons[J]. Stat Med, 2002, 21(16): 2313-2324.

[3] Lu G, Ades A E. Combination of direct and indirect evidence in mixed treatment comparisons[J]. Statistics in Medicine, 2004, 23(20): 3105-3124.

[4] White I R, Barrett J K, Jackson D, et al. Consistency and inconsistency in network Meta-analysis: model estimation using multivariate Meta-regression[J]. Res Synth Methods, 2012, 3(2): 111-125.

[5] White I R. Multivariate random-effects Meta-regression: updates to mvMeta[J]. STATA J, 2011, 11(2): 255-270.

[6] Dias S, Sutton A J, Ades A E, et al. Evidence synthesis for decision making 2: a generalized linear modeling framework for pairwise and network Meta-analysis of randomized controlled trials[J]. Med Decis Making, 2013, 33(5): 607-617.

[7] G Salanti. Indirect and mixed-treatment comparison, network, or multiple-treatments Meta-analysis: many names, many benefits, many concerns for the next generation evidence synthesis tool[J]. Research Synthesis Methods, 2012, 3(2): 80-97.

[8] Cipriani A, Barbui C, Salanti G, et al. Comparative efficacy and acceptability of antimanic drugs in acute mania: a multiple-treatments Meta-analysis. Lancet, 2011, 378(9799): 1306-1315.

[9] Jansen J P, Fleurence R, Devine B, et al. Interpreting indirect treatment comparisons and network Meta-analysis for health-care decision making: report of the ISPOR Task Force on Indirect Treatment Comparisons Good Research Practices: part 1[J]. Value Health, 2011, 14(4): 417-428.

[10] Hoaglin D C, Hawkins N, Jansen J P, et al. Conducting indirecttreatment-comparison and network-Meta-analysis studies: report of the ISPOR Task Force on Indirect Treatment Comparisons Good Research Practices: part 2[J]. Value Health, 2011, 14(4): 429-437.

[11] Chaimani A, Higgins J P, Mavridis D, et al. Graphical tools for network Meta-analysis in STATA[J]. PLoS One, 2013, 8(10): e76654.

[12] Chaimani A, Salanti G. Using network Meta-analysis to evaluate the existence of small-study effects in a network of interventions[J]. Res Synth Methods, 2012, 3(2): 161-176.

[13] 张天嵩, 钟文昭, 李博. 实用循证医学方法学. 2 版[M]. 长沙: 中南大学出版社, 2014.

[14] 张天嵩, 董圣杰, 周支瑞. 高级 Meta 分析方法——基于 STATA 实现[M]. 上海: 复旦大学出版社, 2015.

[15] Hutton B, Salanti G, Caldwell D M, et al. The PRISMA Extension Statement for reporting of Systematic reviews Incorporating Network Meta-analyses of Health Care Interventions: Checklist and Explanations[J]. Ann Intern Med, 2015, 162(11): 777-784.

[16] Puhan M A, Schünemann H J, et al. A GRADE Working Group approach for rating the quality of treatment effect estimates from network Meta-analysis[J]. BMJ, 2014, 349: g5630.

[17] Salanti G, Del Giovane C, Chaimani A, et al. Evaluating the quality of evidence from a network Meta-analysis[J]. PLoS One, 2014, 9(7): e99682.

第九章

诊断试验准确性的 Meta 分析

> **本章引例**
>
> 　　男孩,刚满 6 岁,慢性咳嗽 1 个多月,经过抗感染及抗哮喘治疗效果不好,行胸部 CT 检查正常,患儿有长期低热、乏力、盗汗等结核中毒症状,但由于儿童结核病的临床特征、影像学检查和细菌培养的特异性较低,致其诊断尤为困难。γ 干扰素释放试验在成人潜伏结核感染的诊断中表现出较高的敏感度和特异度,能否采用 γ 干扰素释放试验诊断儿童潜伏结核感染?

第一节　诊断试验研究简介

一、诊断性试验研究定义

诊断性试验研究(diagnostic test study)指应用各种诊断技术或方法对病人进行检查,以对疾病做出准确诊断,并对诊断技术或方法的诊断效果进行评价的研究,即以金标准(gold standard),或标准诊断试验(standard diagnostic test),或参考标准(reference test)的诊断结果为参照,比较一项或多项诊断技术或方法判断病人是否"真正"患病的能力。

二、诊断试验研究设计与实施

(一)诊断试验的设计

诊断试验的研究类型一般可分为两种:一是基于诊断性随机对照试验(diagnostic randomized controlled trial, D-RCT);一种是基于诊断准确性研究(diagnostic test accuracy study, DTA study),主要采用的研究设计类型为横断面研究、病例对照研究和队列研究。在图 9-1 中,左图为诊断性随机对照试验,病人被随机分配到新诊断方法检查组或旧诊断方法检查组,根据诊断结果接受最佳的治疗,通过比较不同诊断方法对病人重要结局的影响来直接推断诊断准确性及其对临床重要结局的影响。右图为诊断准确性试验,病人同时接受新诊断方法(一种或多种)和标准诊断方法(金标准)。随后可评价新诊断方法与标准诊断方法相比较的准确性(第一步);如果要判断新诊断方法对病人重要结局的影响,研究人员还要基于后续或以前的研究结果,对关于连续治疗和病人(被新诊断方法或标准诊断方法确定为患病或未患病)可能的结局提出假设(第二步)。

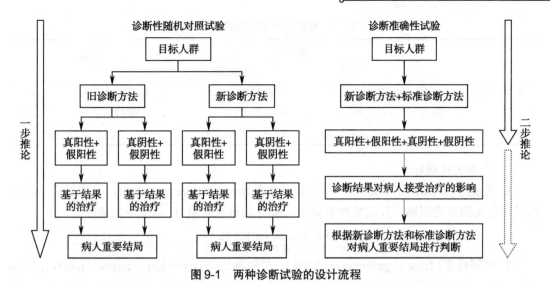

图 9-1　两种诊断试验的设计流程

（二）诊断试验的实施

1. 确立金标准　金标准指当前医学界公认的诊断疾病最可靠的诊断方法,或者是一种广泛接受或认可的具有高灵敏度和特异度的诊断方法。对大多数疾病而言,活体病理组织检查、手术探查、尸体解剖等均是具有普遍意义的金标准,如实体瘤诊断;随着影像学技术的发展,影像学诊断成为许多疾病的诊断金标准,如冠脉造影诊断冠心病;在某些特殊情况下,也可采用由专家制定的临床诊断标准或将长期临床随访所获得的肯定诊断作为金标准。

2. 选择研究对象　选择研究对象时主要考虑应用诊断试验的目标人群。一般情况下,诊断试验是为了在临床环境下对疑似病人进行鉴别诊断,因此诊断试验的研究对象需要覆盖合适的疾病谱,以保证样本具有代表性,即研究中所检查病人的疾病谱与诊断试验在临床推广应用病人的疾病谱相同。研究对象应包括早、中、晚期病人,或轻、中、重度病人,理想的情况是各期比例与临床相一致。由金标准证实未患研究疾病的病人,其他特征尽可能与患研究疾病的病人相似,理想样本是那些临床需要鉴别诊断的病人。样本越有代表性,对研究疾病的判断就越准确。

3. 样本量估算　进行诊断试验研究时需要一定的样本量,其意义是估计研究中误差与降低研究中的抽样误差。样本量过小,诊断试验的准确性指标就可能不稳定,影响对诊断试验结果的评价。诊断试验样本量通常根据被评价诊断试验的灵敏度和特异度分别计算研究所需的病人数和非病人数,应用总体率的样本含量计算方法。详细内容可参考本系列教材《循证医学与临床研究》相关章节。

4. 独立、盲法比较测量结果　独立与盲法是诊断试验设计的基本原则。所谓"独立"指研究对象都要进行诊断试验和金标准的测定,不能根据诊断试验的结果有选择地进行金标准测定。原则上要求所有研究对象都经过"金标准"的评价以确定是否患有研究的疾病。所谓"盲法"指诊断试验和金标准方法结果的判断或解释相互不受影响。这里涉及两个概念,一是金标准的判断是否盲法?意为金标准结果的判定与诊断试验的结果无关。二是诊断试验判断是否盲法?意为诊断试验结果的判断不受金标准结果的影响。

三、诊断试验评价指标

根据诊断试验的结果和金标准的结果建立一个四格表,见表 9-1。

表 9-1　评价诊断性试验的四格表

诊断性试验		金标准		合计
		患病	未患病	
诊断性试验	阳性	a（真阳性）	b（假阳性）	$a+b$（阳性人数）
	阴性	c（假阴性）	d（真阴性）	$c+d$（阴性人数）
	合计	$a+c$（患病人数）	$b+d$（未患病人数）	$a+b+c+d$（受检总人数）

（一）准确性指标

1. 灵敏度（sensitivity，SEN） 又称真阳性率（true positive rate，TPR），是实际患病且诊断试验结果阳性的概率。反映被评价诊断试验发现病人的能力，该值愈大愈好。

$$SEN = \frac{a}{a+c} \times 100\%$$

2. 假阴性率（false negative rate，FNR） 又称漏诊率（omission diagnostic rate），是实际患病但诊断试验结果为阴性的概率。与敏感度为互补关系，也是反映被评价诊断试验发现病人的能力，该值愈小愈好。

$$FNR = \frac{c}{a+c} \times 100\%$$

3. 特异度（specificity，SPE） 又称真阴性率（true negative rate，TNR），是实际未患病且诊断试验结果为阴性的概率，反映鉴别未患病者的能力，该值愈大愈好。

$$SPE = \frac{d}{b+d} \times 100\%$$

4. 假阳性率（false positive rate，FPR） 又称误诊率（mistake diagnostic rate），是实际未患病而诊断试验结果阳性的概率。与特异度为互补关系，也是反映鉴别未患病者的能力，该值愈小愈好。

$$FNR = \frac{b}{b+d} \times 100\%$$

5. 似然比（likelihood ratio，LR） 似然比是反映灵敏度和特异度的复合指标，全面反映诊断试验的诊断价值，且非常稳定，比灵敏度和特异度更稳定，不易受患病率的影响。

（1）阳性似然比（positive likelihood ratio，LR⁺）：为出现在金标准确定患病的受试者阳性试验结果与出现在非患病受试者阳性试验结果的比值大小或倍数，即真阳性率与假阳性率之比，LR⁺越大，表明该诊断试验误诊率越小，也表示患目标疾病的可能性越大。

$$LR^+ = \frac{真阳性率}{假阳性率} = \frac{SEN}{1-SPE}$$

（2）阴性似然比（negative likelihood ratio，LR⁻）：为出现在金标准确定患病的受试者阴性试验结果与出现在非患病受试者阴性试验结果的比值大小或倍数，即假阴性率与真阴性率之比，LR⁻越小，表明该诊断试验漏诊率越低，也表示患目标疾病的可能性越小。

$$LR^- = \frac{假阴性率}{真阴性率} = \frac{1-SEN}{SPE}$$

6. 诊断比值比（diagnostic odds ratio，DOR） 指患病组中诊断试验阳性的比值（真阳性率与假阴性率之比）与非患病组中诊断试验阳性的比值（假阳性率与真阴性率之比）。

$$DOR = \frac{a/c}{b/d}$$

DOR 和似然比密切相关，可以相互转换：

$$DOR = \frac{LR^+}{LR^-}$$

DOR 的取值范围在 $0 \sim \infty$，值越大表明诊断试验的效能越好。DOR 等于 1 说明诊断试验结果在患病组和未患病组没有差异，DOR 如果小于 1 说明诊断试验结果的判读不合理（诊断试验更可能把病人判断为阴性）。与似然比类似，DOR 数值大小也不受患病率的影响，因此在诊断试验的评价中很重要。

7. 准确度（accuracy，AC） 表示诊断试验中真阳性例数和真阴性例数之和占全部受检总人数的百分比。反映正确诊断患病者与非患病者的能力。准确度高，真实性好。

$$AC = \frac{a+d}{a+b+c+d} \times 100\%$$

8. ROC 曲线下面积 ROC 曲线即受试者工作特性曲线（receiver operator characteristic curve，ROC curve）。诊断试验结果以连续分组或计量资料表达结果时，将分组或测量值按大小顺序排列，设定出多个不同的临界值，从而计算出一系列的灵敏度 / 特异度（至少 5 组），以灵敏度为纵坐标，"1- 特异度"为横坐标绘制出曲线叫 ROC 曲线。由于 ROC 曲线由多个临界值相应的灵敏度和假阴性率（1- 特异度）构成，曲线上的各个点表示相应临界值的灵敏度和特异度，所以 ROC 曲线综合反映了诊断试验的特性，即诊断试验对目标疾病的诊断价值，也可以确定诊断试验最佳临界点。ROC 曲线下的面积（area under curve，AUC）反映了诊断试验的准确性。ROC 曲线下面积范围在 $0.5 \sim 1$ 之间。面积为 0.5 时，与图中斜线下的面积相同，即说明该诊断试验没有诊断价值，面积在 $0.5 \sim 0.7$ 之间有较低的准确性，面积在 $0.7 \sim 0.9$ 之间有一定的准确性，面积 >0.9 则有较高的准确性。

（二）临床应用性指标

1. 预测值 预测值（predictive value，PV）是反映应用诊断试验的检测结果来估计受试对象患病或不患病可能性大小的指标。根据诊断试验结果的阳性和阴性，将预测值分为阳性预测值和阴性预测值。

阳性预测值（positive predictive value，PV$^+$）指诊断试验结果为阳性者中真正病人所占的比例。对于一项诊断试验来说，PV$^+$ 越大，表示诊断试验阳性后受试对象患病的几率越高。

$$PV^+ = \frac{a}{a+b} \times 100\%$$

阴性预测值（negative predictive value，PV$^-$）指诊断试验结果为阴性者中真正无病者所占的比例，PV$^-$ 越大，表示诊断试验阴性后受试对象未患病的几率越高。

$$PV^- = \frac{d}{c+d} \times 100\%$$

2. 验前概率和验后概率 验前概率（pre-test probability）是临床医师根据病人的临床表现及个人经验对该病人患目标疾病可能性的估计值，验前概率常常是经验值，可以根据临床医生所在医疗机构的就诊人群患病率进行估计。验后概率（post-test probability）主要指诊断试验结果为阳性或阴性时，对病人患目标疾病可能性的估计。验前概率和验后概率常被用来评价诊断试验。临床医师希望了解当诊断性试验为阳性时，患目标疾病的可能性有多大，阴性时排除某病的可能性有多大，这就需要用验后概率来进行估计。验后概率相对验前概率改变越大，则该诊断性试验被认为越重要。

$$验前比（pre-test odds）=验前概率/（1-验前概率）$$
$$验后比（post-test odds）=验前比×似然比$$
$$验后概率=验后比/（1+验后比）$$

诊断试验的阳性预测值和阴性预测值均会随受检人群患病率的变化而变化。对于同一诊断试验，似然比相同情况下，随着受检人群患病率（即验前概率）的增加，被检者患病的可能性（验后概率或阳性预测值）将增加，反之，则验后概率下降。

（三）诊断试验一致性评价

在实验条件相同情况下，研究中的观察测定仍可能存在测量变异。常见的原因有：①观察者之间的变异，水平相似的两位放射科医师，在阅读相同的胸片时，诊断出肺门淋巴结核的阳性率不一致；②观察者自身的变异，同一位医师间隔 1 个月后，重复阅读相同的胸片时结果也有差异；③测量仪器变异，血压计本身变异也会造成血压值的变化；④试剂变异，不同批次试剂存在着差异；⑤被测研究对象生物学变异，个体内和个体间会有不同等。诊断试验可靠性评价的设计与真实性评价不一样，评价指标主要用来评价测量变异的大小。

1. 计量资料 用标准差及变异系数来表示。变异系数=标准差/均数×100%。变异系数和标准差越小，可靠性越好。

2. 计数资料 用观察符合率与 Kappa 值表示。观察符合率又称观察一致率，指 2 名观察者对同一事物的观察或同一观察者对同一事物 2 次观察结果一致的百分率。前者称观察者间观察符合率，后者称观察者内观察符合率。

第二节 诊断试验准确性的 Meta 分析步骤

诊断试验准确性的 Meta 分析是通过系统、全面地搜集诊断试验研究，严格按照预先制定的纳入标准筛选研究，依据国际公认的诊断试验质量评价工具（如 QUADAS-2）评价纳入研究质量，并进行定性描述或用合成受试者工作特性曲线（Summary ROC，SROC）进行定量分析的一种综合评价诊断试验准确性和重要性的研究方法。其目的是评价诊断试验对目标疾病诊断的准确性，是诊断试验研究中最高级别的证据。主要包括两方面内容：①诊断试验的研究质量评价，主要从研究设计、方法的精确性、准确性、重复性、灵敏度、特异度等方面进行评价；②诊断试验的准确性评价主要采用 Meta 分析，对目标疾病的灵敏度、特异度进行综合评价，报告似然比、诊断比值比等。

一、提出待评价的问题

诊断试验准确性的 Meta 分析课题来源大致有两个方面：一是来自临床实践，二是来自诊断方法理论本身的发展。最佳选题产生在临床需要与诊断方法内在发展逻辑的交叉点上。选题是否恰当、清晰、明确，关系到诊断试验准确性的 Meta 分析是否具有重要的临床意义，是否具有可行性，并影响着整个诊断试验系统评价研究方案的设计和制订。

二、制定纳入与排除标准

这里的纳入与排除标准是针对原始研究制定的，设计纳入与排除标准时应考虑以下要素：①研究设计类型；②研究对象；③待评价诊断试验；④对照诊断试验；⑤目标疾病；⑥金标准。

三、制定检索策略并检索相关研究

根据 The Bayes Library of Diagnostic Studies and Reviews 的方法进行诊断试验准确性的 Meta 分析检索策略的制定,检索词分目标疾病、待评价试验、诊断准确性指标 3 大部分。

制定疾病和诊断方法的检索策略方法与疾病与干预措施的检索策略相同,这里不再赘述。

在检索源选择方面,除了常检索的文献数据库、在研临床试验数据库、灰色文献(企业网站、会议论文、学位论文)、已发表研究参考文献和与研究通讯作者联系外,需要考虑相关专题数据库,如 C-EBLM 和 MEDION 等。

四、文献筛选、质量评价与资料提取

文献筛选和资料提取方法与针对其他研究类型的系统综述没有差别。诊断试验的方法学质量评价一般采用 2011 年发布的 QUADAS-2(quality assessment of diagnostic accuracy studies)(表 9-2),主要由 4 个维度组成:病例选择,待评价诊断试验,金标准试验,失访、金标准和待评价试验检测的间隔时间,在偏倚风险方面 4 个维度都会被评估,其中前 3 维度也会在临床适用性方面被评估。

表 9-2　QUADAS-2 评价诊断试验的标准

评价领域	病例选择	待评价诊断试验	金标准试验	失访、金标准和待评价试验检测的间隔时间
描述	描述病例选择的方法 描述纳入病例的情况(前期检查、当前的结果、计划采用的待评价试验和背景等)	描述待评价诊断试验及其实施的过程并对其结果进行解释	描述金标准及其实施的过程并对其结果进行解释	描述未接受待评价诊断试验和金标准检测的病例以及未纳入 2×2 列联表的病例 描述进行待评价诊断试验和金标准的时间间隔和中间进行的干预情况
标志性问题(是/否/不确定)	病例的选取是连续入组还是随机抽样入组 是否避免病例对照研究设计 研究是否避免了不合理的排除标准	待评价诊断试验的结果解释是否是在不知晓金标准试验结果的情况下进行 若设定了阈值,是否为事先确定	金标准是否能准确区分有病、无病状态 金标准的结果解释是否是在不知晓待评价诊断试验结果的情况下进行	金标准和待评价诊断试验检测的间隔时间是否合理 是否所有的连续样本或随机选择的样本均接受了金标准 是否所有的连续样本或随机选择的样本均接受了待评价诊断试验 是否所有的连续样本或随机选择的样本均进行了统计分析
偏倚风险(高/低/不确定)	病人选择是否会引入偏倚	待评价诊断试验的实施和解释是否会引入偏倚	金标准的实施和解释是否会引入偏倚	失访或退出病人是否会引入偏倚
临床适用性(高/低/不确定)	是否考虑将纳入病人与系统评价中提出问题中的病人相匹配	是否考虑待评价诊断试验的实施和解释与系统评价中提出问题中的待评价试验相匹配	是否考虑金标准的实施和解释与系统评价中提出问题中的金标准相匹配	

五、探讨异质性

异质性可以分为临床异质性、方法学异质性和统计学异质性。临床异质性：指研究对象的病情、病程和诊断方法的差异（如磁共振成像检查的磁场强度不同）等导致的变异。方法学异质性：指由于诊断试验设计和质量方面的差异引起，如不同研究设计和盲法的应用等导致的变异。统计学异质性：指不同诊断试验间被估计效应量在数据上表现出的差异，如不同研究采用诊断阈值不同时导致的差异。

在诊断试验准确性 Meta 分析中，阈值效应是引起异质性的主要原因之一，当存在阈值效应时，灵敏度和特异度呈负相关（或灵敏度与 1 - 特异度呈正相关），其结果在 SROC 曲线图上呈"肩臂状"点分布。探讨阈值效应可以：①观察森林图中一对精确估计量之间的关系。如果存在阈值效应，森林图显示灵敏度增加的同时特异度降低，反之亦然。同样负相关现象出现在阴阳性似然比之间。②计算灵敏度对数值与（1 - 特异度）的对数值的 Spearman 相关系数，如果强正相关，则提示存在阈值效应。③若每一个研究的精确估计量在 SROC 曲线平面图散点分布形态为典型"肩臂状"分布，则提示存在阈值效应。阈值效应的分析结果决定纳入研究能否进行合并分析及合并分析方法的选择。

六、绘制 SROC 曲线

有 3 种模型可供选择绘制 SROC 曲线，这里仅作简单介绍，详细介绍参考相关参考书。

1. Littenberg-Moses 固定效应模型 SROC 曲线采用 DOR 将诊断研究的灵敏度和特异度通过相应的转化形式转化为单一指标，评价诊断试验的准确性。该方法最初由 Kardaum 等研究者于 1990 年提出，随后经 Littenberg 和 Moses 等研究者对最初提出的模型进行了修正，即 Littenberg-Moses 模型，成为当前最常用拟合 SROC 曲线的方法。由于 Littenberg-Moses 模型拟合的 SROC 曲线尚存在一些缺点，如没有考虑研究间的变异等，为了避免该模型的缺点，可以考虑使用双变量模型和分层 SROC 模型。

2. 双变量随机效应模型 Reitsma 等给出的双变量随机效应模型有两个水平，分别对应研究内和研究间变异。针对指标灵敏度和特异度，在第一个水平上可以认为每个研究的灵敏度和特异度服从一个二项分布，第二个水平上认为每个研究真实的灵敏度和特异度经 Logit 变换后，服从一个双变量正态分布。双变量模型通过似然函数进行拟合，可获得 5 个参数估计结果，灵敏度与特异度 Logit 转换值 $[E(\text{logit})Se、E(\text{logit})Sp]$ 和方差 $[Var(\text{logit})Se、Var(\text{logit})Sp]$ 及两者的相关系数 $[Corr(\text{logits})]$。

3. 分层 SROC 模型 分层 SROC（hierarchical summary ROC，HSROC）模型由 Rutter 和 Gatsonis 提出，是对 Littenberg-Moses 固定效应模型 SROC 曲线的扩展，用于合并评价多个诊断试验的灵敏度和特异度这一常用配对指标。在 STATA 软件中，可通过 metandi 命令实现，HSROC 的 5 个参数估计结果分别为：形状参数（λ）、诊断比值比（θ）、阈值（β）以及两者方差（s2theta、s2alpha），其中参数 beta 估计值及其 95%CI 提示 SROC 是否对称，λ 的估计值及其 95%CI 反映诊断试验判别能力。

此外，还有等比例风险模型方法（基于 ROC 曲线 Lehmann 模型假设的方法）和基于 Logistic 分布最大加权 Youden 指数模型等。

七、Meta 分析主要结果分析

诊断试验准确性的 Meta 分析结果将呈现诊断试验系统评价的全部诊断准确性指标，主要包括：灵敏度森林图、特异度森林图、诊断比值比森林图、似然比森林图、验后概率和（H）SROC 曲线等内容。

1. 灵敏度、特异度、诊断比值比和似然比森林图 森林图中小方块表示每个研究的灵敏度、特异度、诊断比值比或似然比值，穿过小方块的横线表示可信区间，横线长度表示可信区间宽度，横线左端为可信区间最低值，右端为最高值。括号内的值为灵敏度、特异度、诊断比值比或似然比 95% 的可信区间。菱形为灵敏度、特异度、诊断比值比和似然比的合并效应量（通常位于最下端）。有的森林图还提供异质性检验结果。

2. 验后概率 验后概率图的左侧为验前概率，中间上半部分为阳性似然比，中间下半部分为阴性似然比，右侧为验后概率，实线连接了验前概率和阳性似然比及推算出的验后概率，破折线连接了验前概率和阴性似然比及推算出的验后概率，根据验前概率和验后概率的变化判断某病人患病的可能性或该诊断试验的重要性。

3. SROC 曲线 不同软件制作的 SROC 曲线中的标识符略有差异，在 STATA 软件制作的 SROC 曲线中红色实心◇为点估计，红色实心◇周围由里向外第 1 个虚线为 95% 的可信区间椭圆，第 2 个虚线为 95% 预测区间椭圆。

4. HSROC 曲线 HSROC 曲线中的每个○分别代表 1 个研究，其数量表示纳入研究的数量，弯曲的实线为合并的 HSROC 曲线，红色实心□为点估计，红色实心□周围由里向外第 1 个虚线为 95% 的可信区间，第 2 个虚线为 95% 预测区域。

5. Deek 漏斗图 通过取对数后的诊断比值比（lnDOR）对有效样本量平方根的倒数进行线性回归后得到。当不存在发表偏倚时，会得到对称的漏斗图。

第三节 软 件 操 作

目前，可用于实现诊断试验准确性 Meta 分析的软件有 STATA、WinBUGS、R、OpenBUGS、RevMan、MIX、Comprehensive Meta-Analysis、Metaanalyst、Meta-Disc 和 Meta-Test，这里主要讲解 Meta-Disc、RevMan 和 STATA 软件合并分析诊断试验数据，其余软件感兴趣者可参考相关书籍和参考文献。

一、Meta-Disc

1. 简介 Meta-Disc 是受 FIS PI02/0954、FIS PI04/1055 和 FIS G03/090 资助，于 2004 年推出的一款采用菜单操作、功能全面而专用于诊断和筛查试验的 Meta 分析软件，其操作系统为 Windows，当前版本为 1.4。

2. 下载与安装 在 IE 浏览器输入 http://www.hrc.es/investigacion/Metadisc_en.htm 后，点击界面左侧"download"，免费下载一个名为 Metadisc140.mis 的文件保存到计算机上。双击 metadisc140 安装文件，根据提示完成软件安装，安装后从开始菜单中运行 MetaDiSc 1.4 即可。

3. Meta-Disc 操作界面简介 菜单栏包括文件（File）、编辑（Edit）、分析（Analyze）、窗口（Window）和帮助（Help），工具栏提供操作文档常用的工具图示按钮，数据录入区可以输入作者、研究 ID、真阳性、假阳性、假阴性和真阴性。

4. 数据输入　①利用键盘直接输入四格表数据；②从资料提取表中复制并粘贴四格表数据至 Meta-DiSc 数据表（但要注意真阳性、假阳性、假阴性和真阴性的顺序）；③点击"File"，在下拉菜单中选择"Import Text File..."菜单导入 *.txt 或 *.csv 格式文件。在导入相应的文件之前，需搞清楚文件是以何种标点符号作为数据分界格式，若文件中的数据是以";"、":"和"."分界，则要在对话框中分别选"Semicolon"、"Colon"和"Comma"以便正确显示，然后点击"Import columns"，即可导入到 Meta-Disc 数据表。

如果想探索异质性来源，需要增加列数目，具体步骤：点击"Edit/Data Columns"，选择"Add Column"，在弹出"New variable name"界面输入变量名称，点击"Acept"完成列的增加，如增加病例来源和盲法等列。

如果四格表的数据中含有零，则需对每个格子加 0.5 来校正，可以手工输入时校正；也可点击"Analyzed/Options..."，在弹出"Options"对话框的"Statistics"界面，选择"Handing studies with empty cells"选项中的"Add 1/2 to all cells"实现软件自动校正。

5. 数据分析

（1）探索阈值效应：在诊断试验中，引起异质性的重要原因之一是阈值效应。选择"Analyzed"菜单中"Threshold Analysis"，弹出计算结果，Spearman 相关系数（强正相关提示存在阈值效应）$r=0.817$，$P=0.007$，表明可能存在阈值效应。

（2）探讨异质性：在诊断试验系统评价中，除了阈值效应外，其他原因包括研究对象和试验条件等也可引起研究间异质性。如果各研究间确实存在异质性，可用 Meta 回归和亚组分析探讨异质性来源，Meta 回归具体步骤如下：选择"Analyzed"菜单中"Meta-regression..."，在弹出"Meta regression"界面，点击 + 依次将 Covariates 下面框中的协变量添加到 Model 下面的框中，点击"Analyzed"即可。并逐个剔除协变量分别进行 Meta 回归。

亚组分析的具体步骤如下：选择"Analyzed"菜单中"Filter Studies..."，在弹出"Filter"界面，在 Variable 下面的下拉框中选择协变量名称，在协变量名称后面的方框中选取值范围，在 Value 下面的方框中输入具体值，点击"Apply"完成亚组分析。

（3）合并效应量：点击"Analyzed/Tabular Result"，选择"Sensitivity/Specificity"、"Likelihood Ratio"和"Diagnosis OR"，分别显示灵敏度和特异度、似然比和诊断比值比合并结果。

（4）绘制森林图：点击"Analyzed/Plot..."，在"Meta-Disc-［Plots］"界面选择"Sensitivity"、"Specificity"、"Positive LR"、"Negative LR"和"Diagnosis OR"，分别显示灵敏度、特异度、阳性似然比、阴性似然比和诊断比值比的森林图。

在森林图界面，点击"Options"按钮，弹出"Options"对话框，在"Statistics"界面对 Pooling method、Confidence Interval 和 Handing studies with empty cells 进行选择；在"Graphics"界面对 Logarithmic Scale、Identify studies with 和 Forest plot additional data 进行选择。

在森林图界面，点击"Export"按钮，在弹出的窗口中选择保存位置和格式（*.Bitmap、*.Metafile、*.EMF、*.jpg 和 *.PNG）、输入文件名后，最后点击"保存"完成森林图保存。

在森林图界面，点击 + - 改变森林图的大小；在"Pooling Symbol"和"Individual study symbol"下拉框选择合并效应量的图示（No Symbol、Diamond、Circle、Square、Triangle 和 Star），也可对其颜色进行选择（红色、黑色、白色、灰色、黄色、蓝色、粉色、绿色和紫色）。

（5）绘制 SROC 曲线：首先，判断 SROC 曲线是否对称，并选择相应的方法拟合 SROC 曲线。如果 SROC 曲线是对称的，可以通过 Mantel-Haenszel 和 DerSimonian-Laird 模型拟合 SROC 曲线；如果 SROC 曲线不对称，则只能用 Moses' constant of liner model 模型拟合 SROC 曲线。本例中，通过阈值效应结果发现：b 与 0 无统计学差异（$P = 0.697\,1$），提示 SROC 曲线对称。

其次，拟合 SROC 曲线，点击"Analyzed/Plot..."，在"Meta-Disc-[Plots]"界面选择"SROC Curve"，则可拟合出 SROC 曲线，在 SROC 曲线图上，还可以得到 AUC = 0.880\,2，Q 指数 = 0.810\,7 等。

二、RevMan

关于 RevMan 软件简介，软件安装，参考文献导入、添加、修改和删除请参考第三章软件操作。

1. 创建诊断试验系统评价　①点击操作主界面"Create a new review"或选择菜单"File/New"，点击"New Review Wiazard"窗口中的"Next"；②选择"Type of Review"中"Diagnosis test accuracy review"创建 Cochrane 诊断试验系统评价，点击"Next"；③在"Title"中输入诊断试验系统评价的标题，点击"Next"；④在"Stage"中选择诊断试验系统评价阶段，"Title only"、"Protocol"和"Full review"分别表示标题阶段（此阶段不可选）、计划书阶段和全文阶段（一般选择），选择后，点击"Finish"完成诊断试验系统评价创建。

2. 建立四格表数据

（1）添加诊断试验名称：①选中 RevMan 5.3 操作主界面中大纲栏中的"Data and analyses"下面的"Data tables by test"，点击鼠标右键选择"Add Test"或点击内容栏"Data tables by test"下面"Add Test"按钮，弹出"New Test Wizard"窗口；②在"New Test Wizard"窗口界面"Name"和"Full Name"后输入框输入诊断试验名称及其全称，如 QFT 和 QuantiFERON®-TB Gold，点击"Next"；③在"Description"界面对诊断试验进行描述说明，点击"Finish"完成诊断试验；④重复①～③添加 T-SPOT.TB。

若需要编辑 RevMan 5.3 录入的诊断试验，在大纲栏或内容栏找到预编辑诊断试验，选中预编辑诊断试验后点击鼠标右键选择编辑方式完成相应的编辑工作。针对诊断试验编辑方式包括：添加诊断试验数据（Add Test Data）、编辑诊断试验（Edit Test）、删除诊断试验（Delete Test）、重命名诊断试验（Rename Test）、上移（Move Up）、下移（Move Down）、属性（Properties...）和注释（Notes...）。

（2）添加纳入研究：①点击 RevMan 5.3 操作主界面的"Add Test Data"；②在"New Test Data Wizard"窗口选择纳入的研究，点击"Finish"完成纳入研究添加。

3. Meta 分析

（1）数据输入：①利用键盘直接输入四格表数据；②从资料提取表中复制并粘贴四格表数据至内容栏数据表中（注意真阳性、假阳性、假阴性和真阴性的顺序）。

（2）数据分析：①选中 RevMan 5.3 操作主界面大纲栏中的"Data and analyses"下面的"Analyses"，点击鼠标右键选择"Add Analysis"，弹出"New Analysis Wizard"窗口；②在"New Test Wizard"窗口界面"Name"后输入框输入分析名称，如 γ 干扰素释放试验，点击"Next"；③在弹出界面中选择 Type（Single test analysis、Multiple tests analysis、Analyse paired data only、Investigate sources of heterogeneity）和 Test（QFT 和 QuantiFERON®-TB Gold），点击

"Finish"完成数据分析。

在诊断试验 Meta 分析结果界面，点击 ，分别显示诊断试验的灵敏度和特异度森林图及 SROC 曲线，再点击 按钮，在弹出的窗口中选择保存位置和格式（*.svg、*.emf、*.eps、*.pdf、*.swf 和 *.png），输入文件名后，最后点击"Save"保存。

说明：通过其他软件获取参数 Theta、beta、Var（accuracy）、Var（threshold）估计值可显示 HSROC 图。

（3）属性设置：在 General 界面，可以重新选择分析类型和诊断试验以及特异度和灵敏度可信区间，在 SROC plot 界面，可以对是否显示 SROC 曲线（默认）、单个研究（默认）、坐标轴和单个研究的可信区间进行选择，也可对对称性和分析权重等进行选择；在 Forest plot 界面，可以选择在灵敏度和特异度森林图上是否呈现质量评价条目和协变量；在 Source of Heterogeneity 界面，可以对 SROC 曲线呈现亚组分析的呈现情况进行选择（None、Quality Item 和 Covariates）。属性设置好后，点击"Apply"完成属性设置。

（4）绘制纳入研究质量评价图：①选中 RevMan 5.3 操作主界面大纲栏中的"Figure"，点击鼠标右键选择"Add Figure"，弹出"New Figure Wizard"窗口；②在"New Figure Wizard"窗口界面选择 Risk of bias and applicability concerns graph 或 Risk of bias and applicability concerns summary，点击"Next"；③在"Caption"界面，点击"Finish"完成质量评价图制作。

三、STATA

1. 数据输入　在 STATA 软件主界面，点击"Windows"，在下拉菜单中选择"Data Editor"，或点击工具栏的 ，弹出"Data Editor（Edit）-[Untitled]"界面，直接录入数据，也可从资料提取表中直接复制、粘贴数据。在该界面右下方"Variables"栏中对变量名称进行修改，在"Name"栏输入变量名称，在"Label"栏输入变量标签，在"Type"栏选择变量类型，在"Format"栏选择变量数据格式。数据输入完成后，关闭返回 STATA 主界面。

也可以点击"File"，在下拉菜单中选择"Import"，在展开的菜单中选择相应导入数据的类型，在弹出的对话框中，点击"Browse..."进入数据保存的路径，最后点击"OK"即可完成数据导入。

2. midas 命令的应用

（1）合并统计量：在命令窗口输入 midas tp fp fn tn, es（x）res（all），分析结果如下：

SUMMARY DATA AND PERFORMANCE ESTIMATES

Bivariate Binomial Mixed Model

Number of studies = **10**

Reference-positive Subjects = **776**

Reference-negative Subjects = **1234**

Pretest Prob of Disease = **0.386**

Between-study variance（varlogitSEN）= **2.407**, 95%CI = [**0.941 – 6.155**]

Between-study variance（varlogitSPE）= **1.564**, 95%CI = [**0.572 – 4.277**]

Correlation（Mixed Model）= **−0.785**

ROC Area, AUROC = **0.89** [**0.86 – 0.91**] ⟶

Heterogeneity（Chi-square）: LRT_Q = **296.992**, df = **2.00**, LRT_p = **0.000**

Inconsistency（I-square）: LRT_I2 = **99.33**, 95%CI = [**99.04 – 99.62**]

Parameter	Estimate 95%CI
Sensitivity	**0.518**[0.284, 0.744]
Specificity	**0.936**[0.862, 0.971]
Positive Likelihood Ratio	**8.064**[4.562, 14.253]
Negative Likelihood Ratio	**0.516**[0.319, 0.832]
Diagnostic Score	**2.750**[2.025, 3.475]
Diagnostic Odds Ratio	**15.643**[7.576, 32.300]

（2）绘制灵敏度和特异度森林图：在命令窗口输入 midas tp fp fn tn, id（author）year（year）es（x）ms（0.75）ford for（dss）texts（0.80），绘制灵敏度森林图和特异度森林图。

（3）绘制诊断比值比森林图：在命令窗口输入 midas tp fp fn tn, id（author）year（year）es（x）ms（0.75）ford for（dlor）texts（0.80），绘制诊断比值比森林图。

（4）绘制似然比森林图：在命令窗口输入 midas tp fp fn tn, id（author）year（year）es（x）ms（0.75）ford for（dlr）texts（0.80），绘制阳性似然比森林图和阴性似然比森林图。

（5）绘制验后概率：在命令窗口输入 midas tp fp fn tn, es（x）fagan prior（0.20），绘制验后概率。

（6）绘制 SROC 曲线：在命令窗口输入 midas tp fp fn tn, es（x）plot sroc2，绘制 SROC 曲线。

（7）绘制 Deeks 漏斗图：在命令窗口输入 midas tp fp fn tn, pubbias，绘制 Deeks 漏斗图。

3. metandi 命令的应用

（1）合并统计量：在命令窗口输入 metandi tp fp fn tn，有关双变量模型和 HSROC 模型的参数估计及 95%CI，灵敏度、特异度、诊断比值比和似然比等准确性指标合并结果及 95%CI。

（2）绘制 HSROC 曲线：在命令窗口输入 metandi tp fp fn tn, plot，绘制 HSROC 曲线。

第四节　实 例 分 析

本节以探讨 99mTc-MIBI 诊断乳腺癌的准确性 Meta 分析为例，对诊断试验准确性 Meta 分析进行解读。

一、实例背景

乳腺癌是危害女性健康的常见恶性肿瘤，早期诊断是提高治愈率和改善预后的关键。目前乳腺癌常用的诊断方法对于诊断乳腺癌的敏感度、特异度以及在鉴别良、恶性方面都受到一定的限制，探索新的辅助检查方法十分必要。乳腺癌放射性核素显像是一项无创性检查方法，目前较常用的显像剂是 99mTc- 甲基异丁基异腈（99mTc-MIBI），它具有亲肿瘤细胞的功能，其乳腺癌细胞摄取最高，因此 99mTc-MIBI 可作为乳腺肿瘤的良恶性鉴别诊断，99mTc-MIBI 在恶性乳腺肿块显像中有较多的浓聚。作者针对已发表的 2 篇 Meta 分析没有解决的问题开展系统评价和 Meta 分析，评价 99mTc-MIBI 诊断乳腺癌的准确性。

二、实例解读

纳入标准：本研究纳入了同时提供敏感度和特异度的 99mTc-MIBI 诊断乳腺癌的研究。研究对象至少有 10 个乳腺肿块，作者认为小样本研究存在选择性偏倚而被排除。

信息提取：1 名评价者提取资料，另 1 名评价者进行核实，分歧通过商量或与第 3 名评价员讨论解决。主要提取：研究对象基本特征、影像技术、显像剂剂量、敏感度和特异度相关数据、纳入研究发表时间和方法学质量。

质量评价：作者在采用 STARD 量表（最大分值为 25）和 QUADAS 量表（最大分值为 14）评价纳入研究的报告质量和方法学质量基础上，同时关注：横断面研究设计、研究对象是连续收集还是随机抽样、盲法（双盲或单盲）和前瞻性数据的收集等内容。对于无法从纳入的研究中获取相关信息，将通过电子邮件联系作者获取，如果作者不回复邮件，作者将质量评价结果"不清楚"改为"否"。

数据分析：作者利用 STATA 10.0 和 Meta-Disc 1.4 软件和随机效应模型计算敏感度、特异度、阳性似然比、阴性似然比和诊断比值比，并绘制 SROC 曲线。值得借鉴的是作者采用单变量的多元回归分析对协变量[STARD 评分、QUADAS 评分、研究对象的选择（连续或抽样）、结果评价（单盲或双盲）、参考诊断试验等]进行回归分析并计算相对 DOR，用 Egger 检验评价发表偏倚。并根据乳腺肿块是否明显和显像技术（平面显像 vs. SPECT 显像）进行亚组分析。

三、整体评价

本 Meta 分析方法学质量和报告质量居中，基于 AMSTAR 量表评价结果显示，在数据检索策略和排除研究清单方面评价为否，其余条目均评价为是；基于 PRISMA 声明评价结果显示，未提供结构式摘要，也未对研究方案进行注册，但在纳入与排除标准、数据库检索方法、检索结果筛选流程图和结论描述等方面为部分报告，而其余条目为完整报告。

本研究的优点主要体现在：作者选题基于临床问题，对乳腺癌早期发现具有指导意义；作者在评价纳入研究方法学质量的基础上，评价了纳入研究报告质量，同时探讨了方法学质量和报告质量高低对结果的影响；对研究对象的选择（连续或抽样）、结果评价（单盲或双盲）、参考诊断试验等进行了 Meta 回归分析；通过亚组分析探讨乳腺肿块是否明显和显像技术对 ^{99m}Tc-MIBI 诊断价值的影响。

存在的问题主要有：对纳入与排除标准的描述不够详细；未呈现被检索数据库的检索策略和文献筛选流程图。

（田金徽　彭晓霞）

参考文献

[1] 彭晓霞,冯福民. 临床流行病学[M]. 北京:北京大学医学出版社,2013.

[2] 田金徽,陈杰峰. 诊断试验系统评价/Meta 分析指导手册[M]. 北京:中国医药科技出版社,2015.

[3] Whiting P F, Rutjes A W, Westwood M E, et al. QUADAS-2: a revised tool for the quality assessment of diagnostic accuracy studies[J]. Ann Intern Med, 2011, 155(8): 529-536.

[4] Lijmer J G, Bossugyt P M. Various randomized designs can be used to evaluated medical tests[J]. J Clin Epidemiol, 2009, 62(4): 364-373.

[5] 曾宪涛. 应用 STATA 做 Meta 分析[M]. 北京:军事医学科学出版社,2014.

[6] 罗杰,冷卫东. 系统评价/Meta 分析理论与实践[M]. 北京:军事医学科学出版社,2013.

[7] 张天嵩,钟文昭. 实用循证医学方法学[M]. 长沙:中南大学出版社,2012.

[8] 唐金陵,Glasziou P. 循证医学基础[M]. 北京:北京大学医学出版社,2010.

[9] Xu H B, Li L, Xu Q. Tc-99m sestamibi scintimammography for the diagnosis of breast cancer: Meta-analysis and Meta-regression[J]. Nucl Med Commun, 2011, 32(11): 980-988.

第十章

队列研究的Meta分析

本章引例

    一位55岁的男性,经常吸烟和饮酒,有高血压史,表现为心悸、乏力和疲劳,通过心电图和心脏彩超检查确诊为房颤病人。目前正在口服地高辛,但病人服药依从性较差,且并未改变不良生活习惯。病人自己认为房颤不是什么大病,不需要严格服药治疗。医师需要对病人进行健康教育,告诉他房颤对健康的危害性。但是,目前文献关于房颤与心血管疾病以及死亡关系的报道说法不一。因此,急需采用循证医学的方法来评价房颤和死亡的关系,为医师对病人进行健康教育提供循证依据。

第一节　队列研究的基本原理

    队列研究的基本原理是,首先选择某一特定范围的人群作为研究对象,根据是否暴露于某种影响因素或根据暴露因素的剂量水平进行分组,随访一定的期限,观察并记录各组人群预期结局的发生率(如发病率、死亡率等),从而检验或评价影响因素与预期结局的关系。例如采用队列研究设计检验吸烟与肺癌的关系。首先选择某一健康人群(未发生肺癌或相关疾病),并将其分为吸烟组(暴露组)和不吸烟组(非暴露组),随访观察10年后,记录两组的肺癌发生率。如果吸烟组的肺癌发生率明显高于非吸烟组,则可推测吸烟可能是引起肺癌的危险因素。

    队列研究属于分析性流行病学范畴,观察顺序是由因及果,因此在检验因果联系时,其效能优于病例对照研究。队列研究基本原理见图10-1。

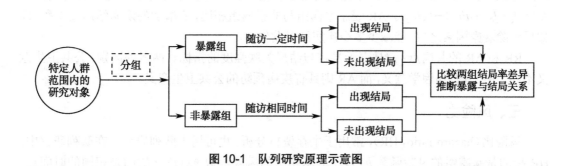

图10-1　队列研究原理示意图

进行队列研究需要特别注意两点。第一，保证暴露组和非暴露组的可比性，即除暴露因素外，两组的其余因素（如性别、年龄及疾病的其他影响因素）应该尽量保持一致。第二，研究对象进行随访时还未发生但将来有可能发生预期结局。

第二节 效 应 指 标

计算队列研究的各效应指标之前，需要对队列研究的资料按照如表 10-1 所示格式进行整理。

表 10-1 队列研究资料数据整理表

	病例	非病例	合计	疾病结局发生率
暴露组	a	b	$n_1 = a + b$	a/n_1
非暴露组	c	d	$n_0 = c + d$	c/n_0
合计	$m_1 = a + c$	$m_2 = b + d$	$t = a + b + c + d$	

注：a/n_1 代表暴露组的疾病结局发生率（如发病率或死亡率）；c/n_0 代表非暴露组的疾病结局发生率（如发病率或死亡率）。

一、相对危险度

相对危险度（relative risk，RR），也称为危险比（risk ratio）或率比（rate ratio），指的是暴露组与非暴露组的疾病结局发生率（如发病率或死亡率）的比值，是队列研究反映暴露因素与疾病结局（如发病或死亡）关联强度的最基本指标。

RR 点估计值计算公式为：$RR = I_e/I_0 = \sqrt{a/n_1 / c/n_0}$。一般采用 Woolf 法或 Miettinen 计算其 95%CI。其计算公式如下：

Woolf 法：$lnRR\ 95\%CI = lnRR \pm 1.96\sqrt{Var(lnRR)}$，然后再对 lnRR 95%CI 进行指数化即可。其中，lnRR 的方差 $Var(lnRR) = 1/a + 1/b + 1/c + 1/d$

Miettinen 法：$RR_L, RR_U = RR^{(1 \pm 1.96\sqrt{x^2})}$，其中 x^2 是指按照四格表资料计算的卡方值。

当 RR 值的 95%CI 不包含 1 时，表示暴露因素与疾病结局的关联具有统计学意义，即暴露因素可能是疾病结局的影响因素。当 RR 值的 95%CI 包含 1 时，则表示暴露因素与疾病结局的关联无统计学意义，即尚不能得出暴露因素是疾病结局影响因素的结论。

二、率差

率差（rate difference，RD），也称为归因危险度或特异危险度（attributable risk，AR），或超额危险度（excess risk），即暴露组与非暴露组的疾病结局发生率的差值。计算公式为 $AR = I_e - I_0 = (a/n_1) - (c/n_0)$。AR 表示暴露组与非暴露组相比，所增加的疾病结局发生率，即如果消除暴露因素之后，能减少多少疾病结局发生率。

RR 和 AR 的共同点：都是表示暴露与结局关联强度的指标。两者的区别：公共卫生意义不同。RR 具有病因学意义，而 AR 则具有疾病预防的公共卫生意义。

三、风险比

风险比（hazard ratio，HR），常用于生存资料分析，也可用于队列研究。在队列研究中，HR 指的是暴露组的风险函数 $h1(t)$/非暴露组的风险函数 $h2(t)$，t 指的是相同的时间点。

风险函数指瞬时死亡率、条件死亡率或危险率函数。HR 可以通过 Cox 比例风险模型计算而获得。HR 与 RR 的区别在于，RR 反映的是整个随访过程的疾病结局累积风险（结局确定），而 HR 反映的是每个时间点上的瞬时风险，因此 HR 能够避免选择偏差，可以表示疾病结局出现之前的风险。在实际的队列研究中，往往存在截尾或删失数据（即随访时间内未观察到结局事件的发生，或研究对象在发生结局事件之前失访、搬迁或死亡而无法获得他们的结局事件）。这种截尾或删失数据如果直接进行删除，就会对结论造成偏倚。而采用 Cox 比例风险模型计算 HR 值，则既考虑了结局事件出现与否，同时又考虑了发生该结局事件所需要的时间，因此能够描述数据的全貌。

四、剂量 - 反应关系

剂量 - 反应关系（dose-response relationship），当暴露因素为等级资料或连续性变量时，随着暴露剂量的增加，其效应也逐步增加。常作为因果推断的参考标准之一。分析思路为列出某暴露因素不同剂量水平的结局发生率，以最低或最高剂量组为参照组，计算其余不同剂量水平的 RR 值及其 95%CI。

第三节 队列研究资料的 Meta 分析原理和步骤

包括研究选题、文献检索策略、文献质量评价、数据资料提取、数据合成方法（绘制森林图、异质性评价和来源探讨、敏感性分析和发表偏倚检验等）部分，本节着重探讨与经典 Meta 分析（详见本书第二、三章）步骤不同的地方。

一、研究选题

1. 选题应结合自身的专业背景进行，且具有重要的临床价值。

2. 选题的研究内容在文献报道中存在争议性。通过汇总多个研究结果，力图得到较为明确和可靠的结论。

3. 选题具有一定的创新性，即通过数据库检索目前没有该选题的 Meta 分析。当然，如果该选题的 Meta 分析在若干年前发表过，近些年来有较多新的文献发表，也可以再进行更新的 Meta 分析。

二、文献检索策略

关于队列研究 Meta 分析检索词的选择，为缩小检索范围，作者可以将"队列研究"等类似检索词放入检索策略中。检索过程中一般采用题目（title）或摘要（abstract）中出现为准，也可以采用主题词（即 MeSH）或关键词（即 keyword）进行。以 2016 年 1 月 19 日发表在 BMJ 杂志的房颤与全死因死亡关系的队列研究 Meta 分析文章为例，检索策略示例见表 10-2。

要制定纳入和排除标准。比如纳入标准：①至少 50 例房颤病人作为暴露组，至少 50 例非房颤的健康人作为非暴露组；②平均随访时间不少于 6 个月；③所有纳入的研究至少校正基线年龄和基线心血管疾病史。排除标准：排除探讨术后房颤病人的研究，因为术后房颤与慢性房颤病人在流行病学特征和持续时间方面具有较大差异。

可以规定 Meta 分析只纳入英文文献，也可以不限制纳入文献的发表语言。对于没有提供详细结果的研究，需要联系原文的作者进行索要。

表 10-2　使用 Pubmed 和 EMBASE 数据库进行文献检索策略

步骤	检索词组合
Pubmed	
#1	Search（"atrial fibrillation"[Title/Abstract]）
#2	Search（"mortality"[Title/Abstract] OR "death"[Title/Abstract]）
#3	Search（"cardiovascular disease"[Title/Abstract] OR "heart failure"[Title/Abstract] OR "myocardial infarction"[Title/Abstract] OR "death, sudden, cardiac"[Title/Abstract] OR "stroke"[Title/Abstract]）
#4	Search（"prospective"[Title/Abstract] OR "cohort"[Title/Abstract] OR "follow up"[Title/Abstract] OR "following"[Title/Abstract] OR "longitudinal"[Title/Abstract]）
#5	Search（#2 or #3）
#6	Search（#1 and #4 and #5）
EMBASE	
#1	（'atrial fibrillation'）. ti.ab.
#2	（'mortality' OR 'death'）. ti.ab.
#3	（'cardiovascular disease' OR 'heart failure' OR 'myocardial infarction' OR 'death, sudden, cardiac' OR 'stroke'）. ti.ab.
#4	（'prospective' OR 'cohort' OR 'follow up' OR 'following' OR 'longitudinal'）. ti.ab.
#5	#2 or #3
#6	#1 and #4 and #5

三、文献质量评价

对于队列研究来说，进行文献质量评价的常用工具为 NOS 质量评价量表（Newcastle-Ottawa Quality Assessment Scale，NOS）和英国牛津循证医学中心文献严格评价项目（critical appraisal skill program，CASP）清单。

限于篇幅，本文仅对 NOS 量表进行详细解释。NOS 量表只适用于评价队列研究和病例对照研究。以队列研究为例，它包括 3 个维度、8 个条目（表 10-3）。3 个维度包括选择、可比性和结局。8 个条目采用星号（*）进行半定量化，总分为 9 颗星。

表 10-3　队列研究 NOS 质量评价标准

维度	条目	评价标准
选择	**1. 暴露队列的代表性**	a）能够很真实地代表社区人群的平均_____（请说明）* b）基本可以代表社区人群的平均_____（请说明）* c）选取特殊人群（如护士、志愿者等） d）没有说明队列的来源 （注：该条目说的是对社区中所有个体的代表性，而非普通人群中某一样本的代表性。如某些健康管理机构的成员，这些女性通常是中层阶级，受过良好教育，而且很注意自身健康。该群体有可能可以作为绝经后雌激素使用者的代表性的样本，但他们并不能代表所有女性。因此，如果选用该群体作为研究人群的话，势必会低估收入低、没受过良好教育女性的代表性）

维度	条目	评价标准
选择	**2. 非暴露队列的选择**	a）来自暴露队列的同一社区 * b）与暴露队列的来源不同 c）没有说明非暴露队列的来源
	3. 暴露的确定	a）可靠的记录（如手术记录）* b）结构化调查 * c）书面的自我报告 d）无描述
	4. 研究开始前没有研究对象发生结局事件	a）是 * b）否
可比性	**基于设计或分析所得的队列的可比性**	a）研究控制了_____（选择最重要的因素，如设计时，暴露组和非暴露组按年龄匹配，或两组人群的年龄比较差异无统计学意义）* b）研究控制了其他重要的混杂因素（如设计时，暴露组和非暴露组除按年龄匹配以外，还匹配了其他因素；或两组人群的其他重要混杂因素之间的比较差异无统计学意义）*
结局	**1. 结局事件的评估**	a）独立的、盲法的评估或鉴定（如骨折，采用了独立的盲法进行了鉴定；或有可靠的医院病历或 X 线等原始记录的证实）* b）联动数据（如根据肿瘤登记数据中的 ICD 编码来判断是否为病例）* c）自我报告（如骨折；没有原始病历，也没有 X 线等的证实） d）无描述
	2. 为观察到结局发生，随访是否充分（如5年）?	a）是（选择了充分的随访时间来观察结局发生）* b）否
	3. 随访的完整性	a）全部随访：所有参与者都完成了随访 * b）少数失访，但不大可能引入偏倚：如随访>____%（选择合适的随访比例），或对失访进行了描述 * c）随访率<____%（选择合适的随访比例），且没有对失访进行描述 d）未声明

注：每一项研究在"选择"和"结局"上的每一个条目最多可以有 1 个"*"，而在"可比性"上的条目最多可以有 2 个"*"

四、数据资料提取

数据资料的提取一般包括两个基本部分。第一部分是各个研究的基本情况，一般包括第一作者姓名、发表年代、国家或地区、随访年限、暴露和非暴露的定义、两组性别构成和平均年龄、两组的基线样本量、两组发生预期结局人数、预期结局的定义、控制的混杂因素等。这部分数据一般不纳入分析（在进行 Meta 回归探索异质性来源时会使用），但需要显示在 Meta 文章中。第二部分是各个研究的效应量大小。一般有两种数据类型，即连续性变量（表示为均数±标准差、相关系数、回归系数等）和分类变量[表示为百分比（行×列表资料）、RR 和 HR 等]。本文将重点介绍队列研究分类资料的数据提取。

队列研究的结局可能存在主要结局和次要结局。这就要求 Meta 分析撰写者要根据研究目的来选择合适的效应量，既要保证数据的全面性，也要保证分析的重点。数据摘要过程中，可能会遇到不同的研究对相同的研究结果有不同的表达方式，此时应该尽量选择常用且容易理解的表达方式，并将其余的表达方式进行转化，与之相统一。例如，进行吸烟与肺癌队列研究的 Meta 分析,有的研究提供的是 RR 和 95%CI,有的研究提供的是吸烟组和非吸烟组的基线样本量,以及两组在随访终点发生肺癌的人数。这时,只要将第 2 种情况的四格表数据转化为 RR 和 95%CI,就能对所有的文献进行 Meta 分析合并效应量。值得注意的是,如果同一系列的队列样本,或者其中一部分队列样本,被重复发表,应该只选择样本量最大和随访时间最长的文献纳入最终的 Meta 分析。

因为分析数据的结构大体有两种类型:一种是基于文献提供的 RR(或 HR)及其 95%CI 进行 Meta 分析;一种是基于文献提供的基本资料估算的 RR(或 HR)。因此本文举两个例子进行说明。

(一)基于文献提供的 RR(或 HR)及其 95%CI 进行 Meta 分析

如果纳入的队列研究的原始文献提供了校正混杂因素的 RR(或 HR)值及其 95%CI,则提取和使用该数据。

【案例 10-1】 以 2016 年 1 月 19 日发表在 BMJ 杂志的研究"Atrial fibrillation as risk factor for cardiovascular disease and death in women compared with men: systematic review and Meta-analysis of cohort studies"为例,讲述效应量的提取和整理。原文中的图 2 展示了房颤与全死因死亡关系的队列研究 Meta 分析结果。以男性人群为例,需要将数据按照如下格式整理(表 10-4)。

表 10-4 房颤与全死因死亡关系的队列研究数据(男性)

研究	RR	95%CI		地区
		L	U	
Hamaguchi, 2009	0.89	0.59	1.33	亚洲
Wolf, 1998	1.10	1.05	1.15	美洲
Andersson, 2014	1.20	1.05	1.37	欧洲
Chamberlain, 2011	1.21	1.00	1.47	美洲
van Wijk, 2007	1.31	1.04	1.65	欧洲
Bouzas-Mosquera, 2010	1.32	1.06	1.65	欧洲
Kaarisalo, 1997	1.37	1.09	1.72	欧洲
Ohsawa, 2007	1.39	0.82	2.35	亚洲
Benjamin, 1998	1.50	1.22	1.84	美洲
Guize, 2007	1.50	1.06	2.12	欧洲
Stewart, 2002	1.50	1.11	2.03	欧洲
Hippisley-Cox, 2010	1.51	1.44	1.59	欧洲
Siontis, 2014	1.60	1.26	2.03	美洲
Friberg, 2004	1.70	1.31	2.21	欧洲
Saposnik, 2011	1.82	1.64	2.02	美洲
Bejot, 2009	1.82	1.47	2.26	欧洲
Ruigomez, 2002	2.30	1.78	2.97	欧洲
Stortecky, 2013	2.86	1.35	6.04	欧洲
Wolfe, 2006	4.40	1.10	17.58	欧洲

注:L 代表 RR 的 95%CI 的下限;U 代表 RR 的 95%CI 的上限

（二）基于文献提供的基本资料估算的 RR（或 HR）进行 Meta 分析

如果原始研究未提供校正混杂因素的 RR 值及其 95%CI，则可以通过整理成四格表资料来估算粗 RR 值及其 95%CI（表 10-5）。

【案例 10-2】 以 2011 年 5 月发表在《中国循证医学杂志》的"糖尿病病人罹患结直肠癌危险性的 Meta 分析"为例，提取并整理成的数据格式如表 10-5。

表 10-5 糖尿病组和非糖尿病组结肠癌发生情况整理表格

研究	糖尿病组		非糖尿病组		地区
	结直肠癌 1	正常 1	结直肠癌 2	正常 2	
Steenland, 1995	10	512	166	12 366	美洲
Will, 1998	160	15 327	7 064	841 148	美洲
Hu, 1999	62	7 007	830	110 173	美洲
Schoen, 1999	23	1 138	38	2 538	美洲
Nilsen, 2001	37	3 365	689	71 128	欧洲
Sandhu, 2001	9	552	138	28 644	欧洲
Khaw, 2004	6	215	61	9 323 *	欧洲
Limburg, 2005	66	1 834	804	32 268	美洲
Larsson, 2005	69	3 778	342	41 361	欧洲
Seow, 2006	90	5 379	546	55 305	亚洲
Inoue, 2006	79	4 589	1 111	91 992	亚洲
Ahmed, 2006	115	7 003	79	6 912	美洲
Bowers, 2006	16	1 210	394	27 363	美洲
Sturmer, 2006	57	1 831	437	19 721	美洲
Ogunleye, 2009	80	9 497	143	19 011	欧洲
Flood, 2010	42	2 396	447	42 631	美洲
He, 2010	694	30 637	2 855	164 956	美洲

五、数据合成方法

1. 异质性检验 一般可以单独使用 I^2 或 Q 检验对应的 P 值进行判断，但两者结合使用更佳。当 $I^2<50\%$ 或 $P\geqslant0.1$，表示各研究之间不存在异质性，采用固定效应模型、Mantel-Haenszel 法进行合并；当 $I^2\geqslant50\%$ 或 $P<0.1$，表示各研究之间存在异质性，采用随机效应模型（DerSimonian-Laird 法，简称 D-L 法）。当 $I^2\geqslant85\%$ 时，表示各研究之间异质性过大，即各研究在效应方向上极不一致，则不宜进行 Meta 分析，一般需要采用 Meta 回归分析或亚组分析来探索异质性来源。

2. 敏感性分析 敏感性分析可以归纳为 2 种方法，即分层分析和逐次排除每个研究。①分层分析，即按照每个研究的基本特征（如发表年代、文献纳入标准、样本量大小、地区、种族、暴露或结局的定义或测量方法等）进行分层（即分成若干亚组），对每层（或每个亚组）进行 Meta 分析合并，比较每层合并值与总合并值的差异是否有统计学意义。②逐次排除每一个研究，来观察剩余研究合并值，与总合并值的结果是否一致。即排除任意研究，是否影响总的结果的稳定性。

3. 发表偏倚检验 发表偏倚通常可以通过定性和定量两种方法进行判断。①定性方法即采用漏斗图进行判断，主观性较强，如果分布对称，则不存在发表偏倚；如果分布不对称，则存在发表偏倚。②定量方法即通过 Begg 和 Egger 检验进行判断。当两类检验对应的 P 值 >0.05 时，表示不存在发表偏倚；如果 P 值 <0.05 时，表示存在发表偏倚。推荐使用 Begg 和 Egger 检验对应的 P 值来判断发表偏倚。当存在发表偏倚时，应采用剪补法来校正发表偏倚。

第四节 实 例 分 析

一、实例背景

仍然以前述 2016 年发表在 BMJ 杂志的研究房颤与全死因死亡关系的队列研究为例。

1. 研究对象 队列为自然人群（样本量必须 >100 人，排除基线人群中的心血管病病人，随访时间不少于 6 个月，要求年龄在房颤组和非房颤组可比，或者校正年龄的影响）。

2. 暴露组 房颤定义采用心电图或者医学记录。

3. 对照组 非房颤为心电图正常者。

4. 结局 通过医院病历、死亡证明、死因监测系统或问卷调查等获得。

5. 研究设计 队列研究。

二、实例解读

该 Meta 分析基本较好的遵守了 PICOS 原则。作者在方法学部分提到遵守了 MOOSE（Meta-analysis of observational studies in epidemiology）指南进行规范的报告和写作。同时，当作者发现发表偏倚时，采用剪补法进行了校正。本文结构清晰，重点突出，可以作为 Meta 分析初学者学习的模板。不足之处有以下 2 点：①各研究之间的异质性较强，比如 I^2 超过了 90%，提示各研究之间不合适采用 Meta 分析进行合并。同时，作者没有详细描述解决异质性的方法，比如采用 Meta 回归或亚组分析等。②在原文的表 1 中，作者未详细交代结局的定义。

三、整体评价

编者对该案例进行整体评价，包括方法学质量和报告质量的评价，前者采用 AMSTAR 量表评价，该量表共有 11 个条目，共 11 分，得分 0～4 分者被认为是低质量，5～8 分者被认为是中等质量，9～11 分者被认为是高质量；后者报告质量采用国际上公认的 PRISMA 声明进行评价，该清单从题目、摘要、前言、方法、结果、讨论和资金支持 7 个方面 27 个条目对整个报告的各项指标和要素进行评价，分析其报告是否规范。结果方法学质量和报告质量评价后均显示为高质量。

第五节 软 件 操 作

仍然以前述于 2016 年发表在 BMJ 杂志的例 1 研究房颤与全死因死亡关系的队列研究的 Meta 分析为例（数据见表 10-4）。此处仅展示 STATA 操作过程，RevMan 操作过程读者可参考本书第三章。

关于案例 10-2（糖尿病病人与结直肠癌关系队列研究的 Meta 分析），其软件分析操作流程与案例 10-1 比较接近（数据见表 10-5），这里需要说明的是，案例 10-2 直接利用原始四格表进行队列研究的 Meta 分析的做法并不提倡，应该是提取校正混杂因素的 RR 或者 HR 及其 95%CI，而不应该直接加权合并未经校正混杂的表 10-5 的原始数据。

一、检验异质性，绘制森林图

命令如下：

. generate logrr＝log（rr）

. generate logci1＝log（ci1）

. generate logci2＝log（ci2）

metan logrr logci1 logci2，eform label（namevar＝study）random effect（"RR"）

结果输出如图 10-2。

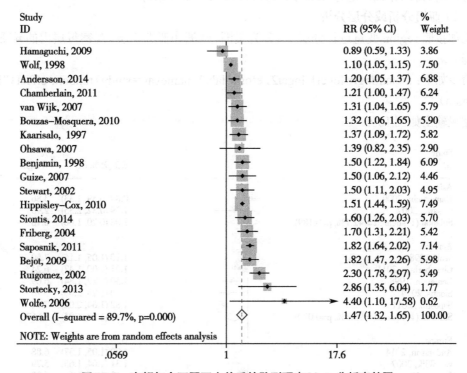

图 10-2　房颤与全死因死亡关系的队列研究 Meta 分析森林图

结果解读：异质性检验 $I^2 = 89.7\%$，Q 检验的 $P < 0.001$，说明各研究之间存在明显异质性，必须通过随机效应模型进行合并。严格来讲，因为各研究之间的异质性 I^2 已超过 85%，不推荐采用 Meta 分析合并。

二、探讨异质性来源

（一）Meta 回归

命令如下：

. generate selogrr＝（log（ci2）-log（ci1））/（1.96*2）

. metareg logrr region1，wsse（selogrr）

结果输出如图 10-3。

```
Meta-regression                                      Number of obs  =        19
REML estimate of between-study variance              tau2           =   .03641
% residual variation due to heterogeneity            I-squared_res  =   87.09%
Proportion of between-study variance explained       Adj R-squared  =   -9.39%
with Knapp-Hartung modification
```

logrr	Coef.	Std. Err.	t	P>|t|	[95% Conf. Interval]
region1	-.0197946	.0999519	-0.20	0.845	-.2306748 .1910856
_cons	.4203466	.182032	2.31	0.034	.0362927 .8044005

图 10-3　Meta 回归

结果解读：

可以看到 region1 变量对应的 $P = 0.845 > 0.05$，说明 region1 不是异质性来源。需要进一步再考虑别的影响因素，进行 Meta 回归分析，探索异质性来源。

（二）亚组分析或分层分析

比如按照 region 变量进行分层，可分为美洲、欧洲和亚洲三层，观察每层内的异质性是否下降。

命令如下：metan logrr logci1 logci2, eform label（namevar = study）random effect（"RR"）by（region）

结果输出如图 10-4。

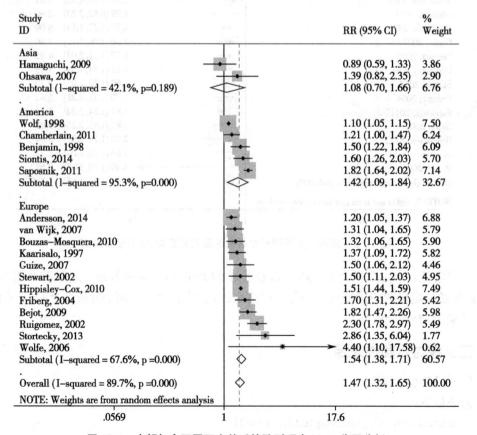

图 10-4　房颤与全死因死亡关系的队列研究 Meta 分层分析

结果解读：异质性在亚洲较低，但在美洲和欧洲仍较高。尚不能认为 region 变量是整体结果异质性的来源。这与上述的 Meta 回归探讨异质性的结果类似。

三、敏感性分析

（一）影响性分析

命令如下：metainf logrr selogrr, eform id（study）random print

结果输出如图 10-5。

Study ommited	e^coef.	[95% Conf. Interval]	
Hamaguchi, 2009	1.504 432 7	1.340 042 1	1.688 99
wolf, 1998	1.504 635 9	1.374 981 9	1.646 515 7
Andersson, 2014	1.498 138 3	1.327 163 6	1.691 139 1
Chamberlain, 2011	1.494 649 4	1.326 512 6	1.684 097 9
van wijk, 2007	1.485 830 2	1.319 343 6	1.673 325 5
Bouzas, 2010	1.485 384 7	1.318 708 4	1.673 127 7
Kaarisalo, 1997	1.481 794 2	1.315 699 3	1.668 857 1
ohsawa, 2007	1.477 296 9	1.315 348 7	1.659 184 3
Benjamin, 1998	1.473 417 3	1.308 119 7	1.659 602 3
Guize, 2007	1.473 576 3	1.310 558 1	1.656 872 3
Stewart, 2002	1.473 490 2	1.309 915 9	1.657 490 7
Hippisley, 2010	1.477 079 3	1.294 242 9	1.685 744 6
Siontis, 2014	1.467 526 7	1.304 093 1	1.651 442 2
Friberg, 2004	1.462 606	1.300 596 8	1.644 795 8
Saposnik, 2011	1.448 105 2	1.293 660 9	1.620 988
Bejot, 2009	1.454 618 3	1.294 308 2	1.634 7841
Ruigomez, 2002	1.435 582 9	1.281 946 4	1.607 632
Stortecky, 2013	1.456 853 9	1.299 638 4	1.633 087 5
wolfe, 2006	1.464 355 6	1.306 873	1.640 815 5
combined	1.474 494 6	1.315 742 5	1.652 401

图 10-5　影响性分析

结果解读：每次排除一个研究，观察剩余研究的合并值，与总的合并值的结果对比，结果一致，说明结果稳定。

（二）分层分析

比如按照 region 变量进行分层，可分为美洲、欧洲和亚洲三层，观察每层结果与总的结果是否一致。命令及结果输出见图 10-4。

结果解读：结果在亚洲没有统计学意义；在欧洲和亚洲地区有统计学意义，与总的合并结果一致。说明结果在亚洲地区不稳定，在其余地区稳定。当然，还可以进一步对其他变量进行分析。

四、检验发表偏倚

进行 Egger 和 Begg 检验，命令如下：metabias logrr selogrr

结果输出如图 10-6。

结果解读：

可见，Begg 检验对应的 P 值为 0.726>0.05，说明 Begg 检验未发现发表偏倚。Egger 检验对应的 P 值 0.139>0.05，说明 Egger 检验也未发现发表偏倚。

```
Note: default data input format (theta, se_theta) assumed.

Tests for Publication Bias

Begg's Test

    adj. Kendall's Score (P-Q) =         11
        Std. Dev. of Score =      28.58
        Number of Studies =         19
                         z =       0.38
                  Pr > |z| =      0.700
                         z =       0.35 (continuity corrected)
                  Pr > |z| =      0.726 (continuity corrected)

Egger's test
```

Std_Eff	Coef.	Std. Err.	t	P>|t|	[95% Conf. Interval]	
slope	.2203201	.0629365	3.50	0.003	.0875357	.3531045
bias	1.551171	1.000049	1.55	0.139	−.5587484	3.66109

图 10-6　发表偏倚检验

如果想绘制 Begg 漏斗图，直接在以上命令后面加"，graph（beg）"；如果想绘制 Egger 漏斗图，直接加"，graph（Egger）"。因漏斗图属于定性结果，判断时主观性太强，不建议用于发表偏倚判断。

（席　波）

参考文献

[1] 李立明. 流行病学[M]. 3 版. 北京：人民卫生出版社, 2004.

[2] 傅华. 预防医学[M]. 6 版. 北京：人民卫生出版社, 2013.

[3] Emdin C A, Wong C X, Hsiao A J, et al. Atrial fibrillation as risk factor for cardiovascular disease and death in women compared with men: systematic review and Meta-analysis of cohort studies[J]. BMJ, 2016, 532: h7013.

[4] Wells G A, Shea B, O'Connell D, et al. The Newcastle-Ottawa Scale (NOS) for assessing the quality of nonrandomised studies in Meta-analyses. Secondary The Newcastle-Ottawa Scale (NOS) for assessing the quality of nonrandomised studies in Meta-analyses[OL]. [2018-09-30]. http://www.ohri.ca/programs/clinical_epidemiology/oxford.asp.

[5] Ibbotson T, Grimshaw J, Grant A. Evaluation of a programme of workshops for promoting the teaching of critical appraisal skills[J]. Med Educ, 1998, 32(5): 486-491.

[6] 邵琦, 任颖, 赵催春, 等. 糖尿病病人罹患结直肠癌危险性的 Meta 分析[J]. 中国循证医学杂志, 2011, 11: 518-523.

[7] 詹思延. 如何做一个好的系统综述和 Meta 分析[J]. 北京大学学报（医学版）, 2010, 42: 644-647.

[8] Moher D, Liberati A, Tetzlaff J, et al. Preferred reporting items for systematic reviews and Meta-analyses: the PRISMA statement[J]. PLoS Med, 2009, 6: e1000097.

[9] Shea B J, Hamel C, Wells G A, et al. AMSTAR is a reliable and valid measurement tool to assess the methodological quality of systematic reviews[J]. J Clin Epidemiol, 2009, 62: 1013-1020.

[10] Stroup D F, Berlin J A, Morton S C, et al. Meta-analysis of observational studies in epidemiology: a proposal for reporting. Meta-analysis Of Observational Studies in Epidemiology (MOOSE) group[J]. JAMA, 2000, 283: 2008-2012.

第十一章

生存数据的 Meta 分析

本章引例

　　一位 68 岁女性病人，近日体检做 CT 检查发现右肺中叶多个占位，肺门淋巴结肿大，病理诊断结果为非小细胞肺癌。全身检查发现已有远处转移，肿瘤科医生判定为晚期非小细胞肺癌。该病人听说单纯的含铂化疗、西妥昔单抗联合含铂化疗均对非小细胞肺癌有效，但不清楚哪种药物治疗效果好，且能够有更长的生存期，因此该病人希望医师给她提供合理化的建议。

第一节　生存资料的特点及其解决的临床问题

　　生存分析（survival analysis），即生存数据的统计分析，是近年来产生且发展甚为迅速的一门应用统计的分支。生存分析中所说的"生存"是广义的，从开始随访观察到发生结局事件，这期间，没有发生结局事件的状态统称为"生存"。结局事件不一定是"坏"的事件，因此这里所说的"生存"也不一定是通常理解的好的状态或正常的状态，关键在于有没有结局事件发生。生存分析既可用于生存或死亡事件的分析，也可用于很多其他事件的分析，既有下降型的生存曲线，也有上升型的生存曲线。

　　生存数据在其结构上有其独特性。如果在一组生存数据中，每一个数据都有确切的生存时间，也就是说相应的病例都已观察到死亡，则这组数据就称为完全数据（complete data）。一般统计分析中的绝大多数观测数据都属于这一类。为了获得一组完全的生存数据，观察的时间必须相当长，此外还得有一套严密而可靠的随访制度。但是在临床中往往有一部分病人由于各种原因（例如迁移、中断治疗或非因本病的原因而死亡）而使观察中止从而造成失访，更有一部分病人由于生存期较长或开始观察的时间较晚，因而在截止总结时仍然存活。对于这些病人不能获得确切的生存数据，而只有其生存期大于某个数值（即已经观察到的生存期）的信息，这种数据通称截尾数据（censored data）。称这类数据为不完全数据（incomplete data），不完全是指其中部分数据所包含的信息是不完全的。生存分析的核心问题是对不完全数据的处理。如果所有个体生存时间均能精确知道且生存时间的分布已知时，可利用参数统计的方法。如果生存分布的性状未知时，可用非参数的方法。生存分析的资料通常采用纵向随访观察获取，和一般资料相比较具有如下特点：①同时考虑生存时间和生存结局；②通常含有删失数据；③生存时间的分布通常不服从正态分布。

生存时间："事件"可细分为起始事件（initial event）与终点事件（terminal event），从起始事件到终点事件之间所经历的时间跨度为生存时间（survival time），例如急性白血病病人从发病到死亡所经历的时间跨度、冠心病病人两次发作之间的时间间隔、戒烟开始到重新吸烟之间的时间长短、接触危险因素到发病的时间跨度。生存时间的度量单位可以是小时、日、月、年等。起始事件、终点事件、时间单位应在研究设计阶段明确定义。生存时间的分布通常不呈正态分布，而呈偏态分布、Weibull 分布、Gompertz 分布、对数 Logistic 分布等。广义的"生存时间"甚至可以是从住院到出院之间所花费的医疗费用（元）、从购买到失效之间某医疗设备被使用的次数、从购买到第一次维修某车辆所行驶的总里程（千米）。

删失：生存结局（status）分为"死亡"与删失两类，"死亡"是感兴趣终点事件，其他终点事件或生存结局都归为删失（censoring）（也称截尾或终检）。删失可细分为左删失（left censored）、区间删失（interval censored）和右删失（right censored）三类。如果知道感兴趣终点事件会在目前知晓时间（如截止时间、失访时间、死于其他疾病时间）之前发生，则称为左删失；如果只知道感兴趣终点事件会在某一区间内发生，则称为区间删失；如果知道感兴趣终点事件会在知晓时间之后发生，则称为右删失。右删失在实际工作中最常见，即大多数情况下删失个体的生存时间应该比知晓时间更长。个体的生存时间可以确切获得，称为完全数据（complete data）；个体的生存时间为删失值，得不到确切的生存时间，称为不完全数据（incomplete data）。在生存分析研究中，删失值所占的比例不宜太大，且删失的模式应该是随机的。

一、观察起点和终点

生存分析往往需要确定明确的观察起点和终点，观察起点指对个体观察开始的时刻，起点需要根据生存分析资料的类别和研究目的确定，可以是治疗开始的时间，而恶性肿瘤常以确诊时间、首次就诊时间或开始接受治疗的时间作为观察起点。

观察终点指个体出现最终结局的时刻，有的研究常常需要随访观察较长的时间才能得到结局，少则几年，多的长达几十年，有的研究不得已在出现结局前结束观察，观察期内常见的结局包括死于观察的疾病、死于其他疾病、由于观察对象迁移或失去联系而失访、观察结束时病人仍然健在。有的研究由于某些原因，部分个体无法观察到终点，不得不停止观察，此时会出现所谓截尾数据，截尾数据是生存分析中比较特有的现象。

二、生存曲线

生存曲线（survival curve）是以时间为横坐标，以生存率为纵坐标，以多个点连接形成的曲线，样本量小时，生存曲线呈阶梯形，样本量足够大时，形成光滑的曲线。在 Meta 分析中有时需要根据生存曲线来确定某个时间的生存率，例如 1 年、3 年、5 年的生存率。

三、生存分析解决的临床问题

由于生存时间一般不呈正态分布，且需要考虑是否为删失值，所以生存分析有其独特的统计方法。①描述分析，根据样本生存资料估计总体生存率及其他有关指标（如中位生存时间等），如估计使用某药物的 HIV 阳性病人的生存率、生存曲线以及中位生存时间等。常采用 Kaplan-Meier 法（也叫乘积极限法）进行分析，对于频数表资料则采用寿命表法进行分析。计算生存率考虑生存时间的顺序,属于非参数统计方法。②比较分析,对不同组生存率进行比较分析,如比较使用与不用某药物的 HIV 阳性病人的生存率是否有所不同。常采用 log-rank 检验与 Breslow 检验。检验无效假设为两组或多组总体生存时间分布相同,而不对其具体的分布形式做要求,所以也属于非参数统计方法。③影响因素分析,通过生存分析模型来探讨影响生存时间的因素,通常以生存时间和生存结局作为因变量,而将其影响因素,比如年龄、性别、药物使用等作为自变量。通过拟合生存分析模型,筛选影响生存时间的保护因素和危险因素。

因此,生存分析能够解决的临床问题有:①研究生存时间的分布特点,估计生存率及中位存活时间,绘出生存曲线图等;②通过生存率及其 SE 对各样本的生存率进行比较,以探讨组间生存过程是否有差别;③通过拟合生存分析模型,筛选影响生存时间的保护因素和危险因素。

第二节 效应指标及合并类型

Meta 分析可增加效应量的强度,增强结果的精确性,得出更加可靠的结论,为临床提供参考的信息;同时还可分析不同研究间的差异甚至产生新的假设。Meta 分析依据其数据的来源可分为三类:基于原始研究结果的 Meta 分析、基于 Meta 分析的再分析以及基于个体病人资料的 Meta 分析(即 IPD Meta 分析)。不管何种 Meta 分析,选择恰当的效应指标都是一个重要环节。生存资料若单纯以事件发生率的比值作为测量指标并不足以描述真正事件发生时间的全过程,下面介绍生存资料的效应指标。

一、风险比

风险比(hazard ratio,HR)是用于描述干预组与对照组在特定时间内终点事件发生的相对可能性大小的指标。该指标综合事件的发生及其所用的时间经过生存分析得来,相对于单独的生存时间或生存率,能够提供更客观的信息。是生存资料 Meta 分析中重要的效应指标。

二、生存率

生存率(survival rate)指在观察期内存活的病例数占总观察例数的百分比。常用计算生存率的方法有 Kaplan-Meier 法及寿命表法。常用的指标为病人 1、3、5 年生存率,用以评价病人的预后。

三、中位生存时间

中位生存时间(median survival time)又称为半数生存期,以下简称中位时间,表示刚好有 50% 的个体其存活期或症状控制期大于该时间。

三者均为生存分析中最常用的概括性统计量。风险比可以反映干预组与对照组相比受试对象发生结局事件的风险之比;生存率表示在某一特定时间点病人存活的概率;中位生存时间是生存时间的中位数,通过非参数统计描述的方法得到能够直观反映受试者生存时间的集中趋势。在一个完整的生存分析中,该三种指标综合提供信息,并且具有相互补充的作用。

四、生存资料的 Meta 分析合并类型

基于风险比的 Meta 分析，为生存资料的 Meta 分析合并最常见的类型。当前使用软件进行合并时，一般来说要获得以下三类数据中的一类：①O-E（logrank observed minus expected events）和 V（logrank variance）；②lnHR（风险比的对数）和 Se_{lnHR}（风险比对数的标准误）；③lnHR（风险比的对数）、lnLL（风险比可信区间下限的对数）和 lnUL（风险比可信区间上限的对数）。

基于生存时间的 Meta 分析：由于传统生存资料 Meta 分析仅能对效应量风险比（HR）进行合并，但合并时受限于比例风险模型的假定；并且只能报道合并的 HR，不能报道更客观的中位时间信息；另外在得到相同的合并 HR 时因生存时间分布及相关假设不同，其生存曲线和中位时间可能不同，从而引起关键信息的偏差、遗漏及抽象的结果解读。因此，在进行生存资料 Meta 分析时除提供合并 HR 外还有对中位时间进行合并，以补充只合并 HR 的不足。

基于个体资料的 Meta 分析：生存资料的 Meta 分析的金标准仍然为基于个体病例数据的 Meta 分析（IPD Meta 分析）。但是由于原始数据的丢失、损坏或者原研究者不愿合作等原因，往往很难获得各个研究的原始数据，导致 IPD Meta 分析难以进行。在进行生存资料的 Meta 分析时常用方法是将各个研究的聚集数据进行合并，进而得到合并的效应量。生存资料 Meta 分析常用的比较成熟的聚集数据为风险比。

第三节　基于风险比的 Meta 分析

一、前言

流行病学前瞻性研究常采用相对危险度来衡量随访过程中两组研究对象发生某事件的相对风险。计算相对危险度，只需知道随访开始时两组的人数分别为多少、随访结束时两组分别有多少人发生了某事件，从而构造四格表，计算并比较两组的发生率（incidence）或风险（risk），关注的重点是研究对象是否发生了某事件。但有些情况下，只知道研究对象是否发生了某事件不足以真实地反映两组的差别，甚至会导致错误的结论。

例如，Flanigan 等将 241 名晚期肾细胞癌病人随机分成两组，一组采用根治性肾切除术联合干扰素 α-2b 治疗（治疗组），另一组只用干扰素 α-2b 治疗（对照组），82 个月之后，两组病人均全部死亡。如果只关注是否发生了死亡这一事件的话，容易得出两组发生死亡的危险一样的结论，进而认为两种治疗的效果一致。但实际上，对照组在随访的第 59 个月已经全部死亡，而治疗组直至 82 个月才全部死亡，而且在随访过程中每一个时间点治疗组的生存率都比对照组高。换句话说，治疗延缓了死亡的发生。从临床的角度来看，这也是治疗有效的体现。可见，在有些情况下，不但要考虑研究对象是否发生了某事件，还应考虑发生该事件之前经过的时间，才能真实地反映两组的差别，这就是生存分析的必要性所在。

生存分析指的是利用研究对象从随访开始到发生某事件（研究者关心的结局）之前所经过的时间，即"time to event"，构造生存曲线，通过对两条生存曲线的比较，估计两组研究对象发生某事件的相对风险，衡量此相对风险的指标称为风险比，即 HR，用于生存分析的数据称为生存数据（time to event data）。与相对危险度的区别在于，HR 考虑了时间因素，指的

是在同一时间点两组发生某事件的相对风险。而根据生存分析的前提假设，两组的相对风险是不随时间变化的，因此上述时间点可以是随访过程中的任意时间点。例如，HR＝0.5 表示在同一时间点（随访过程中的任意时间点）治疗组发生某事件的风险是对照组的 0.5 倍，因此可以认为治疗组发生某事件的速率更慢，或者说更晚发生某事件。

二、基于风险比的 Meta 分析的基本方法

生存资料的 Meta 分析，顾名思义，其基于的数据类型为生存资料。作为时间相关事件数据（time to event data）的主要类型之一，生存资料主要是一组既能记录某一事件（如肿瘤死亡）的发生，同时也能反映出现这一结果所经历时间的数据。该类数据的分析不仅考虑事件是否会出现，而且也考虑事件出现的时间长短。其中，该类数据最具代表性的是生存时间分析，如肿瘤病人化疗后的生存率，冠心病病人两次发作之间的间隔，艾滋病病人从确诊阳性到最后死于 AIDS 及其并发症的时间等。通常，该类数据的来源是采用纵向观察随访获取，且其分布不服从正态分布，同时还存在着数据的删失（即随访时间内未观察到事件的发生）。若原始数据中不存在删失数据，则其生存概率（survival probability）的计算公式为其时刻仍存活的病人数与观察总例数的比值，此类数据虽表示生存的概率，但在大小上等同于该事件的发生率。若研究存在删失数据，则需分段计算各时间段的生存概率，运用概率乘积原理将各个时段的生存概率进行累积相乘而得。因为各个时段的事件发生是独立的，且每一个时段的事件发生的概率不全相等。对不同时段的不尽相同的生存概率进行累加，一方面考虑了事件的结局，同时也反映了发生该类事件的时间。由于 HR 评价生存概率时采用不同时间段生存概率的累积方法，既考虑了事件的发生结果，同时也考虑了发生该事件所需的时间。故而，HR 评价生存概率的效果优于 RR/OR。HR 的流行病学意义是指变量 X_i 暴露水平时的风险率（hazard rate）与非暴露水平时的风险率之比，即分别具有协变量的两组个体，其风险函数（hazard function）的比值。且该风险函数与相对的生存函数（survival function）的对数之间存在负线性相关。

在统计学上，生存数据的 Meta 分析实质上是先根据原始研究的 HR 及 95%CI 计算 HR 的自然对数 lnHR 及与之对应的标准误 Se；然后，以方差的倒数（即 $1/Se^2$）为权重对 lnHR 进行加权合并，得到总的 lnHR 及其 95%CI；最后，对总的 lnHR 及其 95%CI 上下限分别进行反对数转换，得到总的 HR 及其 95%CI。在具体操作时，有的 Meta 分析软件要求输入原始研究的 lnHR 及与之对应的标准误 Se，有的软件则只需输入 HR 及 95%CI，不同软件各有所长。本章的重点是通过实例介绍生存数据的 Meta 分析涉及的特定方法及可能遇到的问题，对于异质性检验、Meta 分析模型的选用、亚组分析、敏感性分析、发表偏倚检验等一般性内容，因为其原则与方法同其他类型资料的 Meta 分析类似，因此不再赘述。具体操作步骤详见研究实例。

第四节　基于生存时间的 Meta 分析

目前对于生存资料的 Meta 分析，Cochrane 协作网等一些国际著名循证医学研究机构一致认为，生存资料数据的 Meta 分析最佳方法应该从试验者获得单个病人资料，并对其重新分析以获得对数风险比的估计值及其标准误，然后进行 Meta 分析。利用 IPD 数据即生存分析原始数据进行 Meta 分析数据合并是生存资料 Meta 分析的金标准。然而，在搜集数据过

程中,根据公开发表文献报道以及摘要信息资料进行这种分析往往非常困难,因为分析所必需的统计数据往往不能直接获得。

生存资料研究一般会报道相关研究的 HR 值点估计、其 95%CI、中位生存时间以及随访特定时点的事件数。在这种情况下,可以根据 logrank 分析的统计数据获得对数风险比的估计值及其标准误,lnHR 根据公式(O−E)/V 计算,标准误 1/V。O 为试验组发生事件的观察例数,E 为试验组发生事件期望值的时序。(O−E)为时序统计值。V 为时序值的变异值。因而有必要获得各个研究的(O−E)和 V。如果生存分析的研究不提供这些信息,还可以从其引用的数值或者生存曲线得到相应信息,进一步进行转换也可以得到各个研究的(O−E)和 V 值,从而进行效应量的合并。研究发现,在这种情况下,对 HR 值及其可信区间的合并能够最大程度地接近金标准。所以,目前针对生存资料的 Meta 分析,后者正在得到广泛的应用。Meta 分析合并的 HR 值及可信区间的解释与生存分析中 HR 值及可信区间的解释相同。

然而,针对效应量 HR 的合并还存在着一定的局限性:①现有生存资料聚集资料的 Meta 分析(aggregated data Meta-analysis, AD Meta)分析 HR 合并方法受限于比例风险模型;②现有生存资料 AD Meta 分析不能提供中位时间信息;③现有生存资料 AD Meta 分析结果相同时其中位时间和生存曲线可能不同,导致信息的隐藏和遗漏。因此,在进行生存资料 Meta 分析时除提供合并 HR 外还有对中位时间进行合并,以补充只合并 HR 的不足。

第五节　实例分析及软件操作

一、实例分析

在本章引例中,病人希望医师回答与单纯的含铂化疗相比,西妥昔单抗联合含铂化疗是否能改善晚期非小细胞肺癌病人的总体生存?该医师应该首先搜索与单纯的含铂化疗相比,西妥昔单抗联合含铂化疗治疗晚期非小细胞肺癌的生存分析的所有研究,然后将数据提取合并,进而得到合并的生存资料的 HR 值,回答哪种治疗对病人最有益处。

二、软件操作

下面,以一篇已发表的研究为例,介绍如何利用三种常用的软件来进行生存数据的 Meta 分析。该研究欲回答的问题是:与单纯的含铂化疗相比,西妥昔单抗联合含铂化疗是否能改善晚期非小细胞肺癌病人的总体生存?通过系统的文献检索,该研究纳入了 4 个合格的随机对照试验,具体数据如表 11-1 所示。

表 11-1　Ibrahim 等的 Meta 分析纳入的 4 个合格研究的数据

原始研究	HR	95%CI 下限	95%CI 上限
Butts 2007	0.87	0.58	1.30
Lynch 2010	0.89	0.75	1.05
Pirker 2009	0.87	0.76	1.00
Rosell 2008	0.71	0.48	1.05

可以应用 Comprehensive Meta-analysis、STATA 或 RevMan 软件进行操作。其中在

Comprehensive Meta-analysis、RevMan 软件中进行菜单操作即可，STATA 软件需要写入程序，STATA 程序如下：

```
. gen lnvar2 = ln（var2）
. gen lnvar3 = ln（var3）
. gen lnvar4 = ln（var4）
. metan lnvar2 lnvar3 lnvar4, eform label（namevar = var1）boxsca（0.9）fixed xlabel（0.5, 1, 1.5）effect
```
（"HR"）

结果输出如图 11-1，与单纯的含铂化疗相比，西妥昔单抗联合含铂化疗能改善晚期非小细胞肺癌者病人的总体生存，HR 值为 0.87，95%CI 为 0.78～0.96。

```
          Study      |    ES    [95% Conf. Interval]    % Weight
---------------------+------------------------------------------
Butts 2007           |   0.860    0.550      1.340        5.04
Lynch 2010           |   0.890    0.750      1.050       35.33
Pirker 2009          |   0.870    0.760      1.000       53.10
Rosell 2007          |   0.710    0.480      1.050        6.53
---------------------+------------------------------------------
I-V pooled ES        |   0.865    0.783      0.956      100.00
---------------------+------------------------------------------

Heterogeneity calculated by formula
  Q = SIGMA_i{ (1/variance_i)*(effect_i - effect_pooled)^2 }
where variance_i = ((upper limit - lower limit)/(2*z))^2

  Heterogeneity chi-squared =   1.10 (d.f. = 3) p = 0.778
  I-squared (variation in ES attributable to heterogeneity) =   0.0%

  Test of ES=1 : z=   2.84 p = 0.004
```

图 11-1　固定效应模型 Meta 分析结果

（臧嘉捷）

参考文献

[1] Collett D. Modelling Survival Data in Medical Research，Third Edition［M］. Boca Raton：Chapman & Hall/CRC，2012.

[2] Flanigan R C，Salmon S E，Blumenstein B A，et al. Nephrectomy followed by interferon alfa-2b compared with interferon alfa-2b alone for Metastatic renal-cell cancer［J］. N Engl J Med，2001，345（23）：1655-1659.

[3] Zang J，Xiang C，He J. Synthesis of median survival time in Meta-analysis［J］. Epidemiology，2013，24（2）：337-338.

[4] 臧嘉捷. Meta 分析中时间效应量参数估计方法的建立及应用［D］. 上海：第二军医大学，2012.

[5] Ibrahim EM，Abouelkhair K M，Al-Masri O A，et al. Cetuximab-based therapy is effective in chemotherapy-naïve patients with advanced and Metastatic non-small-cell lung cancer：a Meta-analysis of randomized controlled trials［J］. Lung，2011，189（3）：193-198.

第十二章

遗传关联性研究的 Meta 分析

本章引例

张教授退休后很喜欢看书读报，近来发现原来能看清的字现在也模糊不清，而且眼前时常出现黑影，感觉看东西也变形了。医生检查后发现中心视力轻度损害，Amsler 方格表（一种视力检查方法）检查阳性，黄斑部有比较密集的硬性玻璃膜疣，提示可能是老年性黄斑变性（age-related macular degeneration, AMD），并告知张教授，该病病因不清，可能与遗传变异、营养、免疫等有关。张教授表示其家族中未曾有人得过此病，对此很感兴趣。医生耐心告诉他，近来有研究表明 AMD 与炎症级联反应相关的 Toll 样受体 3（toll-like receptor 3, TLR3）基因多态性有关，但不同研究的结果还存在差异。为了能清晰回答张教授的问题，可否采用 Meta 分析来综合分析多个存在不一致性结果的研究呢？这就属于遗传关联性研究（genetic association study）的 Meta 分析范畴，该类 Meta 分析的基本过程与其他 Meta 分析类似，本章主要是介绍遗传关联性研究的 Meta 分析过程中特有的方法和步骤。

第一节　遗传关联性研究的特点及其解决的临床问题

遗传关联性研究是复杂性疾病遗传学研究的重要方法之一，常常采用传统的病例对照研究设计展开相关研究，将携带的遗传变异设定为暴露，将发生的结局事件设定为病例，通过比较某基因的等位基因频率（或基因型频率）在病例组和对照组中的分布差异来判断该遗传变异是否与某种疾病或结局存在关联，从而探讨遗传变异与疾病发生、发展及预后之间的关系。随着分子生物学技术和基因组学的发展，遗传关联性研究也日渐成为热点，针对各种疾病遗传易感性的原始研究也越来越多，但由于样本量低、研究结果存在异质性等原因，也使得采用 Meta 分析的方法合并同类研究结果成为必然。

一、研究特点

1. 研究样本量普遍较小　理想的遗传关联性研究一般样本量要较大，研究的位点具有生物学意义或对基因表达产物的影响具有生理学意义。在遗传关联性研究中，许多遗传变异与常见复杂疾病之间只有轻度的关联（关联强度 OR 为 1.2～1.5）。在这种情况下，样本量太小通常会导致研究结果的把握度不够，一般只有大样本（即样本量一般大于 1 000）研究才能真实地反映遗传变异和疾病之间的关联。但是早期绝大多数遗传关联性研究的样本量在 100~300 之间,统计学效能一般在 20%~70% 之间。可见,此类研究样本量偏小是普遍存在的问题,可能由此带来大量假阳性结果,从而过高甚至错误地估计了某些遗传变异的作用。

2. 研究结果存在广泛的异质性　在基因多态性和疾病的关联研究中,单从所获得的结果来看,各项研究之间的差异较大,一些结果截然相反。许多研究者都认识到,在研究对象的选择、研究的设计、实施与分析方法方面以及样本量存在差异。此外,这种异质性还表现在同一问题首次研究结果与随后研究的结果不一致,前者往往有更大的遗传效应。Ioannidis 等研究发现约有 26% 的研究结果前后不一致,并且这种异质性和样本量差异并没有完全的联系。

3. 研究文献质量有待提高　遗传关联性研究的文献也存在诸多问题,有流行病学背景的研究者往往不能充分考虑遗传流行病学中特定的生物学和遗传学背景,而遗传学者和临床工作者也经常忽视遗传统计分析模型的特殊性。Bogardus 等曾根据临床流行病学研究方法学质量的七个方面对该领域四个主流医学期刊的文献进行质量评价发现,63% 的文章至少有两个方面不符合撰写要求标准。直到 2009 年,Little 等人在 STROBE 声明的基础上才提出了 STREGA [STrengthening the REporting of Genetic Association studies (STREGA)—an extension of the STROBE statement],即加强遗传学关联研究报告——观察性研究写作规范声明的扩展版,旨在加强遗传关联研究报告的透明化,这才使得遗传关联性研究文献报告质量得以提高。

二、解决的临床问题

随着基因 - 疾病关联研究的证据不断累积,而各个研究之间又存在广泛的异质性,单个研究的显著性不能确证遗传关联,同样缺乏具有统计学意义的关联研究结果也不能排除有遗传关联的可能。因此,需要及时地综合总结这些研究成果,为遗传关联性研究的人群基因检测打下基础。Meta 分析方法在总结临床随机对照试验研究结果的应用中已经相当成熟,在观察性研究中也得到广泛的应用。而遗传关联性研究本质上属于观察性研究,其方法学上多采用病例对照研究,同样可以采用 Meta 分析的思想,将已有的研究数据进行系统分析,定量综合多个同类研究结果,在增大样本量和提高统计学效能的前提下,进一步分析、探讨和确定某种研究基因和疾病之间是否存在关联及其关联的大小。因此,基于原始的遗传关联性研究开展 Meta 分析已成为医学研究中一项重要而可行的工作,这也为准确地估计遗传变异与疾病之间的关联效应提供了一种有效的方法。

第二节　遗传关联性研究的 Meta 分析步骤

目前,遗传关联性研究的 Meta 分析主要是基于文献报道的遗传变异与疾病易感性的文献进行合并分析,研究的遗传变异也主要是单核苷酸多态性(single nucleotide polymorphism, SNP),研究类型主要是病例对照研究,也有队列研究。其分析方法及基本步骤与其他 Meta 分析相类似,详见第二章和第三章。

一、提出问题

提出合适的问题是每个 Meta 分析的基础,也是最重要的环节之一。选题一般来自于科研实际,如从相同的研究但结果存在差异出发,进一步分析基因和疾病之间是否存在关联及其关联的大小;也可以从不同种族出发,进一步分析基因对特定人群遗传易感性的作用。如上述 TLR3 基因多态性与 AMD 的 Meta 分析则源自于不同研究结果的不一致性。当然研究问题的提出既需要依据 PICOS 原则,也需要考虑疾病、基因或多态性位点(不同的遗传比较模式)以及纳入分析的研究类型等。

二、文献检索

Meta 分析的可靠结论来自于对已有研究做出的综合评价与分析,因此需要尽可能查全与提出问题相关的文献。首先,需要制定好检索策略,确定好检索词和需要检索的数据库。常用检索词为疾病名称、目标基因名称以及多态性(英文中可以表述为 polymorphism 或 variant)。应根据具体情况调整检索策略,如相同疾病不同命名、同一基因不同命名以及不同的简写方式等,以保证能查全所有文献。检索范围包括各种电子数据库、期刊、会议论文及其他未发表资料库等,对于一些原始研究的参考文献也需要检索,甚至已经发表的同类型 Meta 分析,其引用的文献也可以参考。

三、文献管理和筛选

检索获得的题录一般借助于 NoteExpress 或 EndNote 软件进行管理,并根据事先制定的文献纳入和排除标准进行文献筛选。文献的纳入标准基本上是依据 PICOS 原则制定,即如果确定了研究疾病和基因,则可据此制定纳入标准,必须是该种疾病,必须研究某某基因。当然,也可以对此进一步进行限制,如针对特定种族或地区、年龄、有无合并症、语种等,甚至是某个具体的基因位点。若希望减少小样本研究对 Meta 分析结果的影响,还可以对纳入研究的样本量作出限制。但需要注意的是,对纳入研究进行限制、提高研究间同质性的同时也将承担更大的文献纳入偏倚,应在衡量利弊后依据研究目的尽可能全面地纳入文献。文献的剔除标准是针对符合纳入标准的文献进一步排除的依据,而非纳入标准的对立面。因此,根据研究需要制定排除标准,如不符合 Hardy-Weinberg 平衡(简写 H-W 平衡)的研究、重复发表等。

与传统 Meta 分析一样,在制定好纳入和排除标准后,一般先阅读题目和摘要筛选文献,然后再阅读全文筛选。筛选过程也必须两人进行,遇到不一致时,可以商量或寻求第三者解决。

四、信息提取

遗传关联性研究 Meta 分析提取的信息主要包括:①研究基本信息,如作者、发表年份等;②研究类型;③研究人群的基本特征,如种族、年龄、疾病诊断标准、对照组排除目标疾病的方法等;④基因型检测方法,如酶切、TaqMan 探针法、质谱等;⑤病例组和对照组(或暴露组和对照组)样本量及各种基因型的数量;⑥对照组人群是否符合 H-W 平衡等。其中两组三种基因型的数量是后续分析的核心。在原始研究中,两组三种基因型的数量一般以表格形式列出,可以直接获取,但也有部分研究需要通过简单计算获得。有时,符合纳入标准的文献中缺乏具体基因型数量的信息,因此需要与原文者联系获取,在多次联系无果的情况下,该文章可以剔除。

信息提取可以使用 EpiData 软件构建录入系统,进行平行双录入摘录信息,并对录入信息进行一致性检验,以确保提取信息的准确性。

五、原始研究质量评价

目前,观察性研究的文献质量评估,尤其是对基因多态性的研究,尚无成熟的质量评价工具。因此,可以借用规范报告分子流行病学研究的 STROBE 声明的扩展版 STROBE-ME,或规范遗传学关联研究的 STROBE 声明的扩展板 STREGA。当然,也可以选择队列研究或病例对照研究的专用评价工具,如选择 Newcastle-Ottawa Scale(NOS)量表。根据具体情况进行条目的调整,如对条目"对照的选择"增加判断"是否符合 H-W 平衡"。

六、证据合并

与传统 Meta 分析一样,遗传关联性研究的 Meta 分析可以采用定量的方法对纳入的原始研究数据进行合并分析,其分析过程与传统 Meta 分析类似。但在遗传模型的选择、异质性的判断与分析时需要加以注意。

(一)合适的遗传模型选择

不同的遗传模型具有不同的计算方法,可以得到不同的结论,这就需要在分析时利用现有遗传学和生物学专业知识,选用较为合理的模型进行分析,以获得更为准确合理的结果。在遗传关联性研究中,等位基因一般存在三种基因型(假定一个多态性位点上存在两种等位基因 A 和 a,A 为野生等位基因,a 为突变等位基因,基因型 AA 为野生纯合型,Aa 为杂合型,aa 为突变纯合型),即每组就会有三分类变量,而常规 Meta 分析通常只有二分类变量。因此,就需要对提取的数据进行适当的合并或调整,即选择合适的遗传分析模型。常用的分析模型有:①直接比较每组相同等位基因频率,如病例组 A 等位基因频率与对照组 A 等位基因频率比较,从而分析 A 相对于 a 的发病风险,其中每组 A 等位基因数 $=(AA \times 2 + Aa \times 1)$,a 等位基因数 $=(aa \times 2 + Aa \times 1)$;②采用共显性模型进行分析,如以野生纯合型 AA 为参比组,探讨杂合型 Aa 和突变纯合型 aa 分别对于疾病的影响(Aa vs. AA 和 aa vs. AA);③采用显性模型或隐性模型进行分析,如显性模型就是以 AA 为参比组,探讨 Aa + aa 对于疾病的影响(Aa + aa vs. AA),隐性模型则是以(AA + Aa)为参比组,探讨突变纯合型 aa 对于疾病的影响(aa vs. AA + Aa)。因此,在进行 Meta 分析前,需要将文献提取的信息进行一定的调整,使其能变成可以比较的二分类变量。当然,因为涉及多组数据之间的比较,进行多次的统计学检验,势必会降低统计分析的统计学效能,增大 I 类错误。因此,可以使用 Bonferroni 方法对多次比较进行统计学校正,调整 P 值以减小统计分析中的 I 类错误。

(二)异质性的判断与分析

研究间异质性的判断与分析可以借助于传统的 Cochrane Q 检验和 I^2。但当研究间存在较大异质性时,必须要探讨异质性来源,应结合纳入研究的实际情况进行分析,如研究纳入人群遗传背景(种族或民族)、对照的来源或不符合 H-W 平衡、基因型检测方法的差异、疾病诊断标准的差异以及样本量等。具体分析方法可以采用描述性系统评价,或进一步使用亚组分析、Meta 回归等探讨异质性来源。

七、发表偏倚的检验

发表偏倚的识别和检验同样可以借助于传统的漏斗图、Egger 法和 Begg 法、剪补法以及失安全数法等,分析过程可以用 STATA 软件和 R 软件来完成。

八、分析报告的撰写

从研究设计上来讲,遗传关联性研究的设计类型多为病例对照研究,也有队列研究,故其本质属于观察性研究。因此,其报告规范可以遵照 MOOSE 声明(观察性研究的 Meta 分析的报告规范)。MOOSE 声明是由 MOOSE 工作组制定并于 2000 年发表,主要包括研究背景、文献检索策略、研究方法、研究结果、讨论和研究结论 6 个部分的 35 个条目,具体可参阅相关书籍。

九、需要注意的问题

(一)H-W 平衡检验

H-W 平衡是由英国数学家哈迪(Hardy)和德国生理学家温伯格(Weinberg)于 1908 年同时提出的一个遗传学平衡定律,其内容为:如果一个群体无限大,群体内的个体随机交配、没有突变发生、没有任何形式的选择压力,则群体中各种基因型的比例可以世代保持一致。假设有两个等位基因 A 和 a 在亲代群体中的概率分别为 p 和 q(p+q=1),则其三种对应的基因型频率 AA、Aa 及 aa 分别为 p^2、2qp 和 q^2,显然也有 $p^2+2qp+q^2=1$,则可以认为此群体该位点的基因型符合 H-W 平衡。若符合 H-W 平衡定律,则其子代中等位基因及基因型频率应与亲代相同。对于特定人群中某基因位点是否符合 H-W 平衡定律,可用拟合优度检验来判断,其统计量 $x^2=\sum\dfrac{(O-E)^2}{E}$,其中 O 代表每种基因型的观察数,E 代表每种基因型的理论数,即符合 H-W 平衡定律下的观察数。当 $P>0.05$ 时,表示该群体符合 H-W 平衡定律,样本来自同一孟德尔群体。

影响等位基因遗传平衡的因素主要包括非随机婚配、突变、人群迁移等因素。此外,必须考虑其他可能的因素,如实验室基因型检测错误、选择对照组时存在选择偏倚、存在人群分层等。因此,在汇总研究结果前必须检验 H-W 平衡。但在病例对照研究的 Meta 分析中,病例组可能是有偏人群,所以 Schaid 等建议只在对照组中检验 H-W 平衡;当然,也有学者建议分别对包含和不包含不符合 H-W 平衡的研究进行敏感性分析,检验研究结果的稳健性。

(二)遗传模型选择

一般来说,遗传模型应该是在统计学分析后才进行选择,但很多遗传关联研究的 Meta 分析却展示了所有模型下的结果。其实,只有极个别的 SNP 与研究疾病有明确的遗传模式,即普遍认可的致病模型。多数情况下没有明确遗传模式的,所以一般要对多种遗传模式都尝试进行 Meta 分析,最后综合比较。

2005 年 Thakkinstian 等推荐了一种遗传关联研究遗传模型估计和选择的简易方法,且考虑到连续性结局变量和分类结局变量两种情况。如三种基因型分别为 AA、Aa 及 aa,结局如果是连续性变量,设定 AA 与 aa 的差值为 D_1,Aa 与 aa 的差值为 D_2,AA 与 Aa 的差值为 D_3;结局如果是分类变量,设定 AA 与 aa 相比的效应值为 OR_1,Aa 与 aa 相比的效应值为 OR_2,AA 与 Aa 相比的效应值为 OR_3。遗传模型的选择建议如下:①如果 $D_1=D_3\neq0$ 且 $D_2=0$,或 $OR_1=OR_3\neq1$ 且 $OR_2=1$,建议选择隐性模型;②如果 $D_1=D_2\neq0$ 且 $D_3=0$ 或 $OR_1=OR_2\neq1$ 且 $OR_3=1$,建议选择显性模型;③如果 $D_2=-D_3\neq0$ 且 $D_1=0$,或 $OR_2=1/$

OR$_3\neq 1$ 且 OR$_1=1$，则建议选择超显性模型；④如果 D$_1$>D$_2$>0 且 D$_1$>D$_3$>0（或 D$_1$<D$_2$<0 且 D$_1$<D$_3$<0），或 OR$_1$>OR$_2$>1 且 OR$_1$>OR$_3$>1（或 OR$_1$<OR$_2$<1 且 OR$_1$<OR$_3$<1），则建议选择共显性模型。具体遗传模型的选择需要结合统计分析以及研究实际。

第三节　基于 GWAS 的 Meta 分析

一、全基因组关联研究

随着人类基因组计划（HGP）和 HapMap 的陆续开展，以及高通量分型技术的问世，尤其是基于 HapMap 的高通量 SNP 检测芯片出现，研究者能够同时对每一个体的数十万到一百万个 SNP 进行检测，而且高效统计分析软件的出现也使得处理海量分型数据的问题迎刃而解，候选基因策略也逐渐被全基因组关联研究（genome-wide association study，GWAS）策略所取代。GWAS 最早由 Risch 等于 1996 年提出，然而近 10 年后才真正得以实现。GWAS 的优势在于摒弃了候选基因方法中人为的预先假设（hypothesis free），更加全面和系统的对全基因组范围内的遗传位点进行筛查，同时 GWAS 一般基于极大的样本（病例和对照的样本量达几千人，甚至近万人），采用极为严格的统计学检验水准（一般在 10^{-8} 以下），从而找到了许多从前未曾发现的基因以及染色体区域，为复杂疾病的发病机制提供了更多的线索。自从 2005 年第一篇 GWAS 文章发表以来，各国科学家对肿瘤、糖尿病、心血管系统疾病、风湿病等复杂疾病开展了相关研究。相对传统的检测和分析方法，GWAS 费用高，数据质控和分析难度大，筛选出的易感 SNPs 和易感基因常缺乏功能研究，后续还需要较长时间的深入研究才能解释其致病机制，多数发现的位点也只能解释可遗传疾病的很小一部分。

由于筛选和检测的 SNP 数量很多，GWAS 分析结果有可能会出现假阳性。因此，GWAS 是探索性研究，其结果必须经过验证，以控制假阳性。在 GWAS 设计中，常常采用多中心、多阶段的研究策略，即在第一阶段的 GWAS 后，筛选出可以进入验证阶段的 SNP，在另外一个或几个独立的研究样本中进行验证。验证阶段（validation phase）可以在与探索阶段相一致的人群中进行，也可以包含不同人群或不同人种；验证可以是内部验证（internal validation，即采用第一阶段的部分研究对象进行验证），也可是外部验证（external validation，即采用第一阶段以外的类似研究对象进行验证）。当然也可以借助于已有的同类 GWAS 资料进行验证，或是针对小规模高发区人群或在某一 DNA 片段中采用更高密度的 SNP 分型。无论如何，多阶段研究既能有效控制假阳性结果，提高检验效能，又可以降低研究成本。2007 年美国国立癌症研究所（NCI）和国立人类基因研究所（NHGRI）就将验证研究定为 GWAS 中必不可少的一部分。

二、GWAS 数据的 Meta 分析

由于样本量的限制，单个 GWAS 发现的疾病相关 SNPs 基本上都属于常见[最小等位基因频率（MAF）>0.2，即在给定人群中的不常见的等位基因发生频率大于 20%]且具有中度效力（OR≥1.2）的变异；而对于频率低（MAF<0.05）、效力弱（OR 值接近 1）的 SNPs，由于统计学效能较低很难被检出，因此增加 GWAS 样本量是提高检验效能最直接和有效的方式。但是鉴于 GWAS 巨大的工作量以及昂贵的实验费用，单个 GWAS 样本量可能难以达到研

究需要。由于 Meta 分析是基于相同的表型、权重等因素对不同研究结果进行收集、合并及统计分析，可以增加样本量、提高统计学效能，因此不仅可以检出常见变异，同样也可以发现一些强效的罕见变异。第一个 GWAS 的 Meta 分析由 DIAGRAM 协会完成，他们分析了 3 个 GWAS 数据共计 10 000 个欧洲人群样本，新发现了 6 个与 2 型糖尿病相关的易感位点。此后，多种疾病 GWAS 的 Meta 研究相继开展，如克罗恩病、多发性硬化、类风湿关节炎、直结肠癌等，发现了大量新的易感位点。在新发现位点中不仅包括大量常见变异，还有少部分遗传效力较强的低频变异，如与克罗恩病遗传易感性相关的 SNP rs11175593，其等位基因在对照中的频率仅为 0.017；多发性硬化易感基因 TNFRSF1A 的一个 SNP rs4149584，其等位基因频率仅为 0.02。这些都表明 GWAS 的 Meta 分析不仅可以检出常见变异，同样也可以发现一些强效的罕见变异，也是发掘现有 GWAS 数据，鉴定更多疾病易感基因的一种经济和高效的方法。

GWAS 的 Meta 分析与普通 Meta 分析一样，需要确定统一的入组标准，然后对多个研究的检验统计量、标准误、P 值进行合并。但是，如何消除不同研究的人群、数据、检测方法、结果的异质性是进行 GWAS 的 Meta 分析面临的最大挑战。若不考虑不同研究中的人群异质性和遗传膨胀系数[判别人群分层的一种指标，即所有 SNP 检验统计量的中位数（或均数）与理论分布中位数（或均数）的比值]则可导致得出错误的 P 值。最常用的异质性检验统计量为 I^2 和 Cochran Q。另外，通常采用倒方差法对不同研究得出的 OR 值进行合并。若异质性来自随机误差，采用固定效应模型来计算权重；若异质性来自人群分层、实验设计或表型的差异，则采用随机效应模型。目前常用的统计分析工具，如 METAL、Comprehensive Meta-analysis、STATA 等均可实现 GWAS 的 Meta 分析。METAL 是 Meta 分析中用于全基因组关联分析的一种快捷便利的计算机软件，可以通过对多项研究结果的 Meta 分析，提高统计效能。METAL 提供了丰富的脚本接口，并实现高效的内存管理，允许非常大的数据分析集，并支持多种输入文件格式。

Meta 分析是挖掘现有 GWAS 数据、鉴定更多疾病 / 性状易感 SNP 的经济高效的方法，但也面临着一些问题和挑战：①随着研究样本量的增多，需要采用更加完善的异质性检验和数据质控方法，以提升 Meta 分析的可靠性；②随着测序技术的发展，序列变异的数量和种类也在不断增多，需要一种更新的统计方法将测序数据与已有 SNP 芯片数据进行 Meta 分析；③目前的 Meta 分析主要还是针对单个 SNP 与疾病的关系开展研究，将来则需要新的统计模型可以针对一个区域内多个 SNPs 进行 Meta 分析。

第四节 实 例 分 析

一、实例背景

AMD 是当前老年人致盲的重要疾病，为黄斑区结构的衰老性改变，多发生于 45 岁以上人群，其患病率随年龄增长而增高，但其病因尚未确定，普遍认为是一种遗传和环境因素共同作用的复杂疾病。既往原始研究也报道了多个与 AMD 有关的基因，如补体因子 H（CFH）、丝氨酸蛋白酶（HTRA1）、碱基切除修复相关基因（ERCC6）等，这些基因上的多态性位点与 AMD 存在关联，这表明遗传变异可能在 AMD 的发生发展中起了一定的作用。

近来研究表明，炎症级联反应与 AMD 的发病机制有关，其中炎症反应的一个关键蛋白就是 Toll 样受体 3（TLR3）。编码 TLR3 蛋白的基因上有个多态性位点（rs3775291，第 4 外显子的 C 转换成 T）能导致第 412 位的氨基酸由亮氨酸突变为苯丙氨酸。既往多个研究表明该位点是 AMD 病人中地图状萎缩（geographic atrophy，GA）的保护因素，与新生血管性 AMD（nAMD）无明显相关，但随后又有研究表明该位点与 AMD 无关，存在结果的不一致性。因此，为了进一步评价 TLR3 基因多态性与 AMD 的关系，有研究者采用 Meta 分析的方法对已发表的研究结果进行了总结和定量评价，研究结果发表于 2016 年出版的 Sci Rep，题为"Association of toll-like receptor 3 polymorphism rs3775291 with age-related macular degeneration: a systematic review and Meta-analysis"。

二、实例解读

该研究按照 PRISMA 声明进行了规范报告，由于纳入的研究均为病例对照研究，故本章根据观察性研究的 Meta 分析的报告规范——MOOSE 声明进行了解读和评价。该研究对研究背景、检索策略、方法、结果、讨论和结论等六个部分均进行了详细的阐述。

作者检索了 PubMed、EMBASE 和 Web of Science 数据库中公开发表的有关 TLR3 基因多态性与 AMD 关联研究的文献，也检索了纳入研究的参考文献，但文章未说明文献检索员的资质，仅说明了两位作者参与了相关检索。作者列出了详细的文献纳入与排除标准，但在处理非英语文献、只有摘要、未发表文献以及介绍个人通信的情况等方面均未说明，文章只是在剔除标准中提及"没有充足数据的报告"予以剔除。

在数据提取时，研究者也遵循了两位评价员独立提取相关数据并进行核查。除常规数据外，研究者还提取了基因型在两组的分布、H-W 平衡检验等信息。在数据分析时，研究者按照规范要求进行了相应的分析和描述，其中采用 I^2 来评价研究间的异质性，但对于合并 OR 及 95%CI 的计算采用更加保守的随机效应模型计算。敏感性分析则是通过去除不符合 H-W 平衡的研究后，效应值的变化来进行评价。由于遗传关联性研究的特殊性，研究者对两个或两个以上研究报道的位点分别采用了五种模型进行分析，即等位基因、显性、隐性、杂合子和纯合子模型。同时，研究者还考虑到多次检验问题，对多重比较进行 Bonferroni 校正，并且认为 $P<0.005$ 有统计学意义。但研究者未对纳入的原始研究进行文献质量评价。

该研究最终纳入 9 篇文献，绘图总结了研究结果，并进行了敏感性分析。此外，该研究分别对所有 AMD 以及不同类型 AMD 进行了五种不同遗传模型下的 Meta 分析。同时，考虑到种族的差异，又按种族（高加索人群和中国人群）分亚组用森林图展示合并结果。Meta 分析结果显示 TLR3 基因 rs3775291 位点在隐性模型下与 AMD、纯合子模型下与地图样萎缩（GA）以及隐性模型下与新生血管性 AMD（nAMD）均有统计学关联，但均为边缘性显著。按种族进行亚组分析结果显示 TT 基因型对高加索人群 AMD、GA 和 nAMD 有保护作用（OR = 0.87、0.78 和 0.77），但对于亚洲人群未见此关联。上述结果经过 Bonferroni 校正后，也均未见有统计学差异。其他两个位点（rs5743303 和 rs5743312）也均未发现与 AMD 有关联。敏感性分析显示在剔除不符合 H-W 平衡的研究后合并的结果未有明显变化，且在依次逐个剔除单个研究时，除一个研究外，其他的敏感性分析结果均无明显变化。

该研究的讨论部分主要就上述结果进行了讨论，但在定量评价偏倚（如发表偏倚）、解释排除标准的合理性（如排除非英语文献）、评价纳入研究的质量等方面未做进一步阐述。文章对研究过程存在的局限性进行了详细描述，并对今后的研究方向和内容进行了建议。

三、整体评价

本研究采用 Meta 分析方法合并分析了 TLR3 基因 rs3775291 位点不同遗传模型下与 AMD 的关系,提示在高加索人群中 rs3775291 位点可能是 AMD 相关,但对于 AMD 的遗传易感性可能只有很小的效应。因此,仍有必要开展大样本的病例对照研究进一步验证或深入研究。整体而言,该 Meta 分析的整个过程是严谨的,对统计方法的描述较为详细,并对可能影响研究结果的因素进行了合理的亚组分析,保证了研究结果的合理性和真实性。作者也对研究过程中存在的局限性进行了分析。但需要注意的是,与许多遗传关联性研究 Meta 分析一样,作者未采用相关标准对纳入研究的质量进行评价。这种普遍存在的现象可能与目前尚无较为公认或推荐使用的质量评价工具有关。此外,该 Meta 分析虽然采用 I^2 来评价研究间的异质性,但结果的合并均采用了随机效应模型,这是充分考虑到研究间不可避免地存在一定异质性而采用的方法。虽然随机效应模型得出的结论偏向于保守,置信区间较大,更难以发现差异,但应该更接近于真实情况。

第五节 软件操作

在上述 TLR3 基因多态性与 AMD 的关联研究中,作者分析了 TLR3 基因多态性与地图样萎缩(GA)的关系,经过文献筛选最终纳入了 5 篇文献 14 个研究,从每篇文献中获得了 GA 组和对照组三种基因型的分布数据(表 12-1)。

表 12-1　TLR3 基因 rs3775291 位点多态性与地图样萎缩(GA)研究的基因型分布

作者(年代)	种族	地图样萎缩组(GA)				对照组			
		N	TT	TC	CC	N	TT	TC	CC
Yang Z(2008)	Caucasian(Utah 1)	232	14	93	125	359	40	163	156
	Caucasian(Utah 2)	271	19	95	157	421	42	196	183
	Caucasian(AREDS)	184	4	68	112	134	11	62	61
Cho Y(2009)	Caucasian(combined)	181	16	75	90	936	96	380	460
Allikmets R(2009)	Colombian	211	13	93	105	365	28	133	204
	Caucasian(Iowa)	102	12	37	53	295	35	108	152
	Caucasian(Amsterdam)	89	8	40	41	264	25	103	136
	Caucasian(Rotterdam)	64	7	29	28	843	80	341	422
	Caucasian(Würzburg, Germany)	184	16	63	105	366	36	139	191
	Caucasian(Reykjavik, Iceland)	210	12	96	102	169	14	65	90
	Caucasian(AREDS)	163	10	71	82	204	21	82	101
	Caucasian(Melbourne, Australia)	57	6	21	30	163	17	76	70
Yu Y(2011)	Caucasian(TMMG)	819	74	344	401	4 134	348	1 702	2 084
Sharma NK(2014)	Indian(Chandigarh)	30	1	11	18	61	0	27	34

在进行 Meta 分析之前,需要将上述数据进行合并,即按照等位基因、显性、隐性、杂合子和纯合子等模型将原来的三分类变量转变成二分类变量,然后使用相关软件进行分析。

1. 等位基因模型 需要将表 12-1 数据变成病例组和对照组 T 和 C 的分布频数。如 Yang Z.（2008）中的 Caucasian（Utah 1）人群，GA 组 T 等位基因数＝TT×2＋TC×1＝14×2＋93×1＝121，T＋C 等位基因总数为 464；对照组 T 等位基因数＝TT×2＋TC×1＝40×2＋163×1＝243，T＋C 等位基因总数为 718。以此类推，可以得到其他研究中 T 等位基因数量以及 T＋C 的总数（表 12-2）。

表 12-2 TLR3 基因 rs3775291 位点等位基因数在两组的分布

作者（年代）	种族	地图样萎缩组		对照组	
		T	N	T	N
Yang Z.（2008）	Caucasian（Utah 1）	121	464	243	718
	Caucasian（Utah 2）	133	542	280	842
	Caucasian（AREDS）	76	368	84	268
Cho Y.（2009）	Caucasian（combined）	107	362	572	1872
Allikmets R.（2009）	Colombian	119	422	189	730
	Caucasian（Iowa）	61	204	178	590
	Caucasian（Amsterdam）	56	178	153	528
	Caucasian（Rotterdam）	43	128	501	1686
	Caucasian（Würzburg, Germany）	95	368	211	732
	Caucasian（Reykjavik, Iceland）	120	420	93	338
	Caucasian（AREDS）	91	326	124	408
	Caucasian（Melbourne, Australia）	33	114	110	326
Yu Y.（2011）	Caucasian（TMMG）	492	1 638	2 398	8 268
Sharma NK.（2014）	Indian（Chandigarh）	13	60	27	122

此时，可以使用 RevMan 软件进行数据的合并分析，借助于干预性研究模块，选择二分类变量。在添加研究（作者和年代）后，录入表 12-2 中等位基因的数据，然后选择结局指标 OR 和随机效应模型等，调节森林图的比例尺，使得森林图中每个研究的效应量和合并效应量都能够以适当的比例并且尽量完整地呈现，最终获得森林图（图 12-1）。

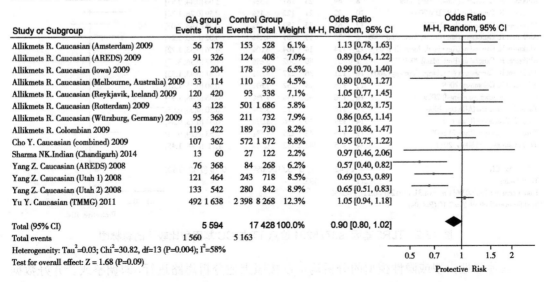

图 12-1 TLR3 基因 rs3775291 位点等位基因 T 与 C 比较下的森林图

2. 共显性模型 以野生纯合型 AA 为参比组，探讨杂合型 Aa 和突变纯合型 aa 分别对于疾病的影响（Aa vs. AA 和 aa vs. AA）。在该 Meta 分析中，则是以 CC 基因型为参照，探讨 TT 基因型罹患 GA 的风险，因此需要根据表 12-1 数据，分别选择每组 TT 基因型数据以及 TT + CC 基因型的总数，形成表 12-3 中的数据。

表 12-3　TLR3 基因 rs3775291 位点 TT 基因型在两组的分布

作者（年代）	种族	地图样萎缩组		对照组	
		TT	N	TT	N
Yang Z.（2008）	Caucasian（Utah 1）	14	139	40	196
	Caucasian（Utah 2）	19	176	42	225
	Caucasian（AREDS）	4	116	11	72
Cho Y.（2009）	Caucasian（combined）	16	106	96	556
Allikmets R.（2009）	Colombian	13	118	28	232
	Caucasian（Iowa）	12	65	35	187
	Caucasian（Amsterdam）	8	49	25	161
	Caucasian（Rotterdam）	7	35	80	502
	Caucasian（Würzburg, Germany）	16	121	36	227
	Caucasian（Reykjavik, Iceland）	12	114	14	104
	Caucasian（AREDS）	10	92	21	122
	Caucasian（Melbourne, Australia）	6	36	17	87
Yu Y.（2011）	Caucasian（TMMG）	74	475	348	2 432

同样，使用 RevMan 软件的干预性研究进行数据录入和分析，并选择 OR 和随机效应模型，调整森林图比例尺，输出森林图（图 12-2）。

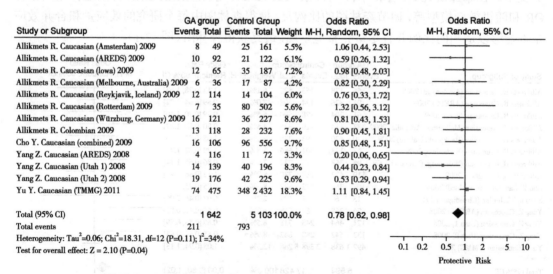

图 12-2　TLR3 基因 rs3775291 位点 TT 与 CC 基因型比较下的森林图

其他显性模型或隐性模型的分析均可以按照上述分析思路进行，即调整或合并好数据后采用 RevMan 软件进行分析。RevMan 软件也可以绘制出漏斗图，但如果要进行发表偏倚的检验，还需要借助于 STATA 软件或 R 软件进行，其检验过程与其他干预性研究类似，在此不再赘述。最终可以得到原文中的结果汇总表（表 12-4）。

表 12-4　TLR3 基因 rs3775291 位点多态性与地图样萎缩（GA）的 Meta 分析

遗传模型	纳入文献	汇总样本（GA/ 对照组）	Meta 分析结果			发表偏倚（P）	
			OR（95%CI）	P	I^2/%	Egger 检验	Begg 检验
T vs. C	5	2797/8714	0.90（0.80～1.02）	0.09	58	0.49	0.50
TT vs. CC	4	2767/8653	0.78（0.62～0.98）	0.04	34	0.06	0.76
TC vs. CC	5	2797/8714	0.93（0.80～1.09）	0.38	55	0.55	0.83
TT + TC vs. CC	5	2797/8714	0.90（0.77～1.06）	0.21	61	0.45	0.74
TT vs. TC + CC	4	2767/8653	0.84（0.71～1.01）	0.06	7	0.18	0.76

随着分子生物学技术和基因组学的发展，越来越多的遗传关联性研究发表，但由于遗传关联性研究存在纳入人群遗传背景差异大、样本量小、检验效能低，因而常出现研究间结果不一致性的问题。因此，进行遗传关联性研究的 Meta 分析将能弥补这些缺陷，为复杂疾病的研究提供基础。

（唐少文　詹思延）

参考文献

[1] 罗杰,冷卫东. 系统评价 /Meta 分析理论与实践[M]. 北京：军事医学科学出版社,2013.

[2] 沈洪兵. 肿瘤分子流行病学[M]. 北京：人民卫生出版社,2014.

[3] 孙凤. 医学研究报告规范解读[M]. 北京：北京大学医学出版社,2015.

[4] 汤华阳. 全基因组关联研究 Meta 分析搜寻中国汉族人系统性红斑狼疮易感基因[D]. 合肥：安徽医科大学,2012.

[5] 权晟,张学军. 全基因组关联研究的深度分析策略[J]. 遗传,2011,33（2）：100-108.

[6] 余灿清,詹思延. 如何撰写高质量的流行病学研究论文第二讲——遗传关联性研究及其 Meta 分析的报告规范[J]. 中华流行病学杂志,2006,27（8）：728-730.

[7] Conneely K N, Boehnke M. Meta-analysis of genetic association studies and adjustment for multiple testing of correlated SNPs and traits[J]. Genet Epidemiol, 2010, 34（7）: 739-746.

[8] Ioannidis J P, Trikalinos T A, Ntzani E E, et al. Genetic associations in large versus small studies: an empirical assessment[J]. Lancet, 2003, 361（9357）: 567-71.

[9] Ma L, Tang F Y, Chu W K, et al. Association of toll-like receptor 3 polymorphism rs3775291 with age-related macular degeneration: a systematic review and Meta-analysis[J]. Sci Rep, 2016, 6: 19718.

[10] Sagoo G S, Little J, Higgins J P. Systematic reviews of genetic association studies. Human Genome Epidemiology Network[J]. PLoS Med, 2009, 6（3）: e28.

[11] Thakkinstian A, McElduff P, D'Este C, et al. A method for Meta-analysis of molecular association studies[J]. Stat Med, 2005, 24（9）: 1291-1306.

第十三章

疾病频率的 Meta 分析

> **本章引例**
>
> 　　一位 54 岁男性病人,40 天前无明显诱因出现右上腹疼痛,呈持续性钝痛,不向肩背部放射,自发病以来逐渐加重,伴乏力、腹胀、厌油腻、食欲下降,体重下降约 3kg,实验室检查发现谷丙转氨酶、谷草转氨酶、甲胎蛋白明显升高,腹部 B 超和 CT 检查提示肝脏巨大占位性病变,诊断为"原发性肝癌"。由于肿瘤较大,医生认为该病人已经不适合手术治疗,但可以考虑用索拉非尼(sorafenib)治疗,该药被批准用于治疗晚期肾细胞癌和肝细胞癌,它对其他癌症的效果也正在评估中。病人听说索拉非尼的主要副作用之一是可能会导致血压升高,因此想知道在索拉非尼治疗的病人中,高血压的发生率是多少,其中有多少是比较严重的高血压,希望医生给他提供较为准确的信息,作为决策的参考。

第一节　基 本 概 念

一、疾病频率的 Meta 分析及其解决的临床问题

　　Meta 分析在医学研究中的广泛应用,始于 20 世纪 80、90 年代 Iain Chalmers 等对 226 种产科干预措施效果的评价。直至现在,对干预措施效果的评价,尤其是基于随机对照试验的评价,依然是大部分已发表的 Meta 分析的主要内容。近年来,对疾病的危险因素、预后因素等进行评价的 Meta 分析也越来越多。不管是评价干预措施还是其他因素的作用,本质上都是在评价"关联"或"因果关系",因此涉及两组或多组的比较,需纳入有对照组的研究进行 Meta 分析,例如随机对照试验、队列研究和病例对照研究。

　　除了探索因果关系,描述健康状态或疾病及其相关因素的分布情况也是流行病学的重要内容。但是,由于种种原因,单一的研究可能难以有效地达到此目的。例如,为了解儿童中枢神经系统肿瘤的临床表现,许多研究者发表了自己所在机构的病例系列报告,但由于该疾病较罕见,不同研究者报告的病例数大多为十几例到几十例,由此计算得到的各种临床表现所占的比例在统计学上不够精确和稳定。前面提到的关于索拉非尼治疗的癌症病人中高血压发生率的例子也存在类似的问题。在此情况下,对现有的多个相似研究的结果进行定量综合,可能是达到上述目的的最佳方法,这就是疾病频率的 Meta 分析。

疾病频率的 Meta 分析属于 Meta 分析的一种。顾名思义,这一类 Meta 分析采用的是允许计算频率的分类资料,包括由连续型资料转化而来的分类资料,关注的重点是频率本身,而不是其影响因素,因此不涉及关联或因果关系的评价,无需两组或多组,纳入分析的既可以是单组的无对照的研究,例如横断面调查,也可以是有对照的研究例如队列研究或随机对照试验中的某一组,或者把它们的所有研究对象看作一个组。

二、频率指标的类型

本文采用"疾病频率"一词,是因为临床及公共卫生研究多涉及疾病,容易理解,而且方便与流行病学的其他术语衔接。实际上,疾病频率 Meta 分析的原理和方法同样适用于其他特征或事件的率,例如危险因素流行率、治疗成功率、依从率、不良反应发生率、死亡率等。

在流行病学中,最常用于描述疾病频率的指标是患病率(prevalence)和发病率(incidence),后者又包括累积发病率(cumulative incidence)和瞬时发病率(incidence rate)两种。其中,患病率也可叫做现患率,发病率也可叫做发生率,瞬时发病率也可叫做发病密度(incidence density)。患病率指的是一定时期内某特定人群中患有某疾病者所占的比例,分子是所有罹患该疾病的人数(不论是该时期内新罹患的还是之前就已经有的),分母是该人群的总人数。累积发病率指的是在某个一开始未患有某疾病的人群中一定时期内新罹患该疾病者所占的比例,分子是该时期内新罹患该疾病的人数,分母是该人群的总人数。瞬时发病率与累积发病率的分子相同,区别在于瞬时发病率的分母不是人数,而是人时,例如人年、人月等,带有瞬时频率或曰速率的性质,其含义与英文的 rate 一致。患病率和累积发病率是习惯性的叫法,严格来讲,它们属于"比例",而不是"率",其理论取值范围是 0 到 1;瞬时发病率才是真正意义上的率,其理论取值范围是 0 到正无穷。用于描述某种特征或事件的率的其他指标,绝大多数在本质上是与患病率、累积发病率和瞬时发病率中的某一种类似的,在此不赘述。

在统计学上,疾病频率一般服从二项分布(binomial distribution)或泊松分布(Poisson distribution),前者如常见病的患病率和累积发病率,后者如瞬时发病率和较罕见疾病的累积发病率。因此,疾病频率 Meta 分析的统计学原理及方法与这两种分布的性质密切相关。由于泊松分布是二项分布在分母很大、频率很小时的一种特殊类型,因此二项分布资料与泊松分布资料的 Meta 分析并不是截然不同的,二者具有一定的相通性。

虽然诊断试验的灵敏度、特异度也属于比例,服从二项分布,但在评价某项诊断试验的准确性的时候,这两个指标是作为一个整体成对出现、互相关联的,因此,在做 Meta 分析的时候,不宜将它们当成两个独立的指标分别进行合并,而应考虑两者的相关性,采用诸如双变量随机效应模型(bivariate random effects model)、层次综合受试者工作特征模型(hierarchical summary receiver operating characteristic model)等为诊断试验准确性的 Meta 分析而建立的特定方法。因此,有关诊断试验准确性的 Meta 分析不在本章的讨论范围,可参见本书第九章"诊断试验准确性的 Meta 分析"。

第二节　疾病频率系统综述的原理

和其他类型的 Meta 分析一样,疾病频率的 Meta 分析也必须基于系统综述,只有在全面搜集和评价现有研究的基础上进行 Meta 分析才是科学、合理的。因此,学习疾病频率的

Meta 分析之前，必须先掌握其系统综述的原理。本节将主要介绍它跟其他类型的系统综述在原理上不一样的地方，包括研究问题、合格标准、文献检索及研究质量评价四个方面。

一、研究问题

开展一项系统综述之前，必须先提出清晰、明确的研究问题，否则后续的文献检索、数据提取、研究质量评价和数据分析就可能出现无据可依、含糊不清的情况。对研究问题基本要素的具体化和限制，是系统综述可以回答一个独立的研究问题的前提。

大家熟知的随机对照试验，其目的是评价干预措施的效果，研究问题包括研究对象（P）、干预措施（I）、对照措施（C）、结局指标（O）、干预环境（S）5 个基本要素，简称 PICOS。其中，PICO 是必需的；干预环境（S）的核心是诊治水平和服务条件，例如"三甲医院""资源有限的地区"等，本质上是对 I 和 C 这两个要素进行限制，在提出研究问题时常常不对 S 做具体规定，而是在数据分析时依此进行亚组分析（如需要的话）。

与随机对照试验不同，单纯的疾病频率研究，由于不涉及组间比较，因此其研究问题的基本要素不包括 I 和 C，但必须包括 P 和 O，即研究对象和所关注的事件或特征。例如，一般人群中（P）颅内出血（O）的发生率，一般人群中（P）吉兰 - 巴雷综合征（O）的发生率，巴雷特食管病人中（P）食管癌（O）的发生率，HIV/AIDS 病人中（P）癌症（O）的发生率，颅内出血病人（P）的病死（O）率等。

如需要的话，也可以对 P 作进一步限制，目的是指出所关注的特定亚组人群，与 PICOS 中用 S 对 I、C 进行限制类似。用来限制 P 的因素可以是人口学、临床或病理学特征以及所接受的治疗等。例如，巴基斯坦一般人群中乙型肝炎的患病率、儿童中枢神经系统肿瘤中各种症状和体征的比例、三联疗法治疗幽门螺杆菌感染病人的成功率、索拉非尼治疗的癌症病人中高血压的发生率等。

由以上例子可见，关于疾病频率的研究问题还应明确指出所关注的频率指标，例如是患病率还是发病率，因为它们的含义及对应的研究类型是不一样的，会直接影响到合格标准（主要是对研究类型的要求）及检索策略的制定。这跟评价干预措施效果的研究问题不同，后者不需要说明效应指标是什么（如相对危险度、比值比等），因为无论是哪一种，合格研究都应该是随机对照试验，在检索策略中也不必提及效应指标。如需要的话，在数据分析阶段根据效应指标类型做亚组或敏感性分析即可。

综上所述，可以把一个关于疾病频率的研究问题归纳为：在具有某（些）特征的某类人群中，某事件 / 特征的发生率 / 现患率 / 比例是多少？该问题包括 4 个基本要素，分别是：①研究对象：某类人群；②研究对象的限制因素：某（些）特征；③所关注的事件 / 特征；④频率指标：如发生率、现患率、比例等。其中，"某类人群"既可以是一般人群，也可以是患某种疾病的人群；"某（些）特征"既可以是一个，也可以是多个，但并不是必需的。

二、合格标准

研究问题确定之后，需要进一步明确的是：用什么类型的研究来回答这个问题？换句话说，原始研究的设计类型应该是什么？其实，这个问题的答案已经隐含在"频率指标"这个要素中。例如，当频率指标为现患率时，原始研究必须是横断面研究；如果关注发生率，则应纳入有随访的研究，例如队列研究或临床试验；如果关注的是比例，则应纳入病例系列研究，或者从原本为其他类型的研究中挑出一部分相当于病例系列的研究对象来分析。

确定了研究设计类型之后,就可以结合研究问题的基本要素来制定明确的合格标准了。合格标准是寻找有关文献的"筛子",包括纳入标准和排除标准两部分。以"索拉非尼治疗的癌症病人中高血压的发生率"为例,纳入标准应该包括:①研究对象:癌症病人;②研究对象的限制因素:接受过索拉非尼治疗;③所关注的事件:高血压;④频率指标:发生率;⑤研究设计:有随访的研究,由于索拉非尼是新药,因此首选临床试验,有无对照组均可,因为那不是本系统综述关注的内容。

排除标准是用来剔除那些已经符合纳入标准但存在"意外"情况的研究。例如,发现两篇同一研究的报告,一篇是早期的会议摘要,另一篇是观察更久的全文报告,两个研究除观察时间不同外,其他方面均相同,后者提供了更为详细的信息,在此情况下,应该剔除会议摘要。又如,为了减少原始研究的异质性、统一研究质量,还可以对样本量(例如排除样本量很小的研究)、结局事件(如某疾病)的诊断或确定方法、横断面研究的应答率、队列研究的随访时间或失访率等做出具体的规定。

纳入标准与排除标准有何区别?这是很多人混淆不清的问题。实际上,所谓纳入标准,指的是原始研究应该大致符合的标准,其作用是为制定文献检索策略和初步筛选文献提供指导,首要原则是不漏掉潜在的合格研究。如果纳入标准太过具体、限定太多,就可能导致一些本来合格的研究在文献检索或初步筛选阶段被漏掉。而排除标准的目的,一般是对研究对象和方法的某些细节特征做出要求,并据此对初步筛选出的疑似合格研究进行严格审查,排除掉不符合要求的研究,使最终被纳入的研究更为统一、纯粹,系统综述所回答的问题也更为清晰、具体。

排除标准是对纳入标准的补充说明(缺少它会导致某些不合适的研究被纳入分析),而不是将纳入标准的意思用相反的表达方式再说一遍。例如,如果纳入标准已经规定研究类型应为横断面研究的话,则排除标准中再出现"排除病例对照研究"之类的要求就是多余的,因为纳入标准已经隐含了这个意思。

三、文献检索

明确了需要什么样的研究之后,就可以通过文献检索去搜索相关研究了。原始研究的纳入标准是制定文献检索策略的基础。根据上述的纳入标准,疾病频率的系统综述在做文献检索时可能会涉及与研究对象、研究对象的限制因素、所关注的事件或特征、频率指标及研究设计分别对应的 5 组词。但具体需要用到哪几组,则会因具体研究问题的不同而不同。在检索时,各组词之间应该用 AND 连接,也就是说,只有那些同时提到这几组词的文献,才能被检索出来。词的组数越多,意味着要同时符合的条件越多,因此相对而言搜索出来的文献数目会越少,在提高特异性的同时,漏检的机会也可能随之增加。

上述的 5 组词中,跟研究对象对应的词组,通常要用。但当关注的不是患某种疾病的人群,而是一般人群(general population)中某事件或特征的情况时(多见于现患率研究),由于在原始研究可被检索的 fields 中(如题目、摘要、关键词等)通常不会特别地提到 general population 相关的词,因此如果检索策略包括这组词的话,就可能导致漏检。例如,Ali 等关于巴基斯坦一般人群中乙型肝炎患病率的系统综述,就没有使用与一般人群相关的词,只用了研究对象的限制因素"巴基斯坦"及所关注的事件"肝炎"相关的两组词。跟研究对象的限制因素(若有明确规定的话)对应的词组,检索策略中一般都要包括,以提高检索的特异性。

跟所关注的事件或特征对应的词组，也通常要用。例如，对于巴基斯坦一般人群中乙型肝炎患病率、巴雷特食管病人中食管癌发生率的系统综述，"肝炎"和"癌症"相关的词组是不可少的，因为潜在的合格研究一般都是专门针对这些疾病开展的研究，几乎肯定会用到相关词组。但有的系统综述关注的事件或特征对于潜在的合格研究而言可能不是主要结局，因此在可被检索到的 fields 中可能不会提及该结局，在此情况下，为免漏检，就不应该用与它对应的那组词。例如，某系统综述关注的是某新药治疗癌症所导致的一种相对少见的不良反应，由于此类临床试验论文可被检索到的 fields 中一般以报告疗效（如有效率）为主，对于不良反应，可能只提及了发生率较高的那几种，甚至完全不提，因此，用系统综述所关注的那种不良反应相关的词语进行检索，就可能导致漏检。

尽管有的研究在可被检索到的 fields 中可能会明确地使用 prevalence、incidence、rate、proportion、percentage 等关于疾病频率的词，但也有很多研究不会直接提到这些词，而是采用其他方式描述结果，例如只说有多少人发生了某事件、有多少人具有某特征，或者说发生了某事件、具有某特征占总人数的百分之几（用符号"%"表示）。因此，为免漏检，不宜使用跟频率指标对应的词组。例如，巴雷特食管病人中食管癌发生率及儿童中枢神经系统肿瘤中各种症状和体征所占比例的系统综述，就没有使用关于发生率或比例的词。

可见，上述 4 组词很少会全部同时使用，常常是只用其中的 2～3 组，有时甚至只用 1 组，例如某罕见疾病或某新药的名称。在此情况下，检索的范围是宽泛、不特异的，被检索出来的不合格文献占比过多，不必要地增加了文献筛选的工作量。因此，在可能的情况下，要尽量使用研究设计相关的词组来进一步缩小检索范围。国际上已有一些专业组织针对不同设计类型的研究分别制定了相应的检索方法。例如，《英国医学杂志》网站汇总的检索策略就是一个由专家制定、经过评价且定期更新的有用资源，在检索特定类型的研究时可作为重要参考。其中，针对队列研究的词，例如 cohort、follow、longitudinal、prospective 等，以及针对随机对照试验的词，例如 random、control、placebo、allocate 等，是相对特异的。也就是说，只要是队列研究或随机对照试验，一般至少都会提及其中的某一个词。但其他研究，比如病例对照研究、横断面研究和病例系列研究，却常常不会在可被检索到的 fields 中明确提及研究设计的名称，而是用别的方式间接说明研究的设计是什么，因此，往往不宜用研究设计相关的词组去检索这些研究。

四、研究质量评价

研究质量主要取决于研究中偏倚的风险是大是小，因此，研究质量评价又常被称作偏倚风险评价，本质上是对研究中所采取的偏倚控制措施进行考察。偏倚控制措施越充分，则发生偏倚的风险越小，反之则越大。广义地讲，流行病学研究的偏倚可分为三大类，即选择偏倚、信息偏倚和混杂偏倚。其中，混杂偏倚只有在涉及两组比较时才可能出现，因此，疾病频率的系统综述不必考虑该偏倚，只需考察研究中针对选择偏倚、信息偏倚所采取的控制措施。

例如，在横断面研究中，与选择偏倚直接相关的是研究对象对总体人群的代表性，所以应特别注意抽样方法的恰当性和调查对象的应答率。例如，是否为随机抽样？应答者和无应答者的特征有何差别？在病例系列研究中，纳入的病例对同类病例的代表性也很重要，通常的做法是选取某一时间段内的所有病例，即连续病例（consecutive cases），因为这在某种程度上相当于某一个时间段的"普查"。当然，如果病例很多，也可以进行随机抽样。

　　与信息偏倚相关的方法学因素也包括多个方面。例如，对有关暴露因素和结局事件的定义是否准确？对结局事件的测量是否可靠？是否采取了足够的措施来减少观察者偏倚？数据缺失的情况如何？是否采取了恰当的方法来处理？对于涉及分子或基因的研究，还要考察其实验方法（如标本的来源、保存方法、检测方法等）对结果的影响。对于关注发生率的研究，随访的情况也很重要，因为它跟选择偏倚、信息偏倚均有关系。例如，随访的时间是否足够长，使得研究者能够观察到结局事件的发生？随访的方法是否恰当、有效？失访率是否控制在可接受的范围内（例如 <20%）？等等。

　　不同学者或机构提出的评价方法，基本都是围绕上述因素来展开的，本质上都是对来自某一组人的数据中存在的选择偏倚、信息偏倚进行评价，只不过在是否涉及某种特定的暴露因素（包括干预措施）、是否需要随访等细节方面略有不同。但是，由于涉及疾病频率的具体问题多种多样，影响研究质量的因素也是多样化的，因此，现有的任何一种质量评价方法都不是普遍适用的，都有其局限性。

　　例如，对于横断面研究，2004 年美国卫生保健研究与质量机构（Agency for Healthcare Research and Quality，AHRQ）提出的由 11 个条目组成的质量评价标准被不少系统综述采用。但是，该标准的条目 8 关注的是两组比较时如何控制混杂（即对横断面研究中发现的病例和非病例进行比较），条目 11 关注的是随访情况（在有随访的情况下），它们与疾病频率（患病率）本身均无直接关系，因此是不必要的。

　　又如，对于病例系列研究，2012 年加拿大卫生经济研究所（Institute of Health Economics）制定了一套由 7 个方面、共 20 个条目组成的质量评价标准。这 7 个方面分别是：研究目的，研究人群，干预与联合干预，结局测量，统计分析，结果与结论，利益冲突和资金来源。尽管该标准比较全面，但同样也存在局限性。第一，当原始研究关注的是一组人暴露于某因素（包括干预及非干预因素）之后某结局的发生率时，用该标准来评价是适合的；但对于不关注特定的暴露因素而只是想了解某个特征所占比例的病例系列研究，这套标准中关于干预措施及随访情况的条目就不适用了。

　　第二，该标准将方法学质量和报告质量混为一谈。例如，对于条目 12"是否报告了随访时间"和条目 13"是否报告了失访率"，一项研究只要报告了这两方面的信息，便可得分，这是不合理的，因为报告质量不等于方法学质量，"报告了某项目"不等于"某项目做得好"。例如，某文献报告说"失访率为 80%"，据此可认为该文献的报告质量是好的，但随访却明显做得很差，如果判定它的方法学质量很高，恐怕是难以令人信服的。正确的做法，应该是基于报告的信息来判断一项研究在各方面是否做得足够好，例如随访时间是否足够长、失访率是否足够低等。

　　实际上，AHRQ 的标准及其他的许多评价方法也存在类似的问题。所以，在实际操作中，最好的做法是根据具体的研究问题对现有的方法进行调整或改良。例如，可以将不同标准结合起来，并舍弃不适用的条目或调整不恰当的条目，使之与自己要做的系统综述相适应。在拿不准所涉及的条目是否全面的时候，还可以参照同类研究的国际报告规范（例如观察性研究的报告规范：STROBE 声明），并找出其中与方法学质量有关的条目进行比对，查漏补缺。为了更好地解决这个问题，系统综述团队成员最好能够包括熟悉流行病学研究设计及相关偏倚的专家，结合具体情况，通过反复讨论来确定采用哪些条目进行质量评价。

　　在进行研究质量评价时，一个常见的误区是不管具体情况如何，一律根据原始研究的设计类型来选择与之对应的评价方法。如上所述,在疾病频率的系统综述中,合格研究既可能是本身就只有一组人的研究,如病例系列研究、横断面研究,也可能是涉及两组比较、但只有一部分人被纳入分析的研究,如随机对照试验、队列研究。对于第一种情况,可以直接用评价病例系列研究或横断面研究的方法来评价被纳入系统综述的数据的质量,因为系统综述与原始研究的目的是一致的,都是关注患病率或比例,原始研究的主要结果可直接用于系统综述,因此原始研究的质量即代表了系统综述中数据的质量。

但当原始研究的目的是进行两组比较时(如随机对照试验、队列研究),就不能直接采用随机对照试验或队列研究的评价方法了,因为这时候关注的不再是原始研究本身的质量,而是被纳入分析的数据(即某一组人)对于系统综述而言偏倚的风险有多大,两者的侧重点是不一样的。原始研究本身的质量高,并不意味着被纳入系统综述中分析的数据也一定质量很高。举例来说,在 Cochrane 组织为随机对照试验制定的偏倚风险评价工具(the Cochrane Risk of Bias Tool)的 7 个领域中,多数都直接或间接涉及组间可比性。某一个特定的随机对照试验可能在 7 个领域都做得很好,质量很高。但如果系统综述只纳入其中一组来分析(例如关注的是治疗组某种不良反应的发生率)的话,则对研究质量而言更重要的可能是病例的定义、结局事件的定义和测量方法、随访时间、结局数据的完整性等。在此情况下,通过评价那 7 个条目来判断偏倚的风险就是不合理的,因为它们与被纳入分析的数据质量并无太大关系。

第三节　疾病频率 Meta 分析的原理及软件

通过系统综述的程序和方法获得了所需数据之后,就可以进行疾病频率的 Meta 分析了。Meta 分析的基本假设是若干个不同但相似的研究来自同一个总体,测量的是同一个真实的效应量(effect size),因为随机抽样误差的存在,不同研究的效应量围绕该真实的效应量呈正态分布。Meta 分析的本质是对不同研究的效应量进行加权平均,数学表达式如下:

$$\overline{ES} = \frac{\sum_{i=1}^{k} w_i ES_i}{\sum_{i=1}^{k} w_i}$$

$$Var_{\overline{ES}} = \frac{1}{\sum_{i=1}^{k} w_i}$$

$$Se_{\overline{ES}} = \sqrt{Var_{\overline{ES}}} = \sqrt{\frac{1}{\sum_{i=1}^{k} w_i}}$$

$$95\%\text{CI}_{\overline{ES}} = \overline{ES} \pm 1.96 Se_{\overline{ES}}$$

其中,$\overline{ES}$ 表示加权平均的效应量,k 表示原始研究的个数,i 表示原始研究的编号,ES_i 表示原始研究的效应量,w_i 表示原始研究的权重,$Var_{\overline{ES}}$ 表示 $\overline{ES}$ 的方差,$Se_{\overline{ES}}$ 表示 $\overline{ES}$ 的标准误,$95\%\text{CI}_{\overline{ES}}$ 表示 $\overline{ES}$ 的 95%CI。

本文所说的效应量是指 Meta 分析时直接被合并的统计量,该统计量不一定是用于展现最终结果的统计量。例如,在相对危险度(RR)的 Meta 分析中,直接被合并的是 RR 的自然对数值 lnRR，这个 lnRR 就是效应量，对 lnRR 的加权平均值进行反自然对数转换得到的 RR 才是用于展现最终结果的统计量。为便于区别，在本文中，与原始研究的 ES 相关的统计量会用下标 ES 注明，与 Meta 分析直接得到的 $\overline{ES}$ 相关的统计量会用 $\overline{ES}$ 下标注明，用于展现最终结果（即加权平均的疾病频率及其 95%CI）的统计量会用下标 T 注明，其他未特别注明者皆为原始研究的统计量。

由上述数学表达式可知，原始研究的效应量及权重是 Meta 分析的核心要素，也是进一步获得其他统计量的基础。根据 Meta 分析的基本假设，原始研究的效应量应服从正态分布；至于权重，在固定效应模型中一般等于方差的倒数（inverse variance method），在随机效应模型中其形式也类似，只不过在分母中除了方差之外，还要加上一个代表各研究之间效应量的异质程度的统计量 τ^2，为方便说明，后文中全部以固定效应模型为例。可见，疾病频率 Meta 分析的关键，就是通过原始研究中服从二项分布或泊松分布的资料，获得适用于基于正态分布假设的 Meta 分析的效应量及其方差，现将常用的方法介绍如下。

一、"比例" 型疾病频率的 Meta 分析方法

令 x 为观察到的事件数，n 为样本量，$p = \dfrac{x}{n}$ 为疾病频率。

(一) 直接法

$$ES = p = \frac{x}{n}$$

$$Var_{ES} = \frac{p(1-p)}{n}$$

$$w_{ES} = \frac{1}{Var_{ES}} = \frac{n}{p(1-p)}$$

$$Se_{ES} = \sqrt{Var_{ES}} = \sqrt{\frac{p(1-p)}{n}}$$

$$95\%CI_{ES} = ES \pm 1.96 Se_{ES} = \frac{x}{n} \pm 1.96 \sqrt{\frac{p(1-p)}{n}}$$

直接法（normal approximation），也称为正态近似法，此方法直接用原始研究的疾病频率 p 做 ES，所以 $95\%CI_{ES}$ 等于 p 的 95%CI，Meta 分析得到的 $\overline{ES}$ 及 $95\%CI_{\overline{ES}}$ 即为用于展示最终结果的 p_T 及 $95\%CI_T$。当二项分布近似正态分布时，直接法最为适用，在实际操作中可根据是否绝大多数研究的 np 和 $n(1-p)$ 均大于 5 来判断，n 越大、p 越接近 0.5，这种近似性越好。

从统计学角度来看，直接法存在两点不足。首先，当 p 接近 0 或 1 时，由直接法计算的 95%CI 可能会超出 0~1 的范围，即下限值小于 0 或上限值大于 1，而在现实情况中疾病频率无论如何都应该是介于 0 到 1 之间的。不过，通过 Meta 分析软件的设置，可以容易地解决这个问题，例如把小于 0 的下限值统一设置为 0，把大于 1 的上限值统一设置为 1。其次也是更为重要的是，根据公式 $Var_{ES} = \dfrac{p(1-p)}{n}$ 及 $w_{ES} = \dfrac{1}{Var_{ES}} = \dfrac{n}{p(1-p)}$ 可知，随着 p 接近 0 或 1，它的方差会迅速变小，即"方差不稳定"（unstable variance），而权重则迅速增大，从而使 Meta 分析的结果相对来说更偏向于 p 较为极端的研究。但是，为什么一个研究因为其 p 更接近 0 或 1 就应该得到较大的权重？万一那些较极端的结果是由偏倚导致的呢？为什么权重不是由

研究的设计或方法学特征或其他因素来决定？直接法未能从原理上回答这些问题。

（二）logit 转换法

logit 转换法（logit transformation），也称为 ln（odds）转换法[ln（odds）transformation]。

$$ES = \text{logit} = \ln\left(\frac{p}{1-p}\right) = \ln\left(\frac{np}{n(1-p)}\right) = \ln\left(\frac{x}{n-x}\right) = \ln(odds)$$

$$Var_{ES} = Var_{\text{logit}} = \frac{1}{np} + \frac{1}{n(1-p)} = \frac{1}{x} + \frac{1}{n-x} = Var_{\ln(odds)}$$

$$w_{ES} = \frac{1}{Var_{ES}} = np(1-p) = \frac{x(n-x)}{n}$$

$$Se_{ES} = \sqrt{Var_{ES}} = \sqrt{\frac{1}{np} + \frac{1}{n(1-p)}} = \sqrt{\frac{1}{x} + \frac{1}{n-x}}$$

$$95\%CI_{ES} = ES \pm 1.96Se_{ES} = \ln\left(\frac{p}{1-p}\right) \pm 1.96\sqrt{\frac{1}{np} + \frac{1}{n(1-p)}} = \ln\left(\frac{x}{n-x}\right) \pm 1.96\sqrt{\frac{1}{x} + \frac{1}{n-x}}$$

式中的 ln 表示取自然对数，与 $\log_e$ 等价（下同）。当个别研究出现极端结果，即 $x=0$ 或 $x=n$ 时，以上公式需要作连续性校正（continuity correction），常见做法是在 p 的分子和分母中各加上 0.5，或者分别加上 0.5 和 1。原始研究 $p = \frac{x}{n}$ 的 95%CI 可通过下列方法获得：

首先，取 $\text{logit} = \ln\left(\frac{p}{1-p}\right)$ 的 95%CI（即 95%CI$_{ES}$）的反自然对数，得到

$$\frac{p}{1-p}\text{的 95\%CI 上限} = e^{\ln\left(\frac{p}{1-p}\right)+1.96\sqrt{\frac{1}{np}+\frac{1}{n(1-p)}}}$$

$$\frac{p}{1-p}\text{的 95\%CI 下限} = e^{\ln\left(\frac{p}{1-p}\right)-1.96\sqrt{\frac{1}{np}+\frac{1}{n(1-p)}}}$$

然后，根据这两个式子进行转换，得到

$$p\text{ 的 95\%CI 上限} = \frac{e^{\ln\left(\frac{p}{1-p}\right)+1.96\sqrt{\frac{1}{np}+\frac{1}{n(1-p)}}}}{e^{\ln\left(\frac{p}{1-p}\right)+1.96\sqrt{\frac{1}{np}+\frac{1}{n(1-p)}}}+1}$$

$$p\text{ 的 95\%CI 下限} = \frac{e^{\ln\left(\frac{p}{1-p}\right)-1.96\sqrt{\frac{1}{np}+\frac{1}{n(1-p)}}}}{e^{\ln\left(\frac{p}{1-p}\right)-1.96\sqrt{\frac{1}{np}+\frac{1}{n(1-p)}}}+1}$$

Meta 分析得到的 $\overline{ES}$ 代表的是加权平均的 $\ln\left(\frac{p}{1-p}\right)$，因此，加权平均的 $\frac{p}{1-p}$ 等于 $\overline{ES}$ 的反自然对数 $e^{\overline{ES}}$，加权平均的疾病频率 $p_T = \frac{e^{\overline{ES}}}{e^{\overline{ES}}+1}$，其 95%CI 的计算方法与 p 的 95%CI 计算方法类似，即先通过 95%CI$_{\overline{ES}}$ 求得加权平均的 $\frac{p}{1-p}$ 的 95%CI：

$$\text{上限} = e^{\overline{ES}+1.96Se_{\overline{ES}}}$$

$$下限 = e^{\overline{ES}-1.96Se_{\overline{ES}}}$$

然后，进行简单的转换，即可得到：

$$p_T \text{ 的 } 95\%CI \text{ 上限} = \frac{e^{\overline{ES}+1.96Se_{\overline{ES}}}}{e^{\overline{ES}+1.96Se_{\overline{ES}}}+1}$$

$$p_T \text{ 的 } 95\%CI \text{ 下限} = \frac{e^{\overline{ES}-1.96Se_{\overline{ES}}}}{e^{\overline{ES}-1.96Se_{\overline{ES}}}+1}$$

logit 转换使原始研究的效应量更接近正态分布，而且，通过 p 及 p_T 的 95%CI 的计算方法可知，疾病频率的 95%CI 无论如何都不会超出 0～1 的范围。但是，这种转换仍未能在原理上解决原始研究权重的问题。前面已说到，采用直接法时，p 更接近 0 或 1 的研究因为方差不稳定而会被不合理地赋予相对较大的权重。经过 logit 转换之后，情况正相反：p 更接近 0 或 1 的研究权重明显变小，p 更接近 0.5 的研究权重则明显增大，即权重仍然受 p 的影响。

（三）反正弦平方根转换法

反正弦平方根转换法（arcsine square root transformation）有两种形式。第一种形式是 Freeman-Tukey 二项反正弦平方根转换，英文有多种叫法，例如 Freeman-Tukey double-arcsine square root transformation、Freeman-Tukey-variant of the arcsine square root transformation、Freeman-Tukey-type of the arcsine square root transformation 等，由 Murray F. Freeman 和 John W. Tukey 于 1950 年首次提出，其效应量是由两个反正弦平方根转换的值相加而组成的二项式。这种转换法是目前认可度最高、应用最为广泛的方法，正因如此，人们也常常直接称之为 arcsine square root transformation，具体如下：

$$ES = \arcsin\left(\sqrt{\frac{x}{n+1}}\right) + \arcsin\left(\sqrt{\frac{x+1}{n+1}}\right)$$

$$Var_{ES} = \frac{1}{n+0.5}$$

$$w_{ES} = \frac{1}{Var_{ES}} = n+0.5$$

$$Se_{ES} = \sqrt{Var_{ES}} = \sqrt{\frac{1}{n+0.5}}$$

$$95\%CI_{ES} = ES \pm 1.96Se_{ES} = \arcsin\left(\sqrt{\frac{x}{n+1}}\right) + \arcsin\left(\sqrt{\frac{x+1}{n+1}}\right) \pm 1.96\sqrt{\frac{1}{n+0.5}}$$

式中的 arcsin 也可写作 $\sin^{-1}$，表示求某个数值的反正弦函数，得到的结果是一个弧度。例如，$\arcsin\left(\frac{1}{2}\right) = 0.523\,599$ 表示与正弦值 $\frac{1}{2}$ 对应的弧度是 $0.523\,599$，即 $\frac{\pi}{6}$（30°角）。原始研究 $p = \frac{x}{n}$ 的 95%CI 可由 95%CI_{ES} 转换得到：

$$95\%CI = 0.5 \times \left\{1 - \text{sgn}\left(\cos\left(95\%CI_{ES}\right)\right) \times \sqrt{1 - \left(\sin\left(95\%CI_{ES}\right) + \frac{\sin\left(95\%CI_{ES}\right) - \dfrac{1}{\sin\left(95\%CI_{ES}\right)}}{\dfrac{1}{Var_{ES}}}\right)^2}\right\}$$

式中的 $sgn(\cos(95\%CI_{ES}))$ 为符号函数，表示取 $\cos(95\%CI_{ES})$ 的符号，在 $\cos(95\%CI_{ES})$ 为正数、0、负数时，$sgn(\cos(95\%CI_{ES}))$ 的值分别为 1、0、-1。Meta 分析得到 $\overline{ES}$ 及 $95\%CI_{\overline{ES}}$ 后，也可通过类似公式进行转换，得到加权平均的疾病频率 p_T 及 $95\%CI_{p_T}$，只不过在求 p_T 时，应将式中的 $95\%CI_{ES}$、Var_{ES} 分别换成 $\overline{ES}$、$Var_{\overline{ES}}$，在求 $95\%CI_{p_T}$ 时，应将 $95\%CI_{ES}$、Var_{ES} 分别换成 $95\%CI_{\overline{ES}}$、$Var_{\overline{ES}}$。其中，$Var_{\overline{ES}}$ 等于各个研究样本量的倒数之和除以研究的个数：

$Var_{\overline{ES}} = \dfrac{\dfrac{1}{N_1} + \dfrac{1}{N_2} + \dfrac{1}{N_3} \cdots\cdots + \dfrac{1}{N_n}}{n}$。当 $95\%CI_{\overline{ES}}$ 的上限大于 π 时，应统一调整为 π，这样，经过

转换之后，$95\%CI_{p_T}$ 的上限才不会超过 1，因为"比例"型疾病频率不可能大于 1。

反正弦平方根转换的第二种形式在已发表的 Meta 分析中极少被用到，具体如下：

$$ES = \arcsin\left(\sqrt{p}\right) = \arcsin\left(\sqrt{\dfrac{x}{n}}\right)$$

$$Var_{ES} = \dfrac{1}{4n}$$

$$w_{ES} = \dfrac{1}{Var_{ES}} = 4n$$

$$Se_{ES} = \sqrt{\dfrac{1}{4n}}$$

$$95\%CI_{ES} = ES \pm 1.96 Se_{ES} = \arcsin\left(\sqrt{\dfrac{x}{n}}\right) \pm 1.96\sqrt{\dfrac{1}{4n}}$$

原始研究 $p = \dfrac{x}{n}$ 的 95%CI 等于 $[\sin(95\%CI_{ES})]^2$。类似地，Meta 分析得到 $\overline{ES}$ 及 $95\%CI_{\overline{ES}}$ 后，可求得加权平均的疾病频率 $p_T = (\sin\overline{ES})^2$，$95\%CI_{p_T} = [\sin(95\%CI_{\overline{ES}})]^2$。当 $x=0$ 或 $x=n$ 时，可作连续性校正如下：$ES = \arcsin\left(\sqrt{\dfrac{1}{4n}}\right)(x=0)$，$ES = \dfrac{\pi}{2} - \arcsin\left(\sqrt{\dfrac{1}{4n}}\right) = \arcsin\left(\sqrt{1 - \dfrac{1}{4n}}\right)(x=n)$；也可以在 p 的分子和分母上分别加 0.5 和 1。但不管是否作了连续性校正，当 p 很接近 0 或 1 时，$95\%CI_{ES}$ 及 $95\%CI_{\overline{ES}}$ 的范围均有可能超出 $0 \sim \dfrac{\pi}{2}$。在此情况下，用上一段所述的方法计算 p 及 p_T 的可信区间就有可能低估实际的可信区间宽度。以超出 $\dfrac{\pi}{2}$ 的情况为例，其理由是：在弧度为 $0 \sim \pi$ 时，正弦曲线以 $\dfrac{\pi}{2}$ 为中心对称，即以 $\dfrac{\pi}{2}$ 为中心对称的两个弧度的正弦值是一样的，例如 $\sin\left(\dfrac{1}{4}\pi\right) = \sin\left(\dfrac{3}{4}\pi\right) = \dfrac{\sqrt{2}}{2}$，在 $\dfrac{\pi}{2}$ 这个点上，正弦值最高，等于 1；因此，当 $95\%CI_{ES}$ 或 $95\%CI_{\overline{ES}}$ 的上限大于 $\dfrac{\pi}{2}$，例如等于 $\dfrac{3}{4}\pi$ 时，p 或 p_T 的可信区间上限应该是 1，而不是 $\left[\sin\left(\dfrac{3}{4}\pi\right)\right]^2$，后者人为地降低了上限，造成可信区间的范围缩窄。因此，有学者建议在 $95\%CI_{ES}$ 或 $95\%CI_{\overline{ES}}$ 的上限大于 $\dfrac{\pi}{2}$ 时，将 p 或 p_T 的可信区间上限统一校正为 1；在 $95\%CI_{ES}$ 或 $95\%CI_{\overline{ES}}$ 的下限小于 0 时，将 p 或 p_T 的可信区间下限统一校正为 0。在事件数服从泊松分布

的情况下，反正弦平方根转换的第二种形式也可简写成 $ES = \sqrt{\dfrac{x}{n}}$，即平方根转换（square root transformation）。其原理是，当 x 很小、n 很大时，$p = \dfrac{x}{n}$ 很小，$\arcsin\sqrt{\dfrac{x}{n}} \approx \sqrt{\dfrac{x}{n}}$，例如，当 $p<5\%$ 时，两者的绝对差值不超过 0.2%；当 $p<1\%$ 时，两者的绝对差值不超过 0.02%。因此，用这两种形式的 ES 进行 Meta 分析得到的结果差别不大。

从统计学原理上讲，反正弦平方根转换同时解决了疾病频率的 95%CI 超出 0～1 的问题以及由方差不稳定导致的权重不当的问题，因此也被称为稳定方差的转换（variance stabilizing transformation）。

二、"率"型疾病频率的 Meta 分析方法

一般认为其分子（即观察到的事件数）服从泊松分布。令 x 为观察到的事件数，l 为观察的人时数，$p = \dfrac{x}{l}$ 为疾病频率。

（一）直接法

根据泊松分布的性质，事件数的方差与均数相等，均为 x，标准误为 $\sqrt{x}$，用直接法计算得到 x 的 95%CI 为 $x \pm 1.96\sqrt{x}$。与此相对应，Meta 分析时，

$$ES = p = \frac{x}{l}$$

$$Se_{ES} = \frac{\sqrt{x}}{l}$$

$$Var_{ES} = Se_{ES}^2 = \frac{x}{l^2} = \frac{p}{l}$$

$$w_{ES} = \frac{1}{Var_{ES}} = \frac{l^2}{x} = \frac{l}{p}$$

$$95\%\mathrm{CI}_{ES} = ES \pm 1.96 Se_{ES} = \frac{x}{l} \pm 1.96\frac{\sqrt{x}}{l}$$

此方法直接用原始研究的疾病频率做 ES，所以 95%CI$_{ES}$ 等于 p 的 95%CI，Meta 分析得到的 $\overline{ES}$ 及 95%CI$_{\overline{ES}}$ 即为用于展示最终结果的 p_T 及 95%CI$_T$。当泊松分布近似正态分布时，直接法最为适用，在实际操作中可根据是否绝大多数研究观察到的事件数都大于 50 来判断。

（二）自然对数转换法

$$ES = \ln(p) = \ln\left(\frac{x}{l}\right)$$

$$Var_{ES} \approx \frac{1}{x}$$

$$w_{ES} = \frac{1}{Var_{ES}} = x$$

$$Se_{ES} = \sqrt{\frac{1}{x}}$$

$$95\%\mathrm{CI}_{ES} = ES \pm 1.96 Se_{ES} = \ln\left(\frac{x}{l}\right) \pm 1.96\sqrt{\frac{1}{x}}$$

Meta 分析得到$\overline{ES}$及95%CI$_{\overline{ES}}$后，分别对其进行反自然对数转换即可得到加权平均的疾病频率及其可信区间：

$$p_T = e^{\overline{ES}}$$

$$95\%\text{CI}_{P_T} = e^{95\%\text{CI}_{\overline{ES}}}$$

当 $x=0$ 时，可在 p 的分子和分母中分别加上 0.5 和 1 作连续性校正。

（三）反正弦平方根转换法

$ES = \arcsin\left(\sqrt{p}\right) = \arcsin\left(\sqrt{\dfrac{x}{n}}\right)$，即上文已介绍过的反正弦平方根转换法的第二种形式，此处不再赘述。

用直接法和自然对数转换法做"率"型疾病频率的 Meta 分析与用直接法和 logit 转换法做"比例"型疾病频率的 Meta 分析类似，在统计学原理上存在一些不足之处。因此不难发现，反正弦平方根转换法是上述各种方法中最理想的一种。有模拟研究对反正弦平方根转换法、logit 转换法、自然对数转换法和直接法的结果做了比较，发现用反正弦平方根转换法得到的结果确实在任何情况下都比其他方法的结果更接近真实值、偏倚更小，而 logit 转换法和自然对数转换法在任何情况下又都比直接法要好。除了上述方法外，近年也有人提出离散似然法（discrete likelihood methods），但由于该方法需通过较复杂的编程才能实现，而且在绝大多数情况下与反正弦平方根转换法的结果差别不大，所以在此不作介绍。

三、疾病频率 Meta 分析的软件

可用于疾病频率 Meta 分析的软件包括 Comprehensive Meta-Analysis、MedCalc、Meta-Analyst、MetaXL、MIX、Open Meta-Analyst、R、SAS、STATA、StatsDirect 等。在选择分析软件的时候，一般要考虑以下四个因素。

（一）所采用的 Meta 分析方法

在本章第二节所述的各种方法中，根据其原理及模拟研究的经验，最理想的是反正弦平方根转换法，其次是 logit 转换法或自然对数转换法，再次是直接法，由此可确定选择分析软件的优先次序。为方便研究者判断与选择，笔者将不同软件采用的方法作了简要的总结，如表 13-1 所示。由于 R、SAS 为程序式软件，STATA 也可通过程序式命令或者程序式命令与菜单操作相结合的方法实现强大的分析功能，较为灵活，因此，理论上讲，这三种软件可以采用上述的各种方法来进行疾病频率的 Meta 分析。在其所采用的方法相同或相近的情况下，哪一种软件更好，则要考虑下述的其他三个因素并根据研究者的需要而定。

表 13-1　疾病频率 Meta 分析的方法及对应的菜单式软件

疾病频率的类型	获得效应量及其方差的方法	采用该方法进行疾病频率 Meta 分析的软件
比例	直接法	MetaXL；Open Meta-Analyst
	logit 转换法	Comprehensive Meta-Analysis；Meta-Analyst；MetaXL；MIX；Open Meta-Analyst

续表

疾病频率的类型	获得效应量及其方差的方法	采用该方法进行疾病频率 Meta 分析的软件
比例	Freeman-Tukey 二项反正弦平方根转换法	MedCalc；MetaXL；MIX；Open Meta-Analyst；StatsDirect
	反正弦平方根转换法的第二种形式	Open Meta-Analyst
率	直接法	Comprehensive Meta-Analysis
	自然对数转换法	MetaXL；MIX；Open Meta-Analyst
	反正弦平方根转换法的第二种形式	Open Meta-Analyst

（二）功能

一般来说，对于所采用的方法相同或相近的软件，最能体现它们之间差别的是 Meta 回归分析、发表偏倚检测、特殊 Meta 分析（如累积 Meta 分析、网络 Meta 分析）和森林图编辑美化等功能。因此，在有这些需要的情况下，应考虑所选的软件是否具有相应的功能。例如，MetaXL 不能进行 Meta 回归分析和发表偏倚检验，森林图的编辑空间也较小，但它可以实现多分类疾病频率（例如"轻、中、重度病人分别占多大比例"）的 Meta 分析；StatsDirect 可用多种方法检测发表偏倚，森林图的编辑也较为灵活，但 Meta 回归分析功能不够强大和方便；STATA 在 Meta 回归分析、发表偏倚检测和森林图编辑美化方面都具有较明显的优势，但当采用较为复杂的方法如反正弦平方根转换法的时候，如何让森林图显示原始形式的疾病频率及其 95%CI，却是困扰很多研究者的问题。因此，在实际中人们常常会同时使用两个或多个软件，如 STATA 和 StatsDirect 合用，以较简便地实现多种分析目的。要详细了解不同软件的功能，可参见其操作手册或帮助文档。

（三）难易程度

对于多数人而言，菜单式软件比程序式软件方便得多，因此会成为首选。对精于编程的人而言这两类软件的难易程度可能差别不大，因此，为了更灵活地实现多种功能，程序式软件反而可能成为首选。

应指出的是，采用同类方法的不同软件得到的结果在数值上不一定完全相同，这可能是由于它们计算效应量、方差、权重和 95%CI 的公式或者作连续性校正的方法稍有差异所致。例如，在 Freeman-Tukey 二项反正弦平方根转换法中，一般来说 $Var_{ES}=\dfrac{1}{n+0.5}$，但也有的学者或软件会采用 $Var_{ES}=\dfrac{1}{n+1}$（w_{ES} 和 SE_{ES} 也跟着相应地变动）。又如，根据 Freeman-Tukey 二项反正弦平方根转换法计算，只有在事件数 $x=0$ 时 p 的 95%CI 下限才等于 0，事件数 $x=n$ 时 p 的 95%CI 上限才等于 1，但在采用这一方法的 MetaXL 软件中，$x=0$ 或 $x=1$ 时 p 的 95%CI 下限均统一设置为 0，$x=n$ 或 $x=n-1$ 时 p 的 95%CI 上限均统一设置为 1，加权平均的疾病频率 p_T 及其 $95\%CI_{p_T}$ 也根据类似原则作校正。再如，有的软件作连续性校正的方式是在分子、分母中各加 0.5，而有的软件则在分子、分母中分别加 0.5 和 1，还有的软件采用其他数值作为校正因子；有的软件只对事件数为 0 的研究作连续性校正，有的软件只要发现部分研究的事件数为 0 就会对所有研究的数据一起做校正。诸如此类的"变异"，并无绝对的优劣之分，而且对结果的影响也很小，因此不必细究。

第四节　实例分析

一、实例背景

本实例为 2008 年 Wu S. 等发表于《柳叶刀·肿瘤学》的一篇系统综述。该系统综述的主要目的是了解索拉非尼治疗的癌症病人中高血压的发生率。索拉非尼是一种多靶点酪氨酸激酶抑制剂，能抑制肿瘤细胞生长和血管生成。在该系统综述开展之时，索拉非尼已被批准用于治疗晚期肾细胞癌和肝细胞癌，对其他癌症的效果也正在评估当中。索拉非尼的主要副作用之一是可能会导致高血压。高血压如果控制不好的话可能会导致严重的心血管事件（随机对照试验显示心肌缺血和梗死确实在索拉非尼组更多），所以对高血压的认识和处理显得尤为重要。由于现有的临床试验样本量均较小，仅根据其中某个研究的数据，难以对高血压的发生率做出可靠的估计，所以 Wu S. 等开展了一项系统综述并进行疾病频率（即高血压发生率）的 Meta 分析来回答这个问题。该系统综述的纳入标准如下：①研究设计为前瞻性临床试验，有无对照组均可；②研究对象为癌症病人，不限于某一种或某几种癌症；③部分或全部研究对象接受了推荐剂量（400mg，每日 2 次）的索拉非尼单药治疗；④报告了索拉非尼治疗的病人中发生高血压的人数，或直接报告了发生率。根据以上标准，共有 9 个合格研究、3 567 名接受了索拉非尼治疗的病人被纳入疾病频率的 Meta 分析，其中 3 个研究已经全文发表在学术期刊上，另 6 个研究为会议摘要。

二、实例解读

在该例中，高血压的发生率是累积发生率，属于"比例"型疾病频率。根据本章第三节的介绍，对于此类疾病频率，计算每个研究的效应量及其方差的方法包括直接法、logit 转换法和反正弦平方根转换法。Wu S. 等用的 Meta 分析软件是 Comprehensive Meta-Analysis，因此其方法是 logit 转换法，作者没有解释选择该软件的原因。如前所述，理论上讲 logit 转换法并非最佳方法，所得到的结果与反正弦平方根转换法得到的结果会有所不同。但它们之间的差别有多大，应该具体情况具体分析。有模拟研究表明，当 np 和 $n(1-p)$（即发生事件的人数和未发生事件的人数）均大于 5 时，上述各种方法的结果相比较，绝对差值很小；当 p 介于 40%～60% 时，采用不同方法得到的结果几乎一样。在 Wu S. 等纳入的 9 个研究中，高血压的发生率介于 16% 和 43% 之间，np 和 $n(1-p)$ 均大于 5；严重高血压的发生率介于 2% 和 31% 之间，只有 3 个研究的 np 大于 5。据此估计，对于高血压的发生率，用 logit 转换法或反正弦平方根转换法得到的结果可能差别不大，而对于严重高血压的发生率，则可能用后一种方法更好一些。实际的分析（见"第五节　软件操作"部分）显示，在本例中，用 logit 转换法做 Meta 分析得到的高血压发生率 0.234 和用 Freeman-Tukey 二项反正弦平方根转换法得到的结果 0.236 几乎一样；对于严重高血压的发生率，用 logit 转换法做 Meta 分析得到的结果 0.057 相对而言比用 Freeman-Tukey 二项反正弦平方根转换法得到的结果 0.065 低了 12%，但两者的绝对差值很小，只有 0.008（即 0.8%），没有实际意义。在此情况下，分析方法的选择就显得次要了。这可能也是有的疾病频率的 Meta 分析虽然没有采用理论上最佳的方法但仍然被不少学术期刊接受的原因之一。

三、整体评价

对照 AMSTAR 清单的 11 个条目，本实例做到了以下 4 条：①检索了灰色文献（会议摘要），并从其中找到了多数的（6 个）合格研究；②列出了所有被纳入的研究以及几个主要的被排除的研究；③报告了被纳入的研究的基本特征；④根据研究之间异质性的情况选择合适的 Meta 分析模型。但是，总体而言，本实例作为一个系统综述，其质量是欠佳的，主要问题包括：①由于文中没有提供相关信息，难以判断该系统综述的研究问题和纳入标准是预先设定的，还是在检索文献、筛选研究甚至提取数据之后根据研究及数据的情况确定的。如果属于后者，则相当于没有预设的研究方案，或是对预设的方案作了改动，属于"事后分析"（post hoc analysis），一般不提倡。②只检索了 MEDLINE，没有检索其他大型电子数据库，例如 EMBASE、CENTRAL 等。文献检索不全面，可能会漏掉某些合格研究，导致选择偏倚。③文献检索、文献筛选和数据提取全部由同一个研究者完成，没有按照系统综述的操作规范让两名研究者平行核对，因此过程中相对较容易出现错误，可能导致选择偏倚和信息偏倚。④没有评价研究质量，更未基于研究质量做敏感性分析，因此该系统综述总结的证据可信度如何，存在疑问。⑤该系统综述本身披露了作者的利益冲突，但在其纳入的原始研究中，有的并未披露利益冲突，例如 Eisen T 2006 这个研究。⑥没有提及、更未评估发表偏倚。

第五节　软 件 操 作

本节将首先按照第四节介绍的实例中所用的方法，用 Comprehensive Meta-Analysis 软件，重复该实例所作的疾病频率 Meta 分析；然后，用 Open Meta-Analyst 软件，选择其中的 Freeman-Tukey 二项反正弦平方根转换法，基于同样的数据再做一次 Meta 分析，以比较两者的结果。实例中关于高血压发生率和严重高血压发生率的数据分别如表 13-2 和表 13-3 所示。

表 13-2　高血压发生率的数据

研究	高血压人数 x	总人数 n
Escudier（2007）	76	451
Eisen（2006）	6	37
Ratain（2006）	86	202
Szczylik（2007）	24	97
Gatzemeier（2006）	12	52
Wu（2006）	7	22
Figlin（2007）	401	2 502
合计	612	3 363

表 13-3　严重高血压发生率的数据

研究	严重高血压人数 x	总人数 n
Escudier（2007）	16	451
Eisen（2006）	5	37
Ratain（2006）	62	202

续表

研究	严重高血压人数 *x*	总人数 *n*
Szczylik（2007）	2	97
Gatzemeier（2006）	2	52
Wu（2006）	1	22
Figlin（2007）	125	2 502
D'Adamo（2007）	3	111
Hobday（2007）	4	93
合计	220	3 567

一、Comprehensive Meta-Analysis的操作方法

打开 Comprehensive Meta-Analysis 软件，菜单 Insert → Column for → Study names，然后，菜单 Insert → Column for → Effect size data → Show all 100 formats [Next] → Estimate of means, proportions or rates in one group at one time-point [Next] → Dichotomous（number of events）→ Raw data → Events and sample size → Finish，即生成一个 6 列的空白数据表，从左到右分别为 Study name、Events、Sample size、Event rate、Logit event rate 和 Std Err。在该数据表左边的 3 列中输入表 13-2 的数据，输入之后，软件会根据第 2、3 列的数据自动计算 Event rate、Logit event rate 和 Std Err，即第 4 列至第 6 列的内容，其中 Event rate 即为高血压发生率，Logit event rate 为对 Event rate 进行 logit 转换之后得到的数值，Std Err 为该数值的标准误（图 13-1）。

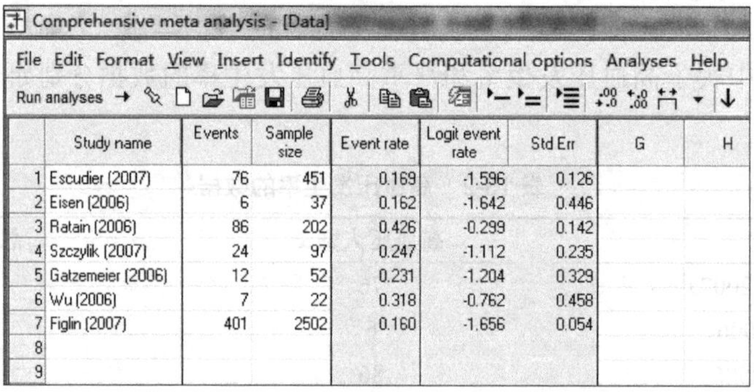

	Study name	Events	Sample size	Event rate	Logit event rate	Std Err	G	H
1	Escudier (2007)	76	451	0.169	-1.596	0.126		
2	Eisen (2006)	6	37	0.162	-1.642	0.446		
3	Ratain (2006)	86	202	0.426	-0.299	0.142		
4	Szczylik (2007)	24	97	0.247	-1.112	0.235		
5	Gatzemeier (2006)	12	52	0.231	-1.204	0.329		
6	Wu (2006)	7	22	0.318	-0.762	0.458		
7	Figlin (2007)	401	2502	0.160	-1.656	0.054		
8								
9								

图 13-1 Comprehensive Meta-Analysis 软件的数据输入界面

数据输入完毕，点击窗口左上角的 Run analyses 图标，即弹出 Meta 分析的森林图（图 13-2）。应说明的是，Comprehensive Meta-Analysis 软件会同时提供固定效应模型和随机效应模型的分析结果，由于研究间有显著的异质性，本例应选择后者。点击窗口左下角的 Fixed 可以显示固定效应模型的结果，点击 Both models 则可同时显示这两种模型的结果。菜单 View → Meta-analysis statistics 可查看 Meta 分析的结果概要，包括 Cochran Q、I^2 等。此 Meta 分析得到的加权平均的高血压发生率为 0.234（95%CI：0.160～0.329），Q=85.873，I^2=93.013%，P<0.001，与原文结果完全一致。用同样的操作方法，得到加权平均的严重高血压发生率为 0.057（95%CI：0.025～0.126），Q=167.076，I^2=95.212%，P<0.001，也与原文结果完全一致。

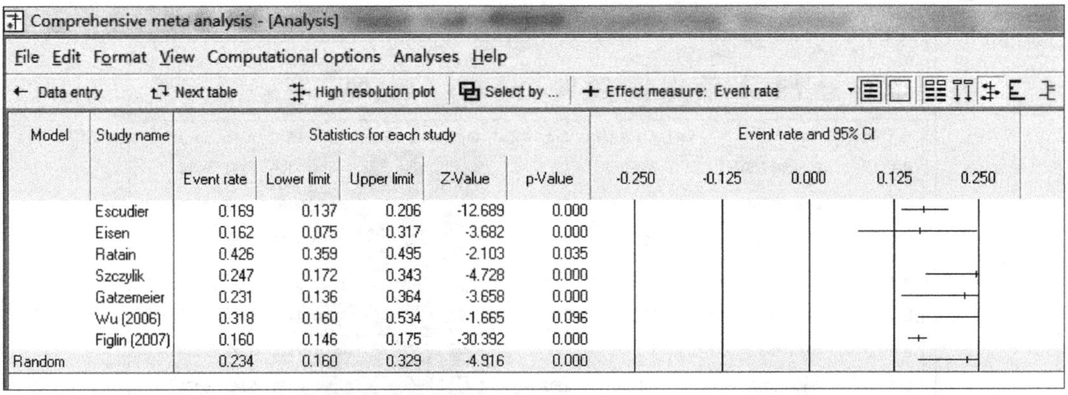

图 13-2　Comprehensive Meta-Analysis 软件的 Meta 分析森林图界面

　　菜单 Analyses → Publication bias 可以得到检测发表偏倚的漏斗图，在漏斗图的界面中，通过 View 菜单可查看 Fail-safe N（失安全数）、Rank correlation test（Begg 检验）、Regression test（Egger 检验）和 Trim and fill（剪补法）等多种方法检测发表偏倚的结果。此外，菜单 Analyses → Meta-regression 可进行 Meta 回归分析，详细操作方法参见该软件的帮助文档。通过 Format 下拉菜单可对森林图进行调整，以达到研究者期望的标准。例如，菜单 Format → Forest plot → Scale 可放大或缩小森林图中 Event rate 及 95%CI 的显示尺度；菜单 Format → Weights → Show/hide weights 可在森林图中显示或隐藏各原始研究所占的权重；菜单 Format → Decrease decimals 和 Format → Increase decimals 可改变森林图中数据的小数位数。点击森林图上方的 High resolution plot 图标，可得到高清的、更适合发表的森林图。在高清的森林图界面中，菜单 File → Export to PowerPoint（tm）或 File → Save as WMF file 可将森林图另存为 PPT 或 WMF 格式的图片，用于投稿或展示，再次点击 High resolution plot 图标则可回到 Meta 分析基本结果的界面，在该界面中点击左上角的 Data entry 可以返回原始数据的界面。

二、Open Meta-Analyst 的操作方法

　　打开 Open Meta-Analyst 软件，在 What would you like to do? 对话框选择 Create a new project，表示要做一个新的 Meta 分析，点击［Next］；在 What type of data do you have? 对话框选择 $\frac{x}{N}$（proportion），表示用于分析的是分子、分母皆为"人数"的比例型数据，点击［Next］；在 Choose a metric 对话框暂且选择其默认值 PR：Untransformed Proportion（DEFAULT），点击［Next］；在 What is the name of your outcome? 输入 Incidence，表示要合并的是发病率，点击［Next］；然后，在数据表的 study name、Grp A #evts、Grp A #total 这三列中输入表 13-2 的数据（图 13-3）。

　　菜单 Analysis → metric → one-arm，可见有 5 种方法可以选择：PR：Untransformed Proportion，PLN：Natural Logarithm transformed Proportion，PLO：Logit transformed Proportion，PAS：Arcsine transformed proportion，PFT：Freeman-Tukey Transformed proportion，它们分别与本章第三节所述的直接法（比例）、自然对数转换法（率）、logit 转换法（比例）、反正弦平方根转换法的第二种形式（比例、率）、Freeman-Tukey 二项反正弦平方根转换法（比例）一一对应。本例选用 PFT，即 Freeman-Tukey 二项反正弦平方根转换法。选择完毕，可见数据表右侧的 PR 变成了 PFT。

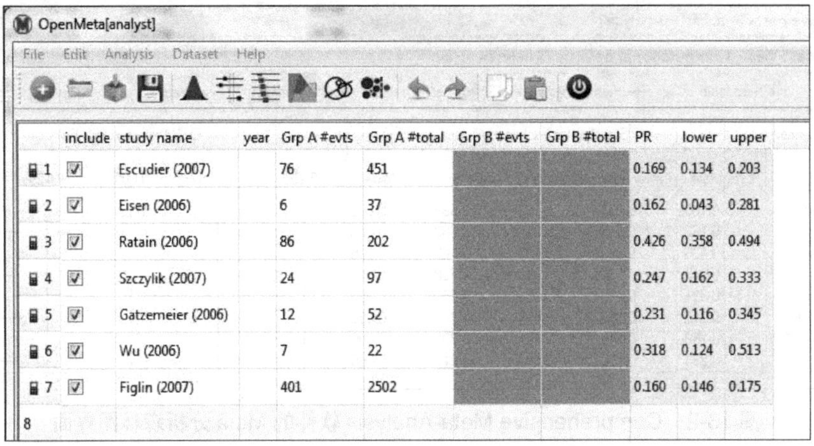

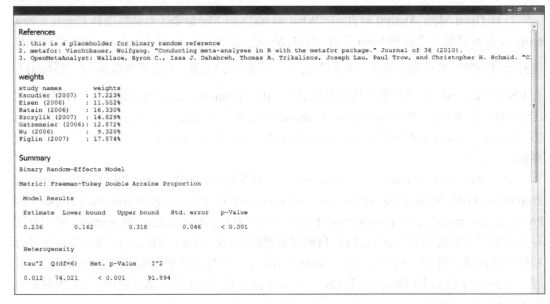

图 13-3　Open Meta-Analyst 软件的数据输入界面

菜单 Analysis → Meta-analysis，打开 Meta 分析的参数设置对话框。在 method 标签下，采用其默认设置即可：用 Random method DL（随机效应模型，DerSimonian-Laird 法）分析，Confidence interval 设为 95%（即统计学显著性水平设为 0.05），Number of digits（结果的小数位数）设为 3 位，Correction factor（校正因子）设为 0.5，Add correction factor to only0 表示只对事件数为 0 的研究作校正，其他研究的数据保持不变；在同一对话框 forest plot 标签下，可对森林图的属性进行设置，一般采用其默认设置，在 save image to 选项中可更改森林图的保存路径。设置完毕，点击 OK，Meta 分析即已完成。

弹出的结果包括以下几个部分（图 13-4、图 13-5）：①各原始研究在 Meta 分析中所占的权重；② Meta 分析得到的加权平均的疾病频率 p_T、$95\%CI_T$ 及统计学检验的 P 值；③异质性检验的结果，包括 τ^2、Cochran Q、P 值及 I^2；④森林图，显示的是将效应量转换回原始形式（即发病率及其 $95\%CI$）之后的结果。在本例中，加权平均的高血压发生率为 0.236（$95\%CI$：$0.162\sim0.318$，$P<0.001$），异质性检验的 I^2 为 91.894%，$P<0.001$；严重高血压发生率为 0.065

图 13-4　Open Meta-Analyst 软件的 Meta 分析结果文字界面

（95%CI：0.026～0.117，P<0.001），异质性检验的 I^2 为 92.873%，P<0.001。每次 Meta 分析的结果都会自动保存在 Open Meta-Analyst 软件所在文件夹下的 r_tmp 文件夹中，其中 binary_random_study_data.csv 和 binary_random_results.csv 文件包含的分别是原始研究的数据和 Meta 分析的结果，如果在 Meta 分析的参数设置对话框中未更改森林图的保存路径，则森林图也会自动保存在 r_tmp 文件夹中。

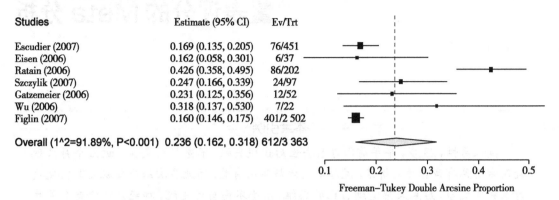

图 13-5　Open Meta-Analyst 软件的 Meta 分析森林图界面

（杨祖耀　詹思延）

参考文献

[1] Wu S，Chen J J，Kudelka A，et al. Incidence and risk of hypertension with sorafenib in patients with cancer：a systematic review and Meta-analysis［J］. Lancet Oncology，2008，9（2）：117-123.

[2] BMJ Best Practice. Study design search filters［EB/OL］.［2018-11-03］. https://bestpractice.bmj.com/info/us/toolkit/learn-ebm/study-design-search-filters/.

[3] Rostom A，Dubé C，Cranney A，et al. Evidence Reports/Technology Assessments，Number 104：Celiac Disease［R］. Rockville，Maryland：Agency for Healthcare Research and Quality，2004.

[4] Moga C，Guo B，Schopflocher D，et al. Development of a quality appraisal tool for case series studies using a modified Delphi technique［M］. Edmonton，Canada：Institute of Health Economics，2012.

[5] Barendregt J J，Doi SA，Lee Y Y，et al. Meta-analysis of prevalence［J］. Journal of Epidemiology and Community Health，2013，67（11）：974-978.

[6] Lipsey M W，Wilson D B. Chapter 3：Selecting，computing，and coding the effect size statistic//Lipsey MW，Wilson DB. Practical Meta-analysis［M］. Thousand Oaks，California：Sage，2001：34-72.

[7] Trikalinos T A，Trow P，Schmid C H. Simulation-based comparison of methods for Meta-analysis of proportions and rates［R］. Rockville，Maryland：Agency for Healthcare Research and Quality，2013.

[8] Kulinskaya E，Morgenthaler S，Staudte RG. Chapter 18：One-sample binomial tests//Kulinskaya E，Morgenthaler S，Staudte RG. Meta analysis：a guide to calibrating and combining statistical evidence［M］. Chichester，UK：John Wiley & Sons，Ltd.，2008：139-147.

[9] Freeman M F，Tukey J W. Transformations related to the angular and the square root［J］. The Annals of Mathematical Statistics，1950，21（4）：607-611.

[10] Miller J J. The inverse of the Freeman-Tukey double arcsine transformation［J］. The American Statistician，1978，32（4）：138.

第十四章

量表评分的 Meta 分析

本章引例

　　病人男性，23 岁，半年前因母亲去世后出现失眠，不愿与人交往。近三个月来独处时常听见有声音对他讲话，说母亲病故与某人有关，因此多次给公安机关写信反映母亲被害之事，后来又感觉到自己的思维、情感不由自己支配，神经系统检查未见异常。经抗精神病药物治疗 2 周后，症状有所改善，但仍伴有部分幻听症状。以往曾有报道元认知训练（metacognitive training, MCT）对于精神分裂症及其幻听症状具有改善作用，但由于元认知训练近年来才渐有报道，故检索是否有相关系统综述，从而为临床决策提供依据。

第一节　量表的相关概念及评价指标

　　在医学研究中，有些指标或者症状不能够直接被度量衡的单位去衡量，常常使用量表进行评估，比如生存质量、疼痛症状、焦虑症状、抑郁症状和精神病症状等。那么量表的评分具有哪些特点呢？如何评价一个量表呢？主要针对哪些临床问题呢？

一、量表的相关概念

　　量表（scale）是源于测量和比较的目的。临床上多指评定量表（rating scale），是用来量化个体或者群体的行为、心理状态、帮助理解和预测个体行为、评估个体的生存质量的测量工具或技术。例如，应用汉密尔顿焦虑量表（Hamilton Anxiety Rating Scale, HAMA）评估病人的焦虑程度，就是对病人焦虑症状的心理行为进行量化来判断其严重程度。一个评定量表是由许多特定问题组成的，这些特定问题叫做项目或条目，是人们可以进行反应的特定内容或刺激，对这些反应可以进行评分或者评价。在日常工作中使用的评定量表，将量表项目上的原始分数与某些定义好的理论或经验分布相联系，得到对病人病情的评估和判断。以汉密尔顿焦虑量表为例，根据我国量表协作组提供的判断标准：总分≥29 分，可能为严重焦虑；≥21 分，肯定有明显焦虑；≥14 分，肯定有焦虑症状；≥7 分，可能有焦虑症状；如<7 分，便没有焦虑症状。某病人评估得分为 19 分，则可以判断其肯定存在焦虑症状。

　　量表具有三个属性，即大小、等距和绝对零点。大小指多少的性质，即量表测量的结果可以比较两种情况的大小或在量上的多少，如前面的焦虑症状分数。等距指的是如果量表中任何位置的两点间的差异,与其他相隔同样量表单位的两点间差异的含义相同,量表即具备等距的性质,如身高测量。当不存在所测量的特性时,就得到了一个绝对的零点,表明该量表存在绝对零点,如热力学上的绝对零度、长度和速度。

根据量表的三个特性,将量表分为四类,即名义量表、等级量表、等距量表和等比(比率)量表。名义量表是一种没有大小、等距和绝对零点特性的类别量表,因此其事实上不是量表,其唯一目的是给对象命名,如血型量表。等级量表是一种有大小特性,但没有等距或绝对零点的量表。这种量表允许对个体或对象进行排序,但却不能表明等级之间的差距,如智商测验以及大部分心理量表。等距量表是一种有大小和等距特性,但没有绝对零点的量表,如温度计的度量。等比量表是具备分类、大小、等距和绝对零点所有特性的量表,如长度、重量和速度量表。例如目前国际上较通用的评价焦虑症状严重程度的汉密尔顿焦虑量表,它是等级量表,因此具有大小特性,但没有等距或绝对零点的特性。

有序结局和量表的效应指标:当每个受试者被分入某个类别且该分类有自然顺序时,就会出现有序结局。例如,按分类排序的"三分类"结局(如疾病严重程度分为"轻""中"和"重")就是有序类型。随分类数的增加,有序结局会表现出与连续性结局相似的特征,并且在临床试验中可能会按连续性结局进行分析。量表是一种特殊类型的有序结局,常用于测量难以定量的情况,如行为、抑郁和认知能力。典型的量表包括一系列问题或任务,对每一项进行打分,然后求和得到总"积分"。如果认为条目间重要性不同,可使用加权求和。

量表特性的重要性在于它决定了可以运用哪些数学运算来处理数据。对于名义数据,每个对象被放入相互独立类别中的一个,可建立频数分布。等级数据可用算术处理,但是结果有时很难解释,因为它反映的既不是所处理的观测值大小,也不是所测量特性的真实数量。等距数据可以对分数的差距应用任何算术运算,其结果可联系潜在性质的大小进行解释,但不能运用几何和比率运算。对于等比率量表数据,可进行所有数学运算。

二、量表的评价指标

在临床和科研工作中会涉及许多量表,其来源和功能亦各不相同,有的是已经应用成熟的量表,有的则是新近从国外引进的量表,有的是研究者自己编制的量表等。那么,如何来评价所使用的量表呢?主要从信度、效度和常模三个方面进行评价。

(一)信度

当应用量表对被试者进行测量时,得到的结果是否可靠呢?这就涉及信度的问题。信度就是对测量一致性程度的估计,信度研究的结果是确定某个测验在使用中是否具有稳定性(可重复性)、可信赖性。

信度(reliability)是指测定多次或多人评分结果之间一致性程度的估计,即可靠性程度。可采用多人同时评定或短期内重复评定的方法,计算评分一致性程度。它是检验精神科量表测量分数稳定性或一致性的指标。测量分数信度的高低,显示一个量表品质的优劣。一个可靠的量表必须具有较高的信度。检验量表的信度:常用相关系数包括分半信度、α系数、正副本相关、重测信度、一致性检验。

(二)效度

当拿到一份测量报告时,会思考这个测验是否测量了所想要测量的东西呢?这就涉及效度的问题。效度就是测验分数或测量工具与它所认为要测量的特质之间的一致程度。例如,一个自编的焦虑量表,但测验的项目大多是针对于抑郁症状群的,那么最后得到的结果，肯定不能反映被试者的焦虑程度，因而也就证明此量表的效度较低，可能不适合再应用。

效度（validity）指量表所能测定其预期测定的行为和心理等特质的程度，即测量的真实性和准确性。可采用平行效度和结构效度的检验。前者为同时应用其他有效工具或金标准进行测量，比较结果的符合程度；后者为测试条目之间或条目与总体评分之间的相关性。在引进国外量表或进行跨文化、跨地区研究时，还需对所用心理社会因素测量工具做出适用性、可接受性的评价。效度主要包括 3 个内容：①内容关联效度：指量表所包含的项目是否充分概括了应有的内容。A. 量表项目是否真正属于测量的领域；B. 量表包含的项目是否能覆盖测量领域所有方面；C. 量表项目的比例是否符合测量领域的结构分布。②效标关联效度：指量表的测量结果与其他测量的结果相关的程度。③结构效度：指一个量表的测量结果能够证明理论假设的结构或特质的程度。

明确量表是否有效很重要。也就是说，证明它们测量了它们要测量的情况。当在临床试验中使用量表评价结局时，为理解研究的目的、目标人群和评估问卷，应该对量表所引参考文献进行研究。研究者常常通过增添、修改或去掉某些问题来改编量表以满足他们自己的目的，系统评价作者应该检查使用的是原始还是改编的量表。这对于 Meta 分析结局的合并尤为重要。临床试验可能使用了看似相同的评分量表，但仔细检查时可能发现它们之间存在必须考虑的差异。为了显示出从试验干预中获益的部分，研究者可能根据研究结果对量表进行修改。

测定效度指标有时候还需要考虑灵敏度（sensitivity）和特异度（specificity）。灵敏度（真阳性率），即有病而被筛选查出有病的百分率；特异度（真阴性率），即无病而被筛选判为无病的百分率。评定工具还应有良好的预测值（predictive value），即真阳性或真阴性结果分别所占各自组别的比值。预测值提示检测结果与确诊结果预期相符的百分率。此外，诊断性评估工具还须符合安全性及可行性条件。即保障受试者的利益不被伤害；同时工具的使用要易于操作，在经费、时间及人力上不构成困难。

在进行精神症状、心理和社会因素测量时，既要认识到评估工具的标准化而具有的客观性和可比性；也要认识到评估工具作为一种研究手段和测量工具的间接性和相对性。应注意：①群体测评量表时有关条件要一致，包括测试环境、指导语、完成测验时间限制等。②注意受试者的年龄、受教育程度、合作以及对待测试的态度。③量表测查时注意不要漏项、填错项。④测试前需要对评定人员进行测量量表工具的培训。⑤正确分析和解释所获量表结果。

量表还有文化适应性以及常模等方面的考虑。对于从国外引进的量表，一般不能够直接参照国外版本的标准来评价国内被试者，不同的文化背景、不同人群的常模都不尽相同。阳性和阴性症状量表（Positive and Negative Syndrome Scale，PANSS）是在精神医学临床上应用比较多的量表，该量表发表于 1987 年（Stanley Kay 等），在 1998 年由上海市精神卫生中心的何燕玲和张明园教授等引入国内，经过修订并在全国 9 个地区、11 个精神卫生机构对 190 例不同病程和亚型的精神分裂症病人进行常模研究。北京大学精神卫生研究所司天梅教授等人证实该量表中文版具有较好的信度和效度，适用于精神分裂症病人精神症状的评估。经过上述一系列研究，PANSS 成为临床和科研中应用最为广泛的一个量表。由此可见，所有量表的引进或编制都需要进行一系列的研究，如果一个量表没有进行常模和信度、效度的研究，则不适合直接在临床及科研上应用。

三、解决的临床问题

量表评分数据常见于精神医学、神经病学、康复医学、心理学和社会学等领域的临床和研究工作中。本章针对的研究为主要结局指标涉及量表评分（可以归在计量资料类别）的RCT 研究，为此类研究进行 Meta 分析提供方法学参考。

本章开头提及的元认知训练相关研究都是较小样本 RCT 研究，且研究结果也不尽一致，涉及的主要结局指标是来自量表数据，因此有必要进行 Meta 分析来评价此疗法的治疗效果，为临床决策提供依据。在系统检索之后，按照相关步骤进行 Meta 分析。

第二节　量表评分数据特点及合并指标选择

在临床工作中，会用到许多量表评分，但在 Meta 分析中的量表评分数据和在临床上接触到的有什么差别呢？它们具有什么特点？在进行 Meta 分析时应该选择什么样的合并效应指标呢？

一、量表选择的标准

在研究中可使用多种量表来测量结局指标。但这些量表质量参差不齐，有许多未被证实有效，有些甚至是临时性的。正如前面提到，量表应具有较好的信度（某种测试能有效测量其他对象所得结果一致的程度）和效度（某种测试能够准确测量出所需测量事物的程度）。有研究表明，在精神分裂症治疗的试验中，使用未发表的量表会使结果产生偏倚（Marshall，2000）。

因此，只有该量表已被既往研究所描述，才会提取该评分量表中的连续变量数据。此外，建议对量表设置如下最低标准：①该量表应是自评量表；②由独立的评分员或亲属完成（不是治疗师）；③该量表应是对某一领域功能的总体评估。

二、量表评分数据的类别及合并指标的方法

对于从纳入文献中提取得到的量表评分数据，应该选择什么合并效应指标呢？量表资料涉及的数据类型可以分为 3 大类别，每一类别有其相应的合并方法。

（一）二分类数据

二分类资料的统计汇总优先考虑使用固定效应模型合并相对危险度及其 95%CI。考虑到对照组事件发生率，对于具有统计学意义的结果，可进一步计算需要治疗例数（number needed to treat，NNT）或伤害例数（number needed to harm，NNH）及其 95%CI。多种证据已经表明 RR 较比值比（OR）更直观。

在可能的情况下，可通过判断评分量表的分界值或者根据减分率变化将病人划分为"疗效显著"或"疗效欠佳"，来将结局指标转换为二分类资料。一般来讲，如果一个量表分值减少≥50%，就可以认定达到临床显效，例如简明精神评定量表或 PANSS。但是人们逐渐认识到，对于许多病人，特别是那些患有慢性或严重疾病的病人，对临床显效的定义需要相对宽松（例如，量表分值降低≥25% 将同样归为有效）。如果有个体病人数据，常分别使用50% 和 25% 分值降低作为截分点来定义非慢性病病人和慢性病病人的有效标准。如果这些数值都不可用，将使用原作者提供的截分点。

（二）连续性数据

对于连续性数据，计算组间加权均数差值（weighted mean differences，WMD）或标准化均数差（standardized mean difference，SMD）。

终点分数（endpoint score）和变化分数（changed score）：基于 Meta 分析统计学要求正态分布的前提要求，一般情况下，尽量使用量表终点分数（RCT 研究的前提是两组或者多组量表基线分数分布平衡、无差异），因其没有负值也更容易从临床角度解释。变化分数处理较为困难，上面描述的规则对其并不适用。如果终点分数不可用，则使用变化分数。

（三）偏态数据

基于临床和社会结局的连续性资料往往不是正态分布的。为了避免将参数检验应用于非参数资料，在整合所有数据之前应当使用如下标准：①平均值和标准差是根据文献或从作者处获得的；②当量表从零开始时，标准差乘以 2 须<平均值，否则平均值不太可能是量表数据分布中心的适当量度（Altman，1996）；③如果量表从正值开始（例如 PANSS 可以具有从 30 到 210 的值），则须根据量表的起点对上述计算方法进行调整。如果 $2SD > S - S_{min}$，其中 SD 是标准差，S 是平均得分，S_{min} 是最小得分，则表明数据是偏态分布的。量表分数多具有最大和最小值范围，所以可应用上面规则。若量表中的连续性数据包括了负值（例如变化分数），则很难判断其是否为偏态数据。如果偏态数据来自少于 200 名参与者的研究，则不纳入 Meta 分析。若偏态数据的样本量很大（至少在 200 名以上），可以被作为纳入的数据。

（四）WMD 和 SMD 的选择

当对同一干预措施效应的测量方法（量表）或单位完全相同时，可以选择加权均数差值 WMD 作为合并效应指标；而当对同一干预措施效应采用不同的测量方法或单位，如采用不同的量表评估焦虑程度，或不同研究间差异过大时，可以选择标准化均数差值 SMD 作为合并效应指标。因为消除了不同量表或者量纲尺度的影响，所以结果可以被合并。

1. WMD 当纳入 Meta 分析中的所有研究的测量结果采用同一测度时，采用 WMD 为合并效应指标，每个原始研究均数差的权重由研究的精确度（与总体相比的变异程度）等决定，称为加权均数差法。当对主要结局指标，即精神症状的改善情况进行合并时，应选择哪个效应指标呢？表 14-1 中提取的数据均来自 PANSS 量表，故可采用 WMD 作为效应指标。

表 14-1　主要结局指标数据提取表一

研究	所用量表	试验组			对照组			WMD
		样本量	均数	标准差	样本量	均数	标准差	
1	PANSS	8	17.9	8.6	8	27.3	10.6	−9.4
2	PANSS	72	12.2	6.0	63	12.9	6.2	−0.7
3	PANSS	25	17.9	5.2	25	21.0	5.3	−3.1
4	PANSS	24	15.3	5.1	24	17.9	5.6	−2.6

2. SMD 当研究评价同一结果，但测量方法不同或采用尺度不同时，或纳入研究的均数差别较大时，则需要将结果标准化后才能合并，称为标准化均数差值计算。如表 14-2，当纳入研究采用不同的量表测量结局指标时，应采用 SMD 作为效应指标，以排除不同量纲对结局指标的影响。

表 14-2 主要结局指标数据提取表二

研究	所用量表	试验组			对照组			SMD
		样本量	均数	标准差	样本量	均数	标准差	Cohen's d
1	PANSS	8	17.9	8.6	8	27.3	10.6	−1.0
2	PANSS	72	12.2	6.0	63	12.9	6.2	−0.1
3	PANSS	25	17.9	5.2	25	21.0	5.3	−0.6
4	BPRS	60	34.2	10.7	60	34.4	14.1	0.0

此外,除了考虑测量方法和单位是否相同,在选择合并效应指标时,还应考虑以下几点:

1. 一致性 主要指合并统计量值与所纳入研究效应值之间的相似性。一致性较好的合并效应指标能够降低异质性,使得 Meta 分析结果具有更好的推广性。一般情况下,相对效应指标比绝对效应指标的一致性好,例如 SMD 能够通过标准化过程,消除纳入研究间不同量表或者度量衡单位的差异,但对于读者或者临床医生的理解不直观。

2. 数学特性 在 Meta 分析中,重要的数学特性就是方差估计值的可及性。某些合并效应指标虽然容易被理解,但由于很难进行方差估计值的运算,如需治疗病人数(NNT),亦难以在 Meta 分析中作为合并效应指标而直接计算使用。WMD 与 SMD 的数学特性相近,均能对方差进行较好估计。

3. 可解释性 Meta 分析是整合同类的研究结果,以获得临床循证依据为目的。但如果得到的结果很难从专业知识上对其进行解释,或解释很难被读者理解,不利于循证证据的应用和推广。对于连续变量而言,WMD 可解释性比 SMD 好。WMD 为均数的差值,以原有单位真实地反映了临床试验的效应;由于 SMD 被标准化而无量纲或单位,即不仅消除了多个研究间绝对值大小的影响,还消除了多个研究测量单位不同的影响,是一个没有单位的商数值,不易被理解。

4. 专业相关性 从临床专业角度,综合考虑哪种合并效应指标更适合。Meta 分析中没有一个可应用于所有情形的最佳合并效应指标。例如绝对效应指标很容易被理解,但可推广性却受限制。在选择合并效应指标时,常需综合考虑。

较长的有序量表在 Meta 分析中常被作为连续性变量分析,而较短的有序量表常通过将相邻分类合并在一起而转换成二分类资料。如果有明确合理的分界点,后者尤其适用。不恰当地选择分界点可能导致偏倚,尤其是选择的分界点使临床试验中两个干预组的差异最大化时。当使用处理二分类资料的方法来总结有序量表时,所分两类中的一类被定义为事件,并使用 RR、OR 或 RD 来描述干预效应。当使用处理连续性资料的方法来总结有序量表时,干预效应被表述为均数差或标准化均数差。如果原始研究已经使用了中位数来总结其结果,则可能遇到困难。例如评价一个抗焦虑药物是否有效,研究者采用汉密尔顿焦虑量表进行评估,研究者定义 14 分为临床康复界值,用以评判被试者是否还存在焦虑症状。根据入组标准,试验组和对照组分别入组 20 例被试者,量表得分均高于 14 分。经药物治疗后,其中试验组 15 例被试者、对照组 8 例被试者量表得分降至 14 分以下,即达到研究者预先定义的康复标准。因此,研究者可采用 RR 作为效应指标。在进行 Meta 分析时,一般无法获取原始数据资料,计量资料的效应指标与计数资料的效应指标间互相转换存在一定难度,因此制定合理研究计划能为后期进行 Meta 分析打下良好基础。计数资料 Meta 分析可参考相关章节。

三、量表评分数据 Meta 分析的结果解释

在 Meta 分析结果的解释时，常会遇到统计学意义与临床意义不一致的情况。

一般来说，研究干预措施对连续变量结局效果的试验都是比较试验组和对照组的均数，然后检验其差异是否存在统计学意义；但这仅仅是统计学意义，并不能说明均数的变化量是否具有临床意义，即被试者在接受干预后发生了有意义的临床改变。如在使用某抗抑郁干预后，某抑郁量表评分平均从 30 分降至 28 分，干预前后量表分数差别有统计学意义，但临床方面却无实质性改善；在 RCT 研究中，当均数改变低于预设的最小变化阈值时，临床医生往往会认为该干预措施无效。反之，如果均数改变较大时，会被误解为该组病人总体上都有所改善，而实际上该变化也可能是由于少数病人变化较大所致。因此，解释连续性变量的结局临床意义时，需要明确个体病人是否发生了有意义的临床变化。评估个体病人是否发生有临床意义的改变，应该成为评估干预措施对连续性结局效果的一个前提条件（但一些研究未进行该方面结局指标的报道）。临床医生可根据预设的变化阈值得到 RR、OR 及 RD 等指标，这些指标可能比均数及其 P 值更具有临床意义。

第三节　实 例 分 析

接下来以元认知训练能否改善精神分裂症病人的症状为例，介绍一下量表评分数据 Meta 分析的具体过程。

一、研究背景

元认知训练（metacognitive training，MCT）是在国外逐步发展的一种针对于精神分裂症病人的认知干预疗法，它的目标是改善病人的精神症状。经过检索相关数据库，并未发现有关元认知训练对于改善精神分裂症病人精神症状的循证证据，因此决定制作一篇 Meta 分析以提供相关证据。

二、实例解读

1. 检索相关文献　首先，确定检索策略和检索式。在确定检索词后，通过计算机检索中英文数据库，并辅以文献追溯等方法。第二，确定检索年限，对 2015 年 1 月 31 日前发表的有关元认知训练治疗精神分裂症病人文献进行收集。此外，对于电子检索结果涉及参考文献中的相关研究，也对其进行手工检索等。

2. 纳入文献的筛选　根据研究计划中预先制定的标准，对检索到的文献进行筛选，首先由两位作者独立通过文献的题目和摘要进行初筛，初筛后的文献通过阅读全文进行二次筛选，然后交叉核对筛选结果，如果有分歧则通过共同讨论决定是否纳入，必要时可由第三位作者协助解决。如果文中信息不全或信息不清楚，与原始研究作者联系获取信息。并绘制具体检索和筛选的流程图。

3. 纳入文献的数据提取　制定数据提取表（data extraction form），由两名作者对资料进行提取并核对，由于结局指标为量表评分等连续性数据，因此选择 WMD 或 SMD 为效应统计指标。

4. 纳入研究的质量评价　质量评价（quality assessment）一般包括三个方面内容：①方法学质量（methodological quality）：研究设计和实施过程中避免或减少偏倚的程度；②精

确性（precision）：即随机误差的程度，一般用可信限的宽度表示；③外部真实性（external validity）：研究结果外推的程度。两位作者独立根据《Cochrane 干预研究系统综述手册》中的偏倚风险评估工具（Risk of Bias Tool, RoB）进行评价。但需要注意的是，RoB 针对随机对照试验进行的偏倚风险评估主要涉及的是"方法学质量"。

5. 资料的统计学处理　对于主要结局指标，即精神症状的改善状况进行 Meta 分析，由于纳入研究均采用 PANSS 量表对结局指标进行评价，因此合并效应指标采用 WMD 进行 Meta 分析。当异质性分析发现纳入研究异质性较大或存在一些小样本研究证据时，评价者应考虑进行敏感性分析（sensitivity analysis）来观察结果的稳定性。本研究使用亚组分析以探索 4 项报告了 PSYRATS 量表中妄想分量表的研究间异质性来源。

6. 结果的分析和讨论　在统计合并分析后，对所得结果作出科学、合理的解释，并写出相应的研究报告。

三、整体评价

该 Meta 分析主要目的是评估 MCT 辅助治疗对于正在接受常规精神病药物治疗的精神分裂症病人的效果。但是存在纳入 RCT 数量少、各试验质量偏低、疗程多样性以及方法学问题，尚无法得出 MCT 治疗精神分裂症有效性的结论。该实例涉及多种量表评分数据的 Meta 分析过程，其中包含效应指标选择、效应模型选择以及异质性分析，对实际操作具有一定借鉴意义。

第四节　软　件　操　作

本节就前面所提到案例，应用 R 软件进行量表评分数据的 Meta 分析。

一、Meta 模块的安装和加载

对于量表评估数据的 Meta 分析是通过 R 软件 meta 分析模块实现的，因此首先需要安装各种程序包，这里主要介绍两个：metafor 包和 meta 包。安装和加载方式如下：

1. 在联网的情况下，打开 R 软件，在 R Console 中输入程序包的安装命令：

```
> install.packages（"metafor"）
> install.packages（"meta"）
```

2. 因为每次打开 R 软件，软件的设置都会还原为默认设置，所以程序包安装完成后，使用前都必须进行程序包的加载。可以点击菜单"程序包 / 加载程序包"，然后在弹出窗口中选择"metafor"或"meta"程序包。也可以由操作命令来完成，加载调用命令：

```
> library（metafor）
>library（meta）
```

二、Meta 分析及森林图的绘制

1. 在 R 软件中创建一个名为"rmeta"的表格并输入数据，也可以直接调用 Excel 表格、纯文本数据文件等。在 R Console 输入命令：

```
> rmeta = data.frame()
> fix（rmeta）
```

进入 R 软件的数据编辑器,按列输入数据。其中,变量"study"表示纳入的研究,"n1"表示试验组的样本量,"mean1"表示试验组的均数,"sd1"表示试验组的标准差,"n2"表示对照组的样本量,"mean2"表示对照组的均数,"sd2"表示对照组的标准差。

2. 输入命令

(1) metafor 包:如果效应指标为 WMD 数据(measure＝"MD")、固定效应模型(method＝"FE"),则命令为:

> metarmeta<-rma.uni(n1i＝n1,n2i＝n2,m1i＝mean1,m2i＝mean2,sd1i＝sd1,sd2i＝sd2,data＝rmeta,measure＝"MD",method＝"FE",slab＝study)

如果效应指标为 SMD 数据(measure＝"SMD"),随机效应模型中的"DL"统计方法(DerSimonian-Lairdestimator),则命令为:

> metarmeta<-rma.uni(n1i＝n1,n2i＝n2,m1i＝mean1,m2i＝mean2,sd1i＝sd1,sd2i＝sd2,data＝rmeta,measure＝"SMD",method＝"DL",slab＝study)

> metarmeta

> forest(metarmeta)

(2) meta 包:如果效应指标为 WMD 的数据,则命令为:

> metarmeta<-metacont(n1,mean1,sd1,n2,mean2,sd2,data＝rmeta,sm＝"MD",comb.fixed＝FALSE,comb.random＝TURE,slab＝study)

如果效应指标为 SMD 的数据,则命令为:

> metarmeta<-metacont(n1,mean1,sd1,n2,mean2,sd2,data＝rmeta,sm＝"SMD",comb.fixed＝FALSE,comb.random＝TURE,slab＝study)

> metarmeta

> forest(metarmeta)

（李春波　李　伟）

参考文献

[1] 张天嵩,钟文昭. 实用循证医学方法学[M]. 2版. 武汉:中南大学出版社,2014.

[2] Montgomery P,Morton M. Meta-analysis: Oxford Bibliographies Online Research Guide[M]. Oxford University Press,2010.

[3] Higgins J P T,Deeks J J,Altman D G. Chapter 16: Special topics in statistics[M/OL]. Cochrane Handbook for Systematic Reviews of Interventions Version 5.1.0. The Cochrane Collaboration,2011. [2018-10-20]http://handbook-5-1.cochrane.org/

[4] 刘鸣. 系统评价、Meta-分析设计与实施方法[M]. 北京:人民卫生出版社,2011.

[5] Li C,Xia J,Wang J. Risperidone dose for schizophrenia[J]. Cochrane Database of Systematic Reviews,2009,4: CD007474.

[6] Jiang J,Zhang L,Zhu Z,et al. Metacognitive training for schizophrenia: a systematic review[J]. Shanghai Arch Psychiatry,2015,27(3): 149-157.

[7] Marshall M,Lockwood A,Bradley C,et al. Unpublished rating scales: a major source of bias in randomised controlled trials of treatments for schizophrenia[J]. British Journal of Psychiatry,2000,176: 249-252.

[8] Altman D G,Bland J M. Detecting skewness from summary information[J]. BMJ,1996,313: 1200.

第十五章

累积 Meta 分析

本章引例

　　罗非昔布（rofecoxib）是一种非甾体抗炎药（NSAID），为 COX-2 类抑制剂，于 1999 年被美国食品和药物管理局（FDA）批准上市，广泛应用于关节炎、急性疼痛及痛经等疾病。由于其心血管安全性问题，于 2004 年 9 月被撤市，截至撤市前，已有约 8 000 万病人服用该药物。然而，该药的心血管安全性问题早在 2000 年 VIGOR 试验（Vioxx Gastrointestinal Outcomes Research trial）中就已经被观测到，试验结果显示：与同为 NSAID 类药物的萘普生（naproxen）相比，罗非昔布可使病人发生心肌梗死的风险增加 5 倍。

　　如何借助 Meta 分析的方法综合评估已有证据，以尽早得出罗非昔布增加心肌梗死发生风险的确凿结论，进而避免更多病人出现心血管安全性问题呢？这就属于累积 Meta 分析（cumulative Meta-analysis）的范畴，其基本过程与其他 Meta 分析类似。本章主要是介绍累积 Meta 分析的方法和步骤。

第一节　累积 Meta 分析的原理和适用范围

　　Meta 分析是对多个独立研究结果进行定量综合的统计学方法，已广泛应用于医学研究中，产生医学证据，进而指导临床决策与实践。累积 Meta 分析属于 Meta 分析的一种，顾名思义，累积 Meta 分析是在一系列动态的连续的同类研究中引入累积的思想加以分析，即随研究进展按一定的次序不断进行新的 Meta 分析，其他方面与传统 Meta 分析方法并无不同。累积 Meta 分析的概念由 Thomas 等首先提出，并由 Baum 等于 1981 年首先应用于临床，证实了结肠癌手术中预防性使用抗生素不但可以预防术后感染，而且还能够减少术后死亡率。累积 Meta 分析方法作为一种统计工具，有助于尽早帮助临床进行干预措施有效性和安全性的判定。

一、累积 Meta 分析的原理

　　累积 Meta 分析是把针对同一研究目的的一系列研究作为一个整体，将各个纳入的研究按照一定的次序（如发表时间、样本量、研究质量评分等，升序或降序），序贯地添加到一起，进行多次的 Meta 分析。也就是说，每有一个新的研究纳入，就进行一次 Meta 分析。传统

Meta 分析是在某一个时间点将纳入的研究进行一次综合分析,而累积 Meta 则是按照一定次序将纳入的研究依次进行合并分析,从而形成一定次序下的累积结果。因此,累积 Meta 分析可以反映研究结果的动态变化趋势,有助于尽早发现有统计学意义的干预措施,避免下一步不必要研究的进行,并评估单个研究对综合结果的影响,进一步指导临床实践。

值得注意的是,累积 Meta 分析与传统的 Meta 分析一样,容易受到各种偏倚如选择偏倚、实施偏倚、失访与退出偏倚、测量偏倚等的影响,这些都有可能影响总体效应趋势的判定。

此外,有一些学者认为累积 Meta 分析多次的重复检验,会增加犯 I 类错误的概率,也就是说极易出现假阳性的结果。因此,在进行累积 Meta 分析时应对每次分析的显著性水平 α 进行相应调整,以保证 I 类错误的概率控制在一定的水平(如 0.05)之内。累积 Meta 分析显著性水平 α 调整方法的相关内容不在本章讨论范围内,读者可参见本书第十六章"Meta 分析的样本量估算和试验序贯分析"。

二、适用范围

当关于某项干预措施有效性和安全性的研究证据不断累积,各个类似研究之间结果不一致,且在单个研究样本量较小,缺乏一定的统计学效能时,为了得到明确而可靠的结论,就可考虑采用 Meta 分析的方法,定量综合多个同类研究的结果。而当研究者还想观察研究结果随某个指标的整体动态变化趋势、评估某单个研究对综合结果的影响时,就需采用累积 Meta 分析的方法。常见的研究目的包括:①基于现有证据何时即可得到确定的结论?是否还需进行下一步研究?若可得到明确的结论,该结论是否稳定?②样本量大小对合并结果的影响如何?合并结果随样本量的不同有何变化趋势?③不同质量的研究对合并结果的影响如何?合并结果随研究质量的高低有何变化趋势?④某单个研究对合并结果的影响如何?

第二节　累积 Meta 分析和传统 Meta 分析的比较

累积 Meta 分析只是在传统 Meta 分析的基础上引入了累积的思想进行分析,即将纳入的研究按一定的次序不断进行新的 Meta 分析。其分析方法及基本步骤与传统 Meta 分析类似。

一、提出问题

提出合适的问题是每个 Meta 分析的基础,也是最重要的环节之一。选题一般是来自临床和科研实践,从增加样本量和提高统计学功效的角度考虑,对目前仍有争议的问题进行研究。从相同研究不一致的结果出发,综合评估分析某个干预措施的有效性或安全性。需要注意,研究问题的提出要依据 PICOS 原则。如上述例子的研究问题可以归纳为以下两方面:①与其他 NSAID 类药物及安慰剂(C)相比,罗非昔布(I)是否会增加慢性骨关节疾病病人(P)发生心肌梗死(O)的风险,纳入研究类型为随机对照试验(S);②进一步评估是否在 2004 年 9 月之前即可得到明确的结论。其中,第一个问题采用传统 Meta 分析的方法即可;第二个问题则需要采用累积 Meta 的方法,将纳入的研究按照发表年代升序排列进行累积 Meta 分析,从而得到效应值(RR)发生拐点的时间。

二、文献检索和筛选

在进行文献检索和筛选时，累积 Meta 分析与传统 Meta 分析无异。如在上述罗非昔布心血管安全性的案例中，检索数据库分别包括 The Cochrane Library、MEDLINE、EMBASE、CINAHL 和 FDA 网站相关资料。纳入标准为：①研究对象为慢性骨关节疾病的成人病人；②干预措施为罗非昔布每日 12.5～50mg；③对照组为服用其他种类的 NSAID 类药物或安慰剂；④结局指标为报告了心肌梗死发生数；⑤研究设计类型为随机对照试验。同时符合以上五条标准的文献才被纳入。

三、信息提取与原始研究偏倚风险评价

与传统 Meta 分析相比，累积 Meta 分析在信息提取时的唯一不同之处在于需要额外提取排序变量的信息，这是后续分析的核心。如本案例中发表年份即为本案例后续累积 Meta 分析中所需按照顺序累加的变量。在原始研究偏倚风险评价方面，二者并无任何不同，均需要根据原始研究的不同研究类型来选取合适的质量评价工具进行质量评估。上述罗非昔布心血管安全性的案例中，采用了 Cochrane 偏倚风险评估工具中的两个条目（分配隐藏、结局判断是否采用盲法）进行原始研究的偏倚风险评价。信息提取与不同类型原始研究的偏倚风险评价工具不在本章讨论范围内，读者可参见本书第二章。

四、证据合并

与传统 Meta 分析一样，累积 Meta 分析可采用定量的方法对纳入的原始研究数据进行合并分析，合并过程主要涉及以下四个方面：效应指标的选择、排序变量的选择、异质性的判断以及统计效应模型的选择，二者唯一的不同之处在于累积 Meta 分析需要事先选定排序变量。

如何确定排序变量是累积 Meta 分析中特有的步骤，排序变量的选择需要根据研究目的来确定，常见的排序变量包括发表年份、样本量、研究质量评分、干预组和对照组疗效差异的大小等。若要探讨基于现有证据何时即可得到确定的结论，则可选择发表年份作为排序变量。如上述罗非昔布心血管安全性的案例中，探讨是否在 2004 年 9 月之前即可得到明确的结论，研究者选用了发表年份进行排序，进行累积 Meta 分析。若要探讨样本量大小对合并结果的影响，则可选用样本量来进行排序，通过累积 Meta 森林图可直观观测到点估计值及置信区间的变化趋势。同样，若要探讨不同质量的研究对总合并结果的影响，则可选用研究质量评分作为排序变量。总之，研究者在分析时需要明确研究目的，根据研究目的来选择排序变量，这是累积 Meta 的核心步骤。

关于效应指标的选择、异质性的判断、统计效应模型的选择以及发表偏倚的检验，累积 Meta 分析与传统 Meta 分析无异，本章不做详细介绍，读者可参考本书第二章、第三章。

此外，关于软件的使用，原始研究无论是数值变量还是分类变量，累积 Meta 分析均可以借助 STATA 等软件完成数据的合并分析。上述罗非昔布心血管安全性的案例中，采用 STATA 8.2 软件进行累积 Meta 分析。

五、累积 Meta 分析的趋势检验

在进行累积 Meta 分析的证据合并之后，也可以进一步开展合并效应随排序变量变化的

趋势检验。在某些研究领域如精神疾病、基因流行病学等，经常会出现"易变现象"（proteus phenomenon），即在一项早期有重要意义和影响力的研究发表时，后续往往会有很多类似的研究来进一步验证该结果，从而可能使得最初的研究结论被推翻。此类现象的存在很容易导致错误推断。

目前共有 3 种方法来判断是否存在"易变现象"。第一种是视觉检验法，即评价者通过累积 Meta 分析图进行判断，但该方法没有一定的客观标准，存在一定的主观性。第二种是"最初 vs. 后续"策略（first vs. subsequent strategy），该方法通过比较排除第一项研究和纳入第一项研究的合并效应量，来判断是否存在一定的时间趋势，该法较为简单，在某些时候会出现把握度不足的情况。第三种是基于广义最小二乘法（generalized least squares，GLS）的回归策略，该法弥补了"最初 vs. 后续"策略把握度不足的缺点，目前应用较为广泛。其中后两种方法可通过 STATA 软件的"metatrend"命令来实现（联网状态下，在 STATA 命令窗口中输入"ssc install metatrend"即可安装）。

六、分析报告的撰写

由于累积 Meta 分析只是随研究进展按一定的次序不断进行新的 Meta 分析，在其他方面与传统 Meta 分析均无不同。因此，其报告规范可以遵循目前国际上针对系统综述和 Meta 分析的报告规范，即系统综述和 Meta 分析优先报告条目声明（preferred reporting items for systematic reviews and Meta-analyses，PRISMA）。

第三节　实例分析

一、实例背景

罗非昔布（rofecoxib）是一种非甾体抗炎药（NSAID），为 COX-2 类抑制剂，于 1999 年被美国 FDA 批准上市，广泛应用于关节炎、急性疼痛及痛经等疾病。由于其心血管安全性问题，于 2004 年 9 月被撤市，截至撤市前，已有约 8 000 万病人服用该药物。本研究拟采用累积 Meta 分析的方法综合评估已有证据，评估是否在 2004 年 9 月之前即可得出罗非昔布增加心肌梗死发生风险的确凿结论，进而避免更多病人出现心血管安全性问题。具体文献参阅 Jüni P.、Nartey L.、Reichenbach S. 等 2004 年在 *Lancet* 发表的"Risk of cardiovascular events and rofecoxib: cumulative Meta-analysis"。

二、实例解读

该研究基本按照 PRISMA 声明，在题目、摘要、研究背景、方法、结果及讨论等部分均进行了规范报告。

作者检索了 The Cochrane Library、MEDLINE、EMBASE、CINAHL 和 FDA 网站中关于罗非昔布与心肌梗死发生相关的文献，同时检索了纳入研究的参考文献，但文中未详细阐述检索使用的英文关键词及检索策略。在文献筛选时，也遵循 PICOS 原则，制定了相应的纳入与排除标准。

在数据提取时，研究者也遵循了两位评价员独立提取相关数据并进行核查。除常规数据外，研究者还提取了排序变量发表年份，并根据 Cochrane 偏倚风险评估工具对研究质量进行了评价,包括是否进行了分配隐藏、心血管事件判定是否采用了盲法。数据分析时,作者采用 Cochrane Q 检验及 I^2 统计量来评价研究间的异质性,采用随机效应模型进行传统 Meta 分析和累积 Meta 分析。此外,该研究还采用 Meta 回归探讨了研究间异质性的来源,纳入 Meta 回归模型的变量包括罗非昔布剂量、不同对照药物、治疗疗程、分配隐藏等。遗憾的是,该研究未进行任何发表偏倚的识别和检验。

该研究最终纳入 16 个随机对照研究,共计 21 432 人,其中 64 人发生了心肌梗死事件。原文中的图 1 采用流程图方式给出了文献筛选的过程,原文中的表 1 结合文字描述给出了纳入研究的基本特征。按照发表年份排序进行累积 Meta 分析的结果显示,RR 点估计值及置信区间趋于稳定且有较好的变化趋势,最初证实罗非昔布可增加心肌梗死风险具有统计学意义的时间为 2000 年,即当累积到 14 247 名病人,44 例发生心肌梗死事件时,便出现肯定的结论。

该研究的讨论部分主要就上述结果进行了讨论,也对研究过程中存在的局限性进行了详细描述,并对今后的研究方向和内容进行了建议。

三、整体评价

本研究采用累积 Meta 分析的方法分析了罗非昔布与心肌梗死发生风险之间的关系,并评估是否在 2004 年 9 月之前即可得出罗非昔布增加心肌梗死发生风险的确凿结论。研究结果提示罗非昔布可增加慢性骨关节疾病病人心肌梗死发生的风险（RR = 2.24，95%CI 1.24~4.02），且在 2000 年就可得出有统计学意义的结论。整体而言,Meta 分析的整个过程是严谨的,对统计方法的描述较为详细,并对可能影响研究结果的因素进行了合理的亚组分析和 Meta 回归,保证了结果的合理性和真实性。作者也对研究过程中存在的局限性进行了分析。遗憾的是,本文未对检索策略进行详细描述,也未进行任何发表偏倚的识别和检验。另外,本次研究虽然采用 Cochrane Q 检验及 I^2 统计量来评价了研究间的异质性,但结果的合并均采用了随机效应模型,这是充分考虑了研究间不可避免存在的或多或少的异质性,随机效应模型得出的结论偏向于保守,置信区间较大,更难以发现差异,但应该更接近于真实情况。

第四节　软件操作

在上述罗非昔布心血管安全性案例中,作者以其他 NSAID 类药物及安慰剂作为对照,分析了罗非昔布与心肌梗死发生的关联,经过文献的系统检索及筛选最终纳入了 16 个随机对照研究,从每篇原始研究中获得了对照组和罗非昔布组各自的样本量及发生心肌梗死的人数,详见表 15-1。值得注意的是,由于作者未给出每篇原始研究两组各自的样本量及发生心肌梗死的人数,笔者自己进行了相应数据的提取,其中有 2 篇研究因未下载到全文无法提取数据,故本次实例分析仅以 14 篇研究为例进行累积 Meta 分析,结果与原文略有不同,但方法是相同的。

此时,可以使用 STATA 软件进行累积 Meta 分析,STATA 软件进行累积 Meta 分析的命令为 metacum,对二分类及连续性结局变量均可合并,一般命令格式为 metacum 变量,[options]。将上述表 15-1 的数据导入 STATA（import 命令）,其中"study"表示研究,"Year"表示提交到 FDA 的时间,"rt"和"rc"分别表示罗非昔布组和对照组发生心肌梗死的人数,"nort"和"norc"分别表示罗非昔布组和对照组未发生心肌梗死的人数,"Cumulative Patients"表示累积样本量。

表 15-1 罗非昔布与心肌梗死关联研究的基本信息

作者（年代）	对照组药物	罗非昔布组		对照组	
		AMI 数	样本量	AMI 数	样本量
Ehrich et al（2001）	placebo	0	378	1	145
Extension of Ehrich et al（2001）	diclofenac	0	62	1	30
Cannon et al（2000）	diclofenac	2	516	1	268
Day et al（2000）	placebo/ibuprofen	1	486	0	323
Hawkey et al（2000）	placebo/ibuprofen	0	388	2	387
Truitt et al（2001）	placebo/nabumetone	1	174	0	167
Saag et al（2000 A）	diclofenac	2	463	1	230
Kivitz et al（2004）	placebo/nabumetone	1	424	0	618
Extension of Schnitzer et al（1999）	naproxen	1	67	2	67
Bombardier et al（2000）	naproxen	21	4 047	3	4 029
Geba et al（2001）	placebo/nabumetone	3	390	1	588
Truitt et al（2001 A）	placebo/naproxen	2	459	0	450
Lisse et al（2003）	naproxen	5	2 799	1	2 787
Katz et al（2003）	placebo	1	462	0	228

首先，进行传统 Meta 分析，对纳入各研究之间的异质性大小进行判断。如前所述，选用 RR 作为效应指标，模型选择固定效应模型，进行传统 Meta 分析，所用命令为"metan rt nort rc norc，rr fixed xlab（.1，1，10）label（namevar = study）"。由此可得到各研究合并效应值 RR 及其 95%CI（RR = 2.24，95%CI：1.32～3.83）、异质性检验 Q 统计量（heterogeneity chi-squared = 15.30，df = 13）及 P 值（P = 0.289）、I^2 统计量（15.1%）。结果提示各研究之间无明显异质性，可以采用固定效应模型进行累积 Meta 分析。

接下来，选用 RR 为效应指标，选择提交到 FDA 的时间变量"Year"作为排序变量，采用固定效应模型进行累积 Meta 分析。所用命令为"metacum rt nort rc norc，rr fixed sortby（Year）xlab（.1，1，10）label（namevar = study）lcols（Year Cumulative Patients）favours（Favours rofecoxib # Favours control）"，其中 sortby 表示按照哪个变量来进行排序累积，lcols 及 favours 均为累积 Meta 森林图的修饰选项，lcols 表示在森林图的左侧添加某些变量，favours 则表示在森林图的 X 轴左右两侧分别添加的文字。运行结果如图 15-1 所示，14 个研究合并的效应值 RR 与传统 Meta 分析相同，仍然为 2.24（95%CI：1.32～3.83），不同的是每一行的森林图均为该研究与之前所有研究结果合并的效应值；按照发表年份排序进行累积 Meta 分析的结果显示，RR 点估计值及置信区间趋于稳定且有较好的变化趋势，最初证实罗非昔布可增加心肌梗死风险具有统计学意义的时间为 2000 年，即当累积到 14 247 名病人时，就已出现肯定的结论。在 2000 年末时，已累积到 20 742 名病人，RR 点估计值为 2.27（95%CI：1.32～3.91），后续研究的加入只是缩窄了置信区间，点估计值基本无明显变化，即增加了总体效应估计的准确性。因此，罗非昔布增加心肌梗死风险的结论在 2000 年就可被发现，2000 年就可将罗非昔布撤市，避免更多病人出现心血管安全性问题。

最后进行累积 Meta 分析的趋势检验，即检验罗非昔布增加心肌梗死风险（RR 值）是否随时间有一定的变化趋势。所用命令为"metatrend _ES _selogES"，其中 ES 为各原始研究的 logRR 值，selogES 为各原始研究 logRR 值的标准误，这两个变量均为第一次传统 Meta 过程中自动生成的变量。运行结果如图 15-2 所示:"最初 vs. 后续"策略结果显示没有明显的时间趋势($P = 0.142$);采用基于 GLS 的回归策略发现,纳入第一项研究和排除第一项研究所得的系数分别为 0.201 77 和 0.211 04,P 值均 <0.001,说明存在时间趋势。移除第 1 项研究前自相关参数为 0.116,移除后为 0.095。由此可见,"最初 vs. 后续"策略在此例中把握度略显不足。

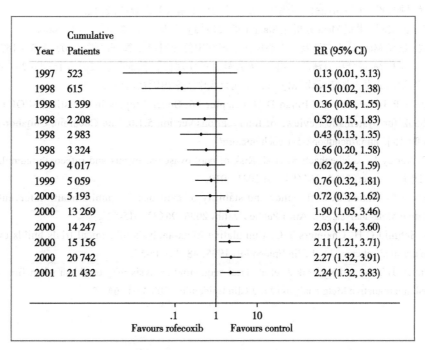

图 15-1 罗非昔布与心肌梗死关联的累积 Meta 分析森林图

```
Tests for detecting trends in cumulative meta-analysis
------------------------------------------------------

Number of studies: 14

'First vs. Subsequent' method
------------------------------------------------------
                    Effect Size (ES)    P-value    [95% Conf. Interval]
First study              1.1370          0.937       0.0466    27.7539
Subsequent studies      16.2677          0.000       3.4595    76.4962

All Studies             13.6304          0.001       3.0095    61.7344
------------------------------------------------------

Test for the equality of the ESs
------------------------------

Ho: ES(first) = ES(subsequent)

z-value = -1.469
P-value =  0.142


Generalized Least Squares (GLS) Regression-based test
------------------------------------------------------
                        Coef.    Std. Err.  P-value  [95% Conf. Interval]   rho
Including all studies   0.20177   0.01876    0.000    0.16499   0.23854    0.116
Excluding first study   0.21104   0.02327    0.000    0.16543   0.25665    0.095
------------------------------------------------------
```

图 15-2 罗非昔布与心肌梗死关联的累积 Meta 分析趋势检验结果

关于发表偏倚识别和检验的相关分析操作，累积 Meta 分析与传统 Meta 分析并无不同，因此本章不再做重复赘述，读者可参见本书第三章。

（武珊珊　詹思延）

参考文献

[1] 张天嵩, 钟文昭. 实用循证医学方法学[M]. 长沙：中南大学出版社, 2012.

[2] 张天嵩, 钟文昭. 累积 Meta 分析在 Stata 中的实现[J]. 循证医学, 2010, 10(1)：46-48.

[3] 赵景波. 累积 Meta 分析方法及其在临床医学研究中的应用[J]. 循证医学, 2002, 2(3)：167-171.

[4] 李国春. 累积 Meta 分析方法的应用及 CMA 软件的实现[J]. 循证医学, 2015, 15(4)：247-251.

[5] 孙凤. 医学研究报告规范解读[M]. 北京：北京大学医学出版社, 2015.

[6] Higgins J P T, Deeks J J, Altman D G. Chapter 16: Special topics in statistics[M/OL]//Cochrane Handbook for Systematic Reviews of Interventions Version 5.1.0. The Cochrane Collaboration, 2011. [2018-09-15]. http://handbook-5-1.cochrane.org/.

[7] Jüni P, Nartey L, Reichenbach S, et al. Risk of cardiovascular events and rofecoxib: cumulative Meta-analysis[J]. Lancet, 2004, 364(9450)：2021-2019.

[8] Mueerleie P, Mullen B. Sufficiency and stability of evidence for public health interventions using cumulative Meta-analysis[J]. Am J Public Health, 2006, 96(3)：515-522.

[9] Lau J, Schmid C H, Chalmers T C. Cumulative Meta-analysis of clinical trials builds evidence for exemplary medical care[J]. J Clin Epidemiol, 1995, 48(1)：45-57.

[10] Wetterslev J, Thorlund K, Brok J, et al. Trial sequential analysis may establish when firm evidence is reached in cumulative Meta-analysis[J]. J Clin Epidemiol, 2008, 61：64-75.

第十六章

Meta 分析的样本量估算和试验序贯分析

本章引例

　　心血管疾病是全球主要致死原因之一，冠状动脉旁路移植术（coronary artery bypass grafting, CABG）是目前治疗冠状动脉粥样硬化性心脏病合并多支病变最有效手段。CABG 主要的手术方式包括两种：一种是常规体外循环辅助下冠状动脉旁路移植术（on-pump CABG），但可能带来一些手术不良事件，影响病人的预后；另一种非体外循环冠状动脉旁路移植术（off-pump CABG），此方式越来越引起人们的关注和争论。关于这个临床热点，也有越来越多的临床研究发表，可以进行一项系统综述，合并对比这两种手术类型的原始研究，但是现有研究涉及的心脏病病人数量是否足以支持数据合并得出的结论呢？

　　本章内容是基于丹麦哥本哈根临床研究试验中心（Copenhagen Trial Unit）研发的试验序贯分析软件（the trial sequential analysis software, TSA）测试版配套的工作者手册（user manual for trial sequential analysis）部分内容的总结概要编写的。手册的原作者为：Thorlund K、Engstrøm J、Wetterslev J、Brok J、Imberger G 和 Gluud C。

　　与单个研究一样，Meta 分析也需要进行样本量估算，为与单个研究区别，Meta 分析所需的样本量称为信息量（information size, IS）。当纳入 Meta 分析的样本数量达到统计检验所需信息量时，才能根据分析结果下肯定的结论。因此样本量估算是系统综述与 Meta 分析中重要的环节。本章对常用的 Meta 分析样本量估算方法——试验序贯分析（trial sequential analysis, TSA）方法的概念原理、相关方法、软件操作等进行介绍。

第一节　试验序贯分析的概念和原理

一、Meta 分析中的随机误差

　　与单个研究的统计检验相似，Meta 分析中得出一个"阳性"结果有两种可能，一是差异的确存在，二是随机误差（机遇）导致。统计检验中的误差包括假阳性结果（Ⅰ类错误）与假阴性结果（Ⅱ类错误），控制这两类错误应该保证进行统计的样本量足够大，从而保证分析结果是真实值而非由机遇产生。单个研究的统计检验中，计算样本量是非常重要的一个环节，当样本量达到要求时，得出的统计检验结果才可靠，而在 Meta 分析中，每纳入一项研究数据，相当于进行了一次统计检验，当多项研究数据累积，多次检验会带来更高的假阳性／假阴性结果概率。

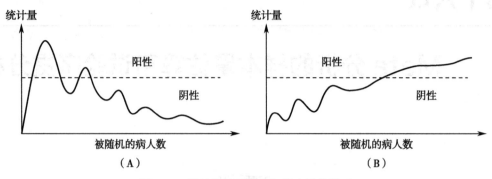

图 16-1 统计检验显著性与样本量的关系

将 Meta 分析理解为单个临床试验样本不断叠加的统计检验，从图 16-1 中的两种随机对照临床试验情况可以看出，当样本量（被随机的病人数，number of patients randomized）较小时，统计检验结果有可能显示出假阳性（A）或假阴性（B），而当样本量到达一定程度后，统计检验结果趋于稳定，这时无论样本量怎么增加，检验都呈现出恒定的真实值不再变化。估算研究的样本量，其实也就是为了确定这一使得统计检验结果不再随样本量变化的阈值。Meta 分析中将假阳性或假阴性结论的风险尽量降低同样非常重要。

二、定义证据强度——信息量

Meta 分析将多项同质研究的效应估计值进行合并，如果一项 Meta 分析能够纳入所有现有的同质研究，则可以认为该 Meta 分析是现有的最佳证据。然而"现有最佳证据"并不等同于充分的证据或足够可信的证据，Meta 分析要考虑所纳入的研究样本是否保证了足够的事件发生数量，进行 Meta 分析的样本数量是否达到了目标值。这一目标值就是 Meta 分析所需的信息量（information size，IS），与单个研究样本量类似，当 Meta 分析达到所需信息量后，统计检验趋于稳定（图 16-2）。

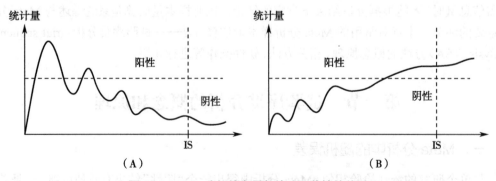

图 16-2 Meta 分析信息量与检验显著性的关系

单个研究的样本量估算通常需要考虑预期对照组事件发生率，预期试验组干预措施相对危险度降低，以及预期Ⅰ类错误和Ⅱ类错误的最大风险。Meta 分析由于合并了多个研究的数据，在估算所需信息量时还需进行校正，通过提高信息量，确保由异质性产生的方差在容许范围内。实际上基于有限的事件数以及病人数得出的"显著差异"通常是不可靠的,有研究表明,约 25% 纳入小样本事件发生数和病人数的传统 Meta 分析错误地得出了统计学显著性,而一些 Meta 分析随着证据累积,最终的合并结果可能改变。

三、达到信息量之前的统计显著性检验

当新的临床研究出现时,通常进行 Meta 分析的更新。每次进行 Meta 分析更新时,其实其结果也反复接受着显著性检验,从而增大假设检验犯 I 类错误的风险。为解决这个问题,可以校正显著性界值,使显著性界值线成为一条曲线,当信息量逐渐增加时,需要达到的假设检验统计学显著性对应的统计量界值逐渐降低(图 16-3A);另一种方法是根据证据强度和显著性检验次数对统计量进行"惩罚",对原有统计量进行校正后,使其更难达到统计学显著性的边界(图 16-3B)。

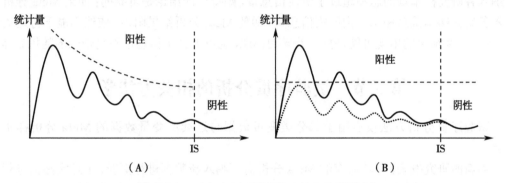

图 16-3　累积性 Meta 分析中对显著性临界值或检验统计量进行校正

四、达到信息量之前的无效性检验

当 Meta 分析显示,不论再增加多少研究,也不能改变分析结论的方向时,人们可以决定停止后续的研究从而避免时间和资源的浪费。但是当一项 Meta 分析的分析结果是无效时,首先要做的不是忙于下结论,而是分析结果为无效的原因,是把握度不够,还是该干预措施的确无效。

试验序贯分析方法能够通过"无效性界值"的呈现,尽早得出所研究干预是否无效的结论。当一个干预措施真正有效的 Meta 分析纳入病人和事件数量都很小时,获得有统计学意义结果的可能性会因为把握度不够而很低,而当积累的证据增加,所计入的样本数量增加,获得阴性结果的可能性也随之降低。无效性界值是一系列界值的集合,反映的是由于证据强度不同而带来的阴性结果风险的不确定性。在图 16-4 的例子中,A 图显示了在达到信息量(IS)前,检验统计量穿过了无效性界值,哪怕继续增加研究数量和病人数,检验结果也不会改变;在 B 图中的 Meta 分析中,由于检验统计量在达到信息量饱和前已经穿过了显著性界值,则即使继续增加研究和病人数,显著的检验结果也不会被改变。

五、试验序贯分析与传统 Meta 分析的关系

试验序贯分析(TSA)通俗来说可以理解为对 Meta 分析进行的样本量计算,传统系统综述与 Meta 分析各个环节不变,在进行 Meta 分析的同时,进行一个 TSA 分析,计算 Meta

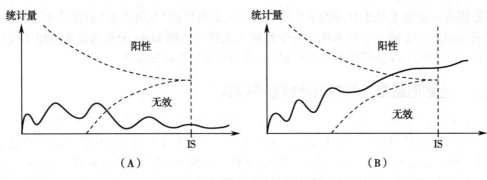

图 16-4　显著与无效性界值示例

分析结果中能够呈现出具有统计学显著性、有临床意义差异所需的信息量。如果 Meta 分析中纳入各研究样本量的总和超过了所需信息量，则得出的结论是可靠的；如果 Meta 分析中纳入各研究样本量总和未达到所需信息量，即使 Meta 分析结果阳性，依然不能下肯定的结论，因为阳性结果的出现可能是真实差异的体现，也可能源于信息量不足带来的随机误差。

第二节　试验序贯分析的相关方法学

试验序贯分析方法仅适用于二分类变量数据与连续型变量数据的 Meta 分析样本量估算。

当新的研究发表，一项原有的 Meta 分析需要纳入新数据进行更新，于是实际上进行了新的统计检验，在 Meta 分析不断增加新数据的过程中，不断在原有检验的基础上进行新的检验。这样 Meta 分析的过程实际是累积 Meta 分析的形式，在这个过程中，原有的检验需要校正，其目的有两个：第一，测量和计算现有的证据强度；第二，控制统计误差（Ⅰ类错误和Ⅱ类错误）的风险。

控制Ⅰ类错误的方法包括校正显著性界值（监测界值）或对统计量本身进行惩罚；控制Ⅱ类错误的方法是设置无效性界值。

在未达到既定样本量前进行统计检验，随机误差可能升高，故需对显著性界值（监测界值）进行校正，这种方法被称为分组序贯分析（group sequential analysis），采用这种方法时，每一次中期分析（interim look）时被随机分组病人的大致数量必须已知，因此该法常用于单个序贯性试验。

在上述方法的基础上，统计学家 Lan 和 DeMets 进行了扩展，使得序贯分析适用于灵活无计划的中期分析。该方法中期分析时间的灵活性适用于 Meta 分析。本章后面将要介绍的 TSA 软件引用的就是该方法。

另一种控制Ⅰ类错误的方法是惩罚统计量本身，基于高级概率论中的迭代对数法则（the law of the iterated logarithm）；控制Ⅱ类错误的方法是设置无效性界值，该界值由非优效与非劣效性检验的界值共同组成，本节将分别进行介绍。

一、Meta 分析得出确定结论所需的信息量

1. 传统的信息量　一种传统的观点是，一项 Meta 分析能够得出确定性结论所需的信息量至少应该等同于一个大型有足够把握度的干预性研究得出显著真实有效性结论所需的

样本量。则一个 Meta 分析所需的最小信息量（病人数量）可以通过以下这个人们所熟知的计算公式得出：

$$IS_{Patients} = 2 \cdot (Z_{1-\alpha/2} + Z_{1-\beta})^2 \cdot 2 \cdot \sigma^2 / \delta^2$$

在这个公式中，α 为 I 类错误，β 为 II 类错误，$Z_{1-\alpha/2}$ 和 $Z_{1-\beta}$ 为 $(1-\alpha/2)$ 和 $(1-\beta)$ 的标准正态分布百分位数。δ 表示对干预效果的预先估计。对二分类变量来说，$\delta = P_C - P_E$，其中 P_C 和 P_E 分别表示对照组和干预组结局事件的发生率；对于连续性变量，$\delta = \mu_1 - \mu_2$，其中 μ_1 和 μ_2 分别表示对照组和干预组结局指标的均值。σ^2 为两组合并的方差。对于二分类变量，$\sigma^2 = P^*(1-P^*)$，其中 $P^* = (P_C + P_E)/2$；对连续性变量，δ 则表示两组之间的先验均差，而 σ^2 表示相关联的方差。

2. 累积病人数的替代　本方法中不直接估算所需的病人数，而是估算所需要的结局事件数。在二分类变量数据的 Meta 分析中，信息量与精确度很大程度上依赖于结局事件发生的数量。如果 Meta 分析纳入的所有原始研究中，被随机分配接受不同干预措施的病人数量相等，那么所需事件数可以通过下式进行计算：

$$IS_{Events} = P_C \times IS/2 + P_E \times IS/2$$

其中 IS_{Events} 是 Meta 分析所需的事件数，P_C 和 P_E 与前述的意义是一样的。

在此需要介绍另一个概念——统计信息（statistical information，SI），又称 Fischer 信息，其为数据集（假定的统计模型）中信息的一个统计指标。在比较两种干预措施的标准 Meta 分析中，SI 就是合并方差的倒数。Meta 分析中的统计信息同时体现了三个重要因素：病人人数、事件数和试验数。这个指标为 Meta 分析提供了一个简单的方法进行信息量估算。Meta 分析数据类似于单个试验的累积数据，所需的数据信息可以由下式算出：

$$IS_{Statistical} = (Z_{1-\alpha/2} + Z_{1-\beta})^2 / \delta^2$$

式中 $IS_{Statistical}$ 表示 Meta 分析中实际获得的统计信息，α 代表 I 类错误所允许的最大风险，$Z_{1-\alpha/2}$ 是标准正态分布的 $(1-\alpha/2)$ 百分位数，β 代表 II 类错误所允许的最大风险，$Z_{1-\beta}$ 为标准正态分布的 $(1-\beta)$ 百分位数，δ 表示对干预效果的预先估计。

3. 异质性校正因子　Meta 分析涉及多个临床研究，相比单个临床试验存在的变异（不同研究的风险偏倚、系统误差等）更大。这些研究合并产生的变异被称为异质性。由于变异增加会削弱结果的精确度，信息量必须考虑 Meta 分析中包括异质性在内的所有变异。在估算信息量时体现异质性的一种方法，是在所计算的信息量上乘以一个异质性校正因子（heterogeneity-adjustment factor），相似的方法在单个临床研究中也有应用。异质性校正因子的计算公式如下：

$$AF = \frac{V_R}{V_F} = \frac{1}{1 - I^2}$$

V_R 代表随机效应模型 Meta 分析中的总变异，V_F 代表固定效应模型 Meta 分析的总变异，I^2 是 Meta 分析中常见的测量异质性的指标。当各研究的权重不相等时，使用 I^2 可能低估异质性校正因子，这时则需要通过每个研究在随机效应模型和固定效应模型中的权重，计算一个离散量 D^2 替换上式中的 I^2。

4. 估计对照组事件比例和预期干预效应　另一种方法着重考虑对照组事件率以及预期的干预效应。对二分类变量来说，对照组事件率 P_C 可以通过临床经验或已有研究的数据来估计，而真实干预效应通常以相对危险度降低（RRR）来表示，则试验（实验）组的期望事件比例 P_E 可以通过公式 $P_E = P_C(1-RRR)$ 算出，并代入公式计算信息量。

　　当然,当对临床效应的估计不准确时,由对照组事件发生率推算治疗组的事件发生率也具有风险。干预效应评估的失真很多时候是高估,这主要归咎于选择性报告偏倚及一系列临床研究常见的偏倚。因此基于既往研究估算 Meta 分析信息量时,还应该对既往研究进行偏倚风险的评估。基于多个低偏倚风险研究报告的干预效应来估算信息量更加可靠。然而当进行 Meta 分析信息量估算时往往证据尚少,而即使已能获得大量低偏倚风险的文献,多个研究合并效应的可靠性仍然会受限于可能存在的随机误差、时滞偏倚以及发表偏倚等,因此利用既往研究数据进行信息量估算时,还应考虑上述偏倚是否存在。

　　在实践中,仅凭单一方法估算单一的信息量并不现实。在单个临床试验的样本量估算中,需要考虑一系列因素,包括合理的干预效果范围、对照组事件率、Ⅰ类及Ⅱ类错误发生率。最后估算出来的样本量不是一个数,而是一系列考虑了不同情况的区间内的多个数值,一般可以选择一个数值作为主要的样本量估算值,而将其余的用作敏感性分析。Meta 分析的信息量估算也应该如此,可将依据低偏倚风险研究所提供的 P_c 和 RRR 值与考虑最好和最差情况下估算的多个干预效果,得出所需信息量的大致估算区间。

二、累积检验统计量

　　Meta 分析的统计学显著性检验与统计量 Z 值有关。

　　当原有的 Meta 分析被更新,Z 值也会被重新计算,因此随着更多的研究纳入,Meta 分析会产生一系列的 Z 值,基于一系列累积的信息(累积的病人、事件或统计信息)与相应的 Z 值,可以绘制出一条曲线,该曲线被称为 Z 曲线。

三、α 消耗函数和试验序贯监测界值

　　为了解决重复进行显著性检验增大Ⅰ类错误风险的问题,对每一次显著性检验设立一个Ⅰ类错误 α,则相应存在一个临界值 c,如果进行 k 次显著性检验(即 1 次初始 Meta 分析以及 $k-1$ 次更新),相应存在 k 个临界值:$c_1,\cdots,c_k$,也存在 k 个Ⅰ类错误:$\alpha_1,\cdots,\alpha_k$。所有Ⅰ类错误合计为 α,这个合计的Ⅰ类错误 α 不能超过所设立的Ⅰ类错误最大风险。

　　这样对 Z 曲线界值依次的排列形成的边界称为监测界值(monitoring boundaries)(即显著性界值)。在 Meta 分析中,这样的临界值用在序贯地纳入 Meta 分析的一系列试验中,因此把它们称作试验序贯监测界值(trial sequential monitoring boundaries)。在 Meta 分析中应用试验序贯监测界值进行分析的方法被称作试验序贯分析(trial sequential analysis,TSA)。

　　试验序贯监测界值的运用需要对 k 个最大Ⅰ类错误风险值和密集数值积分作出预先设定。设置Ⅰ类错误风险值 c_k,也存在 k 个Ⅰ类错误:$\alpha_1,\cdots,\alpha_k$。一个简单的方法就是 α 消耗法(或 α 消耗函数)。α 消耗函数随着时间单调递增,可以根据累积信息量求出每个显著性检验时累积的最大Ⅰ类错误风险 $\alpha_1,\cdots,\alpha_k$。自变量为信息分数(information fraction,IF),计算方法是将累积信息量除以所需的信息量(例如,累积的病人数量除以所需信息量)。因变量是累积的Ⅰ类错误,当给定一个信息分数,则可以直接求得相应情况下进行统计检验时的最大Ⅰ类错误。随着信息分数的增加,可接受的Ⅰ类错误也会增加。α 消耗函数提供了允许在任何 IF 下量化Ⅰ类错误风险的方法,以确保总Ⅰ类错误风险在达到所需信息量前始终小于 5%。单调递增的 α 消耗函数与单调递减的 Z 统计量相对应。

　　当显著性检验等距运行时,相应的 α 消耗函数体现在 Z 界值上也是等距的,常用的方法有把握度家族 α 消耗函数(power family α-spending functions),其中对 Meta 分析更新的次数

rho（rho>1）进行设定。而此类基于把握度方法的问题在于，Meta 分析的更新次数与频率往往并非均衡确定。O'Brien 和 Fleming 根据高等概率论，最早提出了 α 消耗函数产生的理论最优界值表达式：

$$\alpha(\text{IF}) = 2 - 2\Phi(Z_{\alpha/2} / \sqrt{\text{IF}})$$

其中 Φ 是个标准正态累积分布函数，之后 Lan 和 DeMets 在此基础上提出了 α 消耗函数的 IF 可以灵活增量，不再受限于等距增长，由上述 α 消耗函数得出的监测界值通常简称为 Lan-DeMets 监测界值或 O'Brien-Fleming 监测界值，本章中统一称作 O'Brien-Fleming 监测界值。

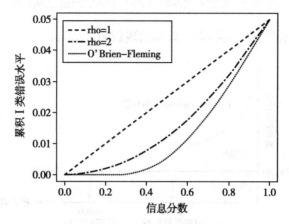

图 16-5　当 rho 为 1 或 2 时，基于把握度的 α 消耗函数
形态和 O'Brien-Fleming α 消耗函数形态

如图 16-5 示，坐标轴中横坐标为信息分数，纵坐标为累积 I 类错误水平，当 rho = 1 时，把握度家族 α 消耗函数为一条直线，当 rho>1 时，函数形态与 O'Brien-Fleming 消耗函数一样，成为一条单调上升的曲线。O'Brien-Fleming 消耗函数曲线在早期阶段仅有较少的数据累积时，所估计的边界比较保守，但随着更多的数据累积，边界的上升幅度会大大增加。这与 Meta 分析在早期由于纳入信息有限，需要更多地考虑随机误差与异质性相符。另外，在任意信息量间距合理（一般不少于所需信息量的 1%）的点进行新的显著性检验，相对而言不容易受到之前检验次数的影响。

Meta 分析需要更新并且进行显著性检验的时点以及频率并不总是很明确，因此 O'Brien-Fleming 消耗函数边界更加适用。

如图 16-6，假设一项 Meta 分析所需的信息量为 4 000 名病人，但可获得的信息量为 1 000 名。Z 统计量大于 1.96。使用传统单一检验界值，此 Z 值显示统计学有显著性。使用 O'Brien-Fleming 监测界值，则此样本量下需要更大的 Z 值才可推断出统计学显著性。因其未与监测界值相交，因此 Meta 分析尚无法得到肯定结论。

图 16-7 所示例子中，所需信息量还是 4 000 名病人，现在可获得样本量有 2 000 名。第 5 次检验的 Z 统计量小于 1.96；如果基于传统方法或显著性界值，结果都是不确定的。然而前面 Z 值已经在累积过程中计算出来了，包括一个比 1.96 大的值（第 4 次检验）。这个例子呈现了累积 Z 曲线如何在早期 Meta 分析中已穿过了显著性界值，而在后期的 Meta 分析中并不具有显著性差异。

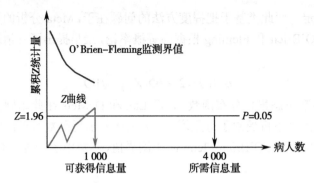

图 16-6 进行 4 次累积 Meta 分析后仍无结论的示例

O'Brien-Fleming 监测界值可以防止较早出现假阳性结果。

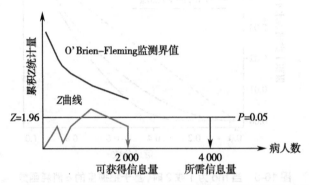

图 16-7 该 Meta 分析在第 5 次累积显著性检验中出现假阳性 Z 值示例

图 16-8 所示例子中,所需信息大小和可获得信息大小与图 16-7 中一样。在这里,Z 值在第 5 个显著性检验中计算显示"非常充分";Z 曲线穿过了 O'Brien-Fleming,表明对干预效果评估所需的信息量大小已足够使 Meta 分析得出肯定的结论。

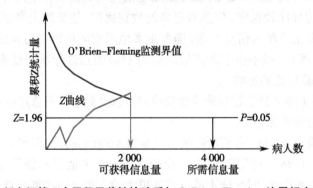

图 16-8 该 Meta 分析在经第 5 次累积显著性检验后与 O'Brien-Fleming 边界相交得出确定结论的示例

四、置信区间的校正

与重复进行显著性检验会影响总的 I 类错误相似,其也能影响置信区间。如果 Meta 分析经过重复检验而产生了一系列 95%CI,其包含总体真值的几率必然小于 95%。与重复显著性检验的校正类似,也可以对重复置信区间的 I 类错误 α 水平进行控制,使得每个置信区间 I 类错误水平的总和不超过特定范围。

五、根据迭代对数法则对 Z 统计量进行惩罚

另一种解决 Meta 分析中重复显著性检验问题的方法是根据现有证据强度和已经进行的显著检验次数对 Z 值进行校正（惩罚）。高级概率论中，如果将标准正态分布中的数值，比如 Z 值，除以所观察数据对数的对数，所得分数值肯定在 $-\sqrt{2}$ 和 $\sqrt{2}$ 之间，这个法则被称为迭代对数法则（the law of the iterated logarithm）。利用这个法则，可以在 Meta 分析中将一个服从标准正态分布的统计量除以现有信息量对数的对数，从而控制 I 类错误的扩大。将每次显著性检验得到的 Z 值进行校正（惩罚），得到 Z^* 值，其满足公式：

$$Z_j^* = \frac{Z_j}{\sqrt{\lambda \ln(\ln(I_j))}}$$

其中 Z_j 是常规 Z 值，I_j 是第 j 个显著性检验的累积统计信息，λ 是控制 I 类错误最大值的常量。先后有统计学家对二分类变量及连续变量 Meta 分析中的常量 λ 进行模拟估算，在连续变量的 Meta 分析中，当双侧检验 I 类错误 α 为 0.05 时，$\lambda = 2$ 能够较好地控制 I 类错误。在二分类变量的 Meta 分析中，λ 的推荐值也有模拟估算，但是所估算的取值仅适合较为局限的研究情境，此处不再展开。

六、β 消耗函数与无效界值

当 Meta 分析的结果显示差异无统计学意义时，需要判断这种无差别的原因是把握度不够，还是不同干预间的确无差异。

与证明差异有统计学意义相似，需要对统计假设的临界值进行界定，使得重复检验的总体 II 类错误 β 不被夸大。控制 I 类错误 α，依靠 α 消耗函数界定显著检验的边界，控制 II 类错误 β，同样可以按照相似的方法，依靠 β 消耗函数来定位非优效检验的临界值。β 消耗函数是关联于信息分数的函数，IF 的取值为 0 到 1 之间，IF 为 0 时 β 消耗函数永远等于 0，IF 为 1 时 β 消耗函数永远等于 β。在 0 和 1 之间的任意一点，相应的 β 消耗函数等于第 i 次非优效性检验的累积临界值，其中 O'Brien-Fleming 函数是最为推荐的一种方式。

图 16-9 展示了包括重复非优效性和显著性检验的 Meta 分析。在这个 Meta 分析中，所需信息量为 4 000 名病人。当达到 2 000 名病人时，Meta 分析结果是不确定的，因为它未与显著性界值或非优效的界值相交。Z 值曲线的走向表明在达到 3 000 名病人时，Meta 分析

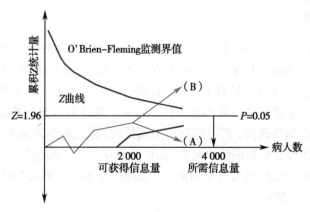

图 16-9　包括重复非优效（下方粗线）和显著性（上方粗线）检验的 Meta 分析示例

如何变得有确定意义。

在A例中，Z曲线穿过了非优效界值，说明试验组干预并不比对照组干预优越。在B例中，Z值穿过了与O'Brien-Fleming监测界值，表明试验组干预比对照组干预优越。

图16-10是一个包含了所有TSA内容的Meta分析，这些内容包括：所需信息量、双侧显著性监测界值、非优效检验及非劣效检验界值。在该例中，所需信息量为4 000。在病人数达3 000左右时，Z值落在了内楔的部分，此时，可得出干预效果不比对照组好的结论。

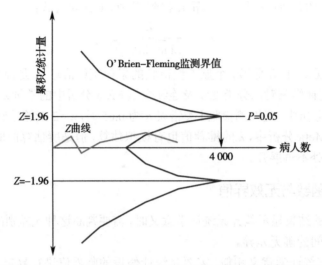

图16-10　Meta分析重复非优效、非劣效和显著性检验的界值示例

第三节　实 例 分 析

回到本章开头使用体外循环（on-pump）和非体外循环（off-pump）冠状动脉旁路移植术（CABG）的临床问题，该案例来自一篇真实发表的序贯性分析系统综述，本节通过这个研究实例来演示TSA确证阳性结果的实际应用。

一、研究背景

冠状动脉旁路移植术主要的手术方式包括常规体外循环辅助下冠状动脉旁路移植术与非体外循环冠状动脉旁路移植术，其中前者存在不良反应的风险，因而后者受到关注。目前比较两种手术的临床试验数量众多，其中有的研究发现两种方法无差异，有些结论为非体外循环手术方式带来更低的临床不良事件。本系统综述对原始研究进行合并，同时考虑到原始研究若存在高偏倚风险，则可能高估干预效应，因此对纳入原始研究的随机、盲法、意向性分析等进行评价并根据偏倚风险在Meta分析中进行亚组分析。另一方面考虑Meta分析中样本量不足将带来随机误差从而高估干预效应，本研究采用TSA方法对Meta分析的所需信息量进行了计算。

研究者按照年份依次累加Meta分析中的原始研究，当同一年中不止一项试验发表，则根据第一作者姓氏按照字母排序。每加入一项新的原始研究数据，就重新进行一次显著性检验。

二、实例解读

1. 信息量计算的相关报告　研究论文的背景部分先介绍了研究者在此 Meta 分析中进行 TSA 分析来计算信息量的原因，是控制多重检验造成的随机误差。论文的方法部分，研究者报告了 TSA 分析的详细情况。研究者分别基于通常认为有效效应的相对危险度降低 20% 以及综述中纳入的低偏倚风险试验的相对危险度降低来计算。根据原始研究的发表年限，研究者将每年新发表的研究加入 Meta 分析，如果同一年有多于一篇研究论文发表，则根据第一作者姓氏首字母的顺序依次加入研究数据。观察监测界值是否在达到所需信息量前被穿过来判断研究结论得出与否。如无特殊说明，TSA 分析中的 I 类错误设为 5%，II 类错误设为 20%。

研究基于每一项结局进行了 TSA 分析，在结果部分根据所计算出的信息量对干预效应进行判断。其中房颤这一结局会在接下来作为实例介绍。讨论部分研究者认为 TSA 分析是对证据的可靠程度进行评价的有用工具。

该研究对 Meta 分析所需信息量的报告较为详细，基本符合 PRISMA 声明的要求，但对 TSA 软件的应用未提及，原因可能是该研究的作者和原 TSA 手册的撰写者为同一团队，但为了保证研究的可重复性，应当在正式发表的论文中介绍软件的使用。

2. 结论的确证　研究者以结局事件心房纤维性颤动（房颤）为例，纳入的原始研究中共计涉及 3 634 名病人（包括 2 个零事件试验）的 30 项试验报告了房颤发生情况。根据传统的显著性检验水准，在降低房颤发生方面，非体外循环 CABG 显著优于体外循环 CABG（RR 值为 0.69，95%CI：0.57～0.83）（图 16-11）。异质性估计值 I^2 为 47.3%，差异性估计值 D^2 为 49.0%。

在低偏倚风险试验（1 050 名病人）的 Meta 分析中，疗效并不显著（RR 值为 0.63，95%CI：0.35～1.13），异质性估计值 I^2 为 83.3%，差异性估计值 D^2 为 83.6%。

研究者为本例计算两个信息量。第一，α 值为 1%，β 值为 10%，预期干预疗效的相对危险度降低 20% 时，计算出所需的信息量为 7 150 名病人。之所以选择 RRR=20%，是因其被认为代表了此临床情境下的合理干预疗效。第二，研究者基于综述中纳入的低偏倚风险试验的干预效应结果（RRR=36.9%），计算出所需信息量为 1 964 名病人。

所有信息量的计算均基于 I 类错误的上限为 1% 及 II 类错误的上限为 10%（即 90% 把握度）。所有信息量均基于差异性估计值 D^2 进行异质性校正。信息量均基于体外循环事件比例为 27.6%（本对照组中事件比例的中位数）的假定。

累积 Z 曲线同时穿过了两个信息量估计值的监测界值（图 16-12 和图 16-13），从而确证了非体外循环 CABG 在降低房颤方面优于体外循环 CABG。

3. 避免过早的高估　CABG 治疗心房纤颤的同一例子中，也可用来说明常规 Meta 分析过程中，如何过早出现疗效高估。根据常规显著性检验水准（$P<0.05$），纳入第一项试验后，干预措施对房颤的临床效应已经具有了统计学意义。除一项外，其他所有累积性 Meta 分析随后的 P 值均小于 0.05。事实上，大多数随后的 P 值均小于 0.01。经验证据表明，当仅有有限数量的事件数与病人数被累积时，即使具有统计学意义，合并疗效估计值仍不稳定。坚持确定一项 Meta 分析是否超过其所需信息量，以可能确保可靠的合并估计值。

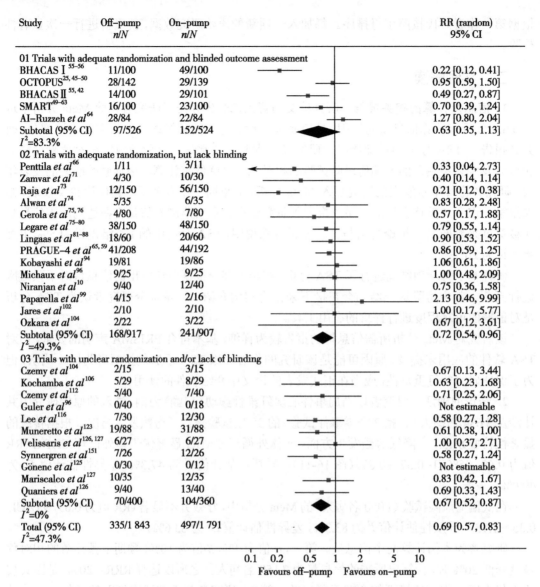

Study	Off-pump n/N	On-pump n/N	RR (random) 95% CI
01 Trials with adequate randomization and blinded outcome assessment			
BHACAS I [55-56]	11/100	49/100	0.22 [0.12, 0.41]
OCTOPUS [25, 45-50]	28/142	29/139	0.95 [0.59, 1.50]
BHACAS II [55, 42]	14/100	29/101	0.49 [0.27, 0.87]
SMART [49-63]	16/100	23/100	0.70 [0.39, 1.24]
AI-Ruzzeh et al [64]	28/84	22/84	1.27 [0.80, 2.04]
Subtotal (95% CI)	97/526	152/524	0.63 [0.35, 1.13]
I^2=83.3%			
02 Trials with adequate randomization, but lack blinding			
Penttila et al [66]	1/11	3/11	0.33 [0.04, 2.73]
Zamvar et al [71]	4/30	10/30	0.40 [0.14, 1.14]
Raja et al [73]	12/150	56/150	0.21 [0.12, 0.38]
Alwan et al [74]	5/35	6/35	0.83 [0.28, 2.48]
Gerola et al [75, 76]	4/80	7/80	0.57 [0.17, 1.88]
Legare et al [75-80]	38/150	48/150	0.79 [0.55, 1.14]
Lingaas et al [81-88]	18/60	20/60	0.90 [0.53, 1.52]
PRAGUE-4 et al [65, 59]	41/208	44/192	0.86 [0.59, 1.25]
Kobayashi et al [94]	19/81	19/86	1.06 [0.61, 1.86]
Michaux et al [96]	9/25	9/25	1.00 [0.48, 2.09]
Niranjan et al [10]	9/40	12/40	0.75 [0.36, 1.58]
Paparella et al [99]	4/15	2/16	2.13 [0.46, 9.99]
Jares et al [102]	2/10	2/10	1.00 [0.17, 5.77]
Ozkara et al [104]	2/22	3/22	0.67 [0.12, 3.61]
Subtotal (95% CI)	168/917	241/907	0.72 [0.54, 0.96]
I^2=49.3%			
03 Trials with unclear randomization and/or lack of blinding			
Czemy et al [104]	2/15	3/15	0.67 [0.13, 3.44]
Kochamba et al [106]	5/29	8/29	0.63 [0.23, 1.68]
Czemy et al [112]	5/40	7/40	0.71 [0.25, 2.06]
Guler et al [96]	0/40	0/18	Not estimable
Lee et al [116]	7/30	12/30	0.58 [0.27, 1.28]
Muneretto et al [123]	19/88	31/88	0.61 [0.38, 1.00]
Velissaris et al [126, 127]	6/27	6/27	1.00 [0.37, 2.71]
Synnergren et al [151]	7/26	12/26	0.58 [0.27, 1.24]
Gönenc et al [125]	0/30	0/12	Not estimable
Mariscalco et al [127]	10/35	12/35	0.83 [0.42, 1.67]
Quaniers et al [126]	9/40	13/40	0.69 [0.33, 1.43]
Subtotal (95% CI)	70/400	104/360	0.67 [0.52, 0.87]
I^2=0%			
Total (95% CI)	335/1 843	497/1 791	0.69 [0.57, 0.83]
I^2=47.3%			

0.1　0.2　0.5　1　2　5　10
Favours off-pump　Favours on-pump

图 16-11　非体外循环 CABG 对照体外循环 CABG 疗效的森林图

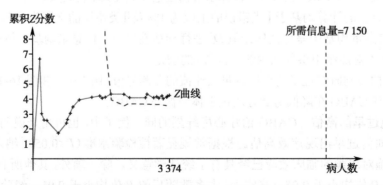

图 16-12　证实或拒绝房颤（对照组比例为 27.6%，α 值为 1%，β 值为 10%）相对危险度降低 20%（先验估计值），校正异质性所需信息量为 7 150 名病人（右侧垂直虚线）。左边向内倾斜的虚线表示试验序贯监测界值，实线是累积 Z 曲线（或 Z 曲线）

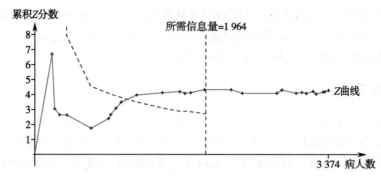

图 16-13　证实或拒绝房颤的校正异质性所需信息量

证实或拒绝房颤(对照组比例为 27.6%,α 值为 1%,β 值为 10%)相对危险度降低
36.9%(低偏倚风险估计),校正异质性所需信息量为 1 964 名病人(垂直虚线)。
左边向内倾斜的虚线表示试验序贯监测界值,实线是累积 Z 曲线(或 Z 曲线)

表 16-1 显示了本例中每年年末治疗效果随时间的演变。可以看到最初两年中,基于
P 值小于 0.01(常规 99%CI),合并相对危险度被严重高估。随后三年中,合并相对危险度
被高估了至少 10%。2003 年,Meta 分析超过了基于低偏倚风险估计的信息量计算的监测
界值。

2004 年,Meta 分析中的样本超过了所需信息量 1 964。同样在 2004 年,基于 20% 的先
验相对危险度降低(priori relative risk reduction),Meta 分析跨越了监测界值。传统和校正后
的置信区间在 2002 年和 2004 年之间收敛。

表 16-1　CABG 治疗房颤累积 Meta 分析的时间演变

年份	总数量			综合效应	99%CI	
	试验	事件	病例		原始	校正
1999	1	55	200	0.24	0.14～0.42	0.03～7.74
2000	3	74	288	0.39	0.15～0.99	0.02～7.18
2001	5	143	649	0.57	0.24～1.34	0.12～2.87
2002	8	204	932	0.52	0.30～0.90	0.22～1.21
2003[a]	10	285	1 168	0.55	0.37～0.81	0.35～0.85
2003[b]	13	391	1 722	0.53	0.35～0.79	0.34～0.83
2004	19	641	2 832	0.61	0.46～0.82	—
2005	20	679	2 999	0.63	0.49～0.85	—
2006	25	768	3 310	0.67	0.53～0.86	—
2007	27	775	3 372	0.67	0.53～0.86	—

[a] 第一次穿过监测界值;[b] 该年年末

表 16-1 显示了综合效应的变化(相对危险度估计),按照试验、事件和病人的累积数量,
于每年年末列出了合并效应的传统和校正后的 99%CI。校正后的 99%CI 是基于与所需信
息量有关(1 964 名病人)的 α 消耗函数的,该 α 消耗函数是基于低偏倚风险试验提示的相对
危险度估计确定的。

这个例子中累积 Meta 分析的过程体现了为什么基于相对小样本事件和病例数(本例中
指事件数低于 100 且病例数低于 300)的合并估计值不可信。除非累积达到至少 100 例事件

数和 1 000 例病例数，否则此 Meta 分析中的点估计值不具备充分的可信度。校正后的置信区间用于避免 Meta 分析在早期阶段得出虚假推论，同时在合理范围之内接近原始的置信区间，使累积病例数量接近所需的 Meta 分析信息量。

三、整体评价

本节的系统综述实例为了控制样本量不足和重复检验带来的随机误差，采用 TSA 分析的方法对 Meta 分析所需的信息量进行了计算。在效应分析中，对每一个临床结局进行信息量计算并根据统计量是否穿过监测界值来判断结果的统计学意义。从累积 Meta 分析的过程数据中可以看出，当累积 Meta 分析纳入的样本量较小时，假阳性风险很高，因此本实例说明了 Meta 分析进行信息量计算的重要性。

第四节　软 件 介 绍

一、软件的安装和启动

TSA 软件是丹麦哥本哈根临床试验中心（Copenhagen Trial Unit）开发的试验序贯分析软件，软件可从官方网页上进行下载。软件可在所有支持 Java™ 语言的操作系统上运行。

TSA 软件安装所需的所有文件均被放在一个 ZIP 压缩包里，解压后得到 TSA.jar，RM5Converter.jar 和 TEMPLATES.TPL 三个文件，同时有两个名称分别为 lib 和 samples 的文件夹。

TSA.jar 压缩包中包含 TSA 应用程序；RM5Converter.jar 压缩包中包含一个特定程序，能够实现将 RevMan 5 中的数据（目前仅适用于二分类结局指标）转化为适用于 TSA 分析的数据格式。

TEMPLATES.TPL 文件包含监测边界模板（monitoring boundary templates），在对不同资料分别进行序贯分析时可作为默认值使用。模板文件的内容受 TSA 软件控制。文件夹 lib 中包含 TSA 程序应用所需的多种支持包。文件夹 samples 中则包含本手册提供的示例 ".TSA" 文件。将整个 TSA 压缩包解压至硬盘上某一个文件夹中即完成了本程序的安装。

二、软件的使用

（一）启动

TSA 启动后会弹出启动窗口菜单栏。创建一个新的 Meta 分析。

在启动菜单栏选择文件（File）新建 Meta 分析（New Meta-analysis），会弹出一个对话框（图 16-14）选择将进行 Meta 分析的数据类型，确定两个进行比较的干预措施，定义"阴性"（Negative）或"阳性"（Positive）结局指标类型。

名为 Meta 分析概要（Meta-analysis Summary）的对话框出现。

图 16-14　新的 Meta 分析创建对话框

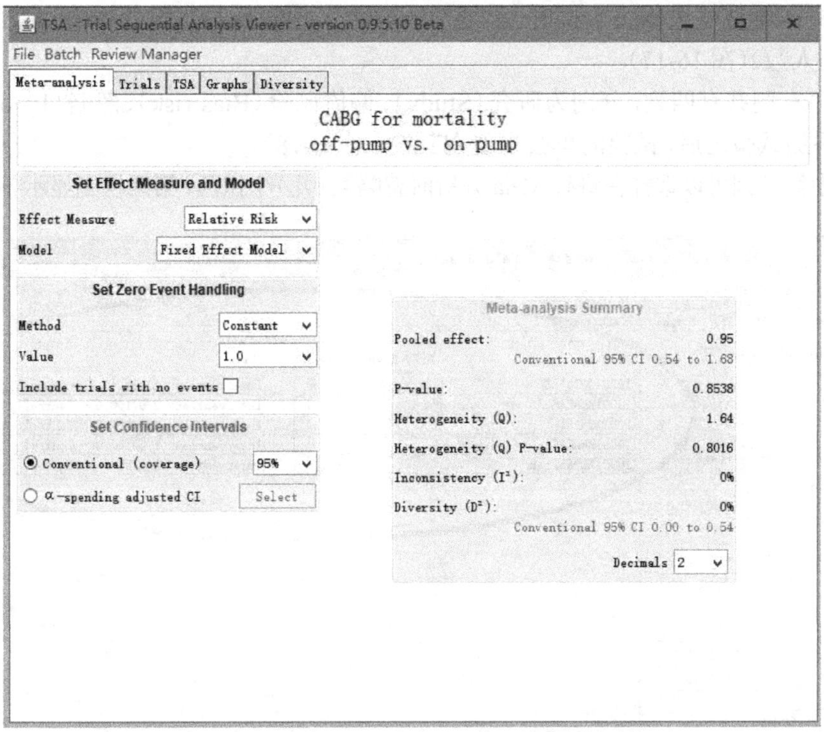

图 16-15　新建 Meta 分析并已输入数据的开始窗口

（二）添加、编辑和删除试验

在 TSA 程序菜单栏的下方有五个选项卡，分别为 Meta 分析（Meta-analysis）、试验（Trials）、TSA、图形（Graphs）和多样性（Diversity）。如果需要对 Meta 分析中的试验进行添加、编辑或删除操作时，选择试验（Trials）选项卡。

要添加新的试验，需要在添加二分类变量 / 连续性变量性试验（Add Dichotomous/Continuous Trial）区填写相关信息。分别在"研究"（Study）和"年份"（Year）栏中输入研究名称或标题及研究发表年份字段。此外，可以对试验是否为低偏倚风险等级做出评价并勾选。

在分析二分类结局指标时，需要分别输入干预组和对照组中事件发生数和各组病人总数（图 16-16）。

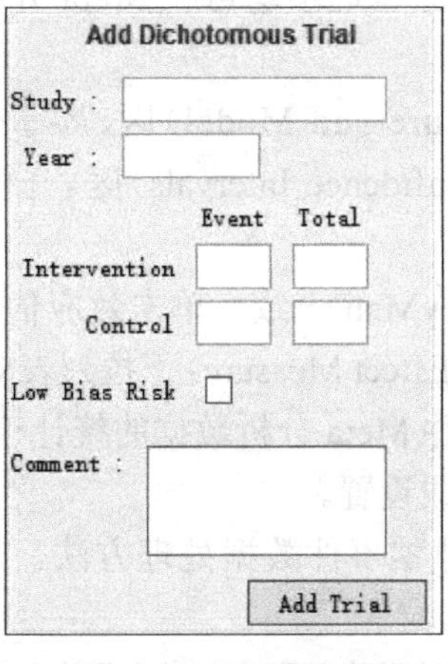

图 16-16　二分类变量数据输入框

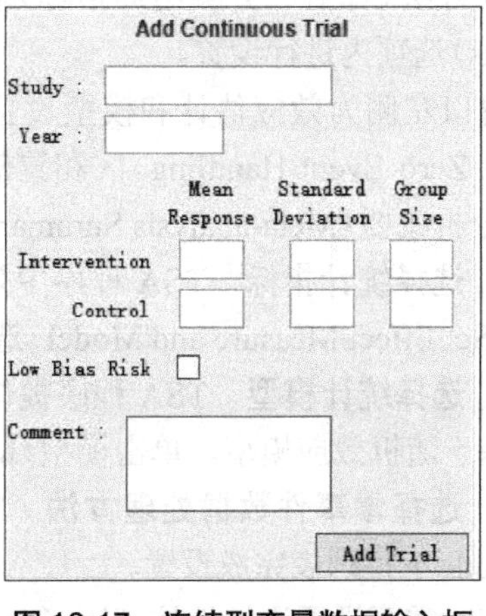

图 16-17　连续型变量数据输入框

在分析连续型变量相关数据时，需要分别输入干预组和对照组的均值、标准差和每组样本量（病人数）（图 16-17）。

在窗口右侧共有四列，分别为研究（Study）、偏倚风险（Bias risk）、忽略（Ignore）和数据（Data）。添加试验之后，试验清单会出现在其中（图 16-18）。

清单中第三列可以选择在进行 Meta 分析时忽略某（几）个试验，第四栏则显示各试验数据。

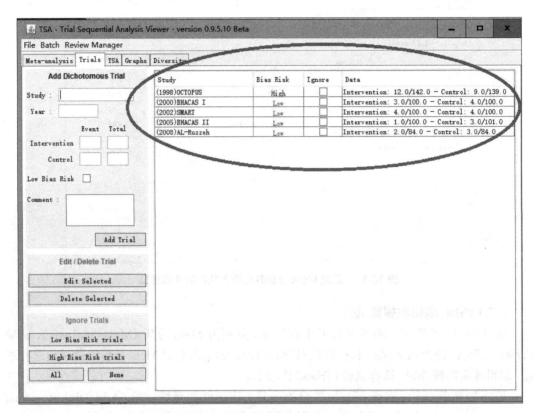

图 16-18　椭圆标志内为已添加试验的列表

（三）自定义 Meta 分析设置

TSA 程序提供多种选择进行 Meta 分析，含多种效应估计方法、多种统计模型、零事件处理方法（针对二分类结局指标）和置信区间范围。这些选项均可在 Meta 分析（Meta-analysis）选项内进行设置。

窗口左侧为效应估计和模型设置（Set Effect Measure and Model）区、零事件处理设置（Set Zero Event Handling）区和置信区间设置（Set Confidence Intervals）区。窗口中间是 Meta 分析概要（Meta-analysis Summary）区（见图 16-15）。

1. 选择统计指标　TSA 程序中效应估计方法与 RevMan 一致。单击效应估计和模型设置（Set Effect Measure and Model）选项下的效应估计（Effect Measure）下拉列表即可。

2. 选择统计模型　TSA 程序提供了四种可用于合并 Meta 分析数据的统计模型，其中三种基于随机效应模型。单击模型（Model）下拉列表完成设置。

3. 选择零事件数据处理方法　TSA 程序提供三种零事件数据处理方法。单击方法（Method）下拉列表完成设置。

有时需要设置连续性校正因子。TSA 程序中，校正因子为两组校正因子总和（也称"校正因子值")。例如,RevMan中计算连续性校正因子总和的方法为1=0.5+0.5,因为两组事件数计算时均增加了0.5。单击值(Value)下拉列表,选择矫正因子总和计算方法。当然,也可以选择将连续性矫正法用于零事件试验,勾选纳入零事件试验(Include trials with no events)后的方框即可。

4. 选择置信区间的类型　TSA程序提供多种置信区间类型。置信区间范围可设置为95%、99%、99.5%或99.9%。单击置信区间设置(Set Confidence Intervals)区中的"常规性(范围)"Conventional(coverage)单选框,点击右侧下拉列表选择所需区间范围。

如果应用α消耗函数构建并校正了显著性检验边界,也可以选择α消耗校正性置信区间。

(四)校正后的显著性检验(应用TSA)

TSA目前提供两种显著性检验校正方法,分别为O'Brien-Fleming α函数消耗法和迭代对数法。TSA中还包含O'Brien-Fleming α消耗法和无效性检验相结合的方法。使用上述方法,需单击TSA选项卡[位于试验(Trials)选项卡右侧],出现TSA操作对话框(图16-19)。

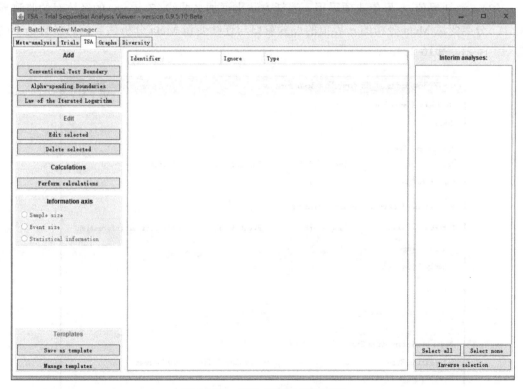

图16-19　TSA选项卡操作界面

1. 添加显著性检验　该窗口的左上侧为添加(Add)区,包含常规检验边界(Conventional Test Boundary)、α消耗边界(Alpha-spending Boundaries)和迭代对数法(Law of the Iterated Logarithm)按钮。单击其中任意按钮都会在TSA程序界面中弹出新的窗口。该窗口包含多个字段,设置显著性检验类型。

(1)常规显著性边界:常规检验边界(Conventional Test Boundary)选项允许添加Z曲线边界,是检验最大Ⅰ类错误风险即α的单一显著性检验。例如,双侧α=5%的单一显著性检验的常规边界为两条处于1.96和−1.96的水平线(图16-20)。

对二分类结局指标的Meta分析,应注意的是当结局指标为阳性指标而非阴性指标时,上限和下限检验的功能是相反的。当已对常规界值进行命名并明确设置后,可点击添加按钮来添加界值。

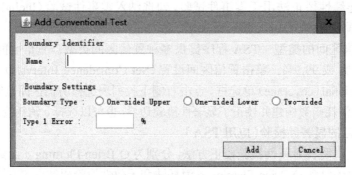

图 16-20　常规检验设置窗口

（2）α 消耗界值：α 界值选项采用 α 消耗方法来添加 Z 曲线（Z-curve）的经校对的监测界值。二分类变量 Meta 分析的 α 界值的设置窗口与连续变量 Meta 分析估算信息量时是不同的（图 16-21、图 16-22）。

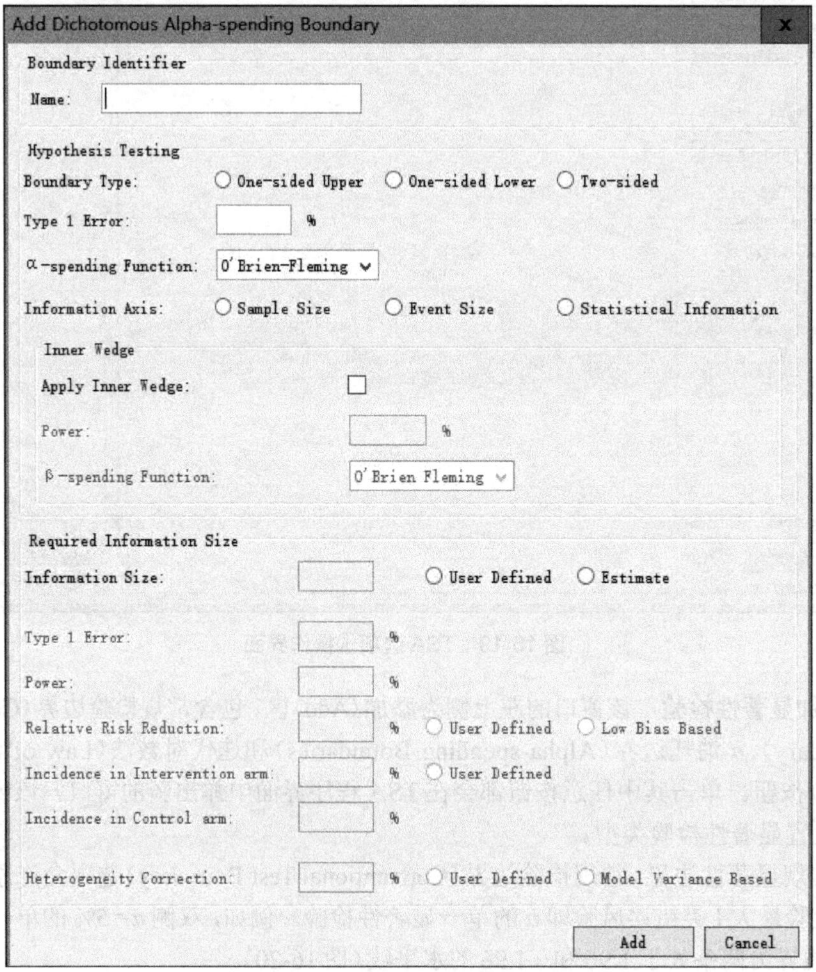

图 16-21　二分类变量 α 消耗检验设置窗口

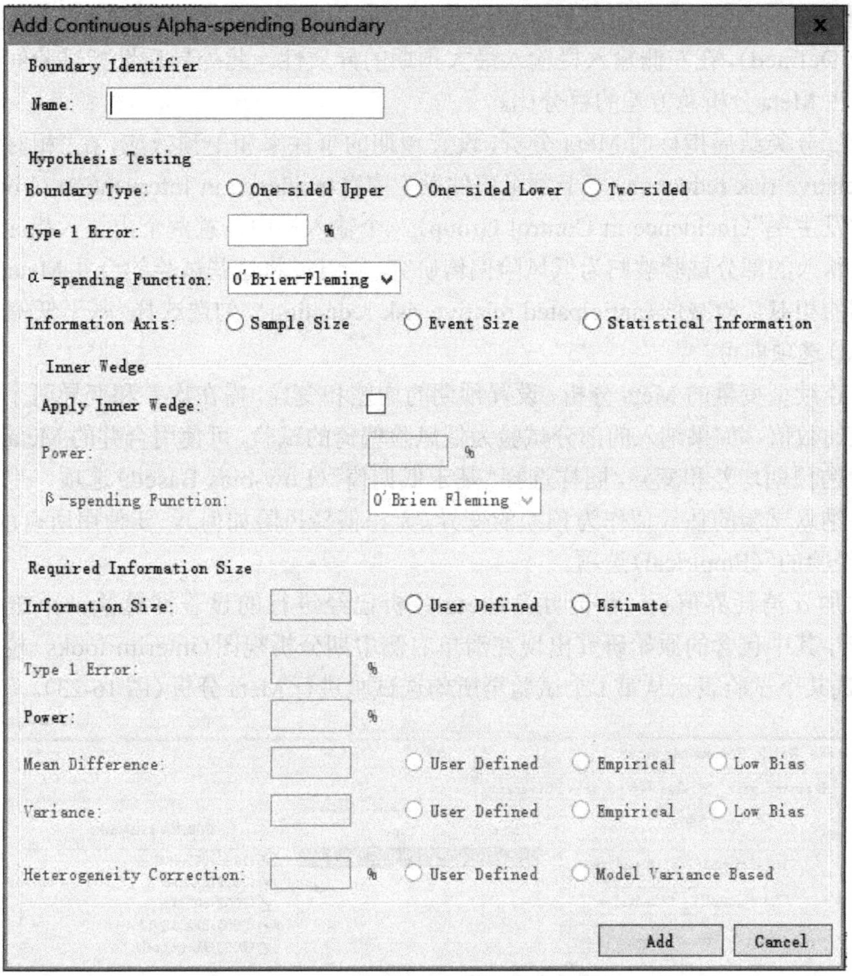

图 16-22　连续变量 α 消耗检验设置窗口

对二分类变量的 Meta 分析,应注意的是当结局指标为正性指标而非负性指标时,上限和下限的检验功能是相反的。

勾选"应用内插"(Apply Inner Wedge)检测无效性(如应用内插无效界值)。当输入信息量估算参数后,无效界值的Ⅱ类错误(或把握度)将被自动设置。目前对于 β 消耗函数 TSA 仅有 O'Brien-Fleming 功能。

信息量估算需要先输入变量。勾选"用户定义"(User defined)可键入自己设定的信息量;勾选"估计"(Estimate)按钮,则软件自动计算所需信息量。软件会根据用户计算的信息类型生成信息量的计算,例如如果在信息轴(Information Axis)下选择"样本量"(Sample Size),所需的信息量将自动计算 Meta 分析所需的病例数。

信息量值的计算是自动基于所定义的 α 值对应的最大Ⅰ类错误,但需要在"把握度"(Power)框中输入设定的最大Ⅱ类错误/最小把握度(1-Ⅱ类错误)。

当 Meta 分析存在异质性时,有两种方法校正所需要的信息量。第一种是基于所选的随机效应模型方差和固定效应模型方差的估计比率。勾选"基于模型方差"(Model Variance Based)执行。但如果选择固定效应模型,校正因子将总等于1,也就是实际上并没有进行校正。

第二种方法是对异质性进行估计。当 Meta 分析纳入的试验数量不足以进行可靠的估计校正因子时,可校正所需信息量以便得到先验最大或合理的预期异质性。勾选"用户定义"(User Defined),在左侧输入栏输入最大预期的异质性。此处异质性指试验间而非试验内的变异占 Meta 分析总方差的百分比。

对于二分类结局指标的 Meta 分析,设置预期的事件率和干预效应,在"相对危险度减低率"(Relative risk reduction)、"干预组事件发生率"(Incidence in Intervention Group)和"对照组事件发生率"(Incidence in Control Group)三个输入栏中任意两个内填入相应的数值即可。如果纳入的部分试验被归为低风险偏倚研究,则可以将这些试验的合并 Meta 分析值估计为预期的相对危险减低(anticipated relative risk reduction),勾选选择"基于低偏倚"(Low-bias Based)选项即可。

对于连续型变量的 Meta 分析,设置预期的均差和变异,需在均差和变异两个输入栏内输入相应的数值。如果纳入的部分试验为低风险偏倚的试验,可使用合并的 Meta 分析估计这些试验的预期均差和变异,同样选择"基于低偏倚"(Low-bias Based)选项。也可以选择使用合并纳入试验的估计值作为预期的变异(无论偏倚风险如何)。要使用所有的试验,勾选"根据经验的"(Empirical)选项。

当添加 α 消耗界值后,需要明确 Meta 分析已经进行的显著性检验。单击已添加的 Meta 分析,其中包含的原始研究出现在清单右侧中期分析视图(interim looks)校正显著性检验,勾选某个试验表示从第 1 个试验至所勾选试验进行 Meta 分析(图 16-23)。

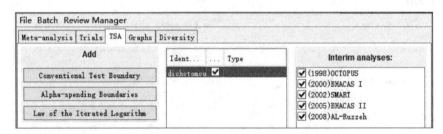

图 16-23 中期分析试验选择

(3)迭代对数法则惩罚 Z 曲线:迭代对数法则选项可以对 Z 曲线进行惩罚,运行校正的显著性检验。当单击"迭代对数法则"(Law of Iterated Logarithm)按钮,会出现如图 16-24 的窗口,其中 λ 为惩罚参数。

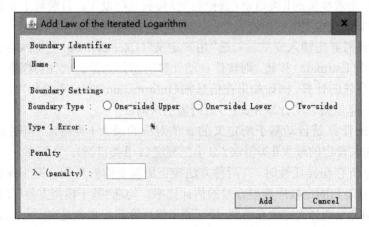

图 16-24 当单击"迭代对数法则"按钮时出现迭代对数法则惩罚设置窗口

当结局被定义为正性结局指标而非负性结局指标时,上限和下限的功能将会颠倒。

2. 显著性检验的运算　在 TSA 界面"编辑"(Edit)区域下的"运算"(Calculations)区域中单击"进行运算"(Perform calculations)按钮。

在两个中期分析中增加相对小的信息时,α 消耗边界的数值计算(极小的尾概率的数值积分)可能会发生错误。例如,如果需要的信息大小是 20 000 例病人,中期分析增加一个 40 名病人的试验,则仅增加计算信息部分的 0.2%。为避免计算错误,TSA 的程序会自动移除这个中期分析。这种情况发生时,在 TSA 程序中间会自动弹出窗口显示中期分析已经被忽略,但这些试验的数据仍然存在于 TSA Meta 分析及累积的 Z 值中。

如果已经添加了至少一个显著性检验并且不希望对所有这些进行运算,则可以选择忽略显著性检验,勾选希望忽略的显著性检验相应方框即可(图 16-25)。

Identifier	Ignore	Type
dichotomous test	☑	
interated test (LIL)	☐	Law of Iterated Logarithm
Conventional test (CON)	☐	Conventional

图 16-25　忽略一个显著性检验的例子["忽略传统双面"(Conventional 2-sided)]

(五)TSA 图示选项

TSA 程序的图允许显示 Z 曲线和构造的显著性检验有关证据(即病例累积数、事件或统计信息)的强度。TSA 程序提供了一些图形编辑选项以方便制作科研论文所需的图形,点击"图形"(Graphs)选项卡进入界面。

窗口左侧是"测试和边界布局区域"(Tests and boundaries Layout),设置图形布局,以及两个打印选项("打印当前图形"和"生成 TSA 报告")。这些区域的右侧,则会显示 Z 曲线和构造的显著性检验图形。

在测试和边界布局区域中,有一些图形编辑选项,这些选项允许更改 Z 曲线的呈现和构造的显著性检验(边界)。构造的显著性检验和 Z 曲线将被列在白色区域(图 16-26)。选择列表中的检验(曲线)可进行编辑。

在信息轴上,边界间的距离和 Z 曲线间的距离通常用信息的相对增加来显示。TSA 程序会按比例缩小的方式显示这些距离。

如需选择这种布局格式,在"设置图形布局"(Set Graph Layout)区域的下拉框中单击"试验距离"(Trial Distance),然后选择"等距"(Equal)。

基于 α 消耗函数校正的显著性检验校正的是 Z 曲线的界值。而基于迭代对数法校正的显著性检验结果则必须结合单个试验的显著性检验结果才可进行合理解释。因此,将这两种结果在一张图中显示是没有意义的。TSA 程序为基于 α 消耗函数校正的显著性检验和基于迭代对数法则校正的显著性检验提供了不同的图表。查看 α 消耗函数校正的显著性检验图示,选择图表上方的"校正界值"(Adjusted Boundaries)选项卡;查看迭代对数法则校正的显著性检验图示,则选择图表上方的"惩罚检验"(Penalised Tests)选项卡。

(六)探索试验间的差异性

TSA 程序还提供一种通过 3 个随机效应模型(DL、SL 和 BT),探索差异性估计及权重比较的选项。这些选项具体可见"差异性"(Diversity)选项卡。

单击"差异性"(Diversity)选项卡后,屏幕将会如图 16-27 所示。屏幕上方显示试验及其显著性检验结果、权重、权重百分比;屏幕左下角显示的是 3 个随机效应模型各自的 I^2 异质

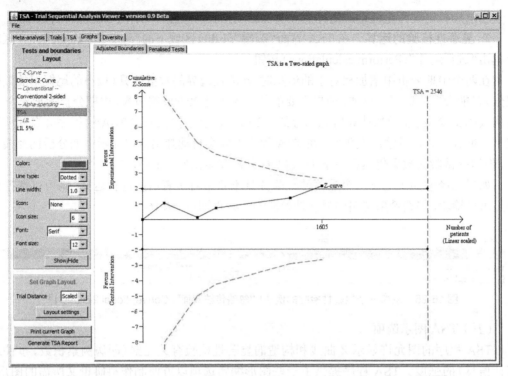

图 16-26　图形窗口

图 16-27　差异性选项卡

性估计值及其相应校正异质性 $1/(1-I^2)$、D^2 异质性估计值及其相应校正异质性 $1/(1-D^2)$，以及试验间方差估计值（τ^2）。而异质性估计值仅显示于 DL 模型中。值得注意的是，DL 与 BT 模型中试验间方差估计值是相同的。在右下角中，有一个选项可以选择全部数据显示的小数位数。单击下拉窗口，即可选择小数位数。

（李 迅）

参考文献

[1] Thorlund K，Devereaux P J，Wetterslev J，et al. Can trial sequential monitoring boundariesreduce spurious inferences from Meta-analyses？[J]. International Journal of Epidemiology，2009，38：276-286.

[2] Trikalinos T A，Churchill R，Ferri M，et al. Effect sizes in cumulative Meta-analyses ofmental health randomized trials evolved over time[J]. Journal of Clinical Epidemiology，2004，57：1124-1130.

[3] Ioannidis J，Lau J. Evolution of treatment effects over time：empirical insight from recursive cumulative Meta-analyses[J]. Proc Natl Acad Sci USA，2001，98：831-836.

[4] Whitehead J. The design and analysis of sequential clinical trials[M]. John Wiley & Sons，2000.

[5] Whitehead A，Whitehead J. A general parametric approach to the Meta-analysis of randomized clinical trials [J]. Statistics in Medicine，1991，10：1665-1677.

[6] Federov V，Jones B. The design of multicentre trials[J]. Statistical Methods in Medical Research，2005，14：205-248.

[7] Moller C H，Penninga L，Wetterslev J，et al. Clinical outcomes in randomized trials of off- vs. on-pump coronary artery bypass surgery：systematic review with Meta-analyses and trial sequential analyses[J]. Eur Heart J，2008，29：2601-2616.

第十七章

前瞻性 Meta 分析

本章引例

　　在第三章的引例中，美国心脏协会推荐所有冠心病病人应采用强化他汀的治疗。20世纪90年代，不同人群的观察性研究已经显示血胆固醇与冠心病连续正相关，但对于药物或饮食变化引起的血胆固醇降低是否能够降低死亡率的证据还不够充分。从之前的章节中已经明确，尽管单一大规模临床试验的结果显示了其有效性，临床试验的系统综述应该能够更好地揭示其因果关系。然而，之前章节中的系统综述大多是在执行 Meta 分析之前，所包含的个体研究已经完成，研究结果已经发表。因此这类系统综述多为回顾性的，这就导致对于这些个体研究结果的知晓程度有可能给系统综述的分析结果引入偏倚。例如，如果在系统综述定义研究问题的时候就已知一个研究结果与预期结果相反，研究者就有可能关注或特意寻找这一研究是否存在一些潜在的原因，并最终有可能根据这一原因，决定在系统综述分析中排除该研究的研究结果。即使排除该研究的这个决定可能是合理的，但这一决定仍然是建立在已知的某试验结果之上的。由此可见，对参与研究结果已知可能在研究问题的定义、参与研究的纳入与排除标准、分析方法的选择等方面均会产生一定的影响。因此，理想的系统综述应该在选取可能参与的研究之前定义研究问题并确定分析方法，以防止这些偏倚引入的可能。前瞻性 Meta 分析就是为了更好地避免这类偏倚的引入而建立的。针对他汀药物，1994年11月，前瞻性 Meta 分析的 CTT 联盟成立，即 Cholesterol Treatment Trialists，其研究方案于1995年在所有参与试验结果揭晓之前发表于 *American Journal of Cardiology*。2005年，CTT 发表的第一份前瞻性 Meta 分析的结果发表在《柳叶刀》期刊上，描述了对他汀药物临床试验的前瞻性 Meta 分析。本章将介绍前瞻性 Meta 分析的相关内容。

第一节　前瞻性 Meta 分析的定义、特点和分类

一、前瞻性 Meta 分析的定义和特点

　　前瞻性 Meta 分析（prospective Meta-analysis，PMA）指的是这样一类 Meta 分析，在这类 Meta 分析中参与的研究，在被认定参与 Meta 分析的时候其研究结果还未知，更理想

的情况下,在被认定参与 Meta 分析的时候并未开始,可以专门为 Meta 分析中统一的特定研究问题和目的统一规划。因此这类 Meta 分析克服了很多传统的回顾性 Meta 分析的缺点:①在确定参与的个体研究之前明确研究的纳入与排除标准,减少了选择偏倚;②研究结果的汇总不依赖于发表了的研究结果,避免了发表偏倚;③参加 PMA 的研究多在同时期进行并完成,参加的个体研究遵循一致的研究方案,在研究设计、数据收集、干预手段和结局定义等方面可以尽可能达成一致,从而降低了研究的异质性;④全面获得参与研究的所有个体参与者数据,使得研究分析更为广泛和灵活,包括进行生存分析和各种亚组分析。

二、前瞻性 Meta 分析的分类

一般情况下,前瞻性 Meta 分析在执行上可以分为以下三种:

1. 预先登记 Meta 分析计划(preregistered Meta-analysis plan) 最简单容易执行的 PMA 执行方式是预先登记注册 Meta 分析的研究分析计划,然后在 Meta 分析中只包含那些在研究分析计划注册之后完成的个体研究。研究分析计划中应该明确指定所需要的统计分析方法及参与研究的纳入与排除标准,后续发生的符合纳入与排除标准的研究都应被包含在研究分析之中。然而,尽管这种方式简单易行,在执行过程中仍然会存在严重的回顾性决策问题。预先定义的纳入与排除标准很难做到足够充分来预估研究中可能存在的各种变异,例如,某候选的个体研究可能使用了一种新的测量方法,这个研究最终是否能被合理的纳入 Meta 分析中就需要一定程度的判定,而分析时采取的判定又回到了回顾性判定的状态。很大的可能是其研究结果符合预期则被包含,否则即被排除,从而产生偏倚。因此,尽管这种类型的 PMA 能够对传统的 Meta 分析进行一定程度的改善,却并不是 PMA 的最优选择。

2. 预先规划参与研究的 Meta 分析(preplanned studies in a Meta-analysis) 更为常规的 PMA 是为要包含的研究预先制订研究方案,使得 PMA 成为一个大型的多中心的研究项目。这个类型的 PMA 更类似大型多中心的临床试验。但 PMA 与大型多中心临床试验还有一定的区别。一般情况下,PMA 多用于在大规模多中心临床试验不可行的情况下,又需要较大样本量来满足足够大的效能的时候,例如针对罕见疾病或需要随访时间较长时。相比大规模多中心临床试验,PMA 中每个参与的研究拥有更大的自由度,每个研究的负责人更为独立,在预先制订的研究方案框架下负责完成每个研究试验,然后再将试验结果在试验联盟中共享,完成单个研究的同时参与 Meta 分析。预先制订的研究方案在 PMA 中也相比大规模多中心临床试验更为灵活。例如,FICSIT(the frailty and injuries: cooperative studies of intervention techniques)试验是一个包含了 8 个研究的 PMA,用以研究体能锻炼对老年人生活质量的影响。8 个参与的单个研究中有的为 2 组平行设计,有的为 3 组平行设计,还有的为 2×2 的析因设计;具体的干预措施也有一些不同,有的为仅包含耐力锻炼,有的为平衡型锻炼方式,还有的是太极干预组;试验长短也不尽相同,13 周到 6 个月不等。这些个体研究设计中的变异,一定程度上也反映了真实世界中可能存在的人群差异。此外,对于 PMA 而言,除了 Meta 分析的结果会发表以外,参与的单个研究的研究结果往往也会单独发表。

3. 基于登记注册的 PMA(registration-based PMA) 近期,由于大规模多中心的研究项目往往需要的资金支持较多,在很多行为学的研究中实施难度较大,因此研究者提出了基于登记注册的前瞻性 Meta 分析。在这种类型的 Meta 分析中，需要在收集数据之前进行前瞻性的预注册，能否包含该研究的决定在注册后且数据收集前通知研究负责人。每个单个研究是各自独立发起和资助的。这种前瞻性 Meta 分析中，研究方案也是提前设定的，一般包括效能分析、样本量大小、采用的统计分析方法和研究的纳入与排除标准等内容，并且通常该研究方案也会被公开登记注册，有专门的协调工作组维护参与研究的列表。当预先计划的样本量或其他的结束标准满足，该 Meta 分析就完成了。

通常情况下，前瞻性 Meta 分析，特别是上述后两类的 PMA，是以产生确定性结果而非探索性结果而设立的，因此往往在此之前有至少一个回顾性的 Meta 分析结果予以支持。为了明确研究假说的真假，确定性研究往往需要足够的样本量和明确的测量方法和干预手段。同时，为了保证研究顺利进行，PMA 很大程度还需要一个合理优化的研究注册机制和实现过程。

三、前瞻性 Meta 分析的常见领域和所需资源

前瞻性 Meta 分析并不局限于特定的疾病类型，多见于心脑血管疾病、癌症和儿童肥胖等疾病的临床试验，如 2000 年 CAST/IST 协作组发表的关于阿司匹林在急性缺血性脑卒中的使用的临床试验，联合分析了 4 万随机化的中国病人；针对氟尿嘧啶和叶酸在结肠癌中的辅助治疗作用的 IMPACT 研究，共纳入了 1 493 名病人；研究儿童早期肥胖干预的 EPOCH 研究，成立于 2009 年，目的在于决定是否应对 18～24 个月的肥胖幼儿进行早期干预。到目前为止，前瞻性 Meta 分析在传染病领域鲜有出现。在 Cochrane 的 PMA 分析网站中有较为全面的已经完成和正在进行的前瞻性 Meta 分析列表以供参考。

通常情况下，前瞻性 Meta 分析，耗费的资源较大，通常需要较长的执行时间，甚至比回顾性的个体资料的 Meta 分析还要长，因此更要求有一个独立的筹备协调工作组能够完成维护工作，包括负责组织常规研究例会，更新研究列表，确保参与的研究按照预先制订的研究方案执行等，在这一点上，和多中心临床试验类似。

第二节　协作组的建立

前瞻性 Meta 分析和个体资料的 Meta 分析有很多联系和共通之处。对比回顾性 Meta 分析，其研究的流程如图 17-1 所示。其中，浅灰色标识的步骤多只在前瞻性 Meta（或个体资料 Meta）中才有，白色标识的步骤在回顾性和前瞻性 Meta 中均存在但有不同，深灰色标识的步骤两者基本相同。对于前瞻性 Meta 分析而言，大多数研究首先建立协调团队，设定研究目标，完成研究方案的主要内容。根据制订的研究方案招募满足要求的单个研究。待单个研究完成各自试验，协调团队负责进行完整数据的信息汇总和验证，建立统一的数据库系统和全面的数据核查机制，按照预先制订的研究方案中的统计分析方法统一进行分析，召开研究合作会议，对分析结果等相关问题进行讨论，最终将研究结果撰写成文进行发表。因此，尽管 PMA 是一个多研究的数据联盟，研究协作组是其核心，这一点与个体资料 Meta 分析一样，通常情况下，Meta 分析的执行、质量控制和数据结果发表都是由研究协作组完成的。该协作组多由每个参与研究的代表组成，以委员会的名义管理研究的日常事务，有时研究协作组也会成立顾问团体，以解决试验过程中出现的各种问题。

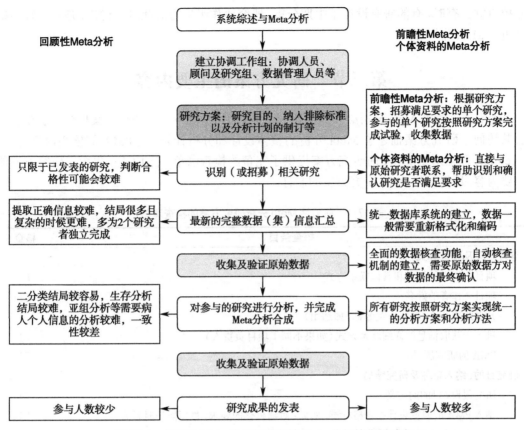

图 17-1　前瞻性 Meta 分析与回顾性 Meta 分析的流程对比

与个体资料 Meta 分析一样，协作组内部良好的协商机制是 PMA 能够成功完成的基础。然而，与其他 Meta 分析不同的是，前瞻性 Meta 并不只是从参与的单个研究中获得数据。PMA 的协作组需要在单个研究结果出来以前就建立完成，并就即将进行的 Meta 分析的主要研究内容进行制定，至少需要（但不局限于）对以下几个方面达成一致：研究的目标人群、研究设计、数据收集方案等。当单个研究的负责人决定参与 PMA 后，需按照共同制订的核心研究方案实施。与大规模多中心临床试验不同，PMA 的单个研究允许存在一定程度的局部不一致和额外的数据收集，但必须确保不损害共同的核心研究方案内容。除此以外，协作组应不遗余力地确保 Meta 分析的前瞻性，即单个研究的试验结果不能在决定其是否参加 Meta 分析前有任何泄露，来最大限度地避免分析的偏倚。因此，很多协作组也可以采用如前所述的前瞻性注册机制，参与的单个研究负责人就这一问题也需要向研究协作组提供明确的书面同意书，让参与的单个研究负责人明确 PMA 的概念和研究方案的内容和相关细节。

前瞻性 Meta 分析与个体资料 Meta 分析在数据分析部分基本相同，因此研究协作组通常拥有所有参与的个体研究的原始数据。这也使得研究协作组必须提供相应的制度和措施以确保原始数据的保密性，使之被合理使用。通常情况下，参与的研究负责人与研究协作组之间会签署相关保密协议，保密协议中明确描述数据的使用权限。研究协作组也大多会要求参与的研究对其提供的原始数据事先进行脱敏，数据发送过程中也大多要求对原始数据进行加密。对于 PMA，有些单个研究的进程较快，有些较慢，先完成的试验可能会涉及发表其单个研究结果的事宜，因此也需要研究协作组提前做好准备，协商相关数据安全和监控事宜。有时,有的研究设计了中期分析,研究协作组也需对此进行讨论,是否进行中期分析的 Meta 分析等。

第三节　研究方案的主要内容

所有的前瞻性 Meta 分析必须提供研究方案,通常情况下这个研究方案也会发表或能被公共访问。研究方案描述了 Meta 分析的整体设计和分析计划,是 PMA 的核心内容之一。Cochrane 联盟对于 PMA 的研究方案提供了完备的检查清单(表 17-1),包含了研究方案的主要内容,用以指导 PMA 研究方案的制订。

表 17-1　前瞻性 Meta 分析研究方案的检查清单

核查条目	核查
管理结果及联系方式	
项目负责人的姓名和具体联系方式	□
项目合作者的姓名	□
开展此项 PMA 的协作组名称(如适用)	□
进一步获取信息的详细联系方式(如果不同于项目负责人)	□
PMA 的研究题目	□
研究目的、纳入条件及研究结局	
研究假设/目的的定义	□
纳入 PMA 的研究设计的合格标准(例如:对随机化的要求,最短随访时长)	□
研究中纳入人群的合格标准	□
每项干预和对照的合格标准	□
研究结局的相关信息:明确主要结局和次要结局,结局的定义、测量工具及时间等	□
需要进行分析的亚组(如相关,应有每项的定义)	□
研究的搜索方案	
描述对进行中的试验的检索方法,包括潜在合作者如何被找到并联系加入 PMA	□
分析计划	
详细描述 PMA 的样本量和功效的计算、中期分析以及亚组分析计划	□
详细说明开展数据收集的周期、定期更新 PMA 数据的计划(例如 5 年一次),以及因此期望试验者提供更新的长期结局数据的时间	□
管理和协调	
组织管理结果及委员会的细节	□
数据管理程序(数据如何收集、格式要求、要求何时提交数据、质量控制过程等)	□
详细说明统计分析的负责人	□
研究发表相关政策	
作者相关政策(例如:以"组"的名义发表)	□
稿件准备相关政策(例如:写作委员会的成员及职责,稿件传阅至所有试验者评论)	□
对于如有任一纳入的试验未能在特定时间内发表他们的研究结果将如何处理的声明	□
详细说明若某项试验违背加入 PMA 的意愿将如何处理	□
详细描述纳入的试验。注:应对每项试验单独完成一份《PMA 试验细节表》或者在 Meta 分析研究计划中包含每项试验的信息	□

如表 17-1 所示，每个研究方案都将包括 PMA 的一些管理方面的细节，如研究总负责人的姓名和联系方式，研究的主要目的、结局事件和纳入与排除标准，研究的搜索方法、统计分析计划、研究的管理和协作事宜，以及发表政策等相关内容。下面将就重点内容进行介绍。

一、前瞻性 Meta 分析的研究目的、结局事件及纳入与排除标准

与其他任何研究的研究方案一样，前瞻性 Meta 分析的首要任务是定义研究假说，建立与之相符的研究目标，细化研究问题的各个方面。在定义和精炼研究问题的过程中，可以应用 PICOTS 框架，即研究问题的 6 大关键点，包括人群（population）、干预（intervention）、对照（comparator）、结局（outcomes）、时间（timing）和场所（setting）。例如，PMA 的研究方案中需要明确参与研究的研究设计，如可能，需要求参与的研究必须为随机对照临床试验，在随机化的过程中，PMA 可以选择使用相同的随机化分配方法，或者至少要求使用相同的分组分层因素。研究方案中必须针对结局事件进行明确的定义，同时描述结局事件的测量方法，明确研究的主要终点和次要终点。参与的单个研究必须按照 PMA 的研究方案完成各自试验。

二、研究搜索/招募方法

PMA 的研究方案中应明确研究的搜索或招募办法。PMA 的前瞻性使得 Meta 分析在制订研究方案的时候不一定能包含最终的所有研究列表，包含的研究列表往往是由研究协作组不断更新和维护的。研究方案中应该尽可能描述如何搜索目标研究并进行邀请。对于已经参与的研究，研究的相关细节也应在研究方案中进行描述，如预期的样本量、预计的试验时间节点、是否有任何研究结果（如中期分析）在注册或申请加入 Meta 分析时已知等信息。有时，有的研究虽然由于部分试验结果在发起 PMA 的时候已经知晓而不能加入 PMA 的主要分析中，但可以作为敏感性分析的部分加入，进而评估和量化是否存在回顾性研究的偏倚等问题。

三、分析计划

通常情况下，参加 PMA 的研究负责人都会被要求提供研究的原始数据，即研究的所有个体资料，因此在统计分析方面，前瞻性 Meta 分析与个体资料 Meta 分析有很多共通之处。研究方案中应明确将要进行的统计分析计划，包括样本量和效能计算、主要分析的指标、计算方法、所使用模型的描述、中期分析和相关的亚组分析等，以避免根据试验结果选择分析方法造成的偏倚。PMA 允许研究主要研究假说之外的其他问题，但这些问题必须遵循前瞻性的原则，即该问题的研究结果不能在分析之前知晓，也就是说不是被数据驱动的研究问题。有的时候参与 Meta 分析的单个研究受数据保密协议或伦理的原因不能提供原始数据，研究方案中应该对这样的情况进行明确说明，并提供相应的统计分析方法，如使用两阶段分析法（two-stage method，详见第十八章）让不能提供原始数据的研究负责人按照要求提供第一阶段的个体研究内的估计值、置信区间以及协方差矩阵等信息，研究协作组再根据该信息进行 Meta 分析的整合。除此以外，研究方案中也应明确该 PMA 是否会定期更新（如每 3 年更新一次结果等）来评估长期结果。

四、项目管理

从图 17-1 中可以看出，PMA 的实施过程中有多个环节涉及项目管理和协作的流程，PMA 的研究方案中应该描述项目管理的相关内容，包括项目委员会的成员、数据管理的制度和措施、数据收集和核查的机制、质量控制的相关措施等。

五、结果发表

PMA 研究方案中的另一个核心部分是研究的发表政策，包括 PMA 发表论文的作者列表。一般情况下，PMA 和个体资料 Meta 分析类似，参与的人数较多，允许列在 PMA 最终结果论文的作者有限，一般研究方案中会规定每个单个研究能够参与 PMA 的作者人数，如每个研究 2 名。除了作者信息之外，研究方案中还要明确研究撰写的过程。大多数情况下，PMA 的研究协作组会设立论文撰写的写作组，完成论文的主要撰写和修订工作。论文在投递发表前一般需要对所有参与的研究负责人征询意见并获得发表认同。与个体资料 Meta 或其他多中心研究不同的是，PMA 的研究方案中需要明确参与的单个研究能否单独发表各自的研究结果，如果可以，其发表的时间点是否有额外的规定等。除此以外，如果参与的试验因某种原因中断或者未能完成，研究方案中也应有相应的对策进行说明。

PMA 的研究方案是被鼓励发表的，如果是 Cochrane 的综述，该研究方案应递交 Cochrane 综述小组。同时，研究者越来越提倡将其研究方案注册，如 Cochrane Prospective Meta-analysis Methods Group 的网站，并提倡定期更新。每一个参与 Meta 分析的单个研究，特别是临床试验，也被要求在能够公共访问的地方进行注册，如 ClinicalTrials.gov 或 Primary Registry 等。

第四节　数　据　收　集

如前所述，通常情况下，参加 PMA 的每个研究的负责人都会被要求提供该研究的原始数据，即研究的所有个体资料，因此，数据收集的过程与个体资料 Meta 分析类似，一旦单个研究试验完成了，原始数据将与研究协作组进行数据传递。与回顾性的个体资料 Meta 不同的是，PMA 的前瞻性使得其在数据收集的过程中有特有的优势，即研究协作组可以在单个研究开展之前决定其数据收集的格式、类型和编码，能够很大程度提升参与研究的数据一致性。此外，在数据交换的过程中，PMA 一般都会制定相应的数据交换协议，来满足现有的数据交换标准，如 CDISC（the Clinical Data Interchange Standard Consortium）。研究协作组在收到单个研究负责人发来的数据之后，应制定完善的数据核查机制，如检查数据缺失或重复、异常值核查、随机化模式核查等。如果出现相关问题，应与单个研究负责人联系，所有通信往来的文件应进行备份存档。通过核查的最终数据也将被参与的研究负责人进行最终确认，才可以被包含在 Meta 分析中。

第五节　数　据　分　析

如图 17-1 所示，大多数 PMA 的数据分析与个体资料 Meta 的分析方法基本一致，具体的分析方法和模型详见第十八章。原始个体数据的汇总使得研究分析的纳入与排除标准可以做到尽可能的一致，例如对患有特定疾病的病人可以统一排除；能够使用相同的分析方法和统一定义的混杂因素集；可以分析更为丰富的终点结局（如生存分析结局）或统计分析量（如风险预测的区分度等）；完成深入的各参与研究的异质性分析、亚组分析及交互作用分析等。

对于 PMA 而言，现在越来越多的研究会在试验进行到一定程度的时候进行中期分析，以监控安全性。因此 PMA 的前瞻性也使得其有独特的机会可以进行中期分析的汇总，中期汇总的分析结果通常可以在参与的研究中共享，以帮助单个研究的继续进行。但是，中期分析结果的汇总有时也会带来一些伦理问题，例如，如果中期结果的汇总结果已经证明了干预措施对主要终点的有效性，未完成的单个研究是否有必要继续进行下去呢？如果中期分析中干预手段只对特定的终点（或亚组）有效，后期的试验是否应该只针对其特定的终点（或亚组）呢？如果参与的单个临床试验都拥有自己的数据监管委员会，这些中期汇总的结果对于委员会而言是重要的研究证据，特别是有关安全性的证据一旦被提供，委员会将根据这些证据决定试验的进程发展。然而该数据监管委员会也应该就 PMA 的主要研究目标（包括亚组和罕见终点事件）达成共识，通常情况下在 PMA 的研究目标达成之前不应终止临床试验的继续进行。或者，也有研究者提出了序贯临床试验的方法，随着参与的研究结果逐步完成，为 PMA 建立严格的试验终止规则。

第六节　实 例 分 析

一、实例背景与解读

在本章的引例中介绍了 CTT 联盟的成立，主要的研究目的是进行他汀药物临床试验的前瞻性 Meta 分析。研究方案中选定的研究纳入与排除标准如下：①纳入研究为随机对照临床试验；②试验中至少有一支干预组的主要目的为脂质水平的降低；③临床试验对该干预组应无混杂影响，即干预组和对照组不存在影响因素的系统差异；④临床试验的样本量至少包括 1 000 人且持续时间至少为 2 年。该项 PMA 预先设定的主要研究终点为每 1.0mmol/L 的低密度脂蛋白的降低引起的全死因死亡率、冠心病死亡率和非冠心病死亡率的变化。次要分析为在特定的亚组中，冠心病死亡和主要心血管事件（冠心病死亡或非致死性心肌梗死）的影响，以及其与脑卒中和癌症等结局事件的关系。

CTT 发表的第一份 PMA 分析的结果发表在《柳叶刀》期刊上，研究结果显示，一共有 14 个临床试验的个体资料参与了最终的 Meta 分析，研究总共纳入了 90 056 人，其中 42 131（47%）人在基线患有冠心病。21 575（24%）名为女性。研究随访的平均年限为 5 年，总共 8 186 名参与者发生了死亡事件，14 348 名参与者发生了主要心血管事件，5 103 名参与者患了癌症。随访 1 年后的低密度脂蛋白降低了 0.35mmol/L 到 1.77mmol/L 不等。PMA 显示每 1mmol/L 低密度脂蛋白的降低可以降低 12% 的全死因死亡率（RR=0.88，95%CI：0.84～0.91）和 19% 的冠心病死亡率（RR=0.81，95%CI：0.76～0.85）。其对于非冠心病死亡率和非心血管事件死亡率的结果并不显著，相对风险分别为 0.93（95%CI：0.83～1.03）和 0.95（95%CI：0.90～1.01）。对于次要终点主要心血管事件（冠心病死亡或非致死性心肌梗死），每 1mmol/L 低密度脂蛋白降低的相对风险为 0.77（95%CI：0.74～0.80）；对于冠脉血运重建，相对风险为 0.76（95%CI：0.73～0.80）；对于脑卒中（致死性或非致死性），相对风险为

0.83（95%CI：0.78～0.88）。对于这些主要心血管事件的联合终点，共降低 21% 的风险。这些风险的降低与低密度脂蛋白降低的绝对数值有关，但与其他亚组变量（即年龄、性别、高血压、糖尿病等因素）无关。这些收益在第一年时就已经结果显著，并在后续的年限中增高。研究中并没有发现他汀治疗增加了整体癌症的发病率。

二、整体评价

该研究是前瞻性 Meta 分析的经典案例之一，为他汀治疗方案提供了主要的研究证据，很大程度上影响了后来他汀治疗的指南修订。本研究中的研究方案也为 PMA 研究提供了很好的范本。研究中列出了参与的 14 个研究的具体研究设计、试验招募和结束时间等相关信息，可以明确其 Meta 分析的前瞻性。研究的统计分析方法使用了与个体资料 Meta 分析相同的分析方法，充分利用了其拥有原始数据的优势，分析了多个研究终点，也进行了多个亚组分析。

（高　培）

参考文献

[1] Schechtman K B, Ory M G. Frality, Injuries: Cooperative Studies of Intervention T. The effects of exercise on the quality of life of frail older adults: a preplanned Meta-analysis of the FICSIT trials[J]. Ann Behav Med, 2001, 23(3): 186-197.

[2] Watt C A, Kennedy J E. Options for Prospective Meta-Analysis and Introduction of Registration-Based Prospective Meta-Analysis[J]. Front Psychol, 2016, 7: 2030.

[3] Chen Z M, Sandercock P, Pan H C, et al. Indications for early aspirin use in acute ischemic stroke: A combined analysis of 40 000 randomized patients from the chinese acute stroke trial and the international stroke trial[J]. Stroke, 2000, 31(6): 1240-1249.

[4] International Multicentre Pooled Analysis of Colon Cancer Trials (IMPACT) investigators. Efficacy of adjuvant fluorouracil and folinic acid in colon cancer[J]. Lancet, 1995, 345(8955): 939-944.

[5] Askie L M, Baur L A, Campbell K, et al. The Early Prevention of Obesity in CHildren (EPOCH) Collaboration—an individual patient data prospective Meta-analysis[J]. BMC public health, 2010, 10: 728.

[6] Higgins J P T, Deeks J J, Altman D G. Chapter 19: Prospective Meta-analysis [M/OL]//Cochrane Handbook for Systematic Reviews of Interventions Version 5.1.0. The Cochrane Collaboration, 2011. [2018-09-15]. http://handbook-5-1.cochrane.org/.

[7] Baigent C, Keech A, Kearney P M, et al. Efficacy and safety of cholesterol-lowering treatment: prospective Meta-analysis of data from 90,056 participants in 14 randomised trials of statins[J]. Lancet, 2005, 366(9493): 1267-1278.

第十八章

个体病例数据的 Meta 分析

本章引例

一名 60 岁女性病人，已绝经，无意中扪及右乳外上象限一直径约 2cm 肿块，无明显乳腺肿痛及乳头溢液、乳腺水肿等不适。无特殊既往病史。乳腺钼靶提示：右侧乳腺外上象限肿块，直径 2cm 大小，毛刺样，伴钙化点。胸片检查：T_5 一溶骨性病灶，经 CT 扫描明确有骨占位，恶性可能，发射型计算机断层扫描仪（ECT）确认全身单一骨病灶。病人行右乳肿块切除术，临床分期：$T_1N_xM_1$，术后病理提示：浸润性导管癌，ER^+，PR^+，Her-2 阴性。术后予内分泌治疗（来曲唑每日 2.5mg）。主管医生考虑对该病人使用双磷酸盐辅助治疗，但双磷酸盐辅助治疗对乳腺癌病人的治疗效果如何尚不清楚。

Meta 分析是系统综述中用来定量地合并多个有关研究的结果以获得能够代表这些研究的平均结果的统计方法。基于高质量的随机对照试验的 Meta 分析已被公认为评价医疗干预措施效果的最佳证据。常规 Meta 分析通常以原始研究为分析单位，研究数据为集合数据（aggregate data）。而通过与试验研究者建立联系与合作，由试验研究者提供试验方案和及时更新的个体数据，集中收集、检查和分析，最终合并试验结果，得到干预措施效果的最佳估计值，这种方法被称为个体病例数据的 Meta 分析（individual participant data meta analysis，IPD Meta analysis）。由于原始数据准确完整、能够进行更为复杂的分析，因而 IPD Meta 分析被认为是医疗干预措施效果系统评价的金标准。本章将对 IPD Meta 分析进行详细介绍，涉及内容主要包括 IPD Meta 分析的研究特征、发展现状、优势与局限、适用条件以及研究过程。

第一节　个体病例数据的 Meta 分析的简介

IPD Meta 分析是 Meta 分析中较为特殊的一类分析方法，与常规 Meta 分析相比，有显著的研究特征。IPD Meta 分析通过与原始研究者联系获得个体病例数据的相关资料进行分析，原始分析数据更为全面，研究的纳入和排除标准以及统计分析模型较为一致，分析结果更为可靠。然而正是由于这种原始数据整合分析的特点，IPD Meta 分析方法在数据收集及数据分析步骤与其他回顾性 Meta 分析有着较大的区别，与前瞻性 Meta 分析有较多的共通之处。IPD Meta 分析常通过两阶段分析法或单阶段分析法对数据进行合并，其中两阶段分析法的第二阶段合并过程与常规 Meta 分析相似。由于 IPD Meta 分析的原始资料更加丰富，可进行更为深入复杂的分析，如 Meta 回归、亚组分析、检测交互及混杂因素等。但也正是因为这个原因，研究过程相对更为复杂，IPD Meta 分析通常需要耗费较多的人力物力资源，但是比开展一项新的临床试验用时少、花费小，所以 IPD Meta 分析仍具有较高的临床和科研价值。这些内容将会在本章内容中详细阐述。

　　IPD Meta 分析相关研究最早见于 20 世纪 90 年代初。2009 年 Riley R D 及其同事对发表的 IPD Meta 分析进行统计发现从 1991 年到 2005 年每年发表的 IPD Meta 分析平均为 50 篇左右。截至 2009 年 3 月，总共有 383 篇 IPD Meta 分析相关的文献发表，其中约 57 篇（15%）文献发表在 2000 年以前（图 18-1）。已发表的 IPD Meta 分析主要集中在肿瘤、心血管疾病、糖尿病等方面。这些研究大多以评估干预措施在整体中的或在特殊亚组中的有效性为主要研究目的，另有约 22% 的研究以研究影响疾病发病风险或预后预测因子为主要研究目的。

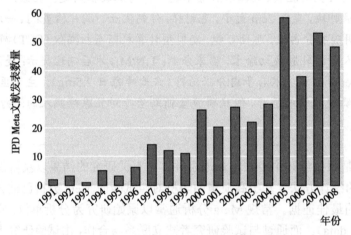

图 18-1　年度 IPD Meta 分析文献发表情况统计
（来源：Riley R D, et al. BMJ, 2010, 340：c221）

　　除具体应用之外，IPD Meta 分析在方法学方面也显示了较大的发展。目前进行 IPD Meta 分析已具备较完整的研究方法。如前所述，目前常见的有单阶段分析法及两阶段分析法两类分析方法可对个体病例数据进行合并。同时 IPD 的数据分析过程中还可对某些预后预测因子、混杂因素等进行控制，以及对潜在交互因素进行检测等。由于 IPD Meta 分析具有全面、完整的原始数据，可进行更加复杂深入的资料分析，如生存数据分析、亚组分析、Meta 回归分析等，这使得 IPD Meta 分析的应用更加广泛。

　　在 IPD Meta 分析的发展过程中，Cochrane 协作组织作出了巨大贡献。早在 1994 年 IPD Meta 分析发展还尚不成熟时，Cochrane 协作组织就成立了方法学小组专门针对 IPD Meta 分析进行研究，该小组目前已成为 Cochrane 协作组织 16 个方法学组之一。Cochrane IPD Meta 分析方法学组系统性地对 IPD Meta 分析方法进行了研究和总结，并将 IPD Meta 分析方法写进了 Cochrane 系统评价员手册，对完善和推广 IPD Meta 分析方法起到重要的推动作用。

第二节　个体病例数据的 Meta 分析的优势与局限

尽管 IPD Meta 分析与传统 Meta 分析同为高质量证据,但利用两种方法对同一问题进行研究所得结果却不尽相同。IPD Meta 分析与常规 Meta 分析存在差异时,通常认为 IPD Meta 分析的研究结果更具可靠性。其主要原因在于 IPD Meta 分析存在如下优势。

一、纳入的研究能够更好地降低发表偏倚

传统 Meta 分析中,检索不全面是一个较为常见的问题,常会导致较高风险的发表偏倚。例如 Anthony 等人对 139 篇重症监护相关常规 Meta 分析进行质量评价发现,系统完整进行了检索的研究仅占 35%。在 IPD Meta 分析中,作者通常会系统检索灰色文献,例如 2003 年发表的一篇有关宫颈癌新辅助化疗的 IPD Meta 分析中,通过数据库检索获得全文的仅占 58%,通过手工检索、相关人员提供信息以及检索临床试验数据平台所得文献各占 14%。

二、原始研究方法学评价更为明确

Meta 分析的研究结果与纳入原始研究方法学质量紧密相关,但常规 Meta 分析通常不能从原始研究的报告中获得足够信息来对原始研究方法学质量进行判断。相对而言,IPD Meta 分析通过与原始研究作者建立联系,能够获得更详尽的临床试验方法学信息,对方法学质量可进行更详尽的评价。

三、收集数据的完整性、准确性及真实性更高

常规 Meta 分析常受到原始研究报告质量的影响,相关数据不全常导致许多被纳入系统评价的原始研究不能够被纳入 Meta 分析。原始研究报告中常见的缺失数据包括连续型变量的数据标准误(或 95%CI)、生存数据中的风险比及标准误(或 95%CI)等。相对而言 IPD Meta 分析可通过与试验研究者建立合作和联系,获取更为详尽的实验数据并进一步分析。此外,原始研究在数据收集、数据录入、资料分析等各个阶段都可能出现数据错误或不完整等问题。IPD Meta 分析通常会对每一个实验病人的个体数据进行核查,并通过与试验人员交流,要求提供准确数据,来提高数据报告准确性与真实性。

四、对失访及最新随访数据处理更为妥当

原始研究实施过程常存在失访病人或未遵守试验方案的受试者,这些受试者资料可能未被纳入原始研究资料分析。而排除这些受试者资料可能降低分析效能并破坏组间一致性,给最终分析结果带来偏倚。IPD Meta 分析可获得所有纳入试验受试者的资料,通过意向性分析等分析方法对资料进行处理,最大程度减少由失访所造成的偏倚。

同时许多临床研究尤其是大型长期随访的随机对照试验通常分阶段报告试验结果。最新的实验数据发表过程中通常存在一定时间差,有些试验即使有最新数据也不会正式发表。IPD Meta 分析可及时获得原始研究的最新随访数据,统一合并分析,以保证临床试验最新随访数据能够最大程度用于指导临床决策。

五、可进行更为复杂的分析

IPD Meta 分析由于具有全面、完整的原始数据,可进行复杂深入的资料分析,如生存数据分析、交互作用检测等,而常规 Meta 分析则难以企及。

1. 依据病人基线特征进行亚组分析　亚组分析是用于探索和解释研究间异质性的重要来源。常规 Meta 分析由于受文献报告的局限,许多意义重大的亚组分析难以进行,而且通常只能利用原始研究某些特征的平均水平作为分组依据。相对而言,IPD Meta 分析可获得较为全面的原始数据,可灵活地依据研究目的进行亚组分析,进一步深入探讨异质性来源。

2. 使用生存数据进行分析　二分类变量是临床试验及 Meta 分析中最为常用的数据类型之一,但是二分类变量未能考虑时间因素,因而不能真正反映干预措施的实际效果。相对而言,时间序列资料不仅包括结局事件发生与否的相关信息,还包括观察开始到事件发生时(或观察终点)的时间信息。对于失访人群,可充分利用其失访前的数据进行分析,因而可以提高分析效能,减小因为数据丢失而导致的偏倚。而 IPD Meta 分析相对常规 Meta 分析可获得每一位受试者的实验数据,并通过进行生存分析获得更为准确的研究结果。

3. 针对其他研究目的分析数据　IPD Meta 丰富的数据可允许研究者进行 Meta 回归分析、交互因素及混杂因素的检测等其他深入分析。

六、对研究结果的解释更为全面和可靠

IPD Meta 分析不会依据个人或个别组织的意见对研究结果进行解释,通常情况下来自世界各地实验者们都会参与到结果解释中来。这些研究人员通常包括临床医生、指南制定者、统计分析专家及流行病学专家等不同专业背景的研究者。只有在达成共识之后,IPD Meta 分析才会正式以协作组的名义发表。这些优势避免了 IPD Meta 分析结论受个别意见影响,使研究结果更容易得到认可及推广。

尽管 IPD Meta 分析相对于常规 Meta 分析有显著优势,IPD Meta 分析也存在相当的局限性。首先,IPD Meta 分析实施过程更为困难。IPD Meta 分析需要从全球范围内收集不同研究的原始数据,所涉及的研究人员众多,且不同组织间的协调困难。IPD Meta 分析的实施通常需要知名且经验丰富的临床医生及试验研究者组成国际性协作组织,统一对研究进行统筹实施。其次,常规 Meta 分析尤其是干预性 Meta 分析的资料分析方法相对更加成熟。而 IPD Meta 分析由于原始资料丰富,可进行多种不同目的资料分析,因而数据分析的复杂程度更高。再次,IPD Meta 分析的研究时间更长,依据课题大小不同,耗时 2～3 年不等。最后,IPD Meta 分析需要耗费的资金也通常多于常规 Meta 分析,一般估计 IPD Meta 分析所需资金为 8 700 元 / 实验,或 44～87 元 / 受试者。尽管如此,IPD Meta 分析的总花费通常均低于实施相同研究目的随机对照试验,仍具有相当高的投入产出比。

第三节　个体病例数据的 Meta 分析的研究过程

同其他类型流行病学研究一样,IPD Meta 分析也具有严格的研究实施步骤,IPD Meta 分析通常比常规 Meta 分析更为复杂,但与前瞻性 Meta 分析的流程更为接近(见图 18-2,参见第十七章)。通常情况下,IPD Meta 分析包括建立研究协作组、制订研究计划、识别及招

募相关研究、数据收集、数据核查、质量评价、数据分析、召开研究合作会议、结果报告等步骤。下面对各步骤的具体实施进行描述。

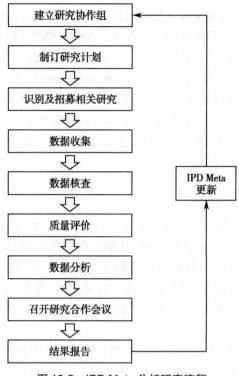

图 18-2　IPD Meta 分析研究流程

一、建立研究协作组

与前瞻性 Meta 分析一致,IPD Meta 分析研究首先也需要建立协调团队,为了保证研究结果的科学及全面性,研究协作组通常包括临床医生、指南制定者、统计分析专家及流行病学专家等不同专业背景的研究者。通常情况下,IPD Meta 分析的执行、质量控制和数据结果发表都是由研究协作组完成的。研究协调团队包括协调人员、顾问、研究组成员以及数据管理人员等。研究组成员由每个参与研究的代表组成,以委员会的名义管理研究的日常事务,有时研究协作组也会成立顾问团体,以解决试验过程中出现的各种问题。

二、制订研究计划

研究策划是 IPD Meta 分析中最为重要的,也是整个研究过程中耗时较多的步骤之一。在此阶段,IPD Meta 分析研究者需要完成研究可行性评估、建立核心研究小组、撰写研究计划书等。IPD Meta 分析的研究方案除了在数据收集、资料分析以及数据管理等方面外,与常规 Meta 分析有较大的相似性。通常情况下,IPD Meta 分析主要包括:①研究背景介绍,该部分主要描述实施 IPD Meta 分析的背景、当前研究现状、进行研究的理由及条件、研究目的以及所期望解决的临床问题等;②原始研究纳入与排除标准,通常从受试者、干预措施、对照、研究结局、研究类型等方面进行限定;③试验收集,包括确定试验获取渠道及制定数据库检索策略;④试验数据收集方法;⑤数据核查;⑥质量评价;⑦数据分析计划;⑧研究委员会组成、职责描述及工作章程；⑨可行性分析等。

三、筛检、识别及招募原始研究

IPD Meta 分析要求全面系统收集原始研究，尽可能纳入所有相关实验以减小发表偏倚的风险。IPD Meta 分析一般需常规性对 PubMed（MEDLINE）、EMBASE、Cochrane 图书馆等主要医学文献电子数据库进行检索。对于具体的临床领域，还需要检索相关专业数据库，例如药物相关系统评价需要检索 International Pharmaceutical Abstracts（IPA）等，中医、针灸等相关课题需要重点检索中文数据库，如中国知网（CNKI）等。此外，IPD Meta 分析还需要通过检索临床试验注册平台及会议论文集、手工检索相关论文参考文献、咨询临床专家、搜寻药厂数据等方式补充检索可能被纳入的原始研究。试验筛检的具体方法、检索范围常由课题方法学小组确定。

四、联系原始研究试验者

联系试验者，获得个体病人的数据资料是 IPD Meta 分析后续工作的基础。能否获得试验者支持并获得原始资料受试验者的意愿、实验数据的保密性、IPD Meta 分析研究人员的声望、研究本身价值等影响。与原始研究试验者联系过程中，通常首先要告知试验者研究目的及其重要性、研究发表原则、参与试验的权利及义务、数据利用及保密原则等信息。获得原始研究试验者的认可后邀请试验者加入 IPD 研究协作组。建立协作组后定期联系并告知试验者研究进展。

与原始研究试验者进行联系过程中需遵循一定原则：首先，联系过程中以研究协作组而非个人的名义与试验者进行交流和沟通；其次，保证研究过程的透明化，向所有原始研究试验者公开研究方案等核心信息，并定期与试验者交流、告知最新实验进展；第三，向原始研究试验者索取的资料量需适合，满足实验目的即可；最后，IPD Meta 分析研究者需充分告知原始研究试验者的权利。

与试验者联系过程中常因某些问题而导致联系失败。比如一些原始研究的主要研究人员已经退休或离职，或者研究机构已解散。这在一些时间较早的研究中尤为常见。另外在联系过程中还可能存在地理位置分散，语言障碍等问题。IPD Meta 分析研究者可以通过尝试与第二、三作者联系，寻找并与研究机构和随访机构进行联系等，通过多种途径尽可能提高获得原始研究数据的成功率。

除了直接与原始研究作者联系以外，还可以通过临床试验数据开放平台获取数据。为了促进临床试验数据的充分利用，许多机构建立了临床试验数据共享平台，例如临床研究数据请求（Clinical Study Data Request，CSDR）、耶鲁大学公开数据项目（Yale University Open Data Access Project，YODA）、研究者数据公开支持（Supporting Open Access for Researchers，SOAR）等。这些平台收集了临床试验的数据共享信息，通过标准化的数据申请流程为全球研究者提供数据获取服务。以 CSDR 数据平台为例，官方数据显示该平台共有 3 845 个临床试验数据可共享，目前已有 195 个项目通过该平台获得了原始研究数据，其中有 25 个项目结果已经发表。

五、数据收集

获得原始研究试验者的支持后，研究协作组将依据研究目的决定需要收集的数据内容。

数据收集过程要注意数据的保密性，收集受试者编号资料而非具体姓名等资料，只收集与研究目的和数据分析相关的数据。常见资料收集项目主要包括：①受试者标识资料，如匿名病人编号、研究中心编号等；②受试者基线资料，如年龄、性别、疾病特征等；③干预措施，如药物种类、剂量等；④结局指标；⑤排除病人相关信息等。除此以外，由于不同研究可能采用不同的测试平台进行指标的测量，为了更好地调查研究之间的异质性，数据收集往往还包含重要生物学指标的测量方法和仪器等相关信息。

由于不同原始研究采用的数据管理方式可能不同，要求 IPD Meta 分析研究者采用灵活的方式管理数据。一些早期试验通常采用纸质材料储存数据；较新的试验可能使用不同数据管理软件保存数据。IPD Meta 分析研究者需要熟悉各种数据存储媒介，具备处理各种数据形式，增加和补充更新数据的能力。数据资料量较大的情况下可以分批次传输。但协作组的数据需求，应尽可能一次性提供给各试验研究者，避免增加试验研究者的工作量。资料传输可通过电子邮件、磁盘、数据表及远程数据共享软件等方式进行。

六、数据核查

由于不同原始研究个体病例资料存在数据格式等方面的差异，部分原始数据甚至可能存在错误或缺失，IPD Meta 分析研究者需要对所获得的个体病例资料逐一进行核查分析。通过数据核查可以提高数据的准确性及分析的合理性，以确保纳入所有随机化的病例。数据核查也能够更准确地对试验质量进行评估，具体包括随机化、随访程序等是否合理等。

数据核查主要包括以下几方面内容：①阅读试验计划，并检查是否符合 Meta 分析的纳入与排除标准；②查找随机化方法，以确保试验中随机化方法正确无误，并核实基线特征的均衡性，如年龄、性别、分期、分型等；③查找缺失数据，进行组间比较或者与其他已发表文献进行比较，对可能出现的不一致进行深入分析；④核查数据的准确性，检查数据范围，核实某些极端值或被剔除的病人资料，核查病人变量资料的一致性；⑤核查是否具备最新随访资料，以及不同治疗组随访时间的均衡性；⑥对每一个纳入试验再单独进行分析，发送分析结果给数据提供者，寻求核实。

七、质量评估

进行质量评估的目的是保证所有纳入数据的高品质。与传统 Meta 分析类似，IPD Meta 质量评价也可利用常见临床研究质量评价标准实施，如 Cochrane 风险偏倚评估工具等。常见评估内容包括随机方法、随机序列隐藏、盲法、结局数据的完整性、选择性报告及其他偏倚等。IPD Meta 分析的质量评估体系绝大部分信息来自发表文献本身，但由于 IPD Meta 分析具备个体病人资料，可提供更多的细节来进行质量评估，如随机方法、分配隐藏及盲法的具体实施情况等。此外，IPD Meta 分析通过某些措施可一定程度上减小风险偏倚，如对一些存在较多失访病例的原始试验，IPD Meta 分析可以通过意向性分析来减少因为失访而造成的误差。

八、数据分析

IPD Meta 分析的主要研究目的是获得医疗措施干预合并效应量，其分析过程中需要考虑单个原始研究的内部数据合并及所有纳入研究的整体数据合并两方面内容。IPD Meta 分析方法依据数据合成步骤的不同分单阶段分析法及两阶段分析法两类。通常情况下对于纳入大样本量同质性高的原始研究的 IPD Meta 分析,两种不同的分析方法得到的结果类似,仅进行两阶段分析法即可。两阶段分析法的计算复杂度较低,计算结果分阶段保存,可以选择固定效应或随机效应模型。然而在需要控制连续性交互因素来避免主观性进行分组及考虑非线性关系时,单阶段法较优。除了获取合并效应量外,IPD Meta 分析还可以进行亚组分析、Meta 回归、检测交互因子等相关分析。本节将依次进行介绍。

1. 单个原始研究内部的数据分析　IPD Meta 分析对纳入研究进行再分析过程中不按病人在研究过程中实际所接受的治疗分组,而仍按病人入组时的组别分析,即按治疗意向分析。对于原始研究中某些排除的病人,也需要重新核实并纳入分析。具体分析中,该步骤包括抽取数据及利用个体病例数据建模两个环节。

对不同类型的数据,通常需要采用不同的方式提取原始试验数据。例如,对于二分类变量数据,需要对每一个纳入的研究构建四格表(表 18-1)。对于生存分析数据,可按观察时间点构建一系列的四格表数据后再进行分析。

表 18-1　结局为二分变量研究的四格表

	试验组	对照组	合计
发生结局事件人数	n_{TE}	n_{CE}	n_E
未发生结局事件的人数	n_{TN}	n_{CN}	n_N
总人数	n_T	n_C	n

对第 i 个研究中的第 j 位受试者,可以按以下方式建立模型。

$$y_{ij} = \Phi_i + \theta_i x_{ij} + \mu_i z_{ij} + \varepsilon_i \tag{18-1}$$

$$\text{logit}(p_{Eij}) = \Phi_i + \theta_i x_{ij} + \mu_i z_{ij} \tag{18-2}$$

$$h_{ij}(t) = h_{0i}(t)\exp(\theta_i x_{ij} + \mu_i z_{ij}) \tag{18-3}$$

其中 x_{ij} 代表所接受的治疗,z_{ij} 是某些预后因子,如每位受试者的年龄等。该模型能够获得治疗效果的效应值 θ_i 及其方差 $Var(\theta_i)$,同时还可以对某些预后因素进行控制。

2. 两阶段 Meta 分析法　两阶段 Meta 分析法通过第一阶段分析获得每一纳入原始研究治疗效果的效应量 θ_i 及其方差 $Var(\theta_i)$,第二阶段中利用已有的 Meta 合并方法,如倒方差法(inverse variance method,I-V 法)、Mantel-Haenszel 法等,获得所有纳入研究总的合并效应值。第一阶段的分析方法已在前一部分详述。第二阶段的数据分析过程可参见本书第二章和第三章。

两阶段分析法利用已有的常规 Meta 分析方法,方法学较为成熟,合并结果容易解释,而且两阶段分析法还可以通过森林图等阐释使结果更为直观。此外,两阶段分析方法允许在 Meta 分析中纳入某些不具个体病例数据但有集合数据的原始试验研究,使得合并过程中最大限度地利用可得数据。

3. 单阶段 Meta 分析法　单阶段 Meta 分析法将来自不同原始研究的所有受试者数据放在同一个模型中进行分析。单阶段 Meta 分析可用常见软件建模,仅需要一个模型就可以获得合并效应量,且建模过程比较灵活。但单阶段 Meta 分析不太常见,固定效应或随机效应的实现有时受限于软件程序包的函数集,对于大样本的数据有时运算复杂度较高,耗时较长,且不能直接生成森林图直观地展示结果。

由于原始研究之间存在差异,单阶段分析需要考虑一些基线参数。对第 i 个研究中的

第 j 位受试者,可以按以下方式建立模型。

$$y_{ij} = \Phi_i + \theta_i x_{ij} + \varepsilon_i \tag{18-4}$$

$$\text{logit}(p_{Eij}) = \Phi_i + \theta_i x_{ij} \tag{18-5}$$

$$h_{ij}(t) = h_{0i}(t)\exp(\theta_i x_{ij}) \tag{18-6}$$

该模型为固定效应模型(the fixed-effect model),认为各原始研究具有相同的主效应 θ。通过模型可以获得各个研究总的合并效应量 $\hat{\theta}$ 及方差 $Var(\hat{\theta})$。

4. 固定效应模型及随机效应模型 至此介绍的两种 IPD Meta 分析方法均为固定效应模型。固定效应模型认为合并的研究具有相同的真实值,结果不存在异质性,结果之间的差别仅仅是由于抽样误差引起的,加权平均结果可以很好地反映真实值。与固定效应模型相对应的是随机效应模型。随机效应模型假设合并研究的真实值是不同的,它们来自不同的总体,结果存在异质性,结果之间的差别由抽样误差和真实差别两个因素引起。随机效应模型中假设每个研究中效应量 $\theta_i \sim N(\theta, \tau^2)$。

对于两阶段分析法,第二阶段所采用随机效应模型合并数据方法与常规随机效应模型 Meta 分析方法相同,常见的随机效应模型的权重计算方法包括 DerSimonian 和 Laird 法(简称 D-L 法)等。其详细计算方法请参照本书第二章和第三章。

对于单阶段分析法可通过构建多水平 Meta 分析模型实现随机效应模型分析。其具体建模方法如下:

$$\text{logit}(p_{Eij}) = \Phi_i + \theta_i x_{ij} \tag{18-7}$$

$$\theta_i \in N(\theta, \tau^2) \tag{18-8}$$

这里 θ_i 是第 i 项研究的效应量,各个研究 θ_i 是不固定的,服从均值为 θ 的正态分布。

5. 亚组分析、Meta 回归及交互因素的检测 系统综述里,按照研究的特征,如设计类型和病人特征等因素,将研究分成不同的组别,针对同一组内的研究,进行 Meta 分析,估计合并的总体结果,并比较不同组别的合并结果是否存在差异,这种分析方法就是亚组分析。亚组分析是探索和解释研究间异质性的重要来源,在干预性系统评价中意义重大。在两阶段分析法中,可以依据某些基线因素(如性别、年龄段等)将受试者分为不同的亚组,并在亚组内合并效应值。通常可以通过构建包含不同亚组的森林图来展示不同亚组间的差别,但亚组分析不能够对交互因素进行检测。

此外两阶段分析法中还可以通过 Meta 回归检测某些研究水平的变量与效应量之间的关系。Meta 回归中协变量为集合数据,如各原始研究受试者的平均年龄等。但 Meta 回归可能会导致生态学谬误(ecological bias)。

两阶段法及单阶段法均可以对某些交互因素进行检测。两阶段分析法首先在单个原始研究内部对交互因素进行检测,然后通过结合各个研究的交互因素效应值获得对交互因素的总体估计。这种计算方法可避免聚合偏倚(aggregation bias)。对于单个原始研究,可通过以下模型对交互因素进行检测:

$$\text{logit}(p_{Eij}) = \Phi_i + \theta_i x_{ij} + \mu_i z_{ij} + \gamma_i x_{ij} z_{ij} \tag{18-9}$$

这里 γ_i 为第 i 个研究中交互因素 z 的检测效应量。在第二阶段中通过常规合并方法,如倒方差法,获得交互因素的整体效应量 γ,具体计算公式如下:

$$\gamma_{IV} = \frac{\sum w_i \gamma_i}{\sum w_i} \tag{18-10}$$

其中，w_i 是第 i 个研究交互因素的权重，计算公式如下：

$$w_i = \frac{1}{Var(\gamma_i)} \tag{18-11}$$

在单阶段分析法中，交互因素可直接用以下方式进行建模：

$$logit(p_{Eij}) = \Phi_i + \theta_i x_{ij} + \mu_i z_{ij} + \gamma_i x_{ij} z_{ij} \tag{18-12}$$

该模型中可以通过引入随机效应变量对研究间的异质性进行控制。

九、结果报告

IPD Meta 分析的结果通常由协作组和所有试验研究者共同解释以保证研究结果的协作性及全面性。IPD Meta 分析通常通过网络或现场会议，向协作组成员展示结果，讨论方法、结果及指导意义，商榷发表事宜，以及是否进行下一步研究等。研究结果通常以研究协作组的名义发表和公布。

2015 年国际 PRISMA 组织发表了 IPD Meta 分析研究报告声明 *The PRISMA-IPD Statement*。该声明由 1 份条目清单和 1 张流程图组成。该条目清单共由 31 条组成，涵盖了标题、摘要、前言、方法、结果、讨论、资金支持等内容，提供了关于报告 IPD Meta 分析的框架。该声明除了规范报告以外，也起到了对 IPD Meta 分析重要的方法学步骤进行规范的作用，作者通过按该声明进行核对，检查其所实施过程是否遗漏重要信息，提高 IPD Meta 分析的研究质量。

第四节　实　例　分　析

本章开始所描述的临床引例涉及双磷酸盐对乳腺癌病人的辅助治疗。双磷酸盐对于骨骼的正常生理功能以及抑制肿瘤的骨转移有重要作用。一些临床试验显示双磷酸盐辅助治疗对于早期乳腺癌病人的无骨转移生存、无进展生存及总生存有显著效果，但另一些试验却没有发现显著意义。一些探索性分析提示双磷酸盐辅助治疗可能只对低生殖激素水平的病人有效，如绝经期后的妇女等。为了证明双磷酸盐辅助治疗是否能够降低早期乳腺癌病人的骨转移风险以及其效果是否与女性绝经状态相关，早期乳腺癌试验合作组（Early Breast Cancer Trialists' Collaborative Group，EBCTCG）实施了一项 IPD Meta 分析来进行解答。

该 IPD Meta 分析收集了 2008 年以前的 26 项试验总共 18 766 名病人的个体病例数据。EBCTCG 从各单个试验中获取数据包括随机入组时间、接受干预措施、年龄、绝经状态、雌激素受体状态、肿瘤大小、分期、淋巴转移、发生肿瘤转移的时间及部位、骨折、死亡时间等。该 IPD Meta 分析的主要结局指标为所有乳腺癌转移及远处转移；次要结局指标为全因死亡、非肿瘤复发死亡、肿瘤骨转移、局部转移、新发对侧乳腺肿瘤以及骨折。统计分析方面，该研究遵循意向性分析的原则对时间 - 事件数据进行生存分析，通过单阶段分析法来检验双磷酸盐辅助治疗组与对照组之间的差别。除了估计总效应量外，该研究还从年龄、绝经状态、雌激素受体状态、肿瘤分期、淋巴转移、双磷酸盐种类、剂量、治疗时间、是否接受化疗等角度进行了亚组分析。最终结果以 EBCTCG 合作组的名义发表在《柳叶刀》期刊上。

分析结果显示总体上双磷酸盐辅助治疗在降低总复发（RR 0.94，95%CI：0.87～1.01）以及远处复发（RR 0.92，95%CI：0.85～0.99）方面有一定效果，在降低骨折方面有明显效果（RR 0.83，95%CI：0.73～0.94）。亚组分析显示在绝经前期妇女中双磷酸盐辅助治疗对所有结局指标方面均无显著效果，但在绝经妇女中双磷酸盐辅助治疗显著降低了总复发（RR 0.86，95%CI：0.78～0.94）、远处复发（RR 0.82，95%CI：0.74～0.92）、骨转移（RR 0.72，95%CI：0.60～0.86）及乳腺癌死亡（RR 0.82，95%CI：0.73～0.93）。数据说明双磷酸盐辅助治疗可以降低乳腺癌骨转移并可改善生存，但治疗收益仅限于绝经期女性病人。

该 IPD Meta 分析是现阶段双磷酸盐辅助治疗乳腺癌方面最大规模的研究。EBCTCG 合作组在 IPD Meta 分析研究方面有着比较丰富的经验，曾进行了多项 IPD Meta 研究。本研究中的研究筛选、资料提取、数据检查等步骤沿用了该合作组以往 IPD Meta 分析的常规方法。该研究在分析方面充分利用个体病例数据的优势，对时间 - 事件数据进行了生存分析，并对绝经状态等因素进行了充分的亚组分析，其研究结果与研究预期相符。但该 IPD Meta 分析也有一定局限性：首先，该研究纳入研究的截止时间比较早，本研究发表时间为 2015 年，而仅纳入 2008 年之前的研究；其次，该研究对许多方法学细节如检索策略、数据分析模型等未作充分报告；最后，该研究对纳入试验的质量未进行评估，同时其对最终结果可能造成的风险偏倚未作分析及说明。以上这些因素一定程度降低了该研究的研究质量。

第五节 总 结

IPD Meta 分析针对某一临床问题系统收集原始研究的个体病例数据，并将各个研究进行合并分析。利用个体病例进行 Meta 分析无论在临床上还是统计学上，较常规 Meta 分析都具有较为明显的优势，因而 IPD Meta 分析在过去 20 年里得到了较大的发展，每年发表的 IPD Meta 分析研究数目增长较快。进行 IPD Meta 分析研究通常需要经过研究计划、筛选实验、建立研究协作组、数据收集、数据核查、质量评估、数据分析、结果报告等步骤，其中数据收集与数据分析与常规 Meta 分析有较大差异。IPD Meta 分析可通过单阶段分析法或两阶段分析法进行数据合并。由于研究过程更为复杂性，IPD Meta 分析通常需要耗费较多的人力物力资源。但考虑到 IPD Meta 分析的突出优势，其仍具有较高的投入到临床和科研中的应用价值。由于临床试验越来越要求公开原始数据，可以预见 IPD Meta 分析的实际应用会越来越广泛。

（毛 琛）

参考文献

[1] Stewart L A，Tierney J F. To IPD or not to IPD? Advantages and disadvantages of systematic reviews using individual patient data[J]. Evaluation and the Health Professions，2002，25：76-97.

[2] Higgins J P T，Whitehead A，Turner R M，et al. Meta-analysis of continuous outcome data from individual patients[J]. Statistics in Medicine，2001，20：2219-2241.

[3] Richard D R，Paul C L，Ghada A Z.Meta-analysis of individual participant data：rationale，conduct，and reporting[J]. BMJ，2010，340：c221.

[4] Gavin B S，Douglas G A，Lisa M A，et al. Statistical Analysis of Individual Participant Data Meta-Analyses：A Comparison of Methods and Recommendations for Practice[J]. PloS one，2012，7.10：e46042.

[5] Simmonds M C，Higgins J P T，Stewart L A，et al. Meta-analysis of individual patient data from randomized trials：a review of methods used in practice[J]. Clinical Trials，2005，2：209-217.

[6] Tudor Smith C，Williamson P R，Marson A G. Investigating heterogeneity in an individual patient data Meta-analysis of time to event outcomes[J]. Statistics in Medicine，2005，24：1307-1319.

[7]　孙鑫，王莉，李幼平. 使用个体病例数据进行 Meta 分析评价医疗干预措施的效果[J]. 中国循证医学杂志，2010，10: 998-1003.

[8]　Early Breast Cancer Trialists' Collaborative Group（EBCTCG）. Adjuvant bisphosphonate treatment in early breast cancer: Meta-analyses of individual patient data from randomized trials[J]. Lancet, 2015, 386: 1353-1361.

[9]　Lesley A S, Mike C, Maroeska R, et al. Preferred Reporting Items for a Systematic Review and Meta-analysis of Individual Participant Data The PRISMA-IPD Státement[J]. JAMA, 2015, 313（16）: 1657-1665.

[10]　Higgins J P T, Deeks J J, Altman D G. Chapter 16: Special topics in statistics[M/OL]//Cochrane Handbook for Systematic Reviews of Interventions Version 5.1.0. The Cochrane Collaboration, 2011. [2018-09-15]. http://handbook-5-1.cochrane.org/.

第十九章

贝叶斯 Meta 分析

本章引例

一位 36 岁的青年女性,近 1 个月来因工作及人事关系不顺出现情绪低落,感觉人生无味,疲劳乏力,精力减退,对周围事物提不起兴趣,头昏脑胀,睡眠欠佳,早醒,自认为活着没意思。经精神科医师诊断为急性抑郁症,建议抗抑郁药物治疗。病人从网上查知新一代的抗抑郁药物多达十余种,不同药物疗效不同,同时也有不同的不良反应,该病人想知道到底哪一种药物更好些,并且不良反应少。

多种抗抑郁药物疗效的比较涉及多项干预措施的比较,要回答这一问题,可能应用到网状 Meta 分析方法,尤其是使用贝叶斯网状 Meta 分析的方法,从有效性和可耐受性两个维度来进行分析。贝叶斯方法灵活,可处理复杂数据类型,本章将阐述贝叶斯统计基础及不同研究类型数据的贝叶斯 Meta 分析方法。

第一节 贝叶斯 Meta 分析基础

一、贝叶斯统计基础

贝叶斯统计学与经典统计学是统计学两个主要学派。经典统计学是基于概率的频率解释,将概率解释为大量重复试验后频率的稳定值。贝叶斯统计学是基于观察数据及参数条件概率,在获得数据后可计算未知参数条件概率,即后验概率。贝叶斯统计综合了未知参数的总体信息、样本信息及先验信息,根据贝叶斯定理,获得未知参数的后验分布,进而对未知参数进行统计推断及决策。贝叶斯统计模型灵活性强,广泛应用于科学研究中,其在医学领域的应用也越来越广泛,除了常用的统计模型外,在纵向数据、缺失数据等分析中发挥着重要作用。随着计算方法的发展,其具有处理复杂模型以及解决传统方法无法解决的问题的能力。

贝叶斯统计学与经典统计学在统计推断的理念和方法上有着本质的区别,主要可总结为三个方面。

首先,二者对信息利用有本质差异。贝叶斯统计学派认为在观察到样本之前,对于任一未知的参数 θ 有一定的了解,即已经积累一些关于参数 θ 的信息——"先验信息"(prior information),在对未知参数进行统计推断时应综合总体信息、先验信息以及样本信息。用

统计学语言可描述为：θ 作为一个随机变量，有一定的先验分布，其分布为 $\theta \sim \pi(\theta)$。在获得样本之后(给定的样本信息)，θ 的后验分布 $\pi(\theta|x)$ 应包含 θ 的综合信息，关于参数 θ 的统计推断均基于 θ 的后验分布(posterior distribution)进行。因此，贝叶斯统计方法的关键在于所作出的任何推断完全取决于后验分布 $\pi(\theta|x)$，而不再涉及样本 x 的分布。参数 θ 是否为随机变量、先验分布是否存在及如何选取，成为经典频率学派集中批评的两个靶点。频率学派的观点认为参数 θ 在每一个确定的问题中都有一个确定值，无随机性，因而也无分布可言。其认为贝叶斯学派以主观概率的立场出发，引进先验分布，将先验分布看作主观随意性的概念，进而认为贝叶斯的统计问题的解也为主观随意性的解，因此无科学意义。迄今为止，贝叶斯学派仍未提出一种确定先验分布的方法，成为其重大的弱点。但是也应看到，虽然贝叶斯学派采用主观概率的概念，但并不是完全主观随意的选取先验分布，而是以从实践中获得的主观认识作为先验信息。虽然理论上尚无统一的、完整的、不失一般性的确定先验分布的方法，但是在实用的范围内，常见的问题所采用的先验分布已经得到正确的验证。

其次，对未知参数 θ 解释的差异。频率学派对参数 θ 解释是概率的频率解释，尤其是对置信区间的求解和解释。经典统计学首先指定置信水平 $(1-\alpha)$，然后构建一个含有未知参数 θ 的枢轴量，通过枢轴量的分布求得参数 θ 置信水平为 $(1-\alpha)$ 的置信区间。对于经典统计学来讲，参数是固定的但未知，无统计分布可言，因此对于所得到的置信区间的理解存在一定困难，正确的理解为若反复抽样多次，每个样本值可以确定一个区间，这个区间要么包含参数 θ，要么不包含参数 θ，在这么多的区间中，包含参数 θ 的占 95%，未包含参数 θ 占 5%，而不能理解为"有 95% 的概率使得参数 θ 落在置信区间中"，因为由经典统计学派求得的置信区间已不是随机区间。而贝叶斯学派认为参数 θ 为一随机变量，结合样本信息和先验信息可以构造一个区间，贝叶斯统计中称为可信区间(credit interval)，应区别于经典统计学派的置信区间(confidence interval)，使得未知参数 θ 以一定的概率落在这个区间中，因此贝叶斯学派可以陈述为"有 95% 的概率使得参数 θ 落在可信区间中"。

最后，统计推断理念的差异。经典学派奠基人 Fisher 将经典统计推断总结为三个问题：选定模型、确定统计量和相应统计量的分布。即选定模型，构建一个分布已知含有未知参数的枢轴量，根据抽样分布来计算统计量的全部性质。而贝叶斯统计推断完全源于未知参数的后验分布，未知参数的所有统计学性质均由后验分布决定。

虽然经典统计学与贝叶斯统计学存在本质的差别，但是二者存在一定的联系，即似然函数(likelihood)。假设 $X_1, X_2, \cdots, X_n$ 是来自 X 的一个离散总体的独立样本，$\theta \in \Theta$ 为待估计的参数，Θ 为 θ 的取值范围。$X_1, X_2, \cdots, X_n$ 的联合分布律为：

$$\prod_{i=1}^{n} p(x_i; \theta)$$

同时设 $x_1, x_2, \cdots, x_n$ 是相应于样本 $X_1, X_2, \cdots, X_n$ 的一个样本值，因此样本 $X_1, X_2, \cdots, X_n$ 取到观察值 $x_1, x_2, \cdots, x_n$ 的概率，即事件 $\{X_1 = x_1, X_2 = x_2, \cdots, X_n = x_n\}$ 发生的概率为：

$$L(\theta) = L(x_1, x_2 \cdots, x_n; \theta) = \prod_{i=1}^{n} p(x_i; \theta), \theta \in \Theta$$

$L(\theta)$ 即为样本的似然函数；对于 X 属于连续型分布的样本，则其似然函数为：

$$L(\theta) = L(x_1, x_2 \cdots, x_n; \theta) = \prod_{i=1}^{n} f(x_i; \theta), \theta \in \Theta$$

经典统计学与贝叶斯统计学拥有相同的似然函数，但二者对似然函数的看法不同。经

典统计学将似然函数记为 $L(x|\theta)$，而贝叶斯统计记为 $L(\theta|x)$。

贝叶斯统计学基础是贝叶斯公式及贝叶斯定理。贝叶斯公式可由条件概率的定义及全概率公式推导而得。根据未知参数及样本的不同，贝叶斯公式有三种不同的形式：

设试验 E 的样本空间为 S，A 为 E 的事件，B_1，B_2，$\cdots$，B_n 为样本空间 S 的一个划分，且 $P(A)>0$，$P(B_i)>0$（$i=1,2,\cdots,n$），则由条件概率的定义及全概率公式可得：

$$P(B_i \mid A) = \frac{P(B_i A)}{P(A)} = \frac{P(A\mid B_i)\,P(B_i)}{\sum_{j=1}^{n} P(A\mid B_j)\,P(B_j)}, i=1,2,\cdots,n$$

上式称为贝叶斯公式的事件形式。贝叶斯公式的密度函数形式如下：

设 $x=(x_1,x_2,\cdots,x_n)$ 是来自某总体的一个样本，该总体的概率密度函数为 $p(x|\theta)$，$\theta=(\theta_1,\theta_2,\cdots,\theta_k)$，当给定一组观察值 $x=(x_1,x_2,\cdots,x_n)$，θ 的条件概率分布为：

$$\pi(\theta \mid x) = \frac{p(x|\theta)\,\pi(\theta)}{p(x)} = \frac{p(x|\theta)\,\pi(\theta)}{\int_{\Theta} p(x|\theta)\,\pi(\theta)\,d\theta}$$

上式即为贝叶斯公式的密度函数形式。即在样本 $x=(x_1,x_2,\cdots,x_n)$ 下 θ 的后验分布。其中 $\pi(\theta)$ 为参数 θ 的先验分布；$p(x|\theta)=\prod_{i=1}^{n} p(x_i|\theta)$ 为样本 $x=(x_1,x_2,\cdots,x_n)$ 的联合条件密度函数，也即似然函数。

当 θ 为离散型随机变量时，先验分布可以用分布列 $\pi(\theta_i)$，$i=1,2,\cdots,n$ 表示，此时 θ 的后验分布也为离散形式：

$$\pi(\theta_i \mid x) = \frac{p(x|\theta_i)\,\pi(\theta_i)}{p(x)} = \frac{p(x|\theta_i)\,\pi(\theta_i)}{\sum_j p(x|\theta_j)\,\pi(\theta_j)}$$

当给定 $x=(x_1,x_2,\cdots,x_n)$ 时，由于 $p(x)$ 不依赖于 θ，其在计算 θ 的后验分布中仅起到正则化因子的作用，而且利用概率分布的正则性可以方便地求出这个因子。根据似然原理，如果两个似然函数成比例，且该比例常数与 θ 无关，则这两个似然函数所包含的关于 θ 的信息相同，因此将 $p(x)$ 省略，则 θ 的后验分布可以表示为如下形式：

$$\pi(\theta|x) \propto p(x|\theta)\,\pi(\theta)$$

上式右侧 $p(x|\theta)\pi(\theta)$ 称为后验分布的核（kernel）。由上述公式可知，后验分布正比于似然函数与先验分布的乘积。

先验分布是贝叶斯公式的重要组成部分，也是最受经典统计学派批评的一点。先验信息主要指经验和历史资料。如何使用经验和过去的历史资料确定概率和先验分布是贝叶斯统计要研究的重要内容。参数的先验分布选取有多种方法，如利用先验信息确定先验分布、利用边缘分布来确定先验分布、无信息先验分布、共轭先验分布、最大熵先验等。贝叶斯 Meta 分析中最常用的先验分布为无信息先验分布及共轭先验分布。

参数 θ 的无信息先验分布指除了参数 θ 的取值范围 Θ 和 θ 在总体中的地位之外，再无包含 θ 任何信息的先验分布。无信息先验包括贝叶斯假设、位置参数的无信息先验（参数在平移变换群下的不变性）、尺度参数的无信息先验（参数在刻度变换群下的不变性）及一般情形下的无信息先验（Jeffreys 先验）等。

贝叶斯假设对 θ 的任何取值都没有偏爱，因此自然地将 θ 取值范围上的"均匀分布"作为 θ 的先验分布，此即为贝叶斯假设。贝叶斯假设有三种情况，分别为离散均匀分布，有限区间上的均匀分布及广义先验分布。用数学公式表示为：

$$\pi(\theta) = \begin{cases} c, & \text{当}\ \theta \in D \\ 0, & \text{当}\ \theta \notin D \end{cases}, \text{或者}\ \pi(\theta) \propto 1, \text{当}\ \theta \in D$$

在贝叶斯假设下，似然函数 $L(\theta|x)$ 即为后验密度的核，即

$$\pi(\theta|x) \propto L(\theta|x) \times 1 = L(\theta|x)$$

共轭先验分布是贝叶斯统计中重要的先验分布类型。设 θ 是总体分布中的参数，$\pi(\theta)$ 是 θ 的先验密度函数，设 F 表示由 θ 的先验分布 $\pi(\theta)$ 构成的分布族。如果对任取 $\pi \in F$ 及样本值 x，后验分布 $\pi(\theta|x)$ 仍属于 F，则称 F 是一个共轭先验分布族，也即 $\pi(\theta)$ 与 $\pi(\theta|x)$ 属于同一类分布族。共轭先验分布有两个优点：①计算简便；②后验分布中的一些参数可以得到很好的解释。虽然共轭先验分布计算简便，但应以合理性为首要原则。常用的共轭先验分布见表19-1。

表 19-1　常用共轭先验分布

总体分布	参数	共轭先验分布
二项分布	成功概率	贝塔分布 $beta(\alpha, \beta)$
泊松分布	均值	伽马分布 $Ga(\alpha, \lambda)$
指数分布	均值的倒数	伽马分布 $Ga(\alpha, \lambda)$
正态分布（方差已知）	均值	正态分布 $N(\mu, \tau^2)$
正态分布（均数已知）	方差	倒伽马分布 $IGa(\alpha, \lambda)$

贝叶斯估计包括点估计及区间估计。点估计包括后验众数估计、后验中位数估计及后验期望。常用的区间估计为等尾可信区间及最大后验密度可信区间。等尾可信区间有时并不理想，尤其是对于偏态分布的数据。理想的可信区间的长度是最短的，只要把具有最大后验密度的点包含在区间内，而区间外的点后验密度值不超过区间内的后验密度值，这样的区间即为最大后验密度（highest posterior density，HPD）可信区间。

二、贝叶斯 Meta 分析的特点及适用范围

在医学领域，贝叶斯方法广泛应用于不同的数据类型统计分析中，如遗传数据、纵向数据、生存数据及缺失数据等；同时也应用于不同的研究方法，如临床试验、循证医学等。贝叶斯 Meta 分析是将贝叶斯统计方法用于 Meta 分析，将 Meta 分析的参数视为随机变量，获得相应的后验分布后，基于参数的后验分布进行估计和统计推断。贝叶斯 Meta 分析可克服一些传统方法的局限，因此应用越来越广泛。贝叶斯 Meta 分析方法具有如下特点：①统一的灵活模型：通过对研究间的变异进行建模克服固定效应模型及随机效应模型之间的冲突，随机效应分布较标准正态分布假设更加灵活；②借势估计或收缩估计法：即采用从全部样本"借"来的信息来支持样本量较小组的统计估计。在分层贝叶斯模型中，可交换假设使每个试验可从其他试验借助信息，导致估计向总体均数收缩，并减少可信区间的宽度，提高精度；③精确的似然函数：贝叶斯 Meta 分析无须采用近似正态分布似然函数，尽管需要处理讨厌参数；对于二分类数据贝叶斯 Meta 分析采用二项分布作为似然函数，因此无需对事件发生数为 0 的单元格进行特殊处理；④允许所有参数的不确定性：所有参数的不确定性反映在可信区间估计的宽度，因此较经典随机效应区间的估计要宽；⑤允许不同效应尺度的直接概率陈述：如可获得真实效应大于 0 的概率，也可对不同效应尺度进行推断，如 RD、RR 及 OR；⑥预测：贝叶斯 Meta 分析采用马尔科夫 - 蒙特卡罗（MCMC）方法获得预测后验

分布,可使预测更加简单;⑦评估 Meta 分析与单一临床研究的相容性;⑧累积 Meta 分析:累积 Meta 分析有清晰的贝叶斯统计解释,可理解为效应尺度在先验分布的基础上不断累积更新;⑨贝叶斯 Meta 回归:采用贝叶斯 Meta 回归方法可探索处理效应与研究水平因素之间的关系,并可对混杂因素进行校正。

贝叶斯 Meta 分析适用范围广泛,所有传统 Meta 分析可处理的数据类型均可由贝叶斯 Meta 分析实现;常见的数据类型包括:二分类数据、连续性数据、有序多分类数据、单组研究数据、生存数据、诊断性试验数据、重复测量数据、个体参与者数据、多干预处理数据等类型。

第二节　常见试验数据类型的整合

一、二分类数据的贝叶斯 Meta 分析

二分类数据是医学研究中最为常见的数据类型,根据结局变量非彼即此的特点,记录彼此对立属性的个数,即为二分类数据,常见于随机对照试验、队列研究及病例对照研究。随机对照试验记录不同干预措施的结果,如是否死亡、有效等;队列研究中不同暴露因素下事件发生与否的情况。二分类数据常整理为四格表的形式,随机对照试验数据如表 19-2。

表 19-2　随机对照试验四格表数据形式

	发生事件	未发生事件	合计
干预组	r_t	$n_t - r_t$	n_t
对照组	r_c	$n_c - r_c$	n_c
合计	m_1	m_2	n

随机对照试验二分类数据的效应指标有比值比(odds ratio,OR)、相对危险度(relative risk,RR)及危险差(risk difference,RD),其中 OR、RR 较为常用。二分类数据的 Meta 分析方法有倒方差法、M-H 法及 Peto 法。以 OR 为例,倒方差法是将其对数化获得 lnOR,计算 lnOR 的标准误,假设 lnOR 服从正态分布,进行加权估计及推断。倒方差法是基于正态分布假设的前提下,因此在存在小样本资料时,不符合正态近似的条件,经典方法导致有偏估计。当纳入的研究包含较多 0 时,亦导致有偏估计。此外,当纳入的研究存在较多的极端值时,经典方法很难识别随机效应。贝叶斯统计可以很好地解决经典 Meta 分析存在的缺陷,因此 Meta 分析的贝叶斯方法备受重视。Carlin 研究了 2×2 四格表的贝叶斯 Meta 分析,采用可交换先验分布,用随机模拟的方法得到参数的后验分布。Warn、Thompson 等给出二分类变量绝对风险差(ARD)及相对危险度(RR)随机效应模型贝叶斯估计方法。

对于二分类资料模型构建可以采用两种方法,一是基于效应量对数近似服从正态分布;二是基于精确分布,试验组及对照组的率的 logit 转化的差值服从正态分布。设共纳入 n 个研究,n_t、r_t、n_c、r_c 分别为治疗组和对照组总人数及事件发生例数。d_i 为第 i 个研究的效应量,如 $\log(OR)$、$\log(RR)$ 等,σ_i^2 为第 i 个研究的效应量的研究内方差。以 OR 为例 WinBUGS 代码如表 19-3 所示:

$$d_i = \log(OR) = \log\left(\frac{r_i^t}{n_i^t - r_i^t}\right) - \log\left(\frac{r_i^c}{n_i^c - r_i^c}\right) = \log\left(\frac{r_i^t(n_i^c - r_i^c)}{r_i^c(n_i^t - r_i^t)}\right)$$

$$\sigma_i^2 = \text{Var}(d_i) = \frac{1}{r_i^t} + \frac{1}{n_i^t - r_i^t} + \frac{1}{r_i^c} + \frac{1}{n_i^c - r_i^c}$$

基于精确分布的方法，试验组及对照组的率的 logit 转化的差值服从正态分布，WinBUGS 代码如表 19-4 所示。设试验组事件数 r_t，对照组事件发生数为 r_c，则 r_t、r_c 均服从二项分布，也即

$$r_t \sim binomal(pt, nt), r_c \sim binomal(pc, nc)$$

其中 pt、pc 分别为试验组和对照组事件发生率。率的 logit 转换为：

$$\text{logit}(pc) = \log\left(\frac{pc}{1-pc}\right) = \mu, \text{logit}(pt) = \log\left(\frac{pt}{1-pt}\right) = \mu + d$$

$$\log(\text{OR}) = \log\left[\left(\frac{pt}{1-pt}\right) \times \left(\frac{1-pc}{pc}\right)\right] = \text{logit}(pt) - \text{logit}(pc) = d$$

表 19-3　效应量对数贝叶斯 Meta 分析的 WinBUGS 代码

基于效应量对数的贝叶斯固定效应模型相应的 WinBUGS 代码	基于效应量对数的贝叶斯随机效应模型相应的 WinBUGS 代码

model {
　for (i in 1: n) {
　d[i]<-log(rt[i]/(nt[i]-rt[i]))-log(rc[i]/
(nc[i]-rc[i]))
　sigmasquare[i]<-1/rt[i]+1/(nt[i]-rt[i])+1/
rc[i]+1/(nc[i]-rc[i])
　d[i]~dnorm(theta, precision[i])
　precision[i]<-1/sigmasquare[i]
　}
　theta~dnorm(0.0, 1.0E-6)
　OR<-exp(theta)
　}
	model {
	　for (i in 1: n) {
	　d[i]<-log(rt[i]/(nt[i]-rt[i]))-log(rc[i]/
	(nc[i]-rc[i]))
	　sigmasquare[i]<-1/rt[i]+1/(nt[i]-rt[i])+1/
	rc[i]+1/(nc[i]-rc[i])
	　d[i]~dnorm(delta[i], precision[i])
	　precision[i]<-1/sigmasquare[i]
	　delta[i]~dnorm(theta, precision.tau)
	　}
	　precision.tau~dgamma(0.001, 0.001)
	　tau<-sqrt(1/precision.tau)
	　theta~dnorm(0.0, 1.0E-6)
	　OR<-exp(theta)
	　}

表 19-4　率的 logit 转换后贝叶斯 Meta 分析的 WinBUGS 代码

基于率的 logit 转换贝叶斯固定效应模型相应的 WinBUGS 代码	基于率的 logit 转换贝叶斯随机效应模型相应的 WinBUGS 代码

model{
　for(i in 1: n) {
　rc[i]~dbin(pc[i], nc[i])
　rt[i]~dbin(pt[i], nt[i])
　logit(pc[i])<- mu[i]
　logit(pt[i])<- mu[i]+delta
　mu[i]~dnorm(0.0, 1.0E-05)
　}
　delta~dnorm(0.0, 1.0E-05)
　OR<-exp(delta)
　}
	model {
	　for(i in 1: n) {
	　rc[i]~dbin(pc[i], nc[i])
	　rt[i]~dbin(pt[i], nt[i])
	　logit(pc[i])<- mu[i]
	　logit(pt[i])<- mu[i]+delta[i]
	　mu[i]~dnorm(0.0, 1.0E-05)
	　delta[i]~dnorm(theta, tau)
	　}
	　theta~dnorm(0.0, 1.0E-05)
	　tau~dgamma(0.001, 0.001)
	　sigma.sq<-1/tau
	　OR<-exp(theta)
	　}

二、连续型数据的贝叶斯 Meta 分析

连续型数据是指在一定区间内可以任意取值的数据,其数据是连续不断的,在相邻两个数值间可作无限分割,即可取无限个数值。如身高、体重、血压等,其数值只能通过测量或计量的方法获取。连续型数据也是医学研究中重要的数据类型。连续型数据的 Meta 分析一般提取的信息包括各研究组别的样本量、均数和标准差。数据整理形式如表 19-5。

表 19-5　随机对照试验连续型数据形式

	均数	标准差	样本量
干预组	x_{1i}	s_{1i}	n_{1i}
对照组	x_{2i}	s_{2i}	n_{2i}

连续型数据效应量的估计,即均数的合并有两种计算方法:加权均数差(weighted mean difference,WMD)及标化均数差(standard mean difference,SMD)。当纳入的研究度量衡单位相同时,采用均数差为效应尺度指标;若度量衡单位不同,需将不同研究均数标准化后再进行合并,包括 Cohen's d、Hedges 校正 g 及 Glass's Δ 等方法。连续型数据的贝叶斯 Meta 分析相对比较简单,与效应值对数的贝叶斯模型一致。现以原始均数差为例,简要介绍连续型数据贝叶斯 Meta 分析的基本过程,WinBUGS 代码如表 19-6 所示。假设纳入 n 个研究,设实验组例数、均数及标准差分别为 n_{1i}、x_{1i}、s_{1i},对照组例数、均数及标准差分别为 n_{2i}、x_{2i}、s_{2i},则样本均值差的估计值为 $d_i = x_{1i} - x_{2i}$,样本估计值的方差可以分为两种情况,一是假设两个总体的标准差相同,即 $\sigma_1 = \sigma_2 = \sigma$,则 d_i 的方差为:

$$\sigma_i^2 = \mathrm{Var}(d_i) = \frac{n_1 + n_2}{n_1 n_2} S_{pool}^2,$$

其中 S_{pool}^2 为合并方差,即 $S_{pool}^2 = \dfrac{(n_1 - 1) s_1^2 + (n_2 - 1) s_2^2}{n_1 + n_2 - 2}$

表 19-6　连续性变量贝叶斯 Meta 分析的 WinBUGS 代码

固定效应模型的 WinBUGS 代码	随机效应模型的 WinBUGS 代码
model {	model {
for(i in 1: n){	for(i in 1: 7)
d[i]<-x1[i]-x2[i]	{
v[i]<-s1[i]*s1[i]/n1[i]+s2[i]*s2[i]/n2[i]	d[i]<-x1[i]-x2[i]
t[i]<-1/v[i]	v[i]<s-1[i]*s1[i]/n1[i]+s2[i]*s2[i]/n2[i]
d[i]~ dnorm(delta, t[i])	t[i]<-1/v[i]
}	d[i]~ dnorm(delta[i], t[i])
delta~ dnorm(0, 1.0E-4)	delta[i]~dnorm(theta, inv.tau)
	}
	theta~ dnorm(0, 1.0E-4)
	inv.tau~dgamma(0.001, 0.001)
	tau2<-1/inv.tau
	}

二是假设两个总体的标准差不同，即 $\sigma_1 \neq \sigma_2$，则 d_i 的方差为：

$$\sigma_i^2 = Var(d_i) = \frac{s_{1i}^2}{n_{1i}} + \frac{s_{2i}^2}{n_{2i}}$$

以上的方差计算其实质为两正态总体 $N(\mu_1, \sigma_1^2)$，$N(\mu_2, \sigma_2^2)$ 合并方差的估计。因此，基于均数差固定效应模型为：$d_i \sim Normal(\delta, \tau_i)$，随机效应模型为 $d_i \sim Normal(\delta_i, \tau_i)$，$\delta_i \sim Normal(\theta, \tau')$，其中 $\tau_i = \sigma_i^{-2}$。

三、单个率的贝叶斯 Meta 分析

在医学研究中，定性资料常以绝对数的形式记录数据，如死亡人数，但是绝对数往往不具有可比性，如比较两个医院的死亡人数等。因此定性资料的统计描述往往采用相对数，主要包括强度相对数、结构相对数及相对比；当比的分子是分母的一部分时，称作结构相对数，也即比例（proportion）；当比例与时间有关系时称为强度相对数，也即率（rate）。在实际应用，有时往往将比例称为率，如患病率及治愈率。上述所涉及的比例及率的共同之处是分子为分母的一部分，可以采用相同的方法进行贝叶斯 Meta 分析。

设第 i 个研究的总人数为 n_i，事件发生的人数为 r_i，则发生率为 p_i，事件发生率的 logit 转换后服从正态分布，可基于此进行率或者比例的合并，其实质与二分类数据的贝叶斯 Meta 分析相似，WinBGUS 代码如表 19-7 所示。

表 19-7　单个率贝叶斯 Meta 分析随机效应模型及 WinBUGS 代码

模型	WinBUGS 代码

$r_i \sim binomial(p_i, n_i)$
$\mu_i = logit(p_i) = \log\left(\frac{p_i}{1-p_i}\right)$
$\mu_i \sim Normal(theta, \text{tau})$
$p_{pooled} = \frac{\exp(theta)}{1 + \exp(theta)}$
	model{
	for(i in 1: N) {
	r[i] ~ dbin(p[i], n[i])
	logit(p[i]) <- mu[i]
	mu[i] ~ dnorm(theta, prec)}
	theta ~ dnorm(0.0, 1.0E-6)
	sd <- 1 / sqrt(prec)
	prec ~ dgamma(0.001, 0.001)
	P<-exp(theta)/(1+exp(theta)) }

四、多干预处理贝叶斯网状 Meta 分析

传统的 Meta 分析是基于头对头的（head to head）的直接比较，只涉及两种干预措施，如某一药物与安慰剂进行比较，通过合并效应值来评价该药物的临床疗效，提供循证依据。随着医学的发展，同一疾病可能会存在几种不同的干预措施，这些干预措施的相对有效性（relative effectiveness）是临床决策的基础，但是这些干预措施缺乏或者没有直接比较的证据，采用传统的 Meta 分析无法给出何种干预措施有效性最好。近些年来发展的网状 Meta 分析可以同时进行直接和间接比较，同时将不同的干预措施汇总到同一个分析中获得有效性的评价，理论上可提高效应值估计的精度，减少 I 类误差。自网状 Meta 分析提出后，出现许多不同的分析方法，如 Bucher 校正间接比较法、广义线性模型框架下的网状 Meta 分析方法及多水平混合效应模型等。其中不同方法均可基于经典频率学派及贝叶斯统计的框架下

进行，贝叶斯网状 Meta 分析灵活性好，可方便地对不同干预措施进行排序。本节将简要介绍贝叶斯网状 Meta 分析方法。目前最常用的贝叶斯网状 Meta 分析模型是基于广义线性模型，模型由英国国家健康与临床研究所（National Institute for Health and Clinical Excellence，NICE）提供，该网站的技术支持文档（technical support documents，TSDs）给出了广义线性模型框架下贝叶斯网状 Meta 分析的详细方法。

网状 Meta 分析的数据往往是纳入文献的汇总数据（集合数据或研究水平数据），而不是由文献作者提供的原始数据（个体参与者数据或病人水平数据）。集合数据（aggregate data）通常包括两种格式：一种是基于研究臂水平的数据（arm-level data），常见的包括比值（odds）、绝对风险（absolute risk）及均数等；另一种是基于对比水平的数据（contrast-level data），包括 OR、RR 及 HR 等。基于臂水平的数据可以采用数据的精确似然函数进行更灵活和准确的计算，而基于对比水平的数据则需采用正态近似法计算。这两种数据格式既可以采用经典统计学处理也可采用贝叶斯统计进行处理，基于广义线性模型框架下的贝叶斯网状 Meta 分析是对臂水平的数据进行分析的。前文中基于率的 logit 转换的固定或随机效应模型即为广义线性模型的一个特例。现简要介绍二分类数据的多干预处理网状贝叶斯 Meta 分析。设有 N 个研究，每个研究有 k 个臂，第 i 个研究第 k 臂总数 n_{ik}，发生的事件数为 r_{ik}，r_{ik} 服从二项分布。

$$r_{ik} \sim Binomial(p_{ik}, n_{ik}), i = 1, 2, \cdots, N, k = 1, 2, \cdots, k$$

二项分布常用的连接函数为 logit 函数，可将 p_{ik} 概率映射到 $(-\infty, +\infty)$，则对应的模型如下：

$$\text{logit}(p_{ib}) = \log\left(\frac{p_{ib}}{1 - p_{ib}}\right) = \mu_i, i = 1, 2, \cdots, N; k = b = 1, 2, \cdots, k$$

$$\text{logit}(p_{ik}) = \log\left(\frac{p_{ik}}{1 - p_{ik}}\right) = \mu_i + \delta_{i,bk}, i = 1, 2, \cdots, N; k = 2, 3, \cdots, k; b < k$$

或者 $logit(p_{ik}) = \mu_i + \delta_{i,bk} I_{\{k \neq 1\}}$, $i = 1, 2, \cdots, N; k = 2, 3, \cdots, k; b < k$，其中 $I_{\{k \neq 1\}}$ 为示性函数。效应量 $\delta_{i,bk}$ 的意义为第 i 个研究治疗措施 k 相当于治疗措施 b 的对数优势比（lnOR），其性质取决于所拟合的模型，如果选用固定效应模型，则 $\delta_{i,bk} = d_{i,bk}$；若选用随机效应模型，则 $\delta_{i,bk} \sim N(d_{bk} = d_{1k} - d_{1b}, \sigma^2)$。当纳入的研究为多臂研究时，各个臂之间效应存在相关性，破坏了独立的假设，因此必须指定效应值的方差 - 协方差矩阵。设第 i 个研究的随机效应估计向量为 δ_i，假设其服从多元正态分布，并假设研究间同方差为 σ^2，则有

$$\delta_i = \begin{pmatrix} \delta_{i,12} \\ \vdots \\ \delta_{i,1a_i} \end{pmatrix} \sim N_{a_i-1}\left(\begin{pmatrix} d_{t_{i1}, t_{i2}} \\ \vdots \\ d_{t_{i1}, t_{ia_i}} \end{pmatrix}, \begin{pmatrix} \sigma^2 & \sigma^2/2 & \cdots & \sigma^2/2 \\ \sigma^2/2 & \sigma^2 & \cdots & \sigma^2/2 \\ \vdots & \vdots & \ddots & \vdots \\ \sigma^2/2 & \sigma^2/2 & \cdots & \sigma^2 \end{pmatrix} \right)$$

其中 $a_i (a_i = 2, 3 \cdots)$ 表示第 i 研究的臂数，$d_{t_{i1}, t_{ik}} = d_{1, t_{ik}} - d_{1, t_{i1}}$；由 δ_i 的方差 - 协方差矩阵可知，对于任意两个臂之间的协方差为 $\sigma^2/2$。根据多元正态分布的条件分布公式可得每一个 $\delta_{i, 1k}$ 条件分布为

$$\delta_{i,1k} \left| \begin{pmatrix} \delta_{i,12} \\ \vdots \\ \delta_{i,1(k-1)} \end{pmatrix} \right. \sim N\left((d_{1,t_{ik}} - d_{1,t_{i1}}) + \frac{1}{k}\sum_{j=1}^{k-1}\left[\delta_{i,1j} - (d_{1,t_{ij}} - d_{1,t_{i1}}) \right], \frac{k}{2(k-1)}\sigma^2 \right)$$

上述模型是目前众多贝叶斯网状 Meta 分析的基础,如 TSD、Chaimani 模型;当上述模型 $k=3$ 时(即最多 3 臂时),即为 Caldwell 模型。

采用贝叶斯方法进行网状 Meta 分析可以直观地计算不同治疗措施疗效秩次的概率并给予排序。在每一次 MCMC 计算中,均可根据效应量的估计值进行排序,然后获得第 j 个治疗措施不同秩次的概率。在获得第 j 个治疗措施的秩次概率后,可以计算累积概率 $cum_{j,k}$ 及通过累积概率计算累积排序曲线下面积(surface under the cumulative ranking curve,SUCRA),如下:

$$\text{SUCRA}_j = \frac{\sum_{j=1}^{k-1} cum_{j,k}}{k-1}$$

SUCRA 的意义是如果一个治疗方式的秩次排序总为 1,则 SUCRA 也恒为 1;若一个治疗措施秩次总排在最后,则 SUCRA 为 0。此外,秩次的排序及 SUCRA 可通过软件计算方便地以图的形式(rankogram、SUCRA 图)显示,给读者更直观的认识。

模型及变量的选择是贝叶斯统计学中重要的研究内容,常用的方法有贝叶斯因子、贝叶斯预测信息准则(Bayesian predictive information criterion,BFIC)及偏差信息准则(deviance information criterion,DIC),其中最为常用的是 DIC。Spiegelhalter 等于 2002 年提出了 DIC,为:

$$\text{DIC} = p_D + \overline{D} = D(\overline{\theta}) + 2p_D$$

上述定义说明 DIC=模型的拟合程度+模型的复杂程度,其中复杂程度(complexity)的测量基于参数的有效数目(effective number of parameters),即 p_D;模型的拟合程度由偏差 $D(\theta)$ 度量,定义为 $D(\theta) = -2\log p(y|\theta) + 2\log f(y)$,如对于二项分布 $r_i \sim Binomial(n_i, \theta_i)$,则:

$$D(\theta) = 2\sum_i \left[y_i \log\left(\frac{r_i}{\hat{r}_i}\right) + (n_i - r_i)\log\left(\frac{n_i - r_i}{n_i - \hat{r}_i}\right) \right], \text{其中}(\hat{r}_i = n_i\hat{\theta}_i)$$

DIC 越小说明模型越好。在采用 WinBUGS 软件进行分析时,会自动计算 DIC(表 19-8)。

表 19-8 二分类数据的多干预处理网状贝叶斯 Meta 分析 WinBUGS 代码

```
model{                                              for(k in 1:nt) { rk[k]<-nt+1-rank(d[], k)
for(i in 1:ns) {                                    for(j in 1:nt) {
w[i, 1]<-0                                           effectiveness[k, j]<- equals(rk[k], j) }
delta[i, t[i, 1]]<-0                                 }
mu[i]~ dnorm(0, .000 1)                              for(k in 1:nt) {
for(k in 1:na[i])   {                                    for(j in 1:nt) {
r[i, k]~ dbin(p[i, t[i, k]], n[i, k])               cumeffectiveness[k, j]<-
logit(p[i, t[i, k]])<-mu[i]+delta[i, t[i, k]]}       sum(effectiveness[k, 1:j]) }
for(k in 2:na[i]) {                                  }
    delta[i, t[i, k]]~                               for(k in 1:nt) {
dnorm(md[i, t[i, k]], taud[i, t[i, k]])             SUCRA[k]<-
md[i, t[i, k]]<-d[t[i, k]]-d[t[i, 1]]+sw[i, k]      sum(cumeffectiveness[k, 1:(nt-1)])/(nt-1)
taud[i, t[i, k]]<- tau*2*(k-1)/k                     }
w[i, k]<-(delta[i, t[i, k]]-d[t[i, k]]+d[t[i, 1]])  for(c in 1:(nt-1)) {
sw[i, k]<-sum(w[i, 1:k-1])/(k-1)                    for(k in (c+1): nt) {
    }                                               lor[c, k]<- d[k]- d[c]
d[1]<-0                                                  log(or[c, k])<- lor[c, k]
for(k in 2: nt) {d[k]~ dnorm(0, .000 1)}            } }}
    sd~dunif(0, 2)
    tau<-1/pow(sd, 2)
```

第三节　诊断试验准确性数据的整合

一、基于贝叶斯的分层 SROC 模型

诊断试验的准确性是评估诊断技术的重要步骤。在众多的诊断试验的指标中最常用的是灵敏度及特异度。传统的诊断试验 Meta 分析主要是对灵敏度及特异度的合并,该方法忽略了灵敏度及特异度之间的负相关,因而可能导致对诊断试验准确性的低估。后来由 Littenberg 及 Moses 提出 SROC 法,将每个研究的灵敏度及特异度通过相应的转换形成一个单一的指标——诊断优势比(DOR)来评价诊断试验的准确性。但是 SROC 也存在明显的缺点:①单一的统计量 DOR 虽然能评价诊断试验的准确性,但是没有区分诊断有病(灵敏度)和非病(特异度)的能力。②传统的 SROC 法属于固定效应模型,即假定模型系数 a 和 b 在不同的研究中是固定不变的,因此变异只来源于阈值效应和研究内的抽样误差。但是在实际研究中发现,很多研究间的变异超过阈值效应及抽样误差。因此在存在明显的研究间差异时,固定效应模型可能给出有偏估计并且低估标准误。③ SROC 回归模型中的自变量 S 存在测量误差,应当被考虑。④同一研究中的 D 和 S 存在正相关或负相关,取决于研究本身。在标准的 SROC 固定效应模型中,这种相关性被忽略,尽管在实践中忽略相关性对结果的影响不明显。⑤为了计算相应的统计量,对于出现 0 的研究往往通过加 0.5 校正,Moses 等人指出这种校正的影响比较明显。⑥由于 SROC 采用线性回归的方法进行计算,因此因变量 D 应当符合线性回归的基本要求,但实际中往往并不符合,如不符合正态性或者存在异方差的情况,计算结果为有偏估计。更加严格的统计学方法是基于分层统计模型(多水平统计模型),其克服了 Moses-Littenberg 方法的缺点,其中最具代表的是 Rutter 和 Gatsonis 的分层综合受试者工作特征曲线法(HSROC)及 Reitsma 等人提出的双变量模型。

分层综合受试者工作特征曲线法(hierarchical SROC, HSROC)是由 Rutter 和 Gatsonis 在潜变量 Logistic 回归模型基础上提出的。HSROC 模型假定每一个研究有一个潜在的 ROC 曲线,其参数为 α 和 β,分别表征曲线的准确度和对称性。HSROC 模型扩展了 Logistic 回归模型,更完整地解释了 TPR 及 FPR 研究内和研究间的变异。模型允许纳入个体及研究水平的协变量。诊断试验准确性研究整理的数据格式见表 19-9。

表 19-9　诊断试验准确性研究数据形式

诊断试验结果(test)	金标准诊断(truth)		合计
	yes(1)	no(0)	
yes(1)	r_{i11}(TP)	r_{i01}(FP)	TP + FP
no(0)	r_{i10}(FN)	r_{i00}(TN)	FN + TN
合计	n_{i1}	n_{i0}	N

1. 水平 1（研究内的变异）　假设第 i 个研究诊断阳性数 r_{i01} 及 r_{i11} 独立且服从二项分布,则可由下式给出阳性试验的概率:

$$\text{logit}(\pi_{ij}) = (\theta_i + \alpha_i X_{ij})\exp(-\beta X_{ij})$$

其中 X_{ij} 为第 ij 个格子中疾病的真实状态,当无疾病时($j=0$), $X_{ij}=-1/2$,而存在疾病时

$(j=1)$，$X_{ij}=1/2$。θ_i 为阳性参数（positivity parameter），α_i 为准确性参数，在不同的研究中这两个参数允许不同（其实质为随机效应模型）。β 为尺度参数，由于 β 的估计要求有多个研究的信息，因此假定不同研究间 β 为一常数。

2. 水平 2（研究间的变异）　假定研究水平参数 α_i 及 θ_i 服从正态分布，其均数由研究水平的协变量线性函数决定。在存在一个只影响界点值及准确性参数的协变量（Z）时，模型可写成如下形式：

$$\theta_i\,|\,\Theta,\gamma,Z_i,\sigma_\theta^2\sim N(\Theta+\gamma Z_i,\sigma_\theta^2)\,;\,\alpha_i\,|\,\Lambda,\lambda,Z_i,\sigma_\alpha^2\sim N(\Lambda+\lambda Z_i,\sigma_\alpha^2)$$

系数 γ 和 λ 模拟了不同研究间由于协变量 Z 导致阳性标准及准确性的系统性差异。因此此模型可以进行 HSROC 的回归分析。假设 θ_i 及 α_i 条件独立，这反映了 ROC 分析的特点，即阳性阈值及准确性是独立试验的特征，其综合利用了灵敏度及特异度的关系。

3. 水平 3　是关于未知参数的先验分布的选择，HSROC 模型参数先验分布如下：

$\Theta\sim\text{Uniform}[\mu_{\theta1},\mu_{\theta2}]$，$\Lambda\sim\text{Uniform}[\mu_{\alpha1},\mu_{\alpha2}]$，$\gamma\sim\text{Uniform}[\mu_{\gamma1},\mu_{\gamma2}]$，$\lambda\sim\text{Uniform}[\mu_{\lambda1},\mu_{\lambda2}]$，$\beta\sim\text{Uniform}[\mu_{\beta1},\mu_{\beta2}]$，$\sigma_\theta^2\sim\Gamma^{-1}(\xi_{\theta1},\xi_{\theta2})$，$\sigma_\alpha^2\sim\Gamma^{-1}(\xi_{\alpha1},\xi_{\alpha2})$

其中参数 Θ、Λ、γ、λ 及 β 选择均匀分布，而 σ_θ^2 及 σ_α^2 选择倒伽马分布。

HSROC 的统计推断是基于模型参数的后验分布，由于 HSROC 模型参数是非共轭的，因此采用 MCMC 来模拟后验分布，常通过 BUGS 软件实现。由完整的后验分布得到的模拟值被用于感兴趣变量的边缘分布估计。在获得相应的参数后，HSROC 曲线可以通过 β 和 $\Lambda+\lambda Z$ 的期望值构建，如果无疾病时（$j=0$），$X_{ij}=-1/2$，而存在疾病时（$j=1$），$X_{ij}=1/2$，则 TPR 与 FPR 的关系如下：

$$\text{TPR}=\text{logit}^{-1}[(\Theta+\Lambda/2)\,e^{\beta/2}],\ \text{FPR}=\text{logit}^{-1}[(\Theta-\Lambda/2)\,e^{\beta/2}]$$

$$\text{TPR}=\text{logit}^{-1}\{[\text{logit}(\text{FPR})\,e^{E(\beta)/2}+E(\Lambda+\lambda Z_i)]e^{E(\beta)/2}\},\ \text{FPR}\in[0,1]$$

在进行 MCMC 估计后可以得到相关统计量的综合值，例如灵敏度及特异度的合并综合值，相应 WinBUGS 代码见表 19-10。

表 19-10　HSROC 模型 WinBUGS 代码

```
model{
    THETA ~ dunif(-5, 10)
    LAMBDA ~ dunif(-2, 10)
    beta ~ dunif(-5, 5)
    prec1 ~ dgamma(2.1, 2)
    prec2 ~ dgamma(2.1, 2)
    sigmaq1 <- 1/prec1
    sigmaq2 <- 1/prec2
    b <- exp(beta/2)
    for(i in 1: n) {
        theta[i]~ dnorm(THETA, prec1)
        alpha[i]~ dnorm(LAMBDA, prec2)
        logit(tpr[i])<-(theta[i]+0.5 * alpha[i])*b
        logit(fpr[i])<-(theta[i]- 0.5 * alpha[i]) * b
        tp[i]~ dbin(tpr[i], n1[i])
        fp[i]~ dbin(fpr[i], n2[i])
    }
}
```

二、双变量线性混合模型（双变量正态 - 正态分布模型）

由于同一诊断试验的多个不同研究诊断界点不同，加上其他潜在的导致异质性的因素，每个研究内及不同研究间存在明显的异质性，此时不宜采用固定效应模型，而应采用随机效应模型。双变量线性混合模型的基本原理是将各个研究的灵敏度及特异度经过 logit 变换后使其符合正态分布，二者有特定的期望及方差。双变量线性混合模型保留了原始数据的二维特性，同时考虑了灵敏度及特异度之间的负相关，实质为随机效应模型，通过模型的拟合可以获得灵敏度及特异度的综合估计值及二者之间负相关的值。

假设共纳入 K 个研究，第 i 个研究的灵敏度为 p_{Ai}，特异度为 p_{Bi}，其相应的 logit 转换如下（为了避免与 HSROC 模型中的参数混淆，因此选用 μ）：

$$\hat{\mu}_{Ai} = \text{logit}(p_{Ai}) = \log\left(\frac{p_{Ai}}{1-p_{Ai}}\right), \hat{\mu}_{Ai} \sim N(\mu_{Ai}, S_{Ai}^2)$$

$$\hat{\mu}_{Bi} = \text{logit}(p_{Bi}) = \log\left(\frac{p_{Bi}}{1-p_{Bi}}\right), \hat{\mu}_{Bi} \sim N(\mu_{Bi}, S_{Bi}^2)$$

其中 $\hat{\mu}_{Ai}$ 及 S_{Ai}^2 为灵敏度 logit 转换后的均数及方差，$\hat{\mu}_{Bi}$ 及 S_{Bi}^2 为特异度 logit 转换后的均数及方差。当病例组（N_{Ai}）及对照组（N_{Bi}）例数均较大时，logit 转换后灵敏度及特异度的方差估计值分别为：

$$S_{Ai}^2 = \frac{1}{N_{Ai} \times p_{Ai} \times (1-p_{Ai})}, S_{Bi}^2 = \frac{1}{N_{Bi} \times p_{Bi} \times (1-p_{Bi})}$$

$$\text{则} \begin{pmatrix} \hat{\mu}_{Ai} \\ \hat{\mu}_{Bi} \end{pmatrix} \sim N\left(\begin{pmatrix} \mu_{Ai} \\ \mu_{Bi} \end{pmatrix}, C_i\right), \text{其中} C_i = \begin{pmatrix} S_{Ai}^2 & 0 \\ 0 & S_{Bi}^2 \end{pmatrix}$$

灵敏度及特异度的联合概率分布函数，即双变量正态 - 正态分布模型如下：

$$\begin{pmatrix} \mu_{Ai} \\ \mu_{Bi} \end{pmatrix} \sim N\left(\begin{pmatrix} \mu_A \\ \mu_B \end{pmatrix}, \sum\nolimits_{AB}\right), \sum\nolimits_{AB} = \begin{pmatrix} \sigma_A^2 & \sigma_{AB} \\ \sigma_{AB} & \sigma_B^2 \end{pmatrix}$$

最终的边际模型为：

$$\begin{pmatrix} \hat{\mu}_{Ai} \\ \hat{\mu}_{Bi} \end{pmatrix} \sim N\left(\begin{pmatrix} \mu_A \\ \mu_B \end{pmatrix}, \sum\nolimits_{AB} + C_i\right)$$

双变量模型通过似然函数进行拟合，结果中共有 5 个参数，logit 转换后灵敏度（μ_A）、特异度（μ_B）及其标准误、95%CI，logit 转换后灵敏度研究间方差估计值（σ_A^2），特异度方差估计值（σ_B^2），以及二者之间的协方差估计值（σ_{AB}）。基于这些已获得的参数，可以进一步求出阳性似然比（LR^+）、阴性似然比（LR^+），诊断优势比（DOR），以及 logit 转换后灵敏度及特异度的相关系数 ρ_{AB}，分别如下：

$$\text{LR}^+ = \frac{e^{\mu_A}/(1+e^{\mu_A})}{1-[e^{\mu_B}/(1+e^{\mu_B})]}, \text{LR}^- = \frac{1-[e^{\mu_A}/(1+e^{\mu_A})]}{e^{\mu_B}/(1+e^{\mu_B})}$$

$$\text{DOR} = \exp(\mu_A + \mu_B), \rho_{AB} = \frac{\sigma_{AB}}{\sigma_A \times \sigma_B}$$

三、双变量广义线性混合效应模型（双变量二项 - 正态分布模型）

Chu、Cole 等介绍了双变量二项分布模型，可获得稀疏数据灵敏度和特异度的无偏估计。该模型无需对数据进行连续性校正，即克服了双变量正态分布模型对零单元格进行连续性校正的缺点。该模型认为真阳性数及真阴性数服从二项分布，并采用相应的连接函数对数据进行分析。模型如下：

$$r_{i11} \sim binomial(n_{i1}, Se_i), r_{i00} \sim binomial(n_{i0}, Sp_i)$$

$$g(Se_i) = \mu_0 + \mu_i, g(Sp_i) = \nu_0 + \nu_i$$

g() 为连接函数，可为 logit、probit 或 cloglog 等，μ_i 及 ν_i 为随机效应项，服从双变量正态分布，即

$$\begin{pmatrix} \mu_i \\ \nu_i \end{pmatrix} \sim N\left(\begin{pmatrix} 0 \\ 0 \end{pmatrix}, \begin{pmatrix} \sigma_\mu^2 & \rho\sigma_\mu\sigma_\nu \\ \rho\sigma_\mu\sigma_\nu & \sigma_\nu^2 \end{pmatrix} \right)$$

该模型给出了灵敏度及特异度的中位数估计，即 $\hat{Se} = logit^{-1}(\mu_0)$ 和 $\hat{Sp} = logit^{-1}(\nu_0)$，同时也可获得相应的可信区间。当存在研究水平的协变量 Z 时，该模型可纳入 Z，即 $g(Se_i) = \mu_0 + \mu_i + \gamma Z_i, g(Sp_i) = \nu_0 + \nu_i + \lambda Z_i$，其中 γ、λ 为回归系数。通过 $g(Se)$ 和 $g(Sp)$ 的关系可得到 SROC 曲线，关系式如下：

$$g(Se) = \hat{\mu}_0 + \hat{\rho}\frac{\hat{\sigma}_\mu}{\hat{\sigma}_\nu}[g(Sp) - \hat{\nu}_0]$$

双变量二项分布模型较双变量正态分布模型有三个优势，一是无需进行连续性校正；二是 $Var(logit(\hat{Sp}_i))$ 及 $Var(logit(\hat{Se}_i))$ 的估计无需正态性近似的假设；三是双变量二项分布可对研究水平协变量进行分析，即对异质性进行分析。当不存在研究水平的协变量时，二者结果是一致的。相应 WinBUGS 代码见表 19-11。

表 19-11　双变量模型的 WinBUGS 代码

双变量正态分布模型 WinBUGS 代码	双变量二项分布模型 WinBUGS 代码

# Need to transform data inputs from tp fp fn tn to logit Sen and logit Spe 	
model {
for (i in 1: n) {
y[i, 1: 2] ~ dmnorm (mu.y[i, 1: 2], Tb[,])
for (j in 1: 2) {mu.y[i, j]<- b[j]}
}
for (j in 1: 2) {b[j] ~ dnorm (0, 0.01)}
Tb[1: 2, 1: 2]<-inverse (sb[,])
sb[1, 1]<-pow (sigma.a, 2)
sigma.a ~ dunif (0, 100)
sb[2, 2]<-pow (sigma.b, 2)
sigma.b ~ dunif (0, 100)
sb[1, 2]<-rho*sigma.a*sigma.b
sb[2, 1]<-sb[1, 2]
rho ~ dunif (-1, 1)
Sen<-exp (b[1])/(1+exp (b[1]))
Spe<-exp (b[2])/(1+exp (b[2]))
DOR<-exp (logit (Sen) + logit (Spe))
cov12<-sb[1, 2]
}
	model {
	for (i in 1: n) {
	n1[i]<- tp[i] + fn[i]
	n0[i]<- tp[i] + tn[i]
	tp[i] ~ dbin (p[i, 1], n1[i])
	tn[i] ~ dbin (p[i, 2], n0[i])
	a[i, 1: 2] ~ dmnorm (mu.a[i, 1: 2], Tb[,])
	for (j in 1: 2) {logit (p[i, j])<- b[j] + a[i, j]} }
	for (j in 1: 2) {b[j] ~ dnorm (0, 0.001)}
	Tb[1: 2, 1: 2]<-inverse (sb[,])
	sb[1, 1]<-pow (sigma.a, 2)
	sigma.a ~ dunif (0, 100)
	sb[2, 2]<-pow (sigma.b, 2)
	sigma.b ~ dunif (0, 100)
	sb[1, 2]<-rho*sigma.a*sigma.b
	sb[2, 1]<-sb[1, 2]
	rho ~ dunif (-1, 1)
	Sen<-exp (b[1])/(1+exp (b[1]))
	Spe<-exp (b[2])/(1+exp (b[2]))
	DOR<-exp (logit (Sen) + logit (Spe))
	cov12<-sb[1, 2]}

第四节　实例分析

一、实例背景

抑郁症又称抑郁障碍，以显著而持久的心境低落为主要临床特征，是心境障碍的主要类型。抑郁发作时临床症状以心境低落、思维迟缓、认知功能损害、意志活动减低及躯体症状为主。每次发作持续至少 2 周以上，长者甚至数年，多数病例有反复发作的倾向，每次发作大多数可以缓解，部分可有残留症状或转为慢性。具有患病率高、复发率高、致残率高、自杀率高、疾病负担重等特点，因此抑郁症的治疗具有重大的意义。药物治疗是中度以上抑郁发作的主要治疗措施。临床上抗抑郁药主要包括传统的三环类、四环类抗抑郁药和单胺氧化酶抑制剂、选择性 5- 羟色胺再摄取抑制剂（SSRI）、5- 羟色胺和去甲肾上腺素再摄取抑制剂（SNRI）、去甲肾上腺素和特异性 5- 羟色胺能抗抑郁药（NaSSA）等。随着神经生物学及精神药理学的发展，涌现出多种抗抑郁药物，不同药物的有效性及可接受性存在一定的差异。Cipriani 等于 *Lancet* 上发表了一篇关于 12 种新型抗抑郁药疗效及耐受性的多干预措施 Meta 分析，客观分析了药物之间的特点，评价其在成人抑郁症急性期治疗中的疗效，以期为临床治疗提供指导。

二、实例解读

近 20 年来越来越多的药物被用于抑郁障碍的治疗，这些药物通常有着相近的结构及相似的作用机制。第二代抗抑郁药物的系统评价提示这些药物在抑郁症急性期治疗中的疗效及可接受性存在明显的差异。Cipriani 等选取了 12 种新一代抗抑郁药进行网状 Meta 分析，包括安非他酮、西酞普兰、度洛西汀、艾司西酞普兰、氟西汀、氟伏沙明、米那普仑、米氮平、瑞波西汀、帕罗西汀、舍曲林及文拉法辛。研究者检索了"Cochrane 协作组抑郁、焦虑和神经症对照试验注册中心（CCDANCTR）"的研究及其参考文献；手工检索美国 FDA、英国药监机构 MHRA 等多个机构的试验数据，并获得医药公司、经销商、研究调查者提供的所有可用的信息，文献检索截至 2007 年 11 月 30 日。检索条件中无语言限制。检索词为 depress* or dysthymi* or adjustment disorder* or mood disorder* or affective disorder or affective symptoms 及其与 12 种药物名称的组合。两个作者独立回顾文献并提取数据，采用结构化的数据提取格式以确保数据的同质。

该研究的疗效评估以 8 周为时限，如无 8 周数据，则以原始研究资料中 6～12 周期间的评估作为急性期疗效的最终评估；有效性是指汉密尔顿抑郁量表（HDRS）、蒙哥马利 - 奥斯伯格抑郁量表（MADRS）评分较基线改善至少 50%，或临床总体印象量表（CGI）明显改善；若上述 3 个量表评分均有改善，则仅选 HDRS 评分作为研究指标；可接受性是指病人在最初 8 周治疗期间因任何原因而中断研究（脱落或失访）；除了真实性外，该文还评估了剂量可比性，根据 Gatlehner 等提出的剂量对应方案，给出了各种药物治疗抑郁症的可对比剂量范围。

该文选取二分类结局指标，记录有效人数及脱落人数来评价有效性及可接受性。采用 ITT 及填补的方法处理失访及缺失数据。文中首先采用随机效应模型进行传统 Meta 分析，通过 I^2 及森林图评估异质性。其次基于 MCMC 方法进行贝叶斯随机效应模型网状 Meta 分析，对每个研究的每个处理组的二分类结果进行建模，获得不同干预间比较的混合 OR 值。通过 95% 的可信区间评估差异是否具有统计学意义。对不同的抗抑郁药疗效及可接受性进行秩排序。计算直接证据与间接证据的 ROR 值评估一致性。以氟西汀为参照（在欧美第一个上市的抗抑郁药），比较 12 种药物的有效性。最后根据对剂量及是否填补进行了敏感性分析。

该研究共检索到 345 篇相关文献，其中 274 篇可用于分析，172 篇不符合纳入标准；从相关制药企业的网站中检索到 15 项未发表研究，最终纳入 117 项研究（1991—2007）。63% 的研究是在北美与欧洲的进行的，共有 25 928 人随机分配于 12 种抗抑郁药的任何一组。2/3 病例为女性。有 24 595 例（111 项研究）进行了有效性分析，24 693 例（112 项研究）进行了可接受性分析。平均治疗观察周数为 8.1 周，每个药物组平均样本量为 109.8 人（9～357人）；有 62 项研究每组样本量多于 100 例，85 项研究为两臂研究，23 项为三臂比较（两组药物，一组安慰剂），7 项为多臂比较（两药不同剂量与安慰剂比较），另有 2 项研究为三种药物的比较。仅有 14 项研究随访时间大于 12 周。有 53 项研究（9 321 例）年龄≤65 岁，有 8 项研究（1 583 例）年龄大于 65 岁；87 项研究为门诊病人（其中有 7 项是基层医疗机构）。所有入组病人的基线量表 HDRS-17 为 23.47（SD 4.27）、HDRS-21 为 25.72（4.62）、MADRS 为 30.09（4.64）。纳入的多数研究质量评价为不清楚，仅 12 项研究为充分。

多干预措施比较结果显示艾司西酞普兰、米氮平、舍曲林和文拉法辛的疗效显著优于度洛西汀、氟西汀、氟伏沙明、帕罗西汀和瑞波西汀，瑞波西汀是 12 种新一代抗抑郁药中疗效最不显著的药物。在可接受性方面，度洛西汀和帕罗西汀的耐受性差于艾司西酞普兰与舍曲林，氟伏沙明耐受性差于西酞普兰、艾司西酞普兰和舍曲林，文拉法辛差于艾司西酞普兰；瑞波西汀的耐受性差于许多其他抗抑郁药（如安非他酮、西酞普兰、艾司西酞普兰、氟西汀和舍曲林），而艾司西酞普兰与舍曲林的耐受性优于度洛西汀、氟伏沙明、帕罗西汀和瑞波西汀。米氮平、艾司西酞普兰、文拉法辛和舍曲林的疗效显著优于氟西汀，而氟西汀又优于瑞波西汀。在可接受性方面，氟西汀优于瑞波西汀。12 种抗抑郁药物疗效的排序结果提示米氮平、艾司西酞普兰、文拉法辛和舍曲林是最有效的治疗药物，而艾司西酞普兰、舍曲林、安非他酮和西酞普兰是耐受性最好的药物。12 种抗抑郁药物的有效性排前 4 的累积概率分别为：米氮平（24.4%）、艾司西酞普兰（23.7%）、文拉法辛（22.3%）、舍曲林（20.3%）、西酞普兰（3.4%）、米那普仑（2.7%）、安非他酮（2.0%）、度洛西汀（0.9%）、氟伏沙明（0.7%）、帕罗西汀（0.1%）、氟西汀（0.0%）、瑞波西汀（0.0%）。可接受性排前 4 的累积概率分别为：艾司西酞普兰（27.6%）、舍曲林（21.3%）、安非他酮（19.3%）、西酞普兰（18.7%）、米那普仑（7.1%）、米氮平（4.4%）、氟西汀（3.4%）、文拉法辛（0.9%）、度洛西汀（0.7%）、氟伏沙明（0.4%）、帕罗西汀（0.2）、瑞波西汀（0.1%）。

Cipriani 提出，从疗效与可接受性两方面来考虑，舍曲林相对于其他新一代抗抑郁药更适合于作为新药Ⅲ期临床研究的标准对照药物，既能保证有利于病人，又能增加临床对照研究的可行性。美国心理学会（American Psychological Association，APA）2010 年最新实践指南指出，米氮平是抑郁症急性期治疗的优选药物之一。

三、实例评价

该研究对 12 种抗抑郁药物有效性及可接受性进行了多干预措施的 Meta 分析，主要基于贝叶斯网状 Meta 分析方法，获得不同药物之间的间接比较结果或混合比较结果。该研究从临床应用方面权衡了有效性及可接受性,但未进行药物不良反应、毒性作用、停药症状等方面的比较。研究中纳入的研究药物使用剂量及安慰剂的不同,可能破坏可传递性的假设,导致不一致性。在观察终点方面,以8周作为急性期治疗的终点时间,纳入的部分研究选择6周或16～24周为终点,可能会导致异质性及不一致性。研究的部分数据来自制药公司,可能存在数据来源的偏倚。虽然存在上述问题,但是该研究的方案严谨、文献检索全面、统计方法合理,是一篇高质量的网状Meta分析研究,为临床治疗提供了重要的依据。

第五节　软　件　操　作

一、WinBUGS软件

简单的统计模型可以通过不同的软件编写计算程序来计算,但是大多数模型涉及复杂的运算过程,通常需采用MCMC方法计算。目前常用的贝叶斯分析软件主要有WinBUGS/OpenBUGS,JAGS、Stan等,最为常用的是WinBUGS。WinBUGS(Bayesian inference Using Gibbs Sampling)是由英国Imperial College和MRC(Medical Research Council)联合开发的,采用MCMC方法分析复杂统计模型,并进行贝叶斯统计推断的软件。可于官方网站上下载获得。WinBUGS分析的基本流程如图19-1。

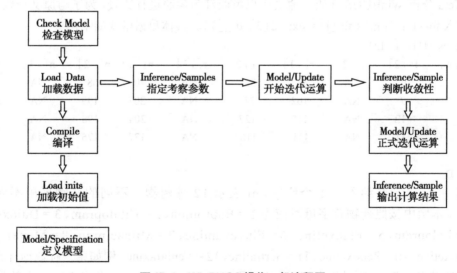

图19-1　WinBUGS操作一般流程图

通常WinBUGS操作过程如下:

第一步,构建模型及数据输入。

第二步,模型的确定。选择Model下拉菜单中的Specification选项,会跳出一个Specification Tool对话框;模型的确定分以下4步:①模型的检查(check model):将光标移到描述统计模型的语句Model处,选中Model字样,再点击Specification Tool对话框的Check Model处,若对模型描述的语法正确的话,则窗口底部左下角会提示"model is syntactically correct";②加载数据(load data):将光标移到数据的语句前面的List处,选中List字样,再点击Specification Tool对话框的Load Data,若对数据描述的语法正确的话,则窗口底部左下角会提示 data loaded；③编译（compile）：点击 Specification Tool 对话框的 Compile，编译成功后，窗口底部左下角会提示 model compiled，同时也激活了初始值的按钮；④加载初始值（load inits）：与加载数据类似，选定初始值的 List，点击 Specification Tool 对话框的 Load Inits，加载成功后，窗口底部左下角会提示"model is initialized"。

第三步，指定要考察的参数。从 Inference 下拉菜单中选中 Samples 选项，出现 Sample Monitor Tool 对话框，于 Node 后的输入框中依次输入待估参数，而后点击 Set 按钮。

第四步，迭代运算。判断迭代运算的收敛性，可以从总的运算结果中判断，因此再次直接正式迭代运算。选择 Model 下拉菜单中的 Update 选项，会弹出 Update Tool 对话框，在该对话框的 Updates 处写入所需迭代的次数，默认为 1 000 次，然后点击 Update 按钮。

第五步，输出迭代计算结果。从 Inference 下拉菜单中选中 Samples 选项，出现 Sample Monitor Tool 对话框，然后于 Node 后的输入框中输入"*"（"*"代表指定的所有参量）。可以获得相应的后验分布的相关统计量以及迭代是否收敛，如点击 Trace 给出 Gibbs 动态抽样图，点击 Stats 会给出参数的计算结果。

本节将以"Comparative efficacy and acceptability of 12 new-generation antidepressants：a multiple-treatments meta-analysis"文中 12 种抗抑郁药物有效性数据为例，进行贝叶斯网状 Meta 分析。原始数据可由网站相关文件获得，也可通过 R 语言 gemtc 程序包的 depression 获得。模型代码采用本章第二节随机对照试验数据整合中的二分类数据多干预处理网状贝叶斯 Meta 分析 WinBUGS 代码。原文中以氟西汀为参照进行比较，为了与原文一致，在代码中加入 for（j in 1：nt）｛flu[j]<-exp（d[5]-d[j]）｝。具体数据格式如下：

list（ns＝111，nt＝12）

t[,1]	t[,2]	t[,3]	r[,1]	r[,2]	r[,3]	n[,1]	n[,2]	n[,3]	na[]
5	9	NA	32	33	NA	70	68	NA	2
2	9	NA	102	77	NA	207	199	NA	2
1	12	NA	115	127	NA	204	198	NA	2
9	11	NA	111	116	NA	177	176	NA	2

......

END

其中 ns 表示共纳入 111 个研究，nt 表示 12 种药物。不同的药物采用不同的数字表示，本例中按照药物首字母对应为 1＝Bupropion、2＝Citalopram、3＝Duloxetine、4＝Escitalopram、5＝Fluoxetine、6＝Fluvoxamine、7＝Milnacipran、8＝Mirtazapine、9＝Paroxetine、10＝Reboxetine、11＝Sertraline、12＝Venlafaxine；例如第一行数据含义是第一个研究共有 2 臂，干预措施为 Fluoxetine 及 Paroxetine；Fluoxetine 组共 70 人，有效数为 32 人；Paroxetine 组 68 人，有效人数为 33 人。模型的初始值设置如下：

List（d＝c（NA，0，0，0，0，0，0，0，0，0，0，0），sd＝1）

核查模型后，加载数据及编译，可以设置不同的 Markov 链，通常需要生成其他初始值（gen inits）。模型设定结束后，预迭代 10 000 次。设定估计的参数，本例包括 or、effectiveness、SUCRA、flu。设定结束后，迭代 30 000 次，即可获得结果。不同药物间有效性比较的 OR 如图 19-2 示。

图 19-2 中，or[1，2]表示 Bupropion 与 Citalopram 有效性的 OR 值为 1.029，其 95%CI 为 0.815 8～1.277，通过可信区间可判断两种药物之间有效性无明显差异。不同药物与 Fluoxetine 有效性比较的 OR 如图 19-3 所示。

Node statistics

node	mean	sd	MC error	2.5%	median	97.5%	start	sample
or[1,2]	1.029	0.1172	0.00268	0.8158	1.022	1.277	10001	30000
or[1,3]	0.9207	0.1269	0.003429	0.699	0.9136	1.19	10001	30000
or[1,4]	1.223	0.1256	0.00295	0.9995	1.215	1.489	10001	30000
or[1,5]	0.929	0.08282	0.001957	0.776	0.9256	1.098	10001	30000
or[1,6]	0.915	0.1274	0.003282	0.6856	0.9096	1.188	10001	30000
or[1,7]	0.9469	0.1702	0.005623	0.6487	0.9349	1.316	10001	30000
or[1,8]	1.286	0.1611	0.004716	0.9955	1.278	1.617	10001	30000
or[1,9]	0.9457	0.0976	0.002546	0.7682	0.9409	1.153	10001	30000
or[1,10]	0.6322	0.09615	0.002609	0.4661	0.6246	0.8406	10001	30000
or[1,11]	1.159	0.114	0.002693	0.9479	1.153	1.402	10001	30000
or[1,12]	1.186	0.108	0.002608	0.9923	1.18	1.412	10001	30000
or[2,3]	0.9002	0.1179	0.003125	0.6848	0.8952	1.143	10001	30000
or[2,4]	1.195	0.1084	0.002867	0.9925	1.191	1.42	10001	30000
or[2,5]	0.9091	0.08101	0.002009	0.7583	0.9065	1.074	10001	30000
or[2,6]	0.8944	0.1167	0.002835	0.6859	0.8878	1.144	10001	30000
or[2,7]	0.9261	0.164	0.00543	0.6427	0.9138	1.282	10001	30000
or[2,8]	1.258	0.1542	0.004591	0.9793	1.25	1.586	10001	30000
or[2,9]	0.925	0.09118	0.00251	0.7564	0.9208	1.115	10001	30000
or[2,10]	0.6175	0.08588	0.002382	0.4671	0.612	0.8	10001	30000
or[2,11]	1.135	0.1168	0.002984	0.9226	1.129	1.379	10001	30000
or[2,12]	1.162	0.119	0.003207	0.9481	1.155	1.409	10001	30000
or[3,4]	1.342	0.148	0.003698	1.084	1.333	1.668	10001	30000
or[3,5]	1.022	0.1233	0.003651	0.8076	1.012	1.292	10001	30000
or[3,6]	1.006	0.1596	0.004299	0.7353	0.9894	1.355	10001	30000

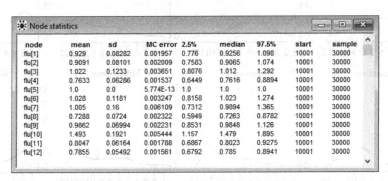

图 19-2　不同药物间有效性比较的结果

Node statistics

node	mean	sd	MC error	2.5%	median	97.5%	start	sample
flu[1]	0.929	0.08282	0.001957	0.776	0.9256	1.098	10001	30000
flu[2]	0.9091	0.08101	0.002009	0.7583	0.9065	1.074	10001	30000
flu[3]	1.022	0.1233	0.003651	0.8076	1.012	1.292	10001	30000
flu[4]	0.7633	0.06286	0.001537	0.6449	0.7616	0.8894	10001	30000
flu[5]	1.0	0.0	5.774E-13	1.0	1.0	1.0	10001	30000
flu[6]	1.028	0.1181	0.003247	0.8158	1.023	1.274	10001	30000
flu[7]	1.005	0.16	0.006109	0.7312	0.9894	1.365	10001	30000
flu[8]	0.7288	0.0724	0.002322	0.5949	0.7263	0.8782	10001	30000
flu[9]	0.9862	0.06994	0.002231	0.8531	0.9848	1.126	10001	30000
flu[10]	1.493	0.1921	0.005444	1.157	1.479	1.895	10001	30000
flu[11]	0.8047	0.06164	0.001788	0.6867	0.8023	0.9275	10001	30000
flu[12]	0.7855	0.05492	0.001561	0.6792	0.785	0.8941	10001	30000

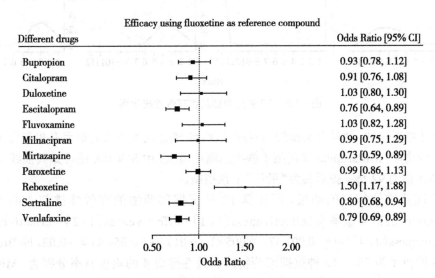

图 19-3　不同药物与 Fluoxetine 比较的结果

将 flu 数据录入 R 软件，通过 metafor 程序包的 forestplot 命令绘制 11 种抗抑郁药物与 Fluoxetine 有效性比较的森林图，如图 19-4 所示。

Efficacy using fluoxetine as reference compound
Different drugs
Odds Ratio [95% CI]
Bupropion
0.93 [0.78, 1.12]
Citalopram
0.91 [0.76, 1.08]
Duloxetine
1.03 [0.80, 1.30]
Escitalopram
0.76 [0.64, 0.89]
Fluvoxamine
1.03 [0.82, 1.28]
Milnacipran
0.99 [0.75, 1.29]
Mirtazapine
0.73 [0.59, 0.89]
Paroxetine
0.99 [0.86, 1.13]
Reboxetine
1.50 [1.17, 1.88]
Sertraline
0.80 [0.68, 0.94]
Venlafaxine
0.79 [0.69, 0.89]
0.50
1.00
1.50
2.00
Odds Ratio

图 19-4　不同药物与 Fluoxetine 比较的森林图

由以上结果可知，Escitalopram、Mirtazapine、Sertraline 及 Venlafaxine 有效性明显优于 Fluoxetine，而 Reboxetine 差于 Fluoxetine。数据结果及结论与原文一致。在此解释结果微小差异的原因，计算机在进行 MCMC 模拟时，是基于"伪随机数"，每次运行时采用的"伪随机数"是不同的，导致结果不同，但大数定律可以保证结果趋于一致。若读者采用相同的"种子数"(seed number)，每次运行均会获得完全相同的结果。

将 effectiveness 结果复制粘贴于 txt 文档中，保存于指定路径中，设为 d：\effective.txt。采用 STATA 的 sucra 命令绘制 rankogram 及 SUCRA 图(图 19-5、图 19-6)，命令如下：sucra，nomv stats("d：\effective.txt") rprob(effectiveness) rankogra lab(Bupropion Citalopram Duloxetine Escitalopram Fluoxetine Fluvoxamine Milnacipran Mirtazapine Paroxetine Reboxetine Sertraline Venlafaxine)；将上述命令中的 rankogra 去掉，即可获得 SUCRA 图。

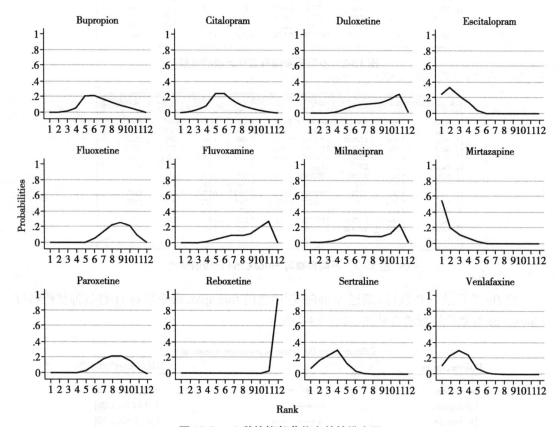

图 19-5　12 种抗抑郁药物有效性排序图

由上述结果可知，两种图形横轴为排序秩次，纵轴分别为秩次的概率及累积概率；在 12 种抗抑郁药物中，Mirtazapine 排在第 1 秩次的概率最大，由 SUCRA 图可知其曲线下面积最大；SUCRA 值为 92.1%，提示其为"最佳"干预措施。

由不同药物的排序的结果，可计算 12 种抗抑郁药物的有效性排前 4 的概率，比如 Burpropion 的前 4 概率为(effectiveness[1，1]+effectiveness[1，2]+effectiveness[1，3]+effectiveness[1，4])/4=(0.001 47+0.005 81+0.017 93+0.054 8)/4=0.02，即 Brupropion 排在前 4 的概率为 2%。12 种抗抑郁药物的有效性排前 4 的累积概率分别为：Mitazapine(23.7%)、Escitalopram(23.4%)、Venlafaxine(22.5%)、Sertraline(19.9%)、Citalopram

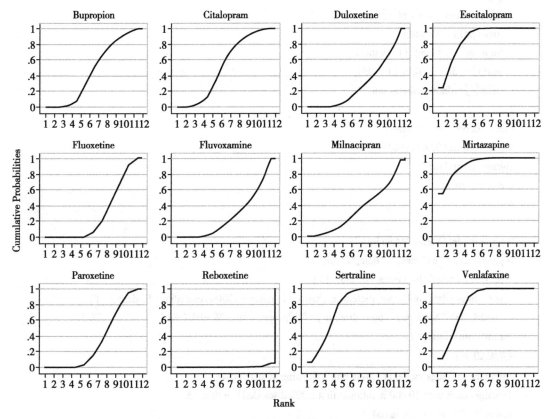

图 19-6　12 种抗抑郁药物有效性排序累积概率图

（3.78%）、Milnacipran（2.98%）、Bupropion（2.07%）、Duloxetine（0.88%）、Fluvoxamine（0.7%）、Paroxetine（0.1%）、Fluoxetine（0%）、Reboxetine（0%）。

二、R 语言

R 语言进行贝叶斯 Meta 分析要根据似然函数及先验分布来编写代码。目前主要是作为 WinBUGS 软件的运行平台,通过调用 WinBUGS 计算,并将结果保存内存,可进行进一步分析。R 语言中常用的包有 R2WinBUGS、R2OpenBUGS 等。现以 Colditz GA 等 Efficacy of BCG vaccine in the prevention of tuberculosis 数据为例,采用 R2WinBUGS 进行贝叶斯 Meta 分析,完整代码如下:

```
> setwd("d:/book")
> library(R2WinBUGS)
> rt = c(4, 6, 3, 62, 33, 180, 8, 505, 29, 17, 186, 5, 27)
> nt = c(123, 306, 231, 13598, 5069, 1541, 2545, 88391, 7499, 1716, 50634, 2498, 16913)
> rc = c(11, 29, 11, 248, 47, 372, 10, 499, 45, 65, 141, 3, 29)
> nc = c(139, 303, 220, 12867, 5808, 1451, 629, 88391, 7277, 1665, 27338, 2341, 17854)
> n = 13
> data = list("rt", "nt", "rc", "nc", "n")
> Meta <- function()      {
    for(i in 1: n){
    rc[i] ~ dbin(pc[i], nc[i])
```

```
  rt[i]~dbin(pt[i], nt[i])
  logit(pc[i])<-mu[i]
  logit(pt[i])<-mu[i]+delta[i]
  mu[i]~dnorm(0.0, 1.0E-05)
  delta[i]~dnorm(theta, tau)
}
theta~dnorm(0.0, 1.0E-05)
tau~dgamma(0.001, 0.001)
sigma<-1/sqrt(tau)
OR<-exp(theta)
}
```

```
> write.model(Meta, "Meta.bug")
> parameters <- c("theta", "delta", "OR")
> inits = function(){list(theta = 0, tau = 1)}
> sim<-bugs(data, inits, parameters, n.chains = 1, n.iter = 10000, codaPkg = F, debug = F,
    model.file = "Meta.bug", bugs.directory = "d:/program files/WinBUGS14/")
> print(sim, digits = 3)
```

结果如下：

Inference for Bugs model at "Meta.bug", fit using WinBUGS,

1 chains, each with 10 000 iterations (first 5 000 discarded), n.thin = 5

n.sims = 1 000 iterations saved

	mean	sd	2.5%	25%	50%	75%	97.5%
theta	−0.760	0.202	−1.199	−0.879	−0.767	−0.632	−0.350
delta[1]	−0.875	0.440	−1.814	−1.157	−0.846	−0.581	−0.057
delta[2]	−1.378	0.373	−2.186	−1.594	−1.361	−1.132	−0.726
delta[3]	−1.112	0.482	−2.113	−1.434	−1.101	−0.792	−0.218
delta[4]	−1.420	0.138	−1.668	−1.519	−1.416	−1.326	−1.150
delta[5]	−0.277	0.206	−0.674	−0.412	−0.271	−0.139	0.126
delta[6]	−0.949	0.101	−1.144	−1.016	−0.951	−0.884	−0.744
delta[7]	−1.295	0.412	−2.143	−1.561	−1.295	−1.016	−0.460
delta[8]	0.001	0.064	−0.123	−0.041	0.003	0.047	0.126
delta[9]	−0.522	0.224	−0.954	−0.676	−0.525	−0.367	−0.076
delta[10]	−1.314	0.248	−1.795	−1.478	−1.320	−1.144	−0.840
delta[11]	−0.357	0.112	−0.567	−0.434	−0.357	−0.276	−0.138
delta[12]	−0.255	0.496	−1.162	−0.615	−0.264	0.075	0.714
delta[13]	−0.150	0.255	−0.629	−0.329	−0.149	0.031	0.338
OR	0.477	0.097	0.302	0.415	0.464	0.531	0.705
deviance	164.722	7.280	152.400	159.500	164.100	168.900	180.815

DIC info (using the rule, pD = Dbar-Dhat)

pD = 23.4 and DIC = 188.2

DIC is an estimate of expected predictive error (lower deviance is better).

由上述结果可知随机效应模型的 OR 为 0.477，95%CI 为 0.302~0.705。可绘制不同研究 OR 值的踪迹图、核密度图及森林图（图 19-7~图 19-9）。

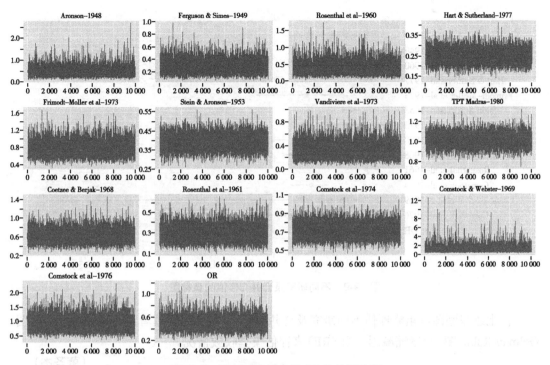

图 19-7　不同研究及合并 OR 值的踪迹图

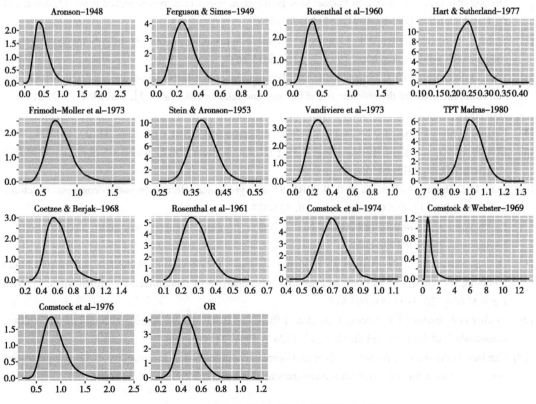

图 19-8　不同研究及合并 OR 值的核密度图

255

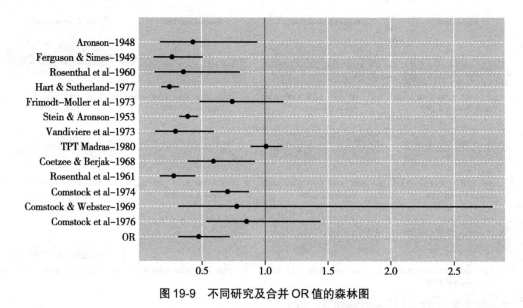

图 19-9　不同研究及合并 OR 值的森林图

由上述踪迹图可粗略评估不同研究及合并 OR 的收敛情况，读者也可通过遍历均值图、Gelman-Rubin 图、尺度缩减因子（PSRF）来评估模型收敛情况。

（董圣杰）

参考文献

[1] Spiegelhalter D J, Freedman L S, Parmar M K B. Bayesian approaches to randomized trials[J]. Journal of the Royal Statistical Society, 1994, 157(3): 357-416.

[2] Smith T C, Spiegelhalter D J, Thomas A. Bayesian approaches to random-effects meta-analysis: a comparative study[J]. Stat Med, 1995, 14(24): 2685-2699.

[3] Warn D E, Thompson S G, Spiegelhalter D J. Bayesian random effects meta-analysis of trials with binary outcomes: methods for the absolute risk difference and relative risk scales[J]. Stat Med, 2002, 21(11): 1601-1623.

[4] Carlin J B. Meta-analysis for 2×2 tables: a Bayesian approach[J]. Stat Med, 1992, 11(2): 141-158.

[5] 董圣杰, 冷卫东, 田家祥, 等. Meta 分析系列之五：贝叶斯 Meta 分析与 WinBUGS 软件[J]. 中国循证心血管医学杂志, 2012, 04(5): 395-398.

[6] Lunn D J, Thomas A, Best N, et al. WinBUGS—a Bayesian modelling framework: concepts, structure, and extensibility[J]. Stat Comput, 2000, 10: 325-337.

[7] Lu G, Ades A E. Modelling between-trial variance structure in mixed treatment comparisons[J]. Biostatistics, 2009, 10: 792-805.

[8] Dias S, Sutton A J, Ades A E, et al. Evidence synthesis for decision making 2: a generalized linear modeling framework for pairwise and network meta-analysis of randomized controlled trials[J]. Med Decis Making, 2013, 33(5): 607-617.

[9] Colditz G A, Brewer T F, Berkey C S, et al. Efficacy of BCG vaccine in the prevention of tuberculosis. meta-analysis of the published literature[J]. JAMA, 1994, 271(9): 698-702.

[10] Cipriani A, Furukawa T A, Salanti G, et al. Comparative efficacy and acceptability of 12 new-generation antidepressants: a multiple-treatments meta-analysis[J]. Lancet, 2009, 373(9665): 746-758.

第二十章

系统综述概览

本章引例

一位 30 岁的已婚女性，计划在最近一两年怀孕，该女性生活习惯比较健康，但其丈夫有多年的吸烟史，考虑到吸烟可能会对受孕和胎儿不利，以及孩子成长过程中会受到二手烟的危害，因此丈夫决定采取措施进行戒烟。考虑到临床上 20 多种药物都可以帮助人们戒烟，但哪种药物的疗效最佳，且不良反应最少是夫妻二人共同面临的选择，因此该夫妇希望医生给他们提供合理化的建议。这就需要一篇系统综述概览来全面总结这些戒烟药物的疗效、安全性以及证据质量。

第一节　系统综述概览的特点和适用范围

一、系统综述概览的定义及原理

系统综述概览一词翻译自英文 overviews of reviews，简称 overviews。overviews 的英文名称曾有多种表达，如 overviews of reviews、umbrella reviews、overviews of systematic reviews 等，2008 年第 17 届 Cochrane 年会后比较认同 overviews of reviews。2009 年，国内首次将其翻译为同类评价，也有学者将其翻译为系统评价的再评价、系统综述的系统综述、Meta 分析的汇总评价、系统综述概览等，本教材推荐的翻译为系统综述概览。

系统综述概览（overviews）是指全面收集同一健康问题病因、诊断、治疗等方面的相关系统综述，并进行汇总的一种研究方法。系统综述概览的产生主要是因为多数系统综述专注于一种干预措施，系统综述用户往往需要寻找多篇系统综述来获取他们所需的多个相关证据，因此系统综述概览最初的目的是为研究者快速提供数据库中相关的系统综述且能较全面地掌握各文献的概要。

20 世纪末，有学者开始对同类的多个系统综述进行再评价研究。最早的一篇 Cochrane 系统综述概览"生物制剂治疗类风湿关节炎的研究"发表于 2009 年。对于一个需要了解生物制剂治疗类风湿关节炎证据的医生，有以下三个选择：阅读经筛选得到的 31 个高质量随机对照试验，或者 6 篇几十页甚至上百页的系统综述，还是信息更加集中的 1 篇同一主题的系统综述概览？

对于上述问题的答案，显然是 1 篇同一主题的系统综述概览更方便快捷。在医学发展中,从基础实验到临床试验,从临床试验到系统综述,从系统综述到系统综述概览,证据级别不断提高,且趋于集中,更有利于知识转化和证据的传播应用,更方便证据使用者使用证据。临床试验属于原始研究,当针对同一临床问题有多个临床试验出现时,系统综述能够综合多个临床研究的结果,使其可信度增加。系统综述概览则从更高层面对系统综述证据进行综合,所含信息量更大、更全面,临床实用性更强,可以为临床实践指南的制定奠定基础。由于干预性系统综述是最为常见的一种形式,所以本章以介绍干预性系统综述概览为主。

二、系统综述概览的适用范围

系统综述概览的核心是针对当前多个相关系统综述证据进行综合研究,为证据使用者提供更为集中的高质量证据。系统综述概览研究的目的在于为临床医生、决策者或病人提供同一主题系统综述证据的综合评价结果,通常包括以下几个方面:

1. 对同一临床问题不同干预措施的相关系统综述进行再评价 当某一临床问题已有多个涉及不同干预措施的系统综述存在时,系统综述概览可以对这一类系统综述进行综合评价。2008 年,有研究者评价了物理疗法治疗膝关节骨关节炎的 23 个相关系统综述,对锻炼、针灸和激光等物理疗法治疗膝关节骨关节炎提供了当前最佳证据。

2. 对同一健康问题同一干预措施的不同结局的多个系统综述进行再评价 理论上,一篇系统综述应包括一项干预措施能对临床决策产生影响的所有结局。但有时不同系统综述对研究结局的考虑程度有所不同,导致单个系统综述所评价的结局指标不完整,重要结局指标在不同系统综述中分散报告。此时,可对多个同一干预措施相关的系统综述进行再评价。

3. 对某一干预措施应用于不同疾病或健康问题、不同人群的多个系统综述进行再评价 在这种情况下,系统综述概览不太可能引起关心具体临床问题的医生和病人的关注,而更多被政策决定者或关注跨越不同系统综述问题的人员所关注。

4. 总结某一干预措施应用于多个健康问题的多个系统综述中的不良反应相关证据 大多数系统综述都会报告不良反应,但少有系统综述专门针对不良反应而实施。许多重要的不良反应的发生很罕见,所以随机对照试验无法精确地估计其真正发生率。基于这些原因,系统综述概览也很难准确概括某干预措施的不良反应情况,除非纳入的系统综述专门研究不良反应的发生率。

5. 针对某领域所有问题提供一个全面的再评价 由于单个的系统综述已针对某一具体医疗卫生问题进行了系统检索和客观评价,系统综述概览可基于多个相关系统综述证据对某一领域进行宏观概述,为使用者提供更为全面的综合信息。2001 年 Linde 等研究者连续发表了 3 篇有关补充医学的系统综述概览,分别从同种疗法、中草药及针灸 3 方面进行分析,对当时补充医学的现状及存在的问题进行了综合评价。

6. 其他 除防治性系统综述概览外,在诊断、疾病筛查、卫生经济学和卫生保健等多个领域也可以依照干预性研究系统综述概览的方法开展研究。

三、系统综述概览与系统综述的比较（表 20-1）

表 20-1　系统综述概览与系统综述的比较

比较条目	系统综述	系统综述概览
研究目的	从多个相关的原始研究中总结证据	从多个相关的系统综述中总结证据
纳入标准	描述什么样的原始研究应当纳入和排除	描述什么样的系统综述应当纳入和排除
文献检索	全面检索相关的原始研究	全面检索相关的系统综述
数据收集	从纳入的原始文献中收集数据	从纳入的系统综述中收集数据
方法学质量评价	针对纳入的原始研究进行偏倚风险评估	针对纳入的系统综述进行方法学质量评价
证据质量评价	针对不同研究的每个重要结局指标进行质量评价	证据质量评价依赖于纳入系统综述的报告,推荐每篇系统综述概览应包括每个重要结局指标的证据质量评价
数据分析	针对每一个重要的结局指标,对纳入研究的结果进行 Meta 分析或描述性分析	总结、汇总纳入的系统综述的结果,必要时应进行间接比较
结果	客观描述纳入原始研究的特征、质量评价结果、效应量及发表偏倚等信息	客观描述纳入系统综述的特征、质量评价结果及效应量等信息
结论	综合考虑纳入原始研究的质量、效应量等多方面内容,总结对临床实践的意义以及对将来研究的提示	主要对相关信息进行客观陈述,获得当前研究现状下更为全面、客观的结论,并描述对将来研究的提示
报告规范	依据 PRISMA 声明进行报告	可参照 Cochrane 手册按照背景、方法、结果、讨论、结论的格式进行报告

第二节　系统综述概览文献检索与筛选

一、文献的纳入与排除标准

纳入和排除标准的制定需要根据"PICOS"结构化问题。在制定纳入和排除标准的过程中,应始终关注临床,关注证据使用者的需求,关注如何更有利于证据使用者进行医疗决策。

通常情况下,系统综述纳入与排除标准与原始文献的纳入与排除标准基本一致:

1. 系统综述设计类型　根据研究目的考虑此次系统综述概览是纳入干预性系统综述、观察性系统综述还是诊断试验的系统综述,如果研究目的是为了总结某一临床问题目前治疗手段的疗效则应当纳入随机对照试验的系统综述。

2. 系统综述研究对象类型　当现有的系统综述研究了不同受试者(如不同年龄、种族、性别、疾病分期、并发症的群体等),在考虑是否全部进行汇总分析或分开分析时(也就是研究对象的范围有多广),应当充分考虑阅读系统综述概览的决策者的观点。例如,由于疾病预防和治疗针对的受试者不同,因此系统综述概览针对同一疾病的干预性系统综述和预防性系统综述应区别对待,并在纳入标准中详细阐明。

3. 干预措施与对照措施　原则上讲,系统综述概览应当纳入目前所有干预措施治疗目标疾病或者目标健康问题的系统综述,但有时也可根据实际情况进行分开汇总,以便于临床医生快速掌握各种疗法的疗效信息。

4. 结局指标 系统综述概览的结局指标也应当包括所有对临床有意义的结局指标。同时应当汇总分析符合纳入标准的系统综述的所有结局,汇总分析结局时,仍推荐按照先主要结局,后次要结局的顺序报告。主要结局指标是与评价问题相关、对临床决策有实用价值、与病人利益密切相关的最重要结果,如存活事件(生存或死亡率)、临床事件、病人报告结局、不良事件、负担和经济结局等。次要结局指标可选择间接指标(如实验室结果或影像学结果)和替代指标。

二、文献检索策略与筛选

系统综述概览的检索策略应比系统综述的检索策略简单,因为对相关文章的基本检索策略在系统综述时早已实行。此部分应清楚列出检索的数据库资源、检索策略、检索方法和筛选方法。

首先,明确检索来源、检索时间和文献语种。计算机检索应至少包括以下几个数据库:外文数据库应检索 Cochrane 系统综述数据库(Cochrane Database of Systematic Reviews)、MEDLINE、EMBASE,中文数据库应检索中国生物医学文献数据库(SinoMed)、中国期刊全文数据库(CNKI)、维普数据库(VIP)和万方数据资源系统。

其次,制定完善的检索策略。检索策略制定原则应根据 PICOS 原则,如果是要汇总某一疾病或者健康相关问题的所有干预措施的疗效,那只需要确定疾病或者健康问题的名称,就可以疾病名称联合系统综述/系统评价/Meta 分析/荟萃分析等关键词进行主题词检索。

再次,文献的筛选较之系统综述也简单很多,因为检索到的系统综述数量肯定少于临床研究的数量且内容相对较集中,仍然采用先标题再全文的方式进行筛选,最好能够提供文献筛选流程图。

第三节 纳入系统综述的方法学质量评价

开展系统综述/Meta 分析的最终目的是为了使用,但因研究者的水平差距较大,故其质量也参差不齐。因此,使用系统综述的研究结果前需要对其质量进行评价。有时,研究者还会针对某一疾病或健康问题相关的系统综述/Meta 分析进行汇总评价,此时也需要进行质量的评价。与评价原始研究的质量一样,研究人员研制了一些用于评价系统综述/Meta 分析质量的工具,本章对目前常用及推荐使用的系统综述/Meta 分析方法学质量评价工具进行介绍。包括 AMSTAR 量表、OQAQ 量表和 CASP 清单。

一、AMSTAR 量表

AMSTAR(a measurement tool for the assessment of multiple systematic reviews)是在2007 年由来自荷兰阿姆斯特丹自由大学医学研究中心和加拿大渥太华大学的临床流行病学专家们在英国医学委员会期刊 *BMC Med Res Methodol* 上发表的名为"Development of AMSTAR: a measurement tool to assess systematic reviews"的专论正式得名。

AMSTAR 是应用最广泛的评价系统评价/Meta 分析的方法学质量的量表。它的条目形成基础有 OQAQ(Overview Quality Assessment Questionnaire)的 10 个条目、SQAC(Sacks

Quality Assessment Checklist)的 24 个条目以及另外 3 个考虑语言偏倚、发表偏倚和灰色文献的条目。该量表的信度、效度和实用性均较高。量表开发小组采用探索性因素分析和名义群体技术保证了量表的表面效度和内容效度。后续研究中,量表开发小组进一步检验了 AMSTAR 的可信度、结构效度和实用性,还专门委托加拿大药物卫生技术评估中心评估其科学性,评估结果也十分令人满意。在上述工作的基础上,开发小组正式提出了 AMSTAR 的标准条目共 11 个(表 20-2),每个条目均采用"是"(yes)、"否"(no)、"无法回答"(can't answer)和"不适用"(not applicable)进行判定。

表 20-2 AMSTAR 量表条目及释义

条目	描述及说明
1	是否提供了前期设计方案? ● 在系统综述开展以前,应该确定研究问题及纳入与排除标准
2	纳入研究的选择和资料提取是否具有可重复性? ● 至少要有两名独立的资料提取员,且对不同意见采用适当的方法达成一致
3	是否进行了全面的文献检索? ● 至少检索 2 种电子数据库。检索报告必须包括年份以及数据库,如 Central、EMBASE 和 MEDLINE。必须说明采用的关键词和 / 或主题词,如果可能应提供检索策略 ● 应补充检索最新信息的目录、综述、参考书、专业注册库或咨询特定领域的专家,同时还需检索纳入研究的参考文献
4	发表状态是否已考虑在纳入标准中,如灰色文献? ● 作者应说明其检索不受发表类型的限制。应说明是否根据文献的发表情况排除文献(从系统综述中),如语种
5	是否提供了纳入和排除的研究清单? ● 应提供纳入和排除的研究清单
6	是否描述纳入研究的基本特征? ● 从原始研究提取的资料应包括受试者、干预措施和结局指标,并以诸如表格的形成进行总结。应报告纳入研究的系列特征,如年龄、种族、性别、相关社会经济学数据、疾病状态、病程、严重程度或其他应报告的疾病等
7	是否评价和报道了纳入研究的科学性? ● 应提供预先选用的评价方法(如有效性研究,评价者是否把随机、双盲、安慰剂对照或分配隐藏作为评价标准);其他类型研究的相关标准条目亦需交代
8	是否恰当地运用纳入研究的科学性推导结论? ● 在分析结果和推导结论中,应考虑方法学的严格性和科学性;且在形成推荐意见时,亦需要明确说明
9	合并纳入研究结果的方法是否恰当? ● 对于合并结果,应首先确定纳入的研究结果是可合并的,并采用一定的统计方法评估异质性(如卡方检验和 I^2)。如果存在异质性,应采用随机效应模型,和 / 或考虑合并结果的临床适宜程度(如是否适合合并?)
10	是否评估了发表偏倚的可能性? ● 发表偏倚的评估应采用某一种图形进行辅助(如漏斗图及其他可行的检测方法)和 / 或统计学检验方法(如 Egger 回归法)
11	是否报告了利益冲突? ● 应清楚交代系统综述及纳入研究中潜在的资助来源

需要指出的是，AMSTAR 的评价对象是系统综述 /Meta 分析的方法学质量，这与专门用于评价报告质量的标准 PRISMA（Preferred Reporting Items for Systematic Reviews and Meta-Analysis）声明有所不同。虽然报告质量和方法学质量存在一定的联系，但也有差别。报告质量好的研究不一定方法学质量高，报告质量不好的研究也可能具有较好的真实性，但是低下的报告质量将影响结果的实用性。方法学质量越高，研究的可重复性就越好，其论证强度越高，结果也越可靠。

二、OQAQ 量表

OQAQ（Oxman- Guyatt Overview Quality Assessment Questionnaire）量表是由加拿大麦克马斯特大学 Andrew D. Oxman 和 Gordon H. Guyatt 于 1991 年研制的用于评价系统综述真实性的常用工具。OQAQ 量表（表 20-3）不涉及发表质量和研究的重要性，主要针对系统综述中容易产生偏倚的几个关键环节进行评价，是目前较常用的工具之一。

OQAQ 量表涉及 9 个方面共 10 个条目，前 9 个条目可以评为充分（报告并正确使用）和不充分（没有报告或不正确），第 10 个条目则是对整个文献质量进行打分。评价者对前 9 个问题的情况给予 1～7 分，1 分代表该系统综述不符合标准，7 分则代表完全符合标准。若前 9 项有 1 个以上条目回答为"不能确定"，则表明该系统综述存在"小的缺陷"；若条目 2、4、6、8 中有回答为"否"者，则说明存在"大的缺陷"。一般有明显缺陷者，其综合评分为 1 分；大的缺陷评为 3 分；有小的缺陷者评分为 5 分；缺陷可被忽略者为最高分 7 分。

表 20-3　OQAQ 量表条目描述及评分

条目	描述	评分
1	是否报告了文献检索方法	1　2　3　4　5　6　7
2	检索是否全面	1　2　3　4　5　6　7
3	是否报告了研究的纳入标准	1　2　3　4　5　6　7
4	是否避免了纳入研究的选择偏倚	1　2　3　4　5　6　7
5	是否报告了对纳入研究进行真实性评价的标准	1　2　3　4　5　6　7
6	对纳入研究的质量评价是否全面、恰当	1　2　3　4　5　6　7
7	是否报告了纳入研究的数据合并方法	1　2　3　4　5　6　7
8	纳入研究的结局是否适合合并	1　2　3　4　5　6　7
9	系统评价的结论是否得到了报告数据的支持	1　2　3　4　5　6　7
10	此系统评价的总体科学性如何	1　2　3　4　5　6　7

三、CASP 清单

英国牛津循证医学中心文献严格评价项目（Critical Appraisal Skill Program，CASP）于 1993 年在英国牛津大学成立，由 NHS 专项基金资助，旨在倡导用循证的方法来阅读论文，以真正地服务于医疗卫生实践。该项目制定了一系列评价原始研究和系统综述 /Meta 分析质量的清单，本节介绍针对系统综述 /Meta 分析的质量评价清单（表 20-4）。该清单包括 10 个条目，其中前 2 条是筛选问题，如果前两个问题的回答均是"是"，那么这篇系统综述才值得阅读。条目 3～10 是细节问题，除了 6、7、10 条需要主观回答之外，其他条目均用"是""否"及"不清楚"判定。与其他量表、清单不同的是，CASP 清单考虑了研究的外部真实性。

表 20-4　CASP 清单条目及质量判断提示

条目	判断提示	判断
第一部分　研究结果可靠吗?		
1. 系统评价是否定义了一个清晰明确的问题?	包括: ①研究的人群 ②给予的干预措施或暴露因素 ③预计的结局	□是 □不清楚 □否
2. 系统评价纳入的研究设计类型合适吗?	最佳排序的研究应: ①涉及了研究问题 ②采用了合适的研究设计(通常采用随机对照试验评价干预措施)	□是 □不清楚 □否
3. 是否纳入了所有的相关文献?	主要考虑: ①使用了哪些文献数据库 ②对纳入研究的参考文献进行了检索 ③联系了本领域的专家 ④检索了未发表文献 ⑤检索了非英语文献	□是 □不清楚 □否
4. 系统评价制作者是否对纳入研究的质量进行了充分的评价?	系统评价制作者需对纳入研究进行严格的评价。缺乏严格的评价可能会影响研究的结果	□是 □不清楚 □否
5. 如果对纳入研究的结果进行了 Meta 分析,这样做是否合适?	考虑: ①研究间的结果是否相似 ②是否所有纳入的研究均给出了清晰的结果 ③不同研究的结果是否相似 ④是否讨论了任何改变结果的原因	□是 □不清楚 □否
第二部分　研究结果是什么?		
6. 系统评价总的结果是什么?	如果你清楚地知道作者的最终结果,考虑: ①结果是(数值,如果有的话) ②结果是如何表示的(NNT、OR 等)	
7. 结果的精确度如何?	查看置信区间,如果提供了的话	
第三部分　研究结果适用吗?		
8. 研究结果是否适用于当地人群?	考虑是否: ①系统评价中的人群和当地人群可能完全不同,需要引起足够的关注 ②当地人群有可能与系统评价中的人群相似	□是 □不清楚 □否
9. 考虑所有的重要结局了吗?		□是 □不清楚 □否
10. 获益是否大于危害和成本?	如果系统评价中没有涉及此内容,你是如何看待的?	□是 □不清楚 □否 看法:

在使用各种方法学质量评价量表进行质量评价时应从整体角度考虑研究的质量,除非每一个条目都满足则可认为是一个高质量低风险的系统综述研究,如果有条目不满足切不

可盲目根据得分的高低或者满足条目数量的比例高低来直接判断纳入的系统综述的质量，要避免在某一关键条目上不满足评价标准仍然定义为高质量的情况出现。

第四节　系统综述概览数据收集和分析

一、数据收集

可以利用资料提取表从纳入的系统综述中提取和获得数据，并且应当由多名评价员独立提取数据，明确遇到分歧时应如何解决。资料提取表一般应当涉及以下九部分信息：

1. 系统综述的基本信息　纳入研究的编号（如 Han M. 2016，第一作者和发表年份）、引用题录、通讯作者和联系方式。

2. 研究对象的特征　指的是具有什么特征的系统综述能够纳入，通常包括研究疾病或者健康问题，比如疾病分期（症状前期、疾病早期、疾病晚期），受试者特征（年龄、性别、种族）等。

3. 方法学质量　可采用 AMSTAR 量表的 11 个条目对纳入的系统综述进行评价，并将评价结果记录在资料提取表中。

4. 干预措施　提取系统综述中干预措施和对照措施细节，比如药物干预就应包括药物组成、用法用量等，对照措施视研究目的进行限定。

5. 结局指标　按照纳入的系统综述报告的指标和形式收集所有有效性结局和安全性结局的名称。

6. 研究结果　在收集研究结果的相关信息时，对于每个系统综述的结果应当按以下标准提取：①如果对纳入的系统综述的结果进行合并分析，则提取每个比较与结局的合并效应量及其置信区间（或者 P 值）；②如果需要进行原始数据的比较分析，则提取纳入系统综述中每个比较与结局中纳入的原始研究的连续变量或者二分类变量结局的数据（效应值及其 95%CI 或者 P 值）；③如果无直接的比较或定量合并的数据，则结果报告为"无定量合并"且对系统综述的作者结论进行报告；④根据纳入标准、方法学质量评价或数据合并的方法分析同一主题系统综述的结果间的不一致性。

7. 系统综述的报告质量　可采用 PRISMA 声明对纳入的系统综述进行报告质量评价。

8. 证据质量评价　采用 GRADE 系统对所有的结局进行高级证据、中级证据、低级证据以及极低级证据的评价。

9. 其他需要收集的信息　除上述数据外，还需要收集其他一些重要的信息，如：资助机构、潜在利益冲突、系统综述的样本含量以及开展系统综述时是否计算了需要的样本量等。

二、定性的数据合并分析

如果纳入的系统综述都没有进行 Meta 分析，且不同的系统综述也没有纳入相同的干预措施和对照措施的临床研究，那么可以将各个系统综述的结论进行分类汇总，在系统综述概览的结果部分进行罗列并加以评述，提示目前的系统综述并没有得出确切的结论。

如果纳入的系统综述 /Meta 分析的干预措施和对照措施各不相同，将各个 Meta 分析的结果按结局指标的重要程度和比较类型依次进行报告，同时对各个结局进行证据质量评价。

三、定量的数据合并方法

如果纳入的系统综述 /Meta 分析有相同的干预和对照（即两篇及以上的系统综述纳入的原始研究干预措施和对照措施相同），且各个系统综述的研究对象同质性良好，此时有两种处理方法：①根据系统综述报告的合并效应量及其置信区间（或者 P 值）进行结果的合并。如果结局是二分类变量，可根据 RR、OR、HR 或者 RD 及其 95%CI 计算出各个效应量的 log 值及其标准误，然后再进行效应量的合并；如果结局变量是连续性变量，则可根据 MD 及其 95%CI 计算出标准误，再进行 MD 的合并。以上两种转换均可在 RevMan 软件中完成。②可根据系统综述报告的原始数据合并所有同质的研究，进行 Meta 分析（方法同原始研究的 Meta 分析），在此过程中需要注意各个系统综述纳入的原始研究是否有重复，去掉重复的文献后方可进行 Meta 分析。

如果纳入的系统综述 /Meta 分析干预措施不同，但有相同的对照措施，如第一篇研究是 A 与 B 比较，第二篇研究是 C 与 B 比较，且各个系统综述的同质性良好，此时还可以采取间接比较的方法比较 A 与 C 的效果，得出间接比较的 Meta 分析结果。间接比较的证据级别较直接（头对头）比较级别低。欲进行间接比较或者进行多种干预措施 Meta 分析的作者应寻求合适的统计和方法学的支持，比如网状 Meta 分析。如果存在直接比较的研究一般不推荐采用间接比较。

四、纳入系统综述的证据质量评价

即便采用了最好的方法总结证据，系统综述依然可能存在很大的局限性，因为纳入系统综述内部和纳入系统综述之间存在的潜在偏倚，系统综述结果之间存在冲突，所关注的问题缺乏证据支持或不是直接证据。因此要总结支持系统综述概览结论的证据质量评价方法。在 Cochrane 干预性系统综述和系统综述概览中针对每一重要结局的证据质量评价应使用 GRADE 评价体系。

GRADE 将证据质量定义为对某一效应值或相关强度接近真实值的程度。多种因素可能影响一组证据质量，包括研究内的偏倚风险（方法学质量）、间接性、异质性、效应估计值的精确性和发表偏倚风险。研究者根据这些因素以及证据升降级的因素对每一结局的证据质量进行评价，做出高、中、低、极低证据质量的评价。

第五节　实 例 分 析

本节以哪种药物能够帮助人们戒烟的一篇 Cochrane 系统综述概览为例（本章引例），对系统综述概览的基本原理和报告方法进行解读。

一、实例背景

吸烟是一个在世界范围内导致过早死亡的主要原因，30 岁以上男性中所占比例为 20%，女性中占 5%。一定比例的癌症、心脑血管疾病和呼吸系统疾病的发病均与吸烟有关。2007 年的一项研究显示，在英国和美国，70% 以上的吸烟者出于健康原因和经济原因有戒烟的意愿。

临床上有许多药物可以帮助人们戒烟。在美国和欧洲，尼古丁替代疗法（NRT）、安非他酮和伐伦克林是临床实践指南推荐的一线治疗药物；在俄罗斯和东欧，司巴丁（类似于伐伦克林）也被推荐使用。其他治疗方法包括去甲替林、三环素、单胺氧化酶抑制剂、选择性5-羟色胺再摄取抑制剂等抗抑郁药，氟西汀、地西泮、多虑平等抗焦虑药，选择性大麻素1型受体拮抗剂、降压药等十几种药物在临床上均有应用。究竟哪种药物的获益最大，哪种药物的风险最小，以及综合考虑有效性和安全性哪种药物效果最佳呢？这就需要进行一项系统综述概览来全面地总结临床上使用的戒烟药的有效性和安全性。

二、实例解读

以下就该系统综述概览中的研究方法进行解读。

纳入标准：有效性研究仅纳入 Cochrane 图书馆发表的随机对照试验的系统综述。安全性研究还分析一些药品售后可获得的、恰当的监测数据。研究对象是吸烟的成年人，排除孕妇戒烟、特定疾病戒烟以及特殊场所戒烟的系统综述。干预措施涵盖了临床常用的绝大多数戒烟药物，这些药物可以单独使用也可以联合使用。主要有效性结局是自服药开始持续 6 个月以及更长时间的戒烟比例，同时进行 ITT 分析；次要有效性结局包括减少戒烟的症状以及降低吸烟的渴望和需求。主要的安全性结局是任何威胁生命的严重不良事件发生情况、死亡以及住院；次要的安全性结局包括精神问题、胃肠紊乱、心血管问题、失眠及其他睡眠障碍、皮肤疾病、过敏或过敏反应、由于不良事件辍学等。

文献筛选：检索 Cochrane 图书馆系统综述数据库，所有在标题、关键词、摘要中出现"smoking"的系统综述均作为初筛的对象。安全性研究还分析药品售后的监测数据、一些观察性研究以及英国和加拿大的国家监测数据库数据。

资料提取：该研究提取了研究对象的细节、干预措施、对照措施、结局指标（有益和有害）以及研究的局限性等信息，比较全面。

方法学质量评价：采用 AMSTAR 量表对纳入的系统综述进行方法学质量评价，纳入的系统综述均为高质量的研究。

证据质量评价：方法部分声明采用 GRADE 系统对每一个结局进行证据质量的评价，但实际操作中未执行。

数据分析：①所有药物与安慰剂对比的主要结局：合并各个系统综述中的合并效应量，不分析系统综述纳入的原始数据；②对 NRT 以及 NRT 的不同类型、安非他酮和伐伦克林的有效性、与安慰剂比较和互相比较进行网状 Meta 分析，数据来源是系统综述中纳入的原始研究；③对安非他酮和伐伦克林的严重不良事件发生率进行重点分析，将两种药物分别与安慰剂比较的临床研究进行原始数据提取，进行传统 Meta 分析。④其他药物的治疗效果、严重不良事件和不良事件仅对原系统综述的结果进行描述。因此，该研究既使用了系统综述的合并效应量进行最终结果的合并，也使用了系统综述中纳入的原始数据进行结果合并，既进行了直接比较，也进行了间接比较，同时还进行了研究结果的叙述性描述，非常值得借鉴。

三、整体评价

该研究是一篇研究质量很高的系统综述概览，研究设计合理，研究方法严谨。该系统综述概览在进行有效性研究时仅纳入 Cochrane 系统综述是一种高效的研究方式，Cochrane 系统综述的格式统一，研究质量较高、没有重复研究且原始数据齐全，不仅能够总结每一项系统综述的结论，还能根据报告的原始研究的数据进行直接比较和间接比较，同时比较系统综述的结果和系统综述概览的网状 Meta 分析结果，进一步对证据进行总结。在安全性研究中还比较了药物上市后再评价的药品监测数据。

在数据分析方面，既采用了直接比较，也采用了网状 Meta 分析进行间接比较；既对合并效应量进行数据合并，也对原始数据进行合并，同时进行了纳入系统综述结果的描述，分析方法全面。

在纳入系统综述方法学质量评价方面，采用 AMSTAR 量表进行评价，该文章在方法学部分说明将会采用 GRADE 系统对每个结局指标的证据质量进行评价，但在结果中并没有找到相关的信息，而仅描述了随机方法、盲法使用情况以及选择性结局情况，也是该研究的一个缺陷。建议读者在进行系统综述概览研究时，在质量评价方面不仅需要采用 AMSTAR 量表整体评价纳入的系统综述的质量，还要采用 GRADE 系统对系统综述概览的每个结局指标（至少是主要结局）进行评价，做出高、中、低、极低证据质量的评价。

（韩　梅　刘建平）

参考文献

[1] Higgins J P T, Deeks J J, Altman D G. Cochrane Handbook for Systematic Reviews of Interventions Version 5.1.0. The Cochrane Collaboration, 2011. [2018-09-15] http://handbook-5-1.cochrane.org/.

[2] Cahill K, Stevens S, Perera R, et al. Pharmacological interventions for smoking cessation: an overview and network meta-analysis[J]. Cochrane Database of Systematic Reviews, 2013, 5: CD009329.

第二十一章

定性研究的整合

本章引例

　　精神分裂症病人对自身和社区安全存在潜在威胁，精神分裂症病人的管理对于精神科医生和社区卫生管理至关重要。定期服药是精神分裂症病人管理的重要策略，但病人往往服药依从性较低；并且精神科医生也发现在与病人交流中很难把握他们是否真正按医嘱进行定期服药。为此，社区卫生管理者和医生都希望通过查阅文献，能够寻找一些从病人的非专业角度、对服药本身和对医嘱依从的看法，以期找到与病人更好地交流、提高服药依从性的策略。

第一节　定性研究系统综述简介

　　定性研究，又称质性研究（qualitative study），是相对于定量研究的一大类研究方法的统称；这一类研究具体的方法学不同，但是均未采用量化研究。定性研究起源于社会学、人类学等社会科学，研究目的旨在发现、描述和理解社会现象或者人类行为，而非定量测量一个变量或者检验组间的定量差异。相较于定量研究，定性研究能够就某一个研究问题进行深入探索，回答为什么某种现象或者行为会发生。

　　社会学科领域内的研究者发展出了多种不同的定性研究方法，每个方法专注于不同的研究问题，或者具有不同的有关如何获取和理解知识的哲学假设。在医学领域内，定性研究方法在社会医学、卫生管理、健康教育、护理服务研究等学科得到了较为广泛的应用。对于医学工作者，定性研究的结果可能对既往没有注意到的或者说不理解的临床问题提供新的理解，例如医患沟通问题或者某一治疗措施的接受程度。

　　正如定量研究与定性研究的研究目的和研究内容的侧重点并不相同，针对定量研究的系统综述也不能回答医学研究者感兴趣的所有问题。而根据研究目的和研究内容，研究者也可以借鉴系统综述的方法，纳入定性研究，并对其结果进行评价，并且整合汇总其结果。在文献检索和管理、合格文献的纳入和排除方面，定性研究的系统综述与其他类型的系统综述方法学相同，读者可以参阅本书第四章。

　　在 2001 年以后，每年发表的定性研究系统综述的数量呈现明显递增。在 2013 年 11 月，Cochrane 协作组在线发表了该组织的第一篇定性研究的系统综述。该系统综述由 Cochrane 有效实践与医疗保健组（the Cochrane Effective Practice and Organisation of Care Group，

EPOC）完成。这篇系统综述总结了应用非专业的医疗卫生工作者（lay health worker）改善母婴医疗卫生护理的障碍因素和促进因素，其研究目的旨在促进一个卫生项目的实施。类似的，这一类定性研究的系统综述可以通过总结医疗相关问题的答案，为医疗卫生决策提供新的知识、理论，已成为循证决策的重要依据之一。

第二节　整合的方法和选择

健康相关领域对定性研究的应用越来越广泛，通过整合定性研究来为卫生政策和实践提供证据也越来越受到关注。相应地，定性研究的整合方法近年来也取得了很大的进展，整合方法的名目数量甚至比定量整合方法还要多。

英国 EPPI 中心工作组、NIHR 卫生技术评价项目以及牛津大学综述和传播中心（CRD）的方法学手册中均对已经使用和发表过的定性研究整合方法进行了综述和介绍，至少有10 种整合方法。定性研究整合方法的多样化，源于其基于的定性研究认识论基础不同以及最初运用的领域不同；事实上，有几种定性研究整合方法是在针对具体研究问题的整合过程中产生的，被使用和发表的数量并不多。另外，在定性研究结果的提炼、再分析和解释等步骤上，命名不同的整合方法也有很多共性的内容。因此，本节将不对所有目前已经使用的整合方法进行一一介绍，而主要介绍六种比较成熟、利用和发表数量较多的整合方法，分别是：Meta 民族志法（Meta-ethnography）、扎根理论（grounded theory）、批判的解释性整合（critical interpretive synthesis）、主题整合（thematic synthesis）、框架整合（framework synthesis）和文本叙述性整合（textual narrative synthesis）；同时介绍使用这些研究方法的主要研究问题以帮助读者选择符合自己研究目的的整合方法。

一、Meta 民族志法

（一）方法介绍

Meta 民族志法由 Noblit 和 Hare 在其教育学领域的研究中首次提出，是目前步骤和方法最清晰、完善的定性研究整合方法。Meta 民族志法被提出时，强调整合是将分散的研究结果融合成一个整体的过程，这个融合的整体需要有一定程度的创新而不是原本研究结果的堆砌。

Meta 民族志法整合包括七个步骤：

第一步，明确研究问题。

第二步，确定与研究问题相关的内容和研究，即综述过程中检索和筛选的步骤。

第三步，阅读每个研究，反复提取和标注每个研究结果中的关键概念和内涵。

第四步，明确研究之间的相互关联，这其中需要反复地将每个研究每个角度发现的观点、概念、解释或者理论进行列示，并对这些观点和解释进行初步对比分析，对研究之间的关联形成初步的假设。

第五步，将研究之间的结果互相翻译和解释，这个过程即将一个研究结果中发现的观点或内涵，以及这些观点内涵之间的解释关系，与另外一个研究结果中的观点内涵及其关系放到一起，反复思考、对比和提炼它们之间的关系。Meta 民族志法中明确了三种互相翻译和解释的方式，分别是互惠式翻译、反驳式翻译和论证式翻译。互惠式翻译，即将研究之间的相似结果相互补充和解释；对同一个问题的定性研究，不同作者提出的观点或解释可能看起来不同,但放到一起互相翻译时,会发现他们可能表达的是同样的内涵,一个研究提出的观点反而能更好地解释另一个研究。反驳式翻译,即对研究之间相互冲突结果的互译;对比不同研究结果中的观点内涵时,也会发现对同样的问题,不同研究的观点内涵是矛盾的;对矛盾观点的对比和思考、分析矛盾的原因,往往是整合中能发现高于这些结论的、更普世的规律或解释的契机。论证式翻译,即基于差异性研究结果和相似研究结果的互译、进行关于一个问题完整的阐释。在互惠式翻译和反驳式翻译过程中,整合者能从中发现关于一个社会问题或现象解释的完整论证链条;在单个研究中可能只发现了链条中的一部分,而完整的论证链条可以解释所有原始研究中的发现;这个发现完整论证链条或者叫做更一般化理论的过程,与原始定性研究中的扎根理论分析过程类似,都涉及不同观点之间异同、不同观点发生背景等多方面信息的反复比较、推敲、提炼和归纳。

第六步,整合互译的研究结果。在所有研究结果互相比较和翻译的过程中,会发现单个研究提炼出来的观点和内涵,可能被另外一个研究的结论所涵盖;也可能和另一个研究的结论能相互补充地表达一个共同的论点。合并中需要根据这些观点和解释之间的关系进行相应合并,形成数量少、层级更高、解释范围更广的二级论点;在有些合并中,甚至也会出现进一步合并和提升的三级论点。事实上,这个合成过程涉及大量和反复的对原始研究结果的比较和提炼,直到对研究问题或现象能做到充分理解和解释。

第七步,报告合并结果。Meta 民族志法整合的结果是对一个社会现象解释的完整论证链条,或者一个理论框架。展示合并结果中需要考虑到读者的文化背景,并尽量用易懂的语言。

值得一提的是,无论是 Meta 民族志法还是下面将要介绍的定性研究整合方法,其整合目的均为对研究问题形成比较充分的、丰富的理解和解释,而不是整合技术本身。上述 Meta 民族志法整合的几个步骤,并没有严格的界限,而是交叉在一起的,例如步骤四到步骤六。因此,相对于定量研究的整合方法,定性整合常被批评为缺乏明确的和透明的步骤,但这也正是定性研究整合的独特之处。

(二)应用的研究问题

Meta 民族志法源于一个教育学研究问题,自从其发表就受到广泛关注和使用,是目前为止使用最多的定性研究整合方法,现在在教育学、公共政策和健康研究领域都有运用,近年来护理学中运用较多。在临床研究领域,Meta 民族志法最有价值的方面是可以构建解释病人行为、医生行为或他们之间关系的理论框架,例如目前的整合研究结果中包括:糖尿病管理的模式、解释护士精神压力的框架、对病人服药依从性问题的全面和逻辑的论证、结核病人治疗依从性影响因素的结构框架。这些整合结果能为医生和决策者提供改善自身和病人行为的干预切入点,也非常有助于解释某些治疗措施没有达到理想效果的原因。

二、扎根理论

(一)方法介绍

扎根理论作为整合方法,跟单个定性研究的扎根理论有着同样的本源,即依靠单个定性研究中的描述、观点和结论归纳出系统的理论。扎根理论整合有以下特点:

首先,由于扎根理论是一种从下往上建立理论的方法,因此更重视对单个原始研究中描述和观点文本的展示和分析。相应地,整合前,没有任何先验假设,完全归纳性地从文本本身及其发生背景出发进行分析。

其次，特别强调产生解释力更强的理论框架。可以根据目前数据已经分析出的理论假设，制定下一步原始研究选取的标准，然后不断地再根据原始资料建立假设，通过资料和假设之间的循环达到理论饱和，即新加入的原始资料不能再修正理论或增加理论内容。

再次，单个定性研究的文本提取编码和分析同时进行；基于提取的数据整合出反映事物现象和本质的核心概念、然后通过这些概念之间的联系建构相关的理论。

在已经发表的综述中，对使用的扎根理论整合方法描述都有所不同，但核心的步骤是一样的：基于原始研究的信息反复提炼，逐步形成更概化的概念或解释，直到最后形成可以解释所有纳入研究结果的理论。Evans 的研究基于扎根理论研究，建议了以下利用扎根理论整合定性研究的步骤：对单个原始研究中的信息进行逐条摘录；将逐条摘录的信息汇总成简短的编码；对比和分类编码，合并同类的编码；持续对已经归类的编码进行分析、对比和提炼，形成更高层次的归类，并对不同类别进行命名；对归类进行提炼和概化形成一般化的概念；对不同概念进行持续对比、验证和提炼，形成概念之间的关系；提炼出核心的概念关系，也就是将能最大化解释研究问题的理论。

（二）应用的研究问题

扎根理论适用于深入理解人们在不同的背景和条件下对特定问题的经历和感受。目前最有代表的利用扎根理论整合定性研究的文章分别为 Kearney 关于女性家庭暴力经历和感受的综述以及 Finfgeld 试图更全面和深入地理解经历长期健康问题的病人如何建立勇气的综述。

三、批判的解释性整合

（一）方法介绍

Dixon-Woods 与 2006 年在其研究中首次提出和使用了批判的解释性整合方法，这个方法对 Meta 民族志法和扎根理论都有继承和延续。首先它采用了 Meta 民族志法中研究结果之间互译的分析方法，主要是其中构建论证链条的互译方法；其次，这个方法也延续了扎根理论中的一些原理，包括归纳性地提炼主题分类和概念，为了完善理论框架进行理论抽样。

批判的解释性整合同样致力于从多样化的原始研究中提炼出通用的理论框架，这个方面并不非常倡导将综述整合方法划分为明确的几个阶段，批判的解释性整合过程从问题界定到理论形成的整个过程，都保持在原始资料和整合阶段结果之间进行对比和反思，并基于这种对比和反思调整问题的界定、纳入标准和文本的编译归类。这个方法也对原始研究的质量评价提出了特别的评价标准，它认为对于构建一个整合的理论框架，一个好的研究标准并不是方法学质量高，而是对理论构建的贡献更大。由于这种"批判性"的思想贯穿到整个系统综述过程，Dixon-Woods 在其文章中也强调，批判的解释性整合应该是一种综述方法而不是一种整合方法。

Dixon-Woods 使用批判的解释性整合的研究问题是"英国脆弱人群卫生服务的可及性"，整个研究的步骤可以概括为以下几步。

第一步，问题的界定。不同于传统的系统综述一开始对问题每个概念内涵及其之间的关系有明确的假设，这个系统综述一开始能明确的是关注英国卫生服务的公平性和可及性，尤其是针对脆弱人群，至于问题的具体角度和问题假设要基于相关原始研究的情况再做确定和调整。最终这个研究对 6 个具体问题做了整合，包括一个整体上解释可及性问题的框架，四个针对四类脆弱人群卫生服务可及性问题的综述，以及一个验证性别对卫生服务可及性影响的综述。

第二步，原始文章的检索。用传统的检索方法，只能检索出卫生领域的、明显关于"可及性"的文章，但会错过很多其他学科角度对此类问题的解释。因此该研究采用更灵活的检索方法，尤其是利用综述的多学科团队和专家来找其他领域的相关研究。

第三步，文章的筛选。一方面定量和定性的研究同时纳入；另外也考虑实证研究和理论研究等多种类型的文章。文章纳入的根本原则是有助于加深对"脆弱人群的服务可及性"这个问题更全面的理解。由于考虑的原始资料种类和主题较多，筛选工作量很大，筛选中可以使用目的性筛选，先从明显相关的文章开始纳入。

第四步，文章的质量评价。评价最主要的标准是对理论构架的贡献，但是对所有纳入文章的研究方法质量也做了一个最低门槛判断标准。

第五步，进行解释性整合。借鉴 Meta 民族志法中研究结果互译的方法，特别是其中论证式翻译方法。具体整合分析过程与其他定性整合方法并无很大差异：仔细审查和提取原始研究的信息和观点、对观点进行反复提炼、形成更高解释力的概念，直到形成理论或者完整论证链条。批判的解释性整合的独特性在于，它强调分析最终要产生"整合构件"（synthetic construct），其相当于 Meta 民族志法中的三级论点，即完整论证链条的关键构件。这个研究对可及性解释的关键论证构件是"候选身份"，对卫生服务的可及性可以解释为卫生服务提供者和利用者之间谈判的过程，在谈判中形成了利用者利用服务的"资格"；而脆弱人群可及性较差，就在于谈判过程中脆弱人群诉求的起点、掌握的信息和资源、所需要的技能、对社会地位的认知等方面都存在不利因素。这个整合结果提供了对卫生服务可及性更抽象和概括的解释，也能为决策者提供很多政策干预提示，例如可以提高服务提供的"渗透性"，通过减少获取服务在物理上的距离或者简化服务利用程序，可以降低对服务利用者获取"资格"的要求以提高可及性。

（二）应用的研究问题

使用批判的解释性整合的系统综述仍比较有限，它的"批判性"特点使得这种方法更适用于综述问题较宽泛、试图从多学科角度寻求解释、需要纳入非常多样化原始研究类型的健康或医学类研究问题。

四、主题整合

（一）方法介绍

Thoms 和 Harden 在其对健康饮食影响因素的综述中首次使用了主题整合的方法。主题整合方法也是源于 Meta 民族志法和扎根理论，整合步骤同样是对原始研究中的观点和发现的提取、比较和提炼。在主题整合过程中，首先对原始研究结果进行编码形成"描述性主题"；然后对这些主题进行反复比较，做类似 Meta 民族志法整合中的"互惠式翻译"，然后形成"分析性主题"；这些"分析性主题"即整合结果，是对研究问题表面现象的解释。可以发现与 Meta 民族志法和扎根理论相比，主题整合的结果并不需要形成理论和一个完整论证链条，可以只是一些解释性观点的集合，这些观点能包含和更好地解释所有原始研究的结果。

（二）应用的研究问题

由于主题整合可以很好地、方便地对人们的观点和看法进行整合，因此这个方法特别适合研究某种治疗或干预方法在人群中的接受程度、找出干预推广的障碍以提供政策建议。Thoms 和 Harden 将主题整合应用于在儿童中推广健康饮食的障碍和推动因素的综述；

Marston应用这种方法整合年轻人对性行为的看法,其目的是发现影响避孕套使用的障碍因素。

五、框架整合

(一)方法介绍

框架整合是将所有纳入原始研究结果中的观点或理论,借助一个框架进行结构化和系统地整合和展示。此方法与上述定性研究整合方法有一个本质的区别:其他方法都是归纳式的、没有先验假设,即基于研究结果产生分析结论或理论;而框架整合方法需要一个先验框架,这个框架可以是其他相关研究提出的框架、基于背景知识设计的框架或者综述团队共同讨论形成的框架,因此这种整合方法是演绎式的。整合的操作步骤为:阅读原始文献、熟悉研究结果;确定一个适用于此类研究的理论框架;借助此框架指导数据提取工具,将原始研究的结论填充到框架相应部分;若框架中没有适合研究结果的部分,则可以对框架进行调整;将所有研究结果填入框架后,借助理论框架的解释来阐述原始研究之间的关系。

(二)应用的研究问题

框架整合源于面对大量的、多样的定性研究文本信息,要找到一个工具能结构化地组织和分析这些信息,因此这个方法使用范围较广,尤其适用于已经有比较成熟理论框架的研究主题。例如Cochrane发表的第一个定性研究系统综述即采用了框架整合,研究主题是利用非专业卫生工作者提高妇幼卫生可及性项目推行的推动和障碍因素,这个系统综述就直接使用了较成熟的SURE框架(卫生系统干预的障碍因素框架),这个框架贯穿系统综述数据提取和原始文献研究结果整合的全过程。

六、文本叙述性整合

(一)方法介绍

文本叙述性整合是对原始研究进行同质化分析和归类的过程。相对于以上所有解释性的整合方法,文本叙述性整合是描述性的。文本叙述性整合的典型做法是:将原始研究的主要特征、背景因素、研究质量和研究发现用统一的形式进行列示;对研究之间的相同点和不同点进行比较分析;描述性比较中也不排除会发展出一些结构化的或解释性的提炼。

(二)应用的研究问题

文本叙述性整合几乎适用于所有的研究问题和整合各种类型的研究(定量研究、定性研究或经济学评价等)。事实上,文本叙述性整合是很多系统综述在进行解释性整合之前都会做的工作,只是大部分系统综述中没有将这个分析归类过程当做方法学进行透明化地介绍。

第三节 文本的编译

一、研究基本信息的提取

定性研究整合的核心部分是对原始研究中描述、观点、解释等信息文本的分析,包括文本的比较、互译和关联。对单个定性研究中研究结果文本的提取是这些分析过程的起点,而在提取研究结果信息之前,像定量研究整合要先对每个纳入研究的PICOS基本特征进行提取一样,定性研究整合也需要先提取一些基本信息。JBI(Joanna Briggs Institute)开发的定性研究评价和综述工具中建议从以下几个方面提取和描述单个研究的特征:①方法学(扎根理论、现象学等);②研究的方法(访谈、参与式观察、焦点小组讨论等);③研究关注的社会现象;④研究的背景特征;⑤研究的地区;⑥研究地区的文化特征;⑦观察或访谈对象的特征;⑧分析方法和过程(内容分析、扎根理论、对话分析等);⑨作者的结论;⑩提取者的想法和评论。

二、研究结果信息的编译、转化和关联

对纳入定性研究结果信息的编译、转化和关联是整合结论产生的核心过程。在上述 Meta 民族志法、扎根理论和批判的解释性整合这些方法中,反复提到的步骤是:从单个研究提取出信息和观点;通过反复比较分析形成数量少、层级更高、解释范围更广的二级论点;进一步提炼和归纳成更具有"提领"性的三级论点。上述整合过程也就是研究信息文本的编码、转化和关联过程。具体过程将在本章第五节结合实例进行展示。

三、定性研究整合的编码软件工具

对原始定性研究进行整合的工具主要有两个。一个是英国 EPPI(The Evidence for Policy and Practice Information and Coordinating Centre)中心开发的 EPPI 系统综述,由于该中心源于在教育学、社会学领域的系统综述,因此其开发的整合工具中定性整合部分比较成熟。另外一个是 QARI(Qualitative Assessment and Review Instrument),同样由 JBI 这个致力于产生整合证据、提供决策支持的机构开发。这两个软件均为系统综述软件,即专门为分析整合原始研究使用。但由于两个软件均需要注册题目和支付费用才能使用,因此也有定性分析整合不采用系统综述软件而采用一般定性分析的软件,比如 QSR NVivo、MaxQDA,即将单个定性研究结果当做原始定性研究中的访谈数据来进行分析。另外,由于定性研究整合是对文本的编码、比较、归类和提炼,如果纳入定性研究数量不是特别多,用 word 或 excel 表格的形式也可以达到比较列示和整合的目的。

第四节　研究方法的质量评价

一、原始研究方法学质量评价

对于定性研究的整合,是否和如何对单个定性研究进行质量评价也是方法学上讨论的焦点。一方面,定性研究的认识论基础关注人们的看法和观点既没有单一的和明确的社会现实,也没有独立于研究者和研究过程的事实,因此不同类型的研究产生多样化的结果都是同等有效的。另一方面,一些学者认为,虽然定量研究质量评价的原则不适用于定性研究,但是定性研究同样需要发展一定的标准以提高整合结论的可靠性。如果需要制定一个定性研究的质量评价标准,首先回答的问题是"何为好的定性研究"? Lincoln 的文章中探讨了判断定性研究质量的五个原则:可信性(研究对象确认研究结果符合他们真实的想法)、可转移性(研究结果在其他背景下也适用)、一致性和可依赖性(研究者是否考虑到研究问题随时间变化可能发生的变化)、确定性(研究结果和结论产生的过程清晰)。

在已经发表的定性研究整合中,有很大一部分并没有对纳入原始研究进行质量评价,尤其是 Meta 民族志法和扎根理论整合,因为这些整合的目的是产生理论或论证链条,而一篇定性研究因为方法学上小的瑕疵被排除,可能会使得整合要构建的理论缺少很多信息。Dixon-Woods 的整合采用了一种折中的方法,先用了一个很简化的方法学质量标准,只排除那

些存在致命方法学瑕疵的定性研究；留下的定性研究均可被纳入整合。这个简化的质量评价标准只包括五个问题：研究目的和目标是否清楚？研究设计是否清晰、是否与研究目的相符？研究者是否清晰地描述了研究结果产生的过程？研究者是否展示了支持解释和结论的文本数据？是否充分阐述资料分析方法？

在使用质量评价标准的定性研究整合中，使用较多的、比较被认可的评价标准分别是CASP（Critical Appraisal Skills Programme）标准、JBI 开发的标准以及 NatCen 团队（National Centre for Social Research）开发的标准。

CASP 标准如下：

①研究是否明确声明了研究目的？

②定性研究方法学是否合适？

③研究设计是否与研究目的相匹配？

④研究对象是否与研究目的相匹配？

⑤数据收集方式是否与研究的内容相匹配？

⑥研究者与研究对象的关系是否得到了恰当的考虑？

⑦是否考虑了研究的伦理学问题？

⑧数据分析过程是否足够严格？文本数据的分析是否足够丰富、细致和有深度？

⑨是否明确声明了结果？

⑩研究是否具有价值？

二、整合证据质量评价（CERQual 工具介绍）

在定量研究的系统综述中，证据质量反映了对于"效应估计值是正确的"的信心。目前，GRADE 工作组（The Grading of Recommendations Assessment，Development and Evaluation）提供的 GRADE 方法是最广为接受的证据评价方法。对于一篇定性研究的系统综述，作者和读者也应该考虑对于系统综述结果具有多少信心。CERQual（The Confidence in the Evidence from Reviews of Qualitative research）方法是研究者基于 GRADE 方法提出的专门适用于定性研究的系统综述的证据质量评价工具。

CERQual 方法通过对四个方面的评价来确定定性研究的系统综述的证据等级：①综述所纳入的定性研究的方法学局限：系统综述纳入的原始研究在设计和实施中的问题能够影响对于系统综述的结论的信心。②综述所纳入的定性研究与综述的研究问题的相关性：系统综述的研究者问题与纳入的原始研究的相关程度影响着对于系统综述结论的信心。这种相关性需要从研究者视角或者研究人群、感兴趣的现象或者情境等各方面进行考虑。③综述结果的一致性：综述的结果很好地植根于原始研究提供的数据，而且这个结果对于这些数据的模式提供了一个非常有说服力的解释。④数据能够支持综述结果的充足性：作者和读者需要考虑数据的丰富性和数量能够支持综述结果的总体程度。

经过这四个方面的判断，与 GRADE 方法类似，CERQual 将证据质量，也就是对于结果的信心，分为了四个可信水平（这个"可信水平"与统计学概率无关）：

高可信水平：极有可能（highly likely）这个综述的结果合理地反映了研究者感兴趣的现象。

中等可信水平：很可能（likely）这个综述的结果合理地反映了研究者感兴趣的现象。

低可信水平：可能（possible）这个综述的结果合理地反映了研究者感兴趣的现象。

极低可信水平：无法明确（not clear）这个综述的结果合理地反映了研究者感兴趣的现象。

第五节　实例分析

本部分将使用系统综述"病人对药品的非专业看法"中的整合过程，具体地展示 Meta 民族志法通过文本编译和关联来提炼概念和理论的过程。

一、实例背景

为提高精神分裂症病人的服药依从性，社区卫生管理者和医生都希望通过查阅文献，找到一些从病人的非专业角度、对服药本身和对医嘱依从的看法。

二、实例整合方法解读

首先，将原始研究结果进行逐条提取，同时根据研究结果的内涵给予编码并命名，使得所有研究信息转变成不同的类别。这个步骤叫做一级编码，在扎根理论中也叫做"开放式编码"（open coding），也就是分析者要以一种开放的心态去阅读和理解所有的研究内容；Strauss 在介绍这个方法时提到开放式编码的一个重要原则是：既什么都相信，又什么都不相信。这个编码过程的目的是将所有纳入的研究结果进行类属化，并对不同类属命名为不同的概念，直至类属出现了饱和，即所有资料都进入了相应地类属。分析者在编码过程中需要注意：虽然基于对研究内容的了解，研究者可能有一些预想到的类属，但在对所有研究结果进行编码时，要留有余地让那些事先没有预想到的角度和类别从资料中冒出来；另外，分析者应该注意概念之间的关系，从属关系可以帮助形成概念之间类属级别，因果、补充或解释关系也要做备注，为进一步的提炼和编码做准备。

表 21-1 显示了"病人对药品的非专业看法"中，对四篇原始研究结果的观点进行开放式编码的形式。分析中试图将所有研究结果归类为几个概念，要保证归纳的概念能反映原始研究原本的意思，也要确保归纳出来的概念能包含所有原始研究的观点和信息。从研究结果的论述中，归纳出了六个概念：依从性（按照医嘱服药）、自我管理（病人自己决定是否服药并按照自己的偏好服药）、药品厌恶（对药品的负面看法和感受）、药品替代策略（用药之外其他治疗行为，包括替代性治疗行为或补充治疗行为，例如控制饮食、锻炼、中草药治疗等）、处罚和警告（医生所采用的方法以鼓励或强迫病人按照医嘱服药）、选择性告知（病人对医生会隐瞒一些他们服药和自我治疗的信息）。

表 21-1　"病人对药品的非专业看法"一级编码过程

研究	研究结果中的论述	一级编码	备忘
Donovan 和 Blake 的研究，非甾体抗炎药使用的访谈和分析	病人不认为按照医生建议服药存在问题	依从性	
	并不喜欢服药	药品厌恶	
	担心药品的副作用		
	担心药品会有依赖性		
	会使用一些替代的治疗方法	药品替代策略	
	如果私自改变了药品使用的剂量，不会告诉医生	选择性告知	
Morgan 的研究，高血压病人对降压药物使用的看法	有些病人提到可以持续按照医生建议服药，但有些病人依从性存在问题	依从性	
	也有病人完全不服药		

续表

研究	研究结果中的论述	一级编码	备忘
Morgan 的研究，高血压病人对降压药物使用的看法	担心药品副作用和依赖性	药品厌恶	
	病人自己选择传统治疗方法，例如中药	药品替代策略	
	医生在交流中会有警告信息，告知不遵医嘱服药的严重性	处罚或警告	
Britten 的研究，病人对一般药品的观点	正确的行为和定期服药	依从性	
	如果可选择是否服药，更倾向于不服药	自我管理	
	对药品厌恶，认为只要是药品就有对身体不好的副作用	药品厌恶	
	会使用替代性药品	药品替代策略	
Roger 的研究，精神分裂症病人对安定药使用的想法	会自己调整用药剂量	自我管理	
	精神疾病药品的副作用很多	药品厌恶	
	认为医生在强迫自己服药	处罚或警告	
	会选择性地告诉医生自己服药的信息	选择性告知	

　　然后是二级编码过程（又称轴心编码，axial coding），其主要任务是发现一级编码之间的各种联系，其中的联系可能是相似关系、补充关系、对比关系、包含关系、因果关系或者时间先后关系等；在二级编码之后，一级论点之间的关系会有初步的提炼。最后一个编码过程是三级编码，三级编码（又称选择式编码，selective coding），是继续二级编码产生的二级论点进一步比较性分析，找到一个核心的概念或论证链条（line of argument），并不断地将所有原始信息都集中到这个核心概念和推理链条上。这个核心概念或者推理链条要具有统领性，能够将所有的研究结果囊括在一个比较宽泛的理论范围之内；就像是一个渔网的拉线，可以把所有其他的一级和二级论点串成整体拎起来，有"提纲挈领"的作用。

　　从表 21-2 中可以看到，"病人对药品的非专业看法"这个研究的整合过程，经过三级编码之后形成的关于病人服药依从性行为和心理的论证链条是：病人对于服药医嘱有两种行为选择——依从或者自我管理。自我管理行为反映了背景文化影响下病人对药品的厌恶和回避，使用替代治疗策略就是自我管理中的一种形式，而来自医生的警告和强迫会阻止自我管理的出现；另外，病人其实并不认为不遵从医嘱是正确的行为，这就导致不遵从医嘱的病人由于内疚和回避医生警告的心理会对医生隐瞒自己不服药的事实。

表 21-2 "病人对药品的非专业看法"二级和三级编码过程

一级论点	二级论点	三级论点
依从 自我管理	病人会对听从医嘱服药和自己选择的治疗方法进行自我认知的成本效益分析，并依此确定最终行为	"自我管理"中包含使用"药品替代策略"
药品厌恶 药品替代策略	服药行为受文化背景和文化资源的影响，包括文化中对药品、传统医药等的观点	
处罚和警告	医生的处罚和警告对病人选择自我管理有控制作用	如果"处罚和警告"不严格，病人"自我管理"会发生得更多
选择性告知	病人如果认为自己不依从医嘱是不正确的，他们会选择对医生隐瞒	病人自己认为私自使用"药品替代策略"并不是正确的行为；逃避医生的"处罚和警告"以及自责心理会使得病人对医生"选择性告知"

三、实例评价

从上述编码过程中可以发现，即使结合具体案例，定性研究的编码和整合过程也非常难以描述成机械的步骤和做法。定性研究的编码和整合过程一定会涉及研究者的创新、解释和个人判断，研究者分析过程中的想法和思路并不能像定量数据的计算一样那么透明化和可表达。研究者对研究主题的熟悉程度、定性资料分析的经验、专业背景甚至提炼归纳能力难免会对整合过程有所影响。这些定性研究整合的独特性一直以来也备受争议，虽然这是定性研究本身特点所决定。不过，为了提高整合结果的可信度，不少定性研究整合采纳了一些提高透明化和结果一致性的策略，包括：

第一，将整合的理论或论证链条反馈给原始研究的作者，让原始研究作者确认这个理论是否包含和反映了他们研究真正要表达的观点。

第二，大部分的定性研究整合，在整合阶段由两个研究人员分别独立进行编码，然后对提炼出来的理论和解释进行对比，以尽量减少研究者个人思想和判断的影响。

第三，在定性研究整合研究中，尽量在团队中加入多学科背景的研究人员，并对多学科背景研究人员的整合结果进行核对，减少学科背景对最终理论和论证的影响。

第六节　软　件　操　作

由于定性研究整合软件可获得性的问题，本章只能选择一般定性分析软件MAXQDA，以本章引例中提及的"病人对药品的非专业看法"研究为例，简要介绍定性研究整合的操作过程。定性研究系统综述过程中，软件的功能主要是进行定性文本的管理和显示；分析过程，包括文本编码、编码进行归类分析、进一步提炼理论或者论述链条的过程，仍然是研究者反复对比思考、研究团队反复讨论的过程，而并非软件自动操作的过程。

第一步，打开MAXQDA，建立一个新的文件，命名为"Textbook"，如图21-1。

图21-1　分析文件的建立

第二步，在"Documents System"区域，选择"Import Document（s）"，导入纳入的原始定性研究，如图 21-2。

图 21-2　原始定性研究的导入

纳入原始研究导入之后，选择要开始阅读和提取的文献，文献内容会显示在右边的"Document Browser"部分，如图 21-3。

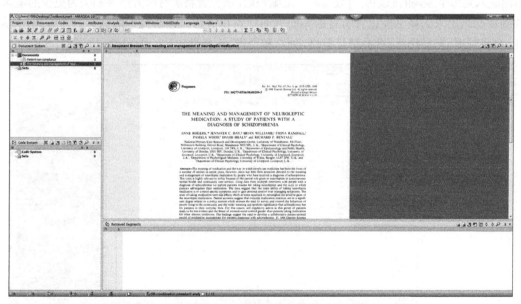

图 21-3　待提取原始研究的展示

第三步，开始对原始研究结果进行逐条提取，根据研究结果的内涵给予编码并命名，使得所有研究信息转变成不同的类别，即一级编码过程。例如，在这一篇关于精神病病人服药问题的研究中，文中一个受访者提到"更喜欢听到声音……我感觉电视声音对我说话……不吃药的时候这种感觉我很喜欢"，对这个观点可以编码为一级编码"药品厌恶"。一级编码的命名是基于对纳入文献的阅读和对研究内容的了解,过程中需要对引用的访谈内容和原作者分析主题反复比较、对照、提炼;也需要综述团队的反复讨论。编码过程中,虽然研究者有预想到的编码内容,但要留有余地允许新的编码加入。提取过程如图21-4所示。

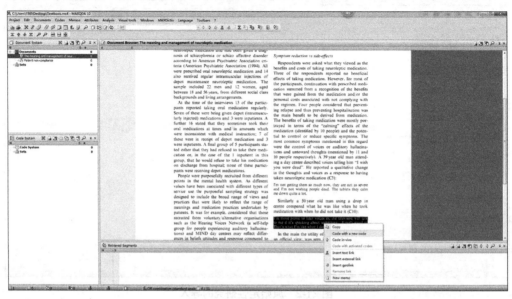

图21-4　开始阅读和提取原始研究

在对所有原始研究进行编码之后,在"Code System"部分形成了所有一级编码的列表,并显示出编入到每个编码的原始引用数量。一级编码后,研究者将所有研究结果归类为更少的概念,并确保归纳出来的概念能包含所有原始研究的观点和信息。该研究中最终有六个编码:依从性、自我管理、药品厌恶、药品替代策略、处罚和警告、选择性告知。编码过程如图21-5所示。

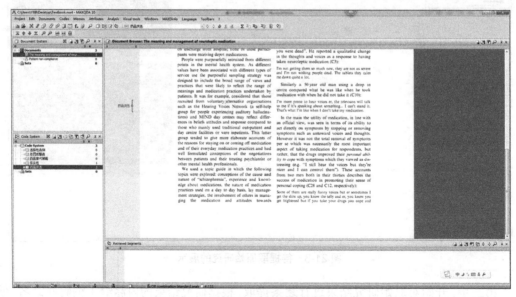

图21-5　对原始研究提取主题的编码过程

第四步,是二级编码和三级编码过程,目的是发现一级编码之间的各种联系,最终找到一个核心的概念、理论或论证链条,并不断地将所有原始信息都集中到这个核心概念和论证链条上。这个分析过程，软件不会自动操作完成，需要研究者及其团队的提炼和讨论。软件的功能是更直观显示原始定性数据和编码结果，便于研究者对原始数据和编码进行对比和分析。例如，研究者分析中认为"依从性"和"自我管理"两个编码包含内容之间有相互包含的关系，可以将两个编码同时激活，MAXQDA 右下方"Retrieved Segments"部分会显示出两个编码下所有提取内容，便于研究者回忆和查看具体内容，思考这些内容之间的关系。对比、互译、分析编码的过程如图21-6 所示。

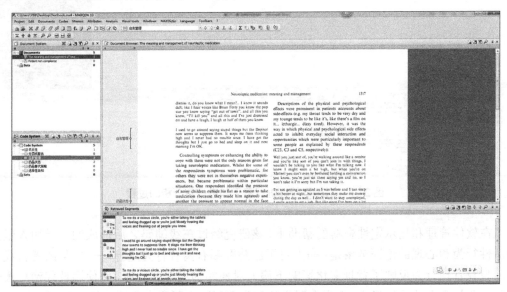

图21-6　对编码进行对比和分析的过程

在工具栏的 Analysis 部分，有各种工具帮助研究者通过多种形式显示原始数据及编码结果。常用的"Overview of retrieved segments"部分，可以直观显示每个编码下提取内容的数量以及具体提取内容。图21-7 显示了软件展示各种关系编码操作的位置。图21-8 显示了软件展示各种关系编码的内容和数量，以便于进行二级或三级编码的操作。

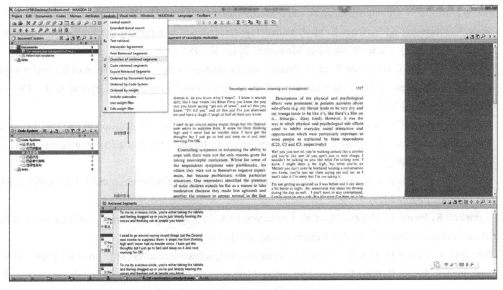

图21-7　展示编码特征的操作

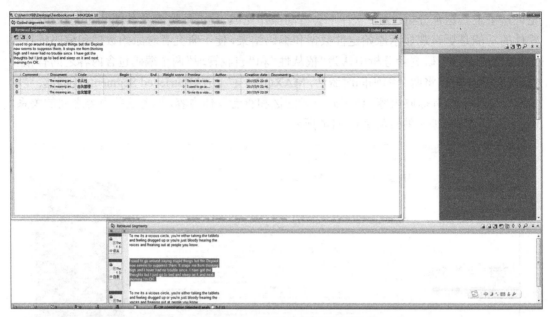

图 21-8　对编码特征进行展示和进一步分析的过程

　　在软件管理和显示定性资料的帮助下,该研究经过三级编码之后形成的关于病人服药依从性行为和心理的论证链条是:病人对于服药医嘱有两种行为选择——依从或者自我管理。自我管理行为反映了背景文化影响下病人对药品的厌恶和回避,而使用替代治疗策略就是自我管理中的一种形式;而来自医生的警告和强迫会阻止自我管理的出现;另外,病人其实并不认为不遵从医嘱是正确的行为,这就导致不遵从医嘱的病人由于内疚和回避医生警告的心理会对医生隐瞒自己不服药的事实。

(袁蓓蓓　张　渊)

参考文献

[1] Green J, Britten N. Qualitative research and evidence based medicine[J]. BMJ, 1998, 316: 1230-1232.

[2] Tong A, Flemming K, McInnes E, et al. Enhancing transparency in reporting the synthesis of qualitative research: ENTREQ[J]. BMC Med Res Methodol, 2012, 12: 181.

[3] Glenton C, Colvin C J, Carlsen B, et al. Barriers and facilitators to the implementation of lay health worker programmes to improve access to maternal and child health: qualitative evidence synthesis[J]. Cochrane Database Syst Rev, 2013, 10: CD010414.

[4] Lewin S, Glenton C, Munthe-Kaas H, et al. Using qualitative evidence in decision making for health and social interventions: an approach to assess confidence in findings from qualitative evidence syntheses (GRADE-CERQual)[J]. PLoS Med, 2015, 12: e1001895.

[5] Barnett-Page E, Thomas J. Methods for the synthesis of qualitative research: a critical review[J]. BMC Med Res Methodol, 2009, 9: 59.

[6] Campbell R, Pound P, Morgan M, et al. Evaluating Meta-ethnography: systematic analysis and synthesis of qualitative research[J]. Health Technol Assess, 2011, 15: 1-164.

[7] Noblit G W, Hare R D. Meta-Ethnography: Synthesizing Qualitative Studies[M]. London: Sage, 1988.

[8] Campbell R, Pound P, Pope C, et al. Evaluating Meta-ethnography: a synthesis of qualitative research on lay experiences of diabetes and diabetes care[J]. Soc Sci Med, 2003, 56: 671-684.

[9]　Varcoe C，Rodney P，McCormick J. Health care relationships in context：an analysis of three ethnographies［J］. Qual Health Res, 2003, 13：957-973.

[10]　Johnson M J，Williams M，Marshall E S. Adherent and nonadherent medication-taking in elderly hypertensive patients［J］. Clin Nurs Res, 1999, 8：318-335.

[11]　Evans D，FitzGerald M. Reasons for physically restraining patients and residents：a systematic review and content analysis［J］. Int J Nurs Stud, 2002, 39：735-743.

[12]　Kearney M H. Enduring love：a grounded formal theory of women's experience of domestic violence［J］. Res Nurs Health, 2001, 24：270-282.

[13]　Finfgeld D L. Courage as a process of pushing beyond the struggle［J］. Qual Health Res, 1999, 9：803-814.

[14]　Dixon-Woods M，Cavers D，Agarwal S，et al. Conducting a critical interpretive synthesis of the literature on access to healthcare by vulnerable groups［J］. BMC Med Res Methodol, 2006, 6：35.

[15]　Thomas J，Harden A. Methods for the thematic synthesis of qualitative research in systematic reviews［J］. BMC Med Res Methodol, 2008, 8：45.

[16]　Marston C，King E. Factors that shape young people's sexual behaviour：a systematic review［J］. Lancet, 2006, 368：1581-1586.

[17]　The Joanna Briggs Institute. Joanna Briggs Institute Reviewers' Manual：2014 edition［M］. The Joanna Briggs Institute：The University of Adelaide, 2014.

[18]　Britten N，Campbell R，Pope C，et al. Using Meta ethnography to synthesise qualitative research：a worked example［J］. J Health Serv Res Policy, 2002, 7：209-215.

[19]　Strauss A L，Corbin J. Basics of Qualitative Research：Grounded Theory Procedures and Techniques［M］. Newbury Park, CA：Sage, 1990.

[20]　Critical Appraisal Skills Program.（CASP）collaboration for qualitative methodologies.［2018-09-28］. http://www.casp-uk.net/.

第二十二章

系统综述在临床决策中的应用

本章引例

假设你在上海某医院心血管内科就职，你所管辖的病区内有一名 59 岁男性病人。病人 2 周前无明显诱因突然发作胸骨后憋闷样疼痛，发病 1 小时内就诊于南京当地医院，经心电图及检体后被诊断为冠心病并给予静脉溶栓治疗。此病人合并有 3 年 2 型糖尿病，以及 10 年原发性高血压（血压最高达 180/100mmHg）。病人病情稳定后到你所工作的医院进行了冠状动脉造影，因造影显示回旋支近段局限性 90% 狭窄，故经桡动脉路径于回旋支置入支架一枚。术后病人家属前来拜访，病人的儿子得知某心脏康复中心开展心脏运动康复治疗，但是由于心脏运动康复治疗尚未普及，费用较为昂贵，因此咨询医生的专业意见来决定是否考虑让父亲去心脏运动康复中心进行治疗。

与系统综述和 Meta 分析相关的知识，除了如何开展和报告研究之外，仍然有一部分内容值得医学工作者注意，那就是如何阅读和应用一项系统综述和 Meta 分析结果，这是从综述的读者和用户的角度来出发的。在这一章中，将介绍如何查阅和检索系统综述，如何全面评价系统综述结果中提供的证据，以及如何在临床情境中应用。

第一节　系统综述的查阅

系统综述的查阅和检索可以采取以下不同策略：采用 Meta 检索，同时检索不同层级的医学资源；在特定的系统综述数据库资源（如 Cochrane 图书馆）中检索；在常用的医学数据库资源（如 PubMed）中检索。

一、Meta 检索与 6S 层级

为了帮助医学研究者和医学证据的用户更好地评价医学证据，循证医学领域内的研究者提出了 6S 模型来将医学资源进行粗略的分级。如图 22-1 所示，处于金字塔底层的是单个研究（single studies）以及单个研究的概要（synopses of single studies），之上为综述（syntheses）以及综述的概要（synopses of syntheses），再上为总结（summaries），以及证据系统（system）。在这个分级中，总结指的是根据目前的最佳证据做出的指南、循证教科书等资源，而证据系统特指更加全面的以证据为基础的医疗卫生信息系统，目前没有这种系统存在。

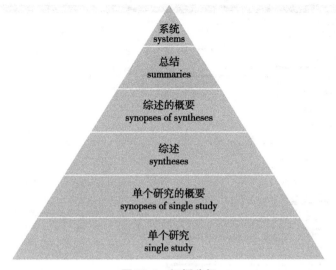

图 22-1 证据分级

分级越高，证据越能全面反映问题，且越可以直接应用于临床决策

Meta 检索是指可以通过合并检索多个数据库来源，生成全面的检索结果。表 22-1 总结了目前全球主要的可以进行 Meta 检索的数据库。这些可以进行 Meta 检索的数据库，包含了内置的检索策略，可以在用户输入检索词时自动启动对多个医学数据库的检索，并且按照分级规则对检索结果进行自动分类。MacPLUS 检索结果如图 22-2 所示。

表 22-1 不同 Meta 检索数据库特点比较

数据库	内容	特点
MacPLUS	按照 6S 模型分级，可检索证据总结（UpToDate 和 DynaMed Plus）、系统综述概要（ACP Journal Club、DARE）、系统综述、单个研究的概要（ACP Journal Club）和单个研究（PubMed）	检索结果严格按照 6S 模型分级排列；系统综述和单个研究的检索结果中有 PLUS Syntheses 和 PLUS Studies 的选项，在这部分中收录的结果经过了方法学专家的筛选，以及临床专家对于结果与临床的相关性和新颖性的评价（图 22-2）
Trip Database	指南、循证概要、系统综述、原始研究、临床试验、博客、电子教科书、病人决策辅助工具、视频等资源	信息最全面，包括了博客、图片、视频资料。但是收录记录的质量参差不齐，而且有重复记录。可以免费获取文摘索引结果，但是一些视频资料需要付费订阅才能获取
Epistemonikos	概要、系统综述、结构化的总结、原始研究	支持九种语言的关键词检索（包括中文）。将系统综述与原始研究进行了链接，针对检索结果中的某一条系统综述记录，数据库提供了纳入的原始研究的数目以及链接；同时，针对检索结果中的某一条原始研究记录，数据库提供了纳入这个研究的系统综述的信息

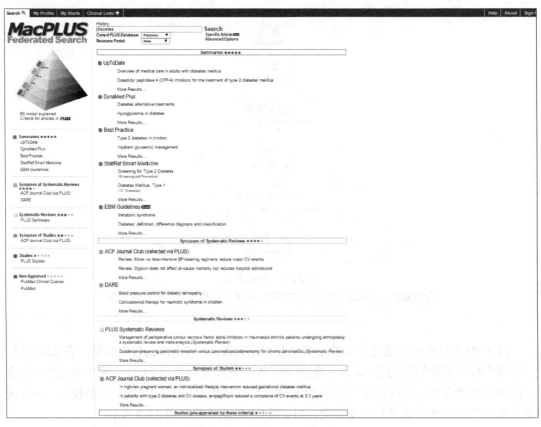

图 22-2 MacPLUS 检索结果
按照 6S 模型的层级由高到低排列

二、系统综述数据库

用户还可以特异性地检索系统综述数据库中的结果。最常用的系统综述数据库为 Cochrane 图书馆。美国卫生研究质量管理局（Agency for Healthcare Research and Quality，AHRQ）下属的循证实践中心（Evidence-Based Practice Center），也是重要的系统综述报告来源。

三、系统综述文献检索过滤器

用户还可以通过常规医学数据库进行系统综述的检索。一些医学信息专业人士开发了文献检索过滤器（search filter），以过滤掉无效或者无关信息。这些文献检索过滤器可以是针对研究内容的（例如治疗效果、预后、病因或疾病危险因素、卫生经济学评价等），或者是根据研究设计类型制定（例如随机对照试验、观察性研究、系统综述等）。强烈建议用户在 PubMed、EMBASE 等医学数据库中检索医学文献时使用相应的检索过滤器。

1. PubMed 中的 clinical queries 美国国立医学图书馆（National Library of Medicine）在 PubMed 数据库中内置了由加拿大临床流行病学家 Haynes R B 等人开发的文献检索过滤器，称为 clinical queries，其中包括了系统综述的过滤器。

2. 其他数据库中的文献检索过滤器 除了应用于 PubMed 的 clinical queries 之外，

Haynes R. B. 等人还制定了完整的适用于其他数据库包括 Ovid MEDLINE、Ovid EMBASE、PsycINFO，以及其他研究内容包括治疗效果、预后、卫生经济学、病因学，不同研究类型如综述、定性研究等文献检索过滤器。以治疗效果和综述为例，总结了在对灵敏度、特异度有不同考虑时的检索过滤器（表 22-2）。读者请自行搜索 McMaster 大学医学信息研究所（Health Information Research Unit，HIRU）网站以获取更加完整和更新的检索过滤器。

表 22-2　McMaster 医学信息研究所文献检索过滤器（以治疗效果和综述为例）

文献检索过滤器	灵敏度最高	特异度最高
Ovid MEDLINE	clinical trial.mp. OR clinical trial.pt. OR random：.mp. OR tu.xs.	randomized controlled trial.pt. OR randomized controlled trial.mp.
Ovid EMBASE	random：.tw. OR clinical trial：.mp. OR exp health care quality	double-blind：.mp. OR placebo：.tw. OR blind：.tw.
PsycINFO	control：.tw. OR random：.tw. OR exp treatment	double-blind.tw. OR random：assigned：.tw.
Ovid MEDLINE	search：.tw.OR Meta analysis.mp, pt.OR review.pt.OR di.xs. OR associated.tw.	MEDLINE.tw.OR systematic review.tw.OR Meta analysis.pt.
Ovid EMBASE	exp methodology OR search：.tw. OR review.pt.	Meta-analysis.tw. OR systematic review.tw.
PsycINFO	risk：.tw. OR search：.tw. OR exp treatment	Meta-analysis.tw. OR search：.tw.

备注：文献检索中的灵敏度是指检索策略能够检索到的相关研究占所有相关研究的比例，表示了检索策略能够囊括相关研究的能力；而特异度是指检索结果能够检索到的相关研究占检索结果的比例，表示了检索策略能够排除无关信息的能力

四、举例

以冠心病（coronary heart disease）为例，冠心病相关的医学主题词（MeSH term）为"coronary heart disease"，锻炼相关的医学主题词为"exercise"或者"exercise therapy"。如果想查阅检索相关的系统综述，可以采取以下策略：在 MacPLUS 中采用"coronary heart disease AND exercise"进行检索；在 Cochrane 图书馆中进行类似检索；在 PubMed 中使用自由词及关键词进行检索，并结合使用 clinical queries，或者在 MEDLINE（Ovid）、EMBASE（Ovid）中联合使用文献检索过滤器。

回到本章引例的临床案例，在检索中，并没有发现合适的临床指南对"冠心病病人在常规治疗基础上进行运动康复治疗与常规治疗相比是否有额外收益"做出明确推荐意见。但是在检索了 Cochrane 图书馆后检索到了一篇 Cochrane 系统综述（Anderson，et al. 2016）对相关研究进行了总结。

五、GRADE 方法与系统综述读者

国际证据分级与推荐工作组（GRADE 工作组）将系统综述中的证据质量定义为：对系统综述中疗效评价值是真实值的信赖程度。临床医生和研究人员需要考虑系统综述的证据质量，也就是说不但需要了解干预措施的疗效和副作用的大小（合并效应值——用来估测真实疗效），同时还要了解证据的质量或者对疗效评价值的信赖程度如何。一篇完善的系统综述应该包括了从作者的角度出发对系统综述的证据质量进行的评价。然而，很可能并不

是每一篇读到的系统综述都包括了完整的证据质量评价内容。在这种情况下，也可以借鉴 GRADE 方法学来对读到的系统综述结果进行评价。需要考虑纳入的原始研究的偏倚风险、原始研究结果之间的一致性和效应估计值的精确性等内容。

第二节 实例解读——系统综述的质量

在这一节中将介绍如何阅读和严格评价通过检索找到的系统综述文章来解决临床实例。按照本章第一节提到的方法进行检索后，在 Cochrane 图书馆中检索到了一篇 2016 年 1 月发表的系统综述，观察心脏运动康复治疗对比常规治疗对冠心病的疗效。这篇系统综述纳入了 63 项随机对照临床实验，包括 14 486 名冠心病病人。结局评价指标包含总死亡率、心源性死亡率、入院率、总的心肌梗死和血运重建[冠状动脉旁路移植术（CABG）或经皮腔内冠状动脉成形术（PTCA）]率、病人生活质量。

这篇系统综述究竟是否可以应用于本章引例中的病人，需要参照以下步骤来评价系统综述的质量，了解系统综述的结果，以及这项研究对于病人的适用性。

一、系统综述是否报告了明确和恰当的纳入标准

只有当系统综述作者提供明确的纳入标准，读者（临床医生或者临床研究者）才能够根据病人的群体、干预措施、对照干预、结局评价指标来决定系统综述在临床实践当中的适用性。

二、系统综述的检索以及筛选评价过程是否合适

系统综述应该具备系统全面的检索策略，这样才能鉴别出所有符合纳入标准的研究从而准确的回答提出的临床问题。当在阅读系统综述的检索策略时，应如何鉴别检索策略是否全面系统呢？ 首先，应该检视文章作者是否检索了主要数据库（例如 MEDLINE、EMBASE、CNKI 数据库、维普、万方数据库等）。其次，作者是否检索了所有语言的文献，还是仅仅检索了一种语言。更详细的检索策略请参阅第二章传统系统综述的步骤第二节文献检索。仅仅检索所有相关数据库是不够的。当原始研究的作者选择性的报告和发表研究结果（仅仅报告和发表阳性的研究结果）时，干预措施的疗效将被系统性地夸大。此种现象又称为发表偏倚。避免发表偏倚的方法是检索灰色文献。灰色文献包括会议摘要、硕士博士论文、原始研究存档资料、卫生政策文件等。

当系统综述的作者决定是否纳入或者排除原始研究，以及记录和提取纳入原始研究的数据时，这些判断的产生难免出现随机错误和系统偏差。如果这个筛选评价和提取数据的过程均由两人独立完成，势必减少误差的产生，从而增加了系统综述数据的可信性。如果系统综述的作者再应用 Kappa 系数来衡量双方作者判断的一致性时获得较高的分数，读者应对此系统综述的结果信赖程度更高。总的来说，读者应该关注系统综述是否由两名作者进行原始研究的筛选和数据提取，并且两人判断的一致性如何，由此来判定其可信度。

三、系统综述纳入的原始研究质量如何

系统综述的可靠性是与纳入原始研究的质量紧密相关的。检验系统综述的可靠性需要对其纳入的每一个原始研究的风险偏倚进行评价。纳入研究的风险偏倚越大，干预措施疗

效被夸大的比率也就越大。因此，纳入原始研究的风险偏倚越小，系统综述的可信度就越高。当对原始研究的风险偏倚进行评价时，不同类型的研究应该应用不同的评价方法。例如对于诊断性研究可以使用 QUADAS（Quality Assessment of Diagnostic Accuracy Studies）。对于治疗性的随机对照临床实验，随机序列的隐藏、盲法的使用、观察到疗效过早就终止试验和失访病人的多少，是决定原始研究质量的关键。

四、系统综述总体结果的合并及结果是否合理

除了明确的纳入标准、合理的检索及筛选过程以及合理的对原始研究的评价之外，一个高质量的系统综述应该对总体结果进行合理地合并。在评价系统综述的合并以及结果是否合理时，需要考虑合并是否已经包括了应该合并的所有研究，合并是否是根据预先明确的方法进行的，以及根据研究设计类型和结局还有研究之间的变异等因素来考虑合并是否合理。例如，在多数情况下，系统综述的作者可以合并所有纳入单个研究的结果进行Meta 分析，得出一个合并效应值。当纳入研究的差异性过大（人群、干预措施、对照和结局评价指标），或者系统综述的结果是定性研究时，作者可能无法进行 Meta 分析，而是将单个研究的结果一一列出并呈现。同时，还应该考虑作者是否通过敏感性分析证明了结果是稳定的等。在解读系统综述结果时，读者尤其需要注意固定效应和随机效应模型的区别。随机效应模型适用于研究结果异质性较大的情况，而且得到的置信区间往往比固定效应模型更宽。

找到的系统综述质量如何？

回到本章引例，这篇系统综述的作者在方法章节详细地列出了纳入文章的类型（随机对照临床试验对比以运动为基础的心脏康复治疗与常规治疗，并且至少随访病人 6 个月），病人[住院或者在社区医院康复的病人，有既往心绞痛历史，血管重建术（CABG 或者 PCI），或者经血管造影确诊为心绞痛或冠状动脉疾病]，干预措施（针对心脏病人群的，运动为基础的心脏康复治疗定义为有人或者无人指导的社区、家庭、住院病人或者门诊病人的运动训练）以及对照（常规治疗包括药物治疗但是不包括关于运动治疗的训练和建议），结局评价指标[①首要结局：总死亡率、心源性死亡率；致命和非致命性心肌梗死；血管重建术（CABG 或者 PCI）；入院率。②次要结局：病人生活质量，心脏康复的成本和成本效应分析]。

作者进行了全面而系统的不限语言的数据检索：包括 CENTRAL、HTA、DARE、MEDLINE、EMBASE、CINAHL 以及 Science Citation Index Expanded，时间到 2014年夏天。作者还检索了临床试验注册数据库来获取目前正在进行的随机对照临床试验。

纳入的 16 项原始研究的质量均较低，每项研究的风险偏倚较大。系统综述由两位评价者独立筛选研究和提取数据，并尽可能与文献作者取得联系以获取遗漏信息。

最后，研究者进行了适当的 Meta 分析估计了包括全死因死亡、心肌梗死等结局的合并效应值。

综合考虑以上因素，判定原始研究的风险偏倚较大但是此系统综述质量较高。

下一步，将要判定系统综述的结果并且对其进行解读。

第三节　实例解读——系统综述的结果

系统综述的质量并不等同于系统综述的证据质量。系统综述中的证据质量定义为：对系统综述中疗效评价值是真实值的信赖程度。高质量的系统综述可以有效避免在撰写系统综述过程中产生误差，但是同时可能由于纳入的研究结果之间互相矛盾，或者说干预措施的疗效估计值的精确度不够，对系统综述提供的结果仍然信心不足（证据质量较低）。因此，在评价了系统综述（及其纳入的原始研究）的质量（偏倚风险）之后，读者还需要对总结的结果进行研读，也就是说在了解干预措施的疗效和副作用的大小（合并效应值——用来估测真实疗效）的基础上，考虑系统综述提供的证据的质量，这就需要考虑系统综述当中干预措施的一致性，干预措施疗效的大小以及精确性如何，本节主要讲解如何解读系统综述的结果。

一、系统综述的总体结果如何（了解干预措施的疗效和副作用大小）

本章第二节提到，多数情况下，系统综述的作者可以合并所有纳入单个研究的结果进行 Meta 分析，得出一个合并效应值。当作者能够合并单个研究的结果时，应用 Meta 分析方法得到的合并效应值体现了单个研究的权重。单个研究在合并效应值中的权重取决于其样本量，更准确地说是结局指标发生的频率。样本量大，结局指标发生频率高（例如死亡率高、入院率高、骨折发生率高）的研究在合并效应值中占的权重更大。

合并的效应值（Meta 分析的结果）的表述和单个研究效应值的表述通常情况下是一致的。对二分类变量结局（是否住院、是否骨折、是否卒中），读者应该关注相对风险（relative risk，RR）、相对危险性降低度（relative risk reduction，RRR）、比值比（odds ratio，OR）和风险差（risk difference，RD）、绝对风险差（absolute risk reduction，ARR）。对于连续型变量的结局（手术时间的长度、生活质量改善的大小以及住院的天数），读者应关注加权均数差（weighted mean difference，WMD）和标准化均数差（standardized mean difference，SMD）。

二、原始研究的结果一致吗（异质性）

合理的纳入与排除标准使系统综述收录类似的原始研究（病人、干预措施、对照和结局评价指标），并且得出一个纳入干预措施总的相似的疗效评价。当总的疗效评价显示异质性时，这些差异可能来源于纳入的原始研究包含不同的病人人群（年龄、性别、病程等各种基线资料的差异）、干预措施、对照治疗以及重要的结局评价指标。当系统综述的作者无法解释合并单个研究结果后合并效应估计值中单个研究结果之间的差异时，读者对此效应值的信赖程度则会降低。

提供了如下四项标准来帮助读者判断合并效应估计值是否差异（异质性）过大以至于降低读者对此效应值的信赖程度：点估计值、置信区间、异质性的统计学检验和 I^2。点估计值越接近，置信区间重合越多，异质性检验的 P 值越大，I^2 越小，则异质性越小；反之异质性越大。系统综述的作者应用以上标准判定合并效应值的异质性之后，如发现异质性越大，则越应该进一步探究出现异质性的原因。最佳的应对异质性的方法是在合并研究数据之前就列出一些可能解释异质性的原因，然后用这些假说来解释出现的异质性。常见的假说包括单个研究在纳入人群、干预措施、对照组、结局评价指标以及研究质量上的差异造成了异质性。如果系统综述在考虑了所有可能性之后仍不能解释异质性，读者对合并效应值和总体证据质量的信赖程度则应降低。

三、系统综述的结果精确吗（精确性）

Meta 分析的结果又称合并效应值，包括一个点估计值和一个置信区间。置信区间可以理解为一个包含真实干预措施疗效值的区间，也可以理解为点估计值的不确定性区间。狭窄的置信区间代表了精确的结果，较宽的置信区间代表了不精确的结果。研究的样本量或者结局指标的出现频率越高，置信区间越狭窄，结果越精确。临床医生和临床研究者应该关注置信区间的两端，分析当点估计值在两个极端时的意义，根据置信区间是否跨过（或者不包含）临床结局显著改善或副作用（害处）的区间来判定置信区间是否足够精确。

回到本章第二节关于心脏运动康复这个系统综述的例子，如果就心脏运动康复对比常规治疗对冠心病导致病人进行冠状动脉旁路移植术（CABG）的短期风险来说，心脏运动康复组比常规治疗组降低了 1% 的手术风险（CABG: 21 trials, RR＝0.99, 95%CI: 0.77～1.26）。置信区间的一端表明心脏运动康复治疗在短期内，降低了病人进行冠状动脉旁路移植术 23% 的风险，而另一端则表明增加了病人进行冠状动脉旁路移植术 26% 的风险。这个置信区间显示的信息让临床医生在据此证据作出临床选择时充满了不确定因素：它既包含了潜在的对病情的显著改善（大为降低病人需进行 CABG 手术的风险）的可能，此干预措施完全无效（RR＝1）的可能，又有可能是此干预措施会导致病情加重（大幅度增加病人需进行 CABG 手术的风险）。因此，这个置信区间过宽，结果不够精确。

再来看针对同一个系统综述不同结局的 Meta 分析。比较心脏运动康复对比常规治疗对病人总死亡率来说，心脏运动康复组比常规治疗组降低了 4% 的风险（47 trials, RR＝0.96, 95%CI: 0.88～1.04）。置信区间的一端表明心脏运动康复治疗使病人的死亡率降低了 12%，而另一端则表明运用此疗法增加了病人 4% 的死亡率。这个置信区间的两端均显示了不显著的改变，一端显示了较小的疗效，另一端显示了微小的风险。在置信区间的任意一端，可以认为此结局非常精确地显示了心脏康复治疗在降低病人总死亡率上无效（既没有明显降低病人的总死亡率，也没有明显增加病人的总死亡率）。判定这个置信区间狭窄，结果精确。通过这个例子，还可以看出干预措施是否有效，是与置信区间两端是否可以解读为同样的临床意义（例如置信区间的两端均显示某疗法显著降低了病人的死亡率）相关，和置信区间在森林图上的视觉效果即宽窄无关。例如对二分类变量，常用的临床疗效显著提高或者降低的标准为 25%（RR＝1.25 或者 0.75），但是建议根据不同的临床结局指标和临床情境参考决定此指标的选择（例如，如果某疗法跟对照组比较降低病人死亡率 15%，也可能达到了临床疗效的显著提高；如果是病人出现恶心不良反应的比例降低了 15%，可能就没有达到临床疗效的显著提高）。此处的 25% 仅仅是参考值。

四、证据总体质量如何（证据的可信度）

系统综述的作者应该审视上述各个要素包括纳入原始研究的偏倚风险（详见本章第二节）、纳入原始研究之间的结果一致性以及结果精确性、证据的间接性和发表偏倚的风险等，并且在文章的结果、讨论和结论部分提到文章对各个要素的评价结论如何。对于证据的间接性，系统综述的作者往往根据 PICO（病人人群、干预、对照以及结局）严格进行研究的筛选和评价，因此，在大多数（不是所有）情况下，间接性并不适用于系统综述的作者。

找到的系统综述结果如何?

　　这篇系统综述的作者报告中等质量的证据表明参加心脏康复治疗的病人比常规治疗心源性死亡低 26%(RR=0.74,95%CI:0.64~0.86)。这个置信区间表明心脏康复治疗的疗效无论在置信区间的哪一端都十分显著(一端降低心源性死亡率 36%,另一端降低了 14%)。

　　从异质性的角度来看,单个研究的点估计值大小类似,置信区间大范围重叠。异质性卡方检验的 P 值为 0.699(远大于 0.1),I^2 为 0。上述信息提示异质性极低。

　　总的来说,此系统综述证据显示:异质性极低的精确合并效应值显示,参加心脏康复治疗的病人比参与常规治疗的病人心源性死亡率显著降低(图 22-3)。

　　同时,还发现中等质量的证据显示参加心脏康复治疗的病人和参与常规治疗的病人的总死亡率没有差别(RR=0.96,95%CI:0.88~1.04)。低等质量证据显示心脏康复降低了病人入院率(RR=0.82,95%CI:0.70~0.96)。由于纳入研究测量多种不同生活质量指标,异质性过大,作者没有对生活质量结果进行合并,但是定性的总结显示大部分生活质量量表测量的结局指标中病人的生活质量大为提高。

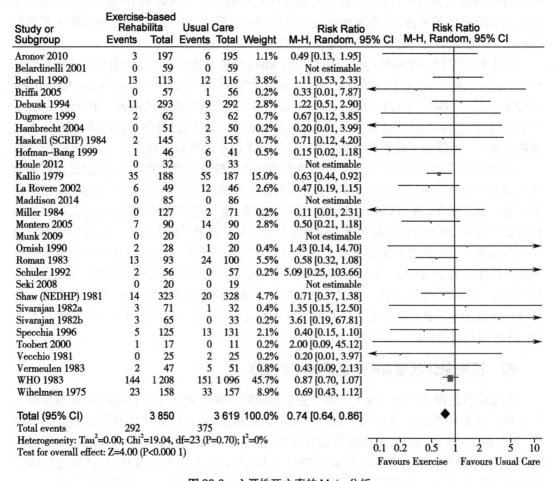

图 22-3　心源性死亡率的 Meta 分析

还是用本章第二节提到的心脏康复治疗的例子,对心源性死亡率这个结局指标来说,它被评为中等证据质量。这代表此系统综述的作者对目前证据显示的效果持中度信任。对同一个系统综述中的不同结局"入院率"来说,同一批作者对此结局的评价是低等级证据,表明作者对效应评估的信任度是有限的:实际效应可能同预计效应有很大不同。临床医生在临床实践当中,应用高级或者中等质量的证据和应用低等和极低质量等证据的态度可能大有不同。

第四节　实例解读——系统综述的应用

循证医学强调在医学实践中使用设计良好的研究结果产生的医学证据,是认真地、明确地、审慎地使用最佳证据应用于个体病人的医疗护理工作。循证医学是实践,是需要将知识转化为行动,转化为临床实践。

一、系统综述的结果是否适用于这个病人(间接性)

对于临床工作者来说,在检索和评价系统综述后,需要判断是否可以将结果应用于自己的临床工作。临床工作者需要根据系统综述考虑临床问题的 PICO 要素,考虑系统综述中纳入的病人群体、比较干预和对照、研究结局是否与面前的病人情况相同。

回到本章引例,通过仔细阅读系统综述中纳入人群、考虑的干预和对照以及研究的结局等相关内容,发现这篇系统综述纳入的临床试验多为具有心肌梗死的病人;此外纳入的研究人群平均年龄从 49.3 到 71 岁不等,多为男性。因此,这篇系统综述纳入的研究人群与面前的病人情况较为接近。系统综述考虑的结局包括死亡以及心血管并发症,是对病人有很重要意义(很直接)的结局。因此,如果康复中心提供的运动康复治疗内容与系统综述研究的运动康复治疗内容相同,则很有信心这篇系统综述的结果对于这个病人是很直接相关的。

二、医疗决策

在现实的临床情境中,最佳证据并不是唯一的决策依据。在临床工作中,医生的决策受到多方面因素的影响。循证医学最初的倡导者提倡需要考虑"病人希望从医生这里获得什么"。在个体病人的临床决策过程中考虑病人价值观和偏好,可以使得病人更容易接受干预,更可能保持依从;而了解病人的价值观和偏好也能帮助医生明白为什么病人会拒绝某些在医生看来是应当接受的治疗措施,或者了解病人为什么会尝试一些在医生看来是无效的措施。考虑病人价值观和偏好是出于对病人身体权和自主性的尊重。此外,医生应当考虑特定病人的预后,以及成本和干预的可接受性、带来的伦理学问题等实施干预的情境因素,综合做出决策。

医疗决策

1. 最佳证据　这篇系统综述的作者报告中等质量的证据表明参加心脏运动康复治疗的病人比常规治疗心源性死亡低 26%(RR = 0.74,95%CI: 0.64~0.86,最高可能降低 36% 的心源性死亡风险,最低可降低 14%)。同时,还发现中等质量的证据显示参加心脏运动康复治疗的病人和参与常规治疗的病人总死亡率没有差别(RR = 0.96,95%CI: 0.88~1.04)。

---

　　2. 个体预后情况　需要考虑这名病人的个体情况,男性,年龄 59 岁(相较同类型病人较为年轻),治疗后病情是否稳定,血糖、血压水平控制情况,以及是否有其他心血管病危险因素等。

　　3. 病人价值观和偏好　作为医生,需要与病人讨论他的价值观和偏好,讨论这样的临床收益对于他是否重要,并且需要将这些收益与心脏运动康复治疗可能带来的生活方式改变带来的不便,以及潜在的运动损伤等结局进行权衡。

　　4. 成本　由于心脏运动康复治疗尚未普及,费用较为昂贵,需要与病人估算大致的时间和金钱成本,同时考虑病人家属在这个运动康复治疗中需要投入的时间成本。

　　5. 可接受性　也需要考虑运动康复治疗中心是否有足够的人力和物力资源满足病人需求。

　　总结:这里提供了一个案例,提示临床工作者在面对个体病人时可以采用何种方式参考最佳证据,而且在最佳证据之外,应该考虑哪些因素。这个案例仅作为一个循证医学使用系统综述的教学案例,而非推荐意见或者治疗标准。同时,在实际临床治疗过程中,临床工作者也可能需要考虑本案例中未列出的因素。

第五节　总　结

　　在这一章中,分别介绍了系统综述的查阅、系统综述的质量评价、系统综述的证据质量以及如何将系统综述结果应用于临床实际。这部分内容并不严格等同于 GRADE 方法学的介绍,对相关内容感兴趣的读者请根据自身的不同需要参阅学习相关内容。

　　一个具备了检索和评价包括系统综述在内的医学文献能力的医学工作者,应该具备将这些系统综述结果应用于自己日常工作中的能力。而这也将促进日常医疗工作:首先,鉴别出能回答临床实践当中遇到的问题的系统综述,阅读、评价和应用有关干预措施的治疗效果的系统综述,能够帮助医生及时了解某一医学领域内最新的权威证据,也能够帮助医生向病人提供遵循最佳证据的医学信息。其次,鉴别、阅读、评价和应用临床医学中其他相关内容的系统综述,例如病人价值观和偏好、卫生经济学评价等,有助于临床工作者了解一个干预措施在应用实施中可能存在的问题,从而提升临床工作质量。此外,评价和应用系统综述,可以启发临床工作者的思维,帮助临床工作者确定科研空白,促进临床科研工作,也可以促进临床工作者开发病人决策辅助工具,促进医患共同决策。

(张誉清　张　渊)

参考文献

[1] Guyatt G, Meade M O, Drummond R, Cook DJ. Understanding and Applying the Results of a Systematic Review and Meta-analysis[M]//Users' Guide to the Medical Literature: A manual for Evidence-Based Clinical Practice. 3rd ed. NewYork: McGraw-Hill Education/Medical, 2014.

[2] Dicenso A, Bayley L, Haynes R B. Accessing pre-appraised evidence: fine-tuning the 5S model into a 6S model[J]. Evid Based Nurs, 2009, 12: 99-101.

[3] Carrasco-Labra A, Brignardello-Petersen R, Azarpazhooh A, et al. A practical approach to evidence-based

dentistry: X: How to avoid being misled by clinical studies' results in dentistry[J]. J Am Dent Assoc, 2015, 146: 919-924.

[4]　Anderson L, Thompson D R, Oldridge N, et al. Exercise-based cardiac rehabilitation for coronary heart disease[J]. Cochrane Database Syst Rev, 2016, 1: CD001800.

[5]　Balshem H, Helfand M, Schunemann H J, et al. GRADE guidelines: 3. Rating the quality of evidence[J]. J Clin Epidemiol, 2011, 64: 401-406.

[6]　Higgins J P T, Altman D G, Sterne J A C. Chapter 8: Assessing risk of bias in included studies[M/OL]// Cochrane Handbook for Systematic Reviews of Interventions Version 5.1.0. The Cochrane Collaboration, 2011. [2018-09-15]. http://handbook-5-1.cochrane.org/.

[7]　Montori V M, Elwyn G, Devereaux P J, et al. Decision Making and the Patient[M]//Users' Guide to the Medical Literature: A manual for Evidence-Based Clinical Practice. 3rd ed. NewYork: McGraw-Hill Education/Medical, 2014.

[8]　Guyatt G H, Oxman A D, Vist G E, et al. GRADE: an emerging consensus on rating quality of evidence and strength of recommendations[J]. BMJ, 2008, 336: 924-926.

[9]　Stiggelbout A M, Van der W T, De Wit M P, et al. Shared decision making: really putting patients at the centre of healthcare[J]. BMJ, 2012, 344: e256.

附 录

各类系统综述和 Meta 分析的报告条目清单
（中英文对照）

附表 1　系统综述和 Meta 分析报告条目 PRISMA 的报告条目清单

内容 / 条目	编号	PRISMA 条目要求
标题		
Title		
标题	1	表明研究是系统综述、Meta 分析或两者均是
Title		Identify the report as a systematic review, Meta-analysis, or both.
摘要		
ABSTRACT		
结构化摘要	2	使用结构化的格式，包括：背景、目的、数据来源、研究纳入标准、研究对象、干预措施、评价和合成研究结果的方法、结果、局限性、结论及主要发现的意义、系统综述注册号
Structured summary		Provide a structured summary including, as applicable: background; objectives; data sources; study eligibility criteria, participants, and interventions; study appraisal and synthesis methods; results; limitations; conclusions and implications of key findings; systematic review registration number.
引言		
INTRODUCTION		
理论基础	3	介绍当前已知的理论基础
Rationale		Describe the rationale for the review in the context of what is already known.
目的	4	明确描述临床问题，包括研究人群、干预措施、对比组、研究结局及研究设计（PICOS）
Objectives		Provide an explicit statement of questions being addressed with reference to participants, interventions, comparisons, outcomes, and study design （PICOS）.

内容/条目	编号	PRISMA 条目要求
方法 **METHODS**		
研究方案及注册	5	表明是否事先有研究方案，如有，则说明能否在何处获得该方案（如网络下载地址），如有可能，还应提供含注册号的注册信息
Protocol and registration		Indicate if a review protocol exists, if and where it can be accessed (e.g., Web address), and, if available, provide registration information including registration number.
纳入标准	6	详述作为纳入标准的研究特征（如 PICOS，随访时间等）及报告特征（如发表年，语言，发表状态等），并作合理说明
Eligibility criteria		Specify study characteristics (e.g., PICOS, length of follow-up) and report characteristics (e.g., years considered, language, publication status) used as criteria for eligibility, giving rationale.
信息来源	7	介绍所有检索的信息来源（如注明文献数据库的检索时间跨度、与作者的联系）及最新的检索日期
Information sources		Describe all information sources (e.g., databases with dates of coverage, contact with study authors to identify additional studies) in the search and date last searched.
检索	8	报告至少一个电子数据库的整个检索策略，包括所有使用的限制项，以保证该检索可被重复
Search		Present full electronic search strategy for at least one database, including any limits used, such that it could be repeated.
研究选择	9	描述选择研究的过程，如筛选、纳入标准、是否纳入系统综述、是否纳入 Meta 分析等
Study selection		State the process for selecting studies (i.e., screening, eligibility, included in systematic review, and, if applicable, included in the Meta-analysis).
数据提取	10	描述从研究报告中提取数据的方法（如使用经过预实验后定制的提取表格、独立提取、重复提取等）及从研究者索取或确认数据的过程
Data collection process		Describe method of data extraction from reports (e.g., piloted forms, independently, in duplicate) and any processes for obtaining and confirming data from investigators.
数据变量	11	列出和定义所有变量（如 PICOS，资助来源等），以及对变量的任何假设和简化形式
Data items		List and define all variables for which data were sought (e.g., PICOS, funding sources) and any assumptions and simplifications made.
单项研究偏倚	12	描述单项研究可能存在的偏倚的评价方法（说明评价是针对研究还是仅针对研究结果），以及在数据合并中如何使用这些偏倚评价结果
Risk of bias in individual studies		Describe methods used for assessing risk of bias of individual studies (including specification of whether this was done at the study or outcome level), and how this information is to be used in any data synthesis.
概括效应指标	13	说明主要的效应测量指标，如相对危险度、均差等
Summary measures		State the principal summary measures (e.g., risk ratio, difference in means).

内容/条目	编号	PRISMA 条目要求
研究结果合成	14	描述处理数据及合并结果的方法，如做了 Meta 分析，还应说明每项 Meta 分析同质性评价的方法（如 I^2 等）
Synthesis of results		Describe the methods of handling data and combining results of studies, if done, including measures of consistency（e.g., I^2）for each Meta-analysis.
研究集的偏倚	15	说明合并结果的偏倚（如发表偏倚，研究内选择性报告结果等）的评估方法
Risk of bias across studies		Specify any assessment of risk of bias that may affect the cumulative evidence（e.g., publication bias, selective reporting within studies）.
其他分析	16	描述其他分析方法（如敏感性分析、亚组分析、Meta 回归等）并说明哪些是事先计划的分析
Additional analyses		Describe methods of additional analyses（e.g., sensitivity or subgroup analyses, Meta-regression）, if done, indicating which were pre-specified.

结果
RESULTS

内容/条目	编号	PRISMA 条目要求
研究选择	17	提供筛选的研究数以及纳入的研究数，并说明各阶段排除的理由，最好列出流程图（附图 1-1）
Study selection		Give numbers of studies screened, assessed for eligibility, and included in the review, with reasons for exclusions at each stage, ideally with a flow diagram.
研究特征	18	对每个进行信息提取的研究，应描述各研究的特征（例如样本量、PICOS、随访时间等），并标出引文出处
Study characteristics		For each study, present characteristics for which data were extracted（e.g., study size, PICOS, follow-up period）and provide the citations.
单项研究内部偏倚	19	展示各单项研究可能存在偏倚的相关数据，如有可能，列出偏倚对结局影响的评价结果（参见条目 12）
Risk of bias within studies		Present data on risk of bias of each study and, if available, any outcome-level assessment（see Item 12）.
各单项研究结果	20	对所有结局指标（获益或危害），均报告：（a）每个干预组的集合数据；（b）效应估计值及其置信区间，最好用森林图展示
Results of individual studies		For all outcomes considered（benefits or harms）, present, for each study:（a）simple summary data for each intervention group and（b）effect estimates and confidence intervals, ideally with a forest plot.
合并的结果	21	展示每项 Meta 分析的结果，包括置信区间及同质性检验结果
Synthesis of results		Present results of each Meta-analysis done, including confidence intervals and measures of consistency.
研究集的偏倚	22	展示研究集偏倚的评估结果（参见条目 15）
Risk of bias across studies		Present results of any assessment of risk of bias across studies（see Item 15）.
其他分析的结果	23	如进行了其他分析[如敏感性分析、亚组分析、Meta 回归等（参见条目 16）]，则描述其结果
Additional analysis		Give results of additional analyses, if done [e.g., sensitivity or subgroup analyses, Meta-regression（see Item 16）].

内容/条目	编号	PRISMA 条目要求
讨论 **DISCUSSION**		
总结证据	24	总结主要结果，包括每项主要结局指标的证据强度，考虑这些结果对主要利益相关者（如卫生服务提供者、使用者及政策制定者）的参考价值
Summary of evidence		Summarize the main findings including the strength of evidence for each main outcome; consider their relevance to key groups (e.g., health care providers, users, and policy makers).
局限性	25	讨论单项研究及其结局层面的局限性（如存在偏倚的可能性）和系统综述研究层面的局限性（如未能获得所有相关文献的具体信息，报告偏倚等）
Limitations		Discuss limitations at study and outcome level (e.g., risk of bias), and at review level (e.g., incomplete retrieval of identified research, reporting bias).
结论	26	结合其他相关证据，提出对研究结果的概要性解读，及其对进一步研究的启示
Conclusions		Provide a general interpretation of the results in the context of other evidence, and implications for future research.
资助 **FUNDING**		
资助来源	27	描述系统综述的资助来源和其他支持（如提供数据），及资助者在完成系统综述中所起的作用
Funding		Describe sources of funding for the systematic review and other support (e.g., supply of data); role of funders for the systematic review.

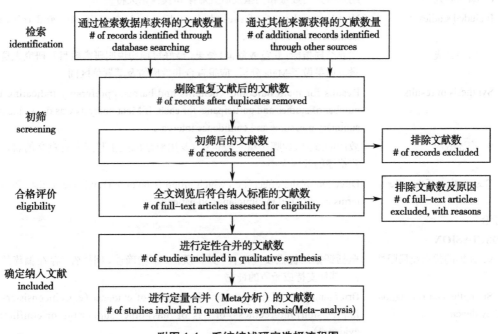

附图 1-1 系统综述研究选择流程图

附表 2 系统综述和 Meta 分析摘要 PRISMA-Abstract 的报告条目清单

内容 / 条目	报告要求
标题 **Title**	
1. 标题	表明研究是系统综述、Meta 分析或两者均是
Title	Identify the report as a systematic review, Meta-analysis, or both.
背景 **Background**	
2. 目的	明确描述研究问题，包括说明研究人群、干预措施、对比组、研究结局
Objectives	The research question including components such as participants, interventions, comparators, and outcomes.
方法 **Methods**	
3. 纳入标准	用作纳入标准的研究或报告特征
Eligibility criteria	Study and report characteristics used as criteria for inclusion.
4. 信息来源	主要检索数据库及检索日期
Information sources	Key databases searched and search dates.
5. 偏倚风险	评价存在偏倚的风险的方法
Risk of bias	Methods of assessing risk of bias.
结果 **Results**	
6. 纳入研究	纳入研究的数量和类型及研究对象和其他相关特征
Included studies	Number and type of included studies and participants and relevant characteristics of studies.
7. 结果合成	主要结局指标（获益或危害）结果，最好每项均说明研究数目及研究人群数量。如果做了 Meta 分析，应报告合并效应值及其置信区间
Synthesis of results	Results for main outcomes（benefits and harms），preferably indicating the number of studies and participants for each. If Meta-analysis was done, include summary measures and confidence intervals.
8. 描述效应	效应的方向（如哪个组是较优组）及用对临床医生和病人有意义的表述方式描述的效应大小
Description of the effect	Direction of the effect（i.e., which group is favoured）and size of the effect in terms meaningful to clinicians and patients.
讨论 **DISCUSSION**	
9. 证据的优点及局限性	概括证据的优点及局限性，如异质性、不精确性、间接性、存在偏倚的风险，其他支持或矛盾的证据
Strengths and Limitations of evidence	Brief summary of strengths and limitations of evidence（e.g., inconsistency, imprecision, indirectness, or risk of bias, other supporting or conflicting evidence）.

内容 / 条目	报告要求
10. 解读	对结果和重要提示的概括性解读
Interpretation	General interpretation of the results and important implications.
其他	
Other	
11. 资助	系统综述的主要资助来源
Funding	Primary source of funding for the review.
12. 注册	注册机构名称及注册号
Registration	Registration number and registry name.

附表 3　系统综述和 Meta 分析报告条目 PRISMA-DTA 的报告条目清单

内容 / 条目	编号	PRISMA-DTA 条目要求
标题 / 摘要		
TITLE/ABSTRACT		
标题	1	表明研究是诊断试验准确性（DTA）的系统综述和 / 或 Meta 分析
Title		Identify the report as a systematic review（ +/- Meta-analysis）of diagnostic test accuracy（DTA）studies.
摘要	2	摘要：参见 PRISMA-DTA for abstracts 的清单
Abstract		Abstract: See PRISMA-DTA for abstracts.
引言		
INTRODUCTION		
理论基础	3	介绍当前已知的理论基础
Rationale		Describe the rationale for the review in the context of what is already known.
待评价试验的临床目的	D1	介绍科学和临床背景，包括待评价试验的用途和临床目的。还可以阐述最小可接受准确性的依据（或不同试验间的最小准确性差异）
Clinical role of index test		State the scientific and clinical background, including the intended use and clinical role of the index test, and if applicable, the rationale for minimally acceptable test accuracy（or minimum difference in accuracy for comparative design）.
目的	4	明确描述临床问题，包括研究人群、待评价试验和目标疾病
Objectives		Provide an explicit statement of question（s）being addressed in terms of participants, index test（s）, and target condition（s）.
方法		
METHODS		
研究方案及注册	5	表明是否事先有研究方案，如有，则说明能否在何处获得该方案（如网络下载地址），如有可能，还应提供含注册号的注册信息

续表

内容 / 条目	编号	PRISMA-DTA 条目要求
Protocol and registration		Indicate if a review protocol exists, if and where it can be accessed (e.g., Web address), and, if available, provide registration information including registration number.
纳入标准	6	详述作为纳入标准的研究特征（研究对象、环境、待评价试验、参照试验、目标疾病和研究涉及）及报告特征（如发表年、语言、发表状态等），并说明依据
Eligibility criteria		Specify study characteristics [participants, setting, index test(s), reference standard(s), target condition(s), and study design] and report characteristics (e.g., years considered, language, publication status) used as criteria for eligibility, giving rationale.
信息来源	7	介绍所有检索的信息来源（如注明文献数据库的检索时间跨度、与作者的联系）及最新的检索日期
Information sources		Describe all information sources (e.g., databases with dates of coverage, contact with study authors to identify additional studies) in the search and date last searched.
检索	8	报告所有电子数据库和其他数据库的整个检索策略，包括所有使用的限制项，以保证该检索可被重复
Search		Present full search strategies for all electronic databases and other sources searched, including any limits used, such that they could be repeated.
研究选择	9	描述选择研究的过程，如筛选、纳入标准、是否纳入系统综述、是否纳入 Meta 分析等
Study selection		State the process for selecting studies (i.e., screening, eligibility, included in systematic review, and, if applicable, included in the Meta-analysis).
数据提取	10	描述从研究报告中提取数据的方法（如使用经过预实验后定制的提取表格、独立提取、重复提取等）及从研究者索取或确认数据的过程
Data collection process		Describe method of data extraction from reports (e.g., piloted forms, independently, in duplicate) and any processes for obtaining and confirming data from investigators.
数据提取的定义	11	定义所需要提取和分类的变量，包括目标疾病、待评价试验、参照试验和其他特征（如研究设计、临床环境）
Definitions for data extraction		Provide definitions used in data extraction and classifications of target condition(s), index test(s), reference standard(s) and other characteristics (e.g. study design, clinical setting).
偏倚风险和适用性	12	描述对单个研究偏倚风险和适用性的评价方法
Risk of bias and applicability		Describe methods used for assessing risk of bias in individual studies and concerns regarding the applicability to the review question.
诊断准确性效应指标	13	说明主要的诊断准确性测量指标（如灵敏度、特异度），说明测量的单位（如个人、病灶）
Diagnostic accuracy measures		State the principal diagnostic accuracy measure(s) reported (e.g. sensitivity, specificity) and state the unit of assessment (e.g. per-patient, per-lesion).

内容 / 条目	编号	PRISMA-DTA 条目要求
研究结果合成	14	阐述数据处理、数据合并、研究间变异描述的方法，应包括但不限于：a）目标疾病多种定义的处理；b）多个阈值的处理；c）多种待评价试验判读的处理；d）不确定试验结果的处理；e）试验的分类和比较；f）不同参照试验的处理
Synthesis of results		Describe methods of handling data, combining results of studies and describing variability between studies. This could include, but is not limited to: a) handling of multiple definitions of target condition. b) handling of multiple thresholds of test positivity, c) handling multiple index test readers, d) handling of indeterminate test results, e) grouping and comparing tests, f) handling of different reference standards.
Meta 分析	D2	若进行了 Meta 分析，需报告所使用的统计方法
Meta-analysis		Report the statistical methods used for Meta-analyses, if performed.
其他分析	16	描述其他分析方法（如敏感性分析、亚组分析、Meta 回归等）并说明哪些是事先计划的分析
Additional analyses		Describe methods of additional analyses (e.g., sensitivity or subgroup analyses, Meta-regression), if done, indicating which were pre-specified.

结果

RESULTS

内容 / 条目	编号	PRISMA-DTA 条目要求
研究选择	17	提供筛选的研究数以及纳入的研究数（若进行了 Meta 分析，还需要报告纳入 Meta 分析的研究数），并说明各阶段排除的理由，最好列出流程图
Study selection		Provide numbers of studies screened, assessed for eligibility, included in the review (and included in Meta-analysis, if applicable) with reasons for exclusions at each stage, ideally with a flow diagram.
研究特征	18	提供每一个纳入研究的参考文献，描述重要特征，包括：a）研究对象特征（临床表现，前期检查）；b）临床环境；c）研究设计；d）目标疾病定义；e）待评价试验；f）参照试验；g）样本量；h）资助来源
Study characteristics		For each included study provide citations and present key characteristics including: a) participant characteristics (presentation, prior testing), b) clinical setting, c) study design, d) target condition definition, e) index test, f) reference standard, g) sample size, h) funding sources.
偏倚风险和适用性	19	展示各单项研究的偏倚风险和适用性的评价结果
Risk of bias and applicability		Present evaluation of risk of bias and concerns regarding applicability for each study.
各单项研究结果	20	对每个研究的每项分析（如每种待评价试验、参照试验、阳性阈值的组合），均报告四格表数据（真阳性数、假阳性数、假阴性数、真阴性数）、诊断准确性的估计值及其置信区间，最好还能提供森林图或受试者工作特征曲线图
Results of individual studies		For each analysis in each study (e.g. unique combination of index test, reference standard, and positivity threshold) report 2×2 data (TP, FP, FN, TN) with estimates of diagnostic accuracy and confidence intervals, ideally with a forest or receiver operator characteristic (ROC) plot.

内容 / 条目	编号	PRISMA-DTA 条目要求
合并的结果	21	描述诊断准确性及其变异；若进行了 Meta 分析，报告其结果和置信区间
Synthesis of results		Describe test accuracy, including variability; if Meta-analysis was done, include results and confidence intervals.
	22	（无）
		（None）
其他分析的结果	23	如进行了其他分析（如敏感性分析、亚组分析、Meta 回归；待评价试验的分析：检测失败率、不确定试验结果的比例、不良事件）
Additional analysis		Give results of additional analyses, if done (e.g., sensitivity or subgroup analyses, Meta-regression; analysis of index test: failure rates, proportion of inconclusive results, adverse events).

讨论
DISCUSSION

内容 / 条目	编号	PRISMA-DTA 条目要求
总结证据	24	总结主要结果，包括证据强度
Summary of evidence		Summarize the main findings including the strength of evidence.
局限性	25	讨论纳入研究的局限性（如存在偏倚风险和适用性）和系统综述的局限性（如不完整的信息检索等）
Limitations		Discuss limitations from included studies (e.g. risk of bias and concerns regarding applicability) and from the review process (e.g. incomplete retrieval of identified research).
结论	26	结合其他相关证据，提出对研究结果的概要性解读，讨论该综述对今后研究和临床实践的意义（例如，待评价试验的临床用途和目的）
Conclusions		Provide a general interpretation of the results in the context of other evidence. Discuss implications for future research and clinical practice (e.g. the intended use and clinical role of the index test).

资助
FUNDING

内容 / 条目	编号	PRISMA-DTA 条目要求
资助来源	27	描述系统综述的资助来源和其他支持，及资助者在完成系统综述中所起的作用
Funding		For the systematic review, describe the sources of funding and other support and the role of the funders.

附表 4　系统综述和 Meta 分析 PRISMA-DTA for Abstract 的报告条目清单

内容 / 条目	编号	报告要求
标题		
Title		
标题	1	表明研究是关于诊断试验准确性（DTA）的系统综述和 / 或 Meta 分析
Title		Identify the report as a systematic review (+/- Meta-analysis) of diagnostic test accuracy (DTA) studies.

内容/条目	编号	报告要求
背景 **Background**		
目的 Objectives	2	明确描述研究问题，包括说明研究人群、待评价试验、目标疾病 Indicate the research question, including components such as participants, index test, and target conditions.
方法 **Methods**		
纳入标准 Eligibility criteria	3	报告用作纳入标准的研究或报告特征 Include study characteristics used as criteria for eligibility.
信息来源 Information sources	4	列出主要检索数据库及检索日期 List the key databases searched and the search dates.
偏倚风险 Risk of bias & applicability	5	说明评价偏倚风险和适用性的方法 Indicate the methods of assessing risk of bias and applicability.
结果合成 Synthesis of results	A1	说明数据合成的方法 Indicate the methods for the data synthesis.
结果 **Results**		
纳入研究 Included studies	6	说明纳入研究的数量和类型及研究对象和其他相关特征（包括参照标准） Indicate the number and type of included studies and the participants and relevant characteristics of the studies(including the reference standard).
结果合成 Synthesis of results	7	包括诊断准确性分析的结果，最好说明研究数目及研究人群数量。如果做了 Meta 分析，应报告合并效应值及其置信区间 Include the results for the analysis of diagnostic accuracy, preferably indicating the number of studies and participants. Describe test accuracy including variability; if Meta-analysis was done, include summary results and confidence intervals.
	8	（无） （None）
讨论 **DISCUSSION**		
证据强度及局限性 Strengths and limitations of evidence	9	概括证据强度及局限性 Provide a brief summary of the strengths and limitations of the evidence.
解读 Interpretation	10	对研究结果和重要提示的概括性解读 Provide a general interpretation of the results and the important implications.
其他 **Other**		
资助 Funding	11	说明系统综述的主要资助来源 Indicate the primary source of funding for the review.
注册 Registration	12	提供注册号及注册机构名称 Provide the registration number and the registry name.

附表 5 系统综述和 Meta 分析报告条目 PRISMA-Equity 的报告条目清单

内容	编号	PRISMA 条目要求
标题 **Title**		
标题	1	表明研究是系统综述、Meta 分析或两者均是
Title		Identify the report as a systematic review, Meta-analysis, or both.
		表明公平性是该综述的主题，若相关，请使用"公平性"这一术语
		Identify equity as a focus of the review, if relevant, using the term equity.
摘要 **ABSTRACT**		
结构化摘要	2	使用结构化的格式，包括：背景、目的、数据来源、研究纳入标准、研究对象、干预措施、评价和合成研究结果的方法、结果、局限性、结论及主要发现的意义、系统综述注册号
Structured summary		Provide a structured summary including, as applicable: background; objectives; data sources; study eligibility criteria, participants, and interventions; study appraisal and synthesis methods; results; limitations; conclusions and implications of key findings; systematic review registration number.
	2A	展示关于卫生公平性的分析结果（例如，亚组分析或 Meta 回归）
		Present results of health equity analyses (e.g. subgroup analyses or Meta-regression).
	2B	描述结果对于弱势群体的适用性
		Describe extent and limits of applicability to disadvantaged populations of interest.
引言 **INTRODUCTION**		
理论基础	3	介绍当前已知的理论基础
Rationale		Describe the rationale for the review in the context of what is already known.
		描述卫生公平性干预措施的可能机制
		Describe assumptions about mechanism(s) by which the intervention is assumed to have an impact on health equity.
	3A	通过描述逻辑或分析框架，说明干预措施如何影响卫生公平性以及如何制定这种干预措施
		Provide the logic model/analytical framework, if done, to show the pathways through which the intervention is assumed to affect health equity and how it was developed.
目的	4	明确描述临床问题，包括研究人群、干预措施、对比组、研究结局及研究设计（PICOS）

内容	编号	PRISMA 条目要求
Objectives		Provide an explicit statement of questions being addressed with reference to participants, interventions, comparisons, outcomes, and study design (PICOS).
		如果研究目标涉及劣势群体，需要说明如何定义这种劣势（研究筛选、数据分析、适用性分析等方面都会涉及这一定义）
		Describe how disadvantage was defined if used as criterion in the review (e.g. for selecting studies, conducting analyses or judging applicability).
	4A	应把研究问题跟公平性联系起来进行阐述
		State the research questions being addressed with reference to health equity.

方法
METHODS

内容	编号	PRISMA 条目要求
研究方案及注册	5	表明是否事先有研究方案，如有，则说明能否在何处获得该方案（如网络下载地址），如有可能，还应提供含注册号的注册信息
Protocol and registration		Indicate if a review protocol exists, if and where it can be accessed (e.g., Web address), and, if available, provide registration information including registration number.
纳入标准	6	详述作为纳入标准的研究特征（如 PICOS，随访时间等）及报告特征（如发表年、语言、发表状态等），并作合理说明
Eligibility criteria		Specify study characteristics (e.g., PICOS, length of follow-up) and report characteristics (e.g., years considered, language, publication status) used as criteria for eligibility, giving rationale.
	6A	说明为何要纳入某些研究公平性问题的特定研究设计类型
		Describe the rationale for including particular study designs related to equity research questions.
信息来源	7	介绍所有检索的信息来源（如注明文献数据库的检索时间跨度、与作者的联系）及最新的检索日期
Information sources		Describe all information sources (e.g., databases with dates of coverage, contact with study authors to identify additional studies) in the search and date last searched.
		若检索的信息来源专门针对该综述所关注的公平性问题，请描述这些来源（如卫生、其他领域，或灰色文献的来源）
		Describe information sources (e.g. health, non-health, and grey literature sources) that were searched that are of specific relevance to address the equity questions of the review.
检索	8	报告至少一个电子数据库的整个检索策略，包括所有使用的限制项，以保证该检索可被重复
Search		Present full electronic search strategy for at least one database, including any limits used, such that it could be repeated.
		描述整个检索策略以及跟公平性有关的检索词
		Describe the broad search strategy and terms used to address equity questions of the review.

内容	编号	PRISMA 条目要求
研究选择	9	描述选择研究的过程，如筛选、纳入标准、是否纳入系统综述、是否纳入 Meta 分析等
Study selection		State the process for selecting studies (i.e., screening, eligibility, included in systematic review, and, if applicable, included in the Meta-analysis).
数据提取	10	描述从研究报告中提取数据的方法（如使用经过预实验后定制的提取表格、独立提取、重复提取等）及从研究者索取或确认数据的过程
Data collection process		Describe method of data extraction from reports (e.g., piloted forms, independently, in duplicate) and any processes for obtaining and confirming data from investigators.
数据变量	11	列出和定义所需要收集的变量（如 PICOS，资助来源等），以及对变量的任何假设和简化形式
Data items		List and define all variables for which data were sought (e.g., PICOS, funding sources) and any assumptions and simplifications made.
		列出和定义所需要收集的公平性相关的变量（例如，采用 PROGRESS-Plus 或其他标准）
		List and define data items related to equity, where such data were sought (e.g. using PROGRESS-Plus or other criteria, context).
单项研究偏倚	12	描述单项研究可能存在的偏倚的评价方法（说明评价是针对研究还是仅针对研究结果），以及在数据合并中如何使用这些偏倚评价结果
Risk of bias in individual studies		Describe methods used for assessing risk of bias of individual studies (including specification of whether this was done at the study or outcome level), and how this information is to be used in any data synthesis.
概括效应指标	13	说明主要的效应测量指标，如相对危险度、均差等
Summary measures		State the principal summary measures (e.g., risk ratio, difference in means).
研究结果合成	14	描述处理数据及合并结果的方法，如做了 Meta 分析，还应说明每项 Meta 分析同质性评价的方法（如 I^2 等）
Synthesis of results		Describe the methods of handling data and combining results of studies, if done, including measures of consistency (e.g., I^2) for each Meta-analysis.
		描述对卫生非公平性数据的合成方法（例如，展示组间的相对和绝对差异）
		Describe methods of synthesizing findings on health inequities (e.g. presenting both relative and absolute differences between groups).
研究集的偏倚	15	说明合并结果的偏倚（如发表偏倚，研究内选择性报告结果等）的评估方法
Risk of bias across studies		Specify any assessment of risk of bias that may affect the cumulative evidence (e.g., publication bias, selective reporting within studies).
其他分析	16	描述其他分析方法（如敏感性分析、亚组分析、Meta 回归等）并说明哪些是事先计划的分析
Additional analyses		Describe methods of additional analyses (e.g., sensitivity or subgroup analyses, Meta-regression), if done, indicating which were pre-specified.

内容	编号	PRISMA 条目要求
		如果对公平性相关数据做了额外分析，请说明哪些是事先计划的
		Describe methods of additional synthesis approaches related to equity questions，if done，indicating which were pre-specified.

结果
RESULTS

内容	编号	PRISMA 条目要求
研究选择	17	提供筛选的研究数以及纳入的研究数，并说明各阶段排除的理由，最好列出流程图
Study selection		Give numbers of studies screened，assessed for eligibility，and included in the review，with reasons for exclusions at each stage，ideally with a flow diagram.
研究特征	18	对每个进行信息提取的研究，应描述各研究的特征（例如样本量、PICOS、随访时间等），并标出引文出处
Study characteristics		For each study，present characteristics for which data were extracted（e.g.，study size，PICOS，follow-up period）and provide the citations.
		描述公平性相关的人群特征，包括 PROGRESS-Plus 相关因素或其他所关注的因素
		Present the population characteristics that relate to the equity questions across the relevant PROGRESS-Plus or other factors of interest.
单项研究内部偏倚	19	展示各单项研究可能存在偏倚的相关数据，如有可能，列出偏倚对结局影响的评价结果（参见条目 12）
Risk of bias within studies		Present data on risk of bias of each study and，if available，any outcome-level assessment（see Item 12）.
各单项研究结果	20	对所有结局指标（获益或危害），均报告：（a）每个干预组的集合数据；（b）效应估计值及其置信区间，最好用森林图展示
Results of individual studies		For all outcomes considered（benefits or harms），present，for each study：（a）simple summary data for each intervention group and（b）effect estimates and confidence intervals，ideally with a forest plot.
合并的结果	21	展示每项 Meta 分析的结果，包括置信区间及同质性检验结果
Synthesis of results		Present results of each Meta-analysis done，including confidence intervals and measures of consistency.
		展示非公平性的合成结果（参见条目 14）
		Present the results of synthesizing findings on inequities（see 14）.
研究集的偏倚	22	展示研究集偏倚的评估结果（参见条目 15）
Risk of bias across studies		Present results of any assessment of risk of bias across studies（see Item 15）.
其他分析的结果	23	如进行了其他分析［如敏感性分析、亚组分析、Meta 回归等（参见条目 16）］，则描述其结果
Additional analysis		Give results of additional analyses，if done［e.g.，sensitivity or subgroup analyses，Meta-regression（see Item 16）］.
		如进行了公平性相关的其他分析（参见条目 16），则描述其结果
		Give the results of additional synthesis approaches related to equity objectives，if done，（see Item 16）.

内容	编号	PRISMA 条目要求
讨论 **DISCUSSION**		
总结证据	24	总结主要结果，包括每项主要结局指标的证据强度，考虑这些结果对主要利益相关者（如卫生服务提供者、使用者及政策制定者）的参考价值
Summary of evidence		Summarize the main findings including the strength of evidence for each main outcome; consider their relevance to key groups (e.g., health care providers, users, and policy makers).
局限性	25	讨论单项研究及其结局层面的局限性（如存在偏倚的可能性）和系统综述研究层面的局限性（如未能获得所有相关文献的具体信息，报告偏倚等）
Limitations		Discuss limitations at study and outcome level (e.g., risk of bias), and at review level (e.g., incomplete retrieval of identified research, reporting bias).
结论	26	结合其他相关证据，提出对研究结果的概要性解读，及其对进一步研究的启示
Conclusions		Provide a general interpretation of the results in the context of other evidence, and implications for future research.
		解释研究结果对所关注的劣势群体的适用性，描述其证据并说明理论依据
		Present extent and limits of applicability to disadvantaged populations of interest and describe the evidence and logic underlying those judgments.
		说明研究结果对公平性相关的研究、实践或政策方面的意义（例如，需要进行哪些研究来探讨还没解决的问题）
		Provide implications for research, practice or policy related to equity where relevant (e.g. types of research needed to address unanswered questions).
资助 **FUNDING**		
资助来源	27	描述系统综述的资助来源和其他支持（如提供数据），及资助者在完成系统综述中所起的作用
Funding		Describe sources of funding for the systematic review and other support (e.g., supply of data); role of funders for the systematic review.

附表 6 系统综述和 Meta 分析报告条目 PRISMA-Harms 的报告条目清单

内容 / 条目	编号	PRISMA 条目要求
标题 **Title**		
标题	1	表明研究是系统综述、Meta 分析或两者均是

内容/条目	编号	PRISMA 条目要求
Title		Identify the report as a systematic review，Meta-analysis，or both.
		标题中需要特别提到"危害"或相关属于或综述中所关注的某种具体危害
		Specifically mention "harms" or other related terms，or the harm of interest in the review.

摘要

ABSTRACT

结构化摘要	2	使用结构化的格式，包括：背景、目的、数据来源、研究纳入标准、研究对象、干预措施、评价和合成研究结果的方法、结果、局限性、结论及主要发现的意义、系统综述注册号
Structured summary		Provide a structured summary including，as applicable：background；objectives；data sources；study eligibility criteria，participants，and interventions；study appraisal and synthesis methods；results；limitations；conclusions and implications of key findings；systematic review registration number.
		如果危害是综述中的主要或次要结局，摘要中应报告跟危害相关的所有分析
		Abstracts should report any analysis of harms undertaken in the review，if harms are a primary or secondary outcome.

引言

INTRODUCTION

理论基础	3	介绍当前已知的理论基础
Rationale		Describe the rationale for the review in the context of what is already known.
		需在背景或方法部分清楚说明哪些事件看作危害，并对综述中特定的危害、状态和病人提供清晰的依据
		It should clearly describe in introduction or in methods section which events are considered harms and provide a clear rationale for the specific harm(s)，condition(s)，and patient group(s) included in the review.
目的	4	明确描述临床问题，包括研究人群、干预措施、对比组、研究结局及研究设计（PICOS）
Objectives		Provide an explicit statement of questions being addressed with reference to participants，interventions，comparisons，outcomes，and study design（PICOS）.
		虽然在危害相关的系统综述中 P、C 和 O 的选择可能非常宽泛（同一种干预可用于不同的适应证和不同的人群），但仍然需要明确定义 PICOS
		PICOS format should be specified，although in systematic reviews of harms the selection criteria for P，C，and O may be very broad（same intervention may have been used for heterogeneous indications in a diverse range of patients）

续表

内容 / 条目	编号	PRISMA 条目要求
方法		
METHODS		
研究方案及注册	5	表明是否事先有研究方案，如有，则说明能否在何处获得该方案（如网络下载地址），如有可能，还应提供含注册号的注册信息
Protocol and registration		Indicate if a review protocol exists, if and where it can be accessed (e.g., Web address), and, if available, provide registration information including registration number.
纳入标准	6	详述作为纳入标准的研究特征（如 PICOS，随访时间等）及报告特征（如发表年、语言、发表状态等），并作合理说明
Eligibility criteria		Specify study characteristics (e.g., PICOS, length of follow-up) and report characteristics (e.g., years considered, language, publication status) used as criteria for eligibility, giving rationale.
		若有相关的研究（符合研究人群和干预纳入标准）没有报告所关心的结局，此时需要报告这种情况如何处理
		Report how handled relevant studies (based on population and intervention) when the outcomes of interest were not reported.
		报告研究类型和随访时间的选择
		Report choices for specific study designs and length of follow-up.
信息来源	7	介绍所有检索的信息来源（如注明文献数据库的检索时间跨度、与作者的联系）及最新的检索日期
Information sources		Describe all information sources (e.g., databases with dates of coverage, contact with study authors to identify additional studies) in the search and date last searched.
		说明是否只检索发表数据，或同时还通过未发表数据库、作者、药企和管理部门等途径查找未公开数据。如果纳入了未公开数据，要说明数据来源和索取过程
		Report if only searched for published data, or also sought data from unpublished sources, from authors, drug manufacturers and regulatory agencies. If includes unpublished data, provide the source and the process of obtaining it.
检索	8	报告至少一个电子数据库的整个检索策略，包括所有使用的限制项，以保证该检索可被重复
Search		Present full electronic search strategy for at least one database, including any limits used, such that it could be repeated.
		若作者专门对不良事件进行了检索，应描述整个检索过程，已保证过程可以重复
		If additional searches were used specifically to identify adverse events, authors should present the full search process so it can be replicated.
研究选择	9	描述选择研究的过程，如筛选、纳入标准、是否纳入系统综述、是否纳入 Meta 分析等
Study selection		State the process for selecting studies (i.e., screening, eligibility, included in systematic review, and, if applicable, included in the Meta-analysis).

续表

内容/条目	编号	PRISMA 条目要求
		如果纳入的研究涉及所关注的不良事件，需要说明是否依据题目/摘要或全文中关于不良事件的报告进行筛选，如果全文里没有报告任何危害，应说明是否尝试联系作者索要相关的数据
		If only included studies reporting on adverse events of interest, defined if screening was based on adverse event reporting in title/abstract or full text. If no harms reported in the text, report if any attempt was made to retrieve relevant data from authors.
数据提取	10	描述从研究报告中提取数据的方法（如使用经过预实验后定制的提取表格、独立提取、重复提取等）及从研究者索取或确认数据的过程
Data collection process		Describe method of data extraction from reports (e.g., piloted forms, independently, in duplicate) and any processes for obtaining and confirming data from investigators.
数据变量	11	列表定义所有变量（如 PICOS，资助来源等），以及对变量的任何假设和简化形式
Data items		List and define all variables for which data were sought (e.g., PICOS, funding sources) and any assumptions and simplifications made.
		报告每个研究如何定义危害及其严重程度。报告同一个病人是否发生多次不良事件。考虑危害是否跟病人因素（如年龄、性别、药物使用）或医护因素（如临床实践时长、培训层次）有关。说明是否提取了相关信息并用于后续的分析。说明是否提取了关于如何确定危害的方法（不良事件的主动/被动监测和发生时间）
		Report the definition of the harm and seriousness used by each included study (if applicable). Report if multiple events occurred in the same individuals, if this information is available. Consider if the harm may be related to factors associated with participants (eg, age, sex, use of medications) or provider (eg, years of practice, level of training). Specify if information was extracted and how it was used in subsequent results. Specify if extracted details regarding the specific methods used to capture harms (active/passive and timing of adverse event).
单项研究偏倚	12	描述单项研究可能存在的偏倚的评价方法（说明评价是针对研究还是仅针对研究结果），以及在数据合并中如何使用这些偏倚评价结果
Risk of bias in individual studies		Describe methods used for assessing risk of bias of individual studies (including specification of whether this was done at the study or outcome level), and how this information is to be used in any data synthesis.
		对有效性结局和危害结局，需要分别进行偏倚风险评估
		The risk of bias assessment should be considered separately for outcomes of benefit and harms.
概括效应指标	13	说明主要的效应测量指标，如相对危险度，均差等
Summary measures		State the principal summary measures (e.g., risk ratio, difference in means).
研究结果合成	14	描述处理数据及合并结果的方法，如做了 Meta 分析，还应说明每项 Meta 分析同质性评价的方法（如 I^2 等）

内容/条目	编号	PRISMA 条目要求
Synthesis of results		Describe the methods of handling data and combining results of studies, if done, including measures of consistency (e.g., I^2) for each Meta-analysis.
		如果相关，需要说明如何处理 0 事件
		Specify how zero events were handled, if relevant.
研究集的偏倚	15	说明合并结果的偏倚（如发表偏倚，研究内选择性报告结果等）的评估方法
Risk of bias across studies		Specify any assessment of risk of bias that may affect the cumulative evidence (e.g., publication bias, selective reporting within studies).
		说明有多少缺失信息（没有报告危害的研究），可能跟缺失有关的因素，以及这些因素是否跟研究结果有关
		Present the extent of missing information (studies without harms outcomes), any factors that may account for their absence, and whether these reasons may be related to the results.
其他分析	16	描述其他分析方法（如敏感性分析、亚组分析、Meta 回归等）并说明哪些是事先计划的分析
Additional analyses		Describe methods of additional analyses (e.g., sensitivity or subgroup analyses, Meta-regression), if done, indicating which were pre-specified.
		由于不良事件通常比较罕见或采用不同的分类方式来报告，因此敏感性分析可受不良事件的定义、分级和分布的影响。作者应报告每个亚组分析中的研究对象数和纳入研究数
		Sensitivity analyses may be affected by different definitions, grading, and attribution of adverse events, as adverse events are typically infrequent or reported using heterogeneous classifications. Report the number of participants and studies included in each subgroup.

结果
RESULTS

内容/条目	编号	PRISMA 条目要求
研究选择	17	提供筛选的研究数以及纳入的研究数，并说明各阶段排除的理由，最好列出流程图
Study selection		Give numbers of studies screened, assessed for eligibility, and included in the review, with reasons for exclusions at each stage, ideally with a flow diagram.
		若综述同时评价了有效性和危害，应分别用流程图展示研究的选择过程
		If a review addresses both efficacy and harms, display a flow diagram specific for each (efficacy and harm).
研究特征	18	对每个进行信息提取的研究，应描述各研究的特征（例如样本量、PICOS、随访时间等），并标出引文出处
Study characteristics		For each study, present characteristics for which data were extracted (e.g., study size, PICOS, follow-up period) and provide the citations.
		定义每一种危害，及其确定的方法（如病人报告、主动监测）和发生时间

内容/条目	编号	PRISMA 条目要求
		Define each harm addressed, how it was ascertained (eg, patient report, active search), and over what time period.
		额外报告如下信息："P"（研究人群）可能跟危害相关的病人因素；"I"（干预）专业知识和技能（例如，该干预是某种操作）；"T"（时间）危害评估的时间和随访时间
		Add additional characteristics to: "P"(population) patient risk factors that were considered as possibly affecting the risk of the harm outcome. "I" (intervention) professional expertise/skills if relevant (for example if the intervention is a procedure). "T"(time) timing of all harms assessments and the length of follow-up.
单项研究内部偏倚	19	展示各单项研究可能存在偏倚的相关数据，如有可能，列出偏倚对结局影响的评价结果（参见条目 12）
Risk of bias within studies		Present data on risk of bias of each study and, if available, any outcome-level assessment (see Item 12).
		考虑跟危害发生相关的潜在偏倚来源。对样本选择、失访、不良事件测量等方面的评价需要跟有效性的偏倚评价分开进行
		Consider the possible sources of biases that could affect the specific harm under consideration within the review. Sample selection, dropouts and measurement of adverse events should be evaluated separately from the outcomes of benefit as described in item 12, above.
各单项研究结果	20	对所有结局指标（获益或危害），均报告：(a) 每个干预组的集合数据；(b) 效应估计值及其置信区间，最好用森林图展示
Results of individual studies		For all outcomes considered (benefits or harms), present, for each study: (a) simple summary data for each intervention group and (b) effect estimates and confidence intervals, ideally with a forest plot.
		报告每个研究每个干预组的不良事件实际发生数
		Report the actual numbers of adverse events in each study, separately for each intervention.
合并的结果	21	展示每项 Meta 分析的结果，包括置信区间及同质性检验结果
Synthesis of results		Present results of each Meta-analysis done, including confidence intervals and measures of consistency.
		描述潜在因果关系的评价
		Describe any assessment of possible causality.
		若包含了未发表数据，应清楚报告数据来源以及这些数据对综述结果的影响
		If included data from unpublished sources, report clearly the data source and the impact of these studies to the final systematic review.
研究集的偏倚	22	展示研究集偏倚的评估结果（参见条目 15）
Risk of bias across studies		Present results of any assessment of risk of bias across studies (see Item 15).

内容/条目	编号	PRISMA 条目要求
其他分析的结果	23	如进行了其他分析[如敏感性分析、亚组分析、Meta 回归等，（参见条目 16）]，则描述其结果
Additional analysis		Give results of additional analyses, if done [e.g., sensitivity or subgroup analyses, Meta-regression (see Item 16)].

讨论

DISCUSSION

内容/条目	编号	PRISMA 条目要求
总结证据	24	总结主要结果，包括每项主要结局指标的证据强度，考虑这些结果对主要利益相关者（如卫生服务提供者、使用者及政策制定者）的参考价值
Summary of evidence		Summarize the main findings including the strength of evidence for each main outcome; consider their relevance to key groups (e.g., health care providers, users, and policy makers).
局限性	25	讨论单项研究及其结局层面的局限性（如存在偏倚的可能性）和系统综述研究层面的局限性（如未能获得所有相关文献的具体信息，报告偏倚等）
Limitations		Discuss limitations at study and outcome level (e.g., risk of bias), and at review level (e.g., incomplete retrieval of identified research, reporting bias).
		需要认识到罕见不良事件（数据的质量和数量）Meta 分析的局限性，以及数据收集和报告相关的问题
		Recognise possible limitations of Meta-analysis for rare adverse events (ie, quality and quantity of data), issues noted previously related to collection and reporting.
结论	26	结合其他相关证据，提出对研究结果的概要性解读，及其对进一步研究的启示
Conclusions		Provide a general interpretation of the results in the context of other evidence, and implications for future research.
		结论应与综述的结果一致。当未发现不良事件时，应慎重确定干预措施是"安全"的这样的结论，因为实际上该干预措施的安全性还是未知的
		State conclusions in coherence with the review findings. When adverse events were not identified we caution against the conclusion that the intervention is "safe", when, in reality, its safety remains unknown.

资助

FUNDING

内容/条目	编号	PRISMA 条目要求
资助来源	27	描述系统综述的资助来源和其他支持（如提供数据），及资助者在完成系统综述中所起的作用
Funding		Describe sources of funding for the systematic review and other support (e.g., supply of data); role of funders for the systematic review.

附表7 系统综述和个体资料 Meta 分析 PRISMA-IPD 的报告条目清单

内容	编号	PRISMA-IPD 条目要求
标题		
Title		
标题	1	明确说明是系统综述和 Meta 分析是基于个体数据的
Title		Identify the report as a systematic review and Meta-analysis of individual participant data.
摘要		
Abstract		
结构化摘要	2	结构化的摘要应包括：
Structured summary		Provide a structured summary including as applicable:
		背景： 说明研究问题和主要研究目的，提供研究对象、干预、对照和结局等信息
		Background： state research question and main objectives, with information on participants, interventions, comparators, and outcomes.
		方法： 报告合格标准、数据来源（包括检索时间，说明查找的是 IPD）、偏倚风险的评价方法
		Methods： report eligibility criteria; data sources including dates of last bibliographic search or elicitation, noting that IPD were sought; methods of assessing risk of bias.
		结果： 说明研究的数目和类型、研究对象数目、主要结局（益处和危害）的合并效应估计及其置信区间和统计学异质性。明确指出对实际决策者有意义的合并效应的方向和大小
		Results： provide number and type of studies and participants identified and number（%）obtained; summary effect estimates for main outcomes（benefits and harms）with confidence intervals and measures of statistical heterogeneity. Describe the direction and size of summary effects in terms meaningful to those who would put findings into practice.
		讨论： 说明证据的强度和局限、结果的解释以及重要的含义
		Discussion： state main strengths and limitations of the evidence, general interpretation of the results, and any important implications.
		其他： 报告主要的资助来源、注册号、注册平台名称
		Other： report primary funding source, registration number, and registry name for the systematic review and IPD Meta-analysis.
背景介绍		
Introduction		
理论依据	3	介绍当前已知的理论依据
Rationale		Describe the rationale for the review in the context of what is already known.

内容	编号	PRISMA-IPD 条目要求
目的	4	明确描述临床问题，包括研究人群、干预措施、对比组、研究结局及研究设计（PICOS）。说明关于个体水平亚组的特殊类型
Objectives		Provide an explicit statement of the questions being addressed with reference, as applicable, participants, interventions, comparisons, outcomes, and study design（PICOS）. Include any hypotheses that relate to particular types of participant-level subgroups.

方法
Methods

内容	编号	PRISMA-IPD 条目要求
研究方案和注册	5	表明是否事先有研究方案，如有，则说明能否在何处获得该方案（如网络下载地址），如有可能，还应提供含注册号的注册信息，或发表的细节
Protocol and registration		Indicate if a protocol exists and where it can be accessed. If available, provide registration information including registration number and registry name. Provide publication details, if applicable.
纳入标准	6	详述作为纳入和排除标准，应包括研究对象、干预、对照、结局、研究设计和其他特征（如研究实施时间、随访时间等）。解释这些标准是基于研究水平还是个体水平，即如果某个研究含有比该综述更宽泛的人群，那么符合标准的研究对象是否从这个研究中纳入（不符合标准的研究对象是否排除）。相应的理论依据也要说明。
Eligibility criteria		Specify inclusion and exclusion criteria including those relating to participants, interventions, comparisons, outcomes, study design, and characteristics（e.g., years when conducted, required minimum follow-up）. Note whether these were applied at the study or individual level, i.e., whether eligible participants were included（and ineligible participants excluded）from a study that included a wider population than specified by the review inclusion criteria. The rationale for criteria should be stated.
查找研究——信息来源	7	对发表和未发表研究的所有检索方法，应详细描述，所报告的信息应包括下述可能的情况：检索的数据库和时间范围、手工检索和会议摘要的检索细节、注册平台以及机构或公司数据库的利用、与该领域其他研究团队和专家的联系、公开的广告、问卷调查等。提供最新的检索时间
Identifying studies—information sources		Describe all methods of identifying published and unpublished studies including, as applicable: which bibliographic databases were searched with dates of coverage; details of any hand searching including of conference proceedings; use of study registers and agency or company databases; contact with the original research team and experts in the field; open advertisements; and surveys. Give the date of last search or elicitation.
查找研究——检索	8	报告至少一个电子数据库的整个检索策略，包括所有使用的限制项，以保证该检索可被重复
Identifying studies—search		Present the full electronic search strategy for at least 1 database, including any limits used, such that it could be repeated.
研究选择过程	9	描述选择研究的过程

内容	编号	PRISMA-IPD 条目要求
Study selection processes		State the process for determining which studies were eligible for inclusion.
数据收集过程	10	描述个体数据索要、收集和管理的方法，包括跟研究者询问和确认数据的过程。如果个体资料不能从合格的研究中获得，应说明原因（要对每一项研究分别说明）
Data collection processes		Describe how IPD were requested, collected, and managed, including any processes for querying and confirming data with investigators. If IPD were not sought from any eligible study, the reason for this should be stated (for each such study).
		若某些研究的个体数据不能获得，应说明这些研究的处理方法。说明集合数据是否纳入，如何从发表的文章中提取集合数据（如独立、重复提取等）及从研究者索取或确认数据的过程
		If applicable, describe how any studies for which IPD were not available were dealt with. This should include whether, how, and what aggregate data were sought or extracted from study reports and publications (such as extracting data independently in duplicate) and any processes for obtaining and confirming these data with investigators.
数据变量	11	描述信息和变量的选择方法。列举和定义所有研究水平和个体水平的数据，包括基线和随访的信息。如果个体数据集需要标准化或转换从而使研究间的度量和测量统一，则应描述标准化和转换的方法
Data items		Describe how the information and variables to be collected were chosen. List and define all study-level and participant-level data that were sought, including baseline and follow-up information. If applicable, describe methods of standardizing or translating variables within the IPD data sets to ensure common scales or measurements across studies.
个体数据的完整性	A1	对个体数据进行核查的内容（如随机序列的产生、数据一致性和完整性、基线的可比性等）以及核查的方法，应清楚描述
IPD integrity		Describe what aspects of IPD were subject to data checking (such as sequence generation, data consistency and completeness, baseline imbalance) and how this was done.
单项研究的偏倚评价	12	描述单项研究可能存在的偏倚的评价方法（说明评价是针对研究还是仅针对研究结果）。如果个体数据核查的结果会用于偏倚风险的评价，所使用的方法应描述清楚。还应报告在数据合并中如何使用这些偏倚评价结果
Risk of bias assessment in individual studies		Describe methods used to assess risk of bias in the individual studies and whether this was applied separately for each outcome. If applicable, describe how findings of IPD checking were used to inform the assessment. Report if and how risk of bias assessment was used in any data synthesis.
结局和效应值的说明	13	所要比较的干预措施、结局及其定义、结局是否事先确定、主要结局、次要结局等细节应详细说明。还要描述每一个结局的主要效应测量指标（如相对危险度、风险比、均差等）

内容	编号	PRISMA-IPD 条目要求
Specification of outcomes and effect measures		State all treatment comparisons of interest. State all outcomes addressed and define them in detail. State whether they were prespecified for the review and, if applicable, whether they were primary/main or secondary/additional outcomes. Give the principal measures of effect(such as risk ratio, hazard ratio, difference in means)used for each outcome.
合并方法	14	描述个体数据 Meta 分析的方法,包括所使用的统计学方法和模型。描述应包括但不限于以下方面: • 使用一步法还是两步法 • 在研究内估计效应值的方法以及研究间合并效应值的方法 • 若使用一步法,应详细说明所用的模型以及调整研究内群效应的方法 • 固定效应或随机效应模型的选择,以及其他模型的假设,如等比例风险 • 如果采用了(合并的)生存曲线,应说明拟合曲线的方法 • 定量评价统计学异质性的方法(如 I^2 和 τ^2) • 若纳入研究有的提供了个体数据,有的没有提供,应说明如何合并在一起的 • 若个体数据中存在缺失数据,应报告处理的方法
Synthesis methods		Describe the Meta-analysis methods used to synthesize IPD. Specify any statistical methods and models used. Issues should include(but are not restricted to): • Use of a 1-stage or 2-stage approach • How effect estimates were generated separately within each study and combined across studies(where applicable) • Specification of 1-stage models(where applicable)including how clustering of patients within studies was accounted for • Use of fixed- or random-effects models and any other model assumptions, such as proportional hazards • How(summary)survival curves were generated(where applicable) • Methods for quantifying statistical heterogeneity(such as I^2 and τ^2) • How studies providing IPD and not providing IPD were analyzed together(where applicable) • How missing data within the IPD were dealt with(where applicable)
效应变异的探索	A2	若从研究水平和个体水平的特征(如协变量和干预效果的交互作用)探讨了效应变异的来源,应详细描述。若分析了个体特征的效应修正作用,应说明个体特征的信息以及是否事先确定
Exploration of variation in effects		If applicable, describe any methods used to explore variation in effects by study- or participant-level characteristics(such as estimation of interactions between effect and covariates). State all participant-level characteristics that were analyzed as potential effect modifiers and whether these were prespecified.
研究集的偏倚	15	报告证据集相关的偏倚,包括因某些研究、结局或变量不能获得个体数据而带来的偏倚

内容	编号	PRISMA-IPD 条目要求
Risk of bias across studies		Specify any assessment of risk of bias relating to the accumulated body of evidence, including any pertaining to not obtaining IPD for particular studies, outcomes, or other variables.
其他分析	16	描述其他分析方法，包括如敏感性分析，并说明哪些是事先计划的分析
Additional analyses		Describe methods of any additional analyses, including sensitivity analyses. State which of these were prespecified.

结果
Results

内容	编号	PRISMA-IPD 条目要求
研究选择和个体数据的获取	17	提供筛选的研究数、评估合格性的研究数以及纳入的研究数，并说明各阶段排除的理由。对获得个体数据的研究，和没有个体数据但可获得集合数据的研究，应分别报告研究数目和研究对象数目
Study selection and IPD obtained		Give numbers of studies screened, assessed for eligibility, and included in the systematic review with reasons for exclusions at each stage. Indicate the number of studies and participants for which IPD were sought and for which IPD were obtained. For those studies for which IPD were not available, give the numbers of studies and participants for which aggregate data were available.
研究特征	18	应描述每个纳入研究的主要特征（例如干预、研究对象数、人口学数据、未能获得的结局、资助、随访时间等），并标出引文出处。如果纳入了不含个体数据的研究，还应以同样的方式报告这些研究的特点
Study characteristics		For each study, present information on key study and participant characteristics (such as description of interventions, numbers of participants, demographic data, unavailability of outcomes, funding source, and if applicable duration of follow-up). Provide (main) citations for each study. Where applicable, also report similar study characteristics for any studies not providing IPD.
个体数据的完整性	A3	若在核查个体数据过程中发现重要问题，应详细报告；若不存在问题，也应如实报告
IPD integrity		Report any important issues identified in checking IPD or state that there were none.
单项研究内部偏倚	19	展示各单项研究可能存在偏倚的相关数据，如果偏倚的评价会在数据合并时增加或减少权重，应说明。应考虑可能的偏倚如何影响 Meta 分析结果的稳定性
Risk of bias within studies		Present data on risk of bias assessments. If applicable, describe whether data checking led to the up-weighting or down-weighting of these assessments. Consider how any potential bias affects the robustness of Meta-analysis conclusions.
各单项研究结果	20	对每一个比较和每一个主要结局（获益或危害），可用表格或森林图的形式报告：每一个研究的合格个体数、各组的统计量、效应值估计及其置信区间

内容	编号	PRISMA-IPD 条目要求
Results of individual studies		For each comparison and for each main outcome (benefit or harm), for each individual study report the number of eligible participants for which data were obtained and show simple summary data for each intervention group (including, where applicable, the number of events), effect estimates, and confidence intervals. These may be tabulated or included on a forest plot.
合并的结果	21	展示每项 Meta 分析的结果，包括置信区间及异质性检验结果。说明这些分析是否事先确定的，报告研究数、研究对象数以及事件数
Results of syntheses		Present summary effects for each Meta-analysis undertaken, including confidence intervals and measures of statistical heterogeneity. State whether the analysis was prespecified, report the numbers of studies and participants and, where applicable, report the number of events on which it is based.
		若探索了个体或研究特点所导致的效应变异，应报告每个特点所对应的交互作用，包括置信区间和统计学异质性。并说明这些分析是否事先确定，交互作用在不同的试验中是否一致
		When exploring variation in effects due to patient or study characteristics, present summary interaction estimates for each characteristic examined, including confidence intervals and measures of statistical heterogeneity. State whether the analysis was prespecified. State whether any interaction is consistent across trials.
		描述对实际决策者有意义的合并效应的方向和大小
		Provide a description of the direction and size of effect in terms meaningful to those who would put findings into practice.
研究集的偏倚	22	展示研究集偏倚的评估结果，包括因某些研究、结局或变量的可得性和代表性所带来的偏倚
Risk of bias across studies		Present results of any assessment of risk of bias relating to the accumulated body of evidence, including any pertaining to the availability and representativeness of available studies, outcomes, or other variables.
其他分析的结果	23	描述其他分析（如敏感性分析）的结果。若聚合数据也纳入了分析，应报告对应的结果。若部分研究没有个体数据，应报告纳入或排除这些研究后的 Meta 分析结果
Additional analyses		Give results of any additional analyses (e.g., sensitivity analyses). If applicable, this should also include any analyses that incorporate aggregate data for studies that do not have IPD. If applicable, summarize the main Meta-analysis results following the inclusion or exclusion of studies for which IPD were not available.

讨论

Discussion

内容	编号	PRISMA-IPD 条目要求
总结证据	24	总结主要结果，包括每项主要结局指标的证据强度
Summary of evidence		Summarize the main findings, including the strength of evidence for each main outcome.

内容	编号	PRISMA-IPD 条目要求
优点和局限性	25	讨论证据的强度和局限性，包括个体数据而带来的优点，以及因为没有得到个体数据而导致的局限性
Strengths and limitations		Discuss any important strengths and limitations of the evidence, including the benefits of access to IPD and any limitations arising from IPD that were not available.
结论	26	结合其他相关证据，提出对研究结果的概要性解读
Conclusions		Provide a general interpretation of the findings in the context of other evidence.
意义		考虑研究结果对主要利益相关者（如卫生服务提供者、使用者及政策制定者）的参考价值 考虑研究结果对未来研究的意义
Implications	A4	Consider relevance to key groups (such as policy makers, service providers, and service users). Consider implications for future research.
资助 **Funding**		
资助	27	描述系统综述的资助来源和其他支持（如提供个体数据），及他们在完成系统综述中所起的作用
Funding		Describe sources of funding and other support (such as supply of IPD) and the role in the systematic review of those providing such support.

附表 8 网状 Meta 分析的 PRISMA-NMA 的报告条目清单

内容	编号	PRISMA-NMA 条目
标题 **Title**		
标题	1	表明本研究是网状 Meta 分析的系统综述（或使用网状 Meta 分析相关术语进行标识）
Title		Identify the report as a systematic review incorporating a network Meta-analysis (or related form of Meta-analysis).
摘要 **Abstract**		
结构化摘要	2	使用结构化格式，包括：
Structured summary		Provide a structured summary including as applicable: 背景：主要目的 Background: main objectives. 方法：数据来源；研究纳入标准、研究对象和干预措施；质量评价和合成方法，如网状 Meta 分析 Methods: data sources; study eligibility criteria, participants, and interventions; study appraisal; and synthesis methods, such as network Meta-analysis.

内容	编号	PRISMA-NMA 条目
		结果：研究数量和纳入病人数量；合并值及其置信 / 可信区间；也可对治疗方案的优劣排序进行讨论。作者也可以选择共同对照，对两两比较的结果进行简单总结
		Results: number of studies and participants identified; summary estimates with corresponding confidence/credible intervals; treatment rankings may also be discussed. Authors may choose to summarize pairwise comparisons against a chosen treatment included in their analyses for brevity.
		讨论 / 结论：局限性、结论及主要研究结果的意义
		Discussion/Conclusions: limitations; conclusions and implications of findings.
		其他：资助来源、系统综述注册号与注册名
		Other: primary source of funding; systematic review registration number with registry name.

背景介绍
Introduction

理论依据	3	介绍当前已知的理论基础，包括进行网状 Meta 分析的原因
Rationale		Describe the rationale for the review in the context of what is already known, including mention of why a network Meta-analysis has been conducted.
目的	4	明确描述所研究的问题，包括研究人群、干预措施、比较组、结局及研究设计（PICOS）
Objectives		Provide an explicit statement of questions being addressed, with reference to participants, interventions, comparisons, outcomes, and study design (PICOS).

方法
Methods

研究方案和注册	5	表明是否事先制订了研究方案，如有，则说明在何处能获得该方案（如网络下载地址）；如有可能，还应提供注册号等注册信息
Protocol and registration		Indicate whether a review protocol exists and if and where it can be accessed (e.g., Web address); and, if available, provide registration information, including registration number.
纳入标准	6	详述文献的纳入标准，包括研究特征（如 PICOS、随访时间等）及报告特征（如发表年份、语言、发表状态等），并说明其理由。阐明该网状 Meta 分析涉及的干预措施，并且注明该网状图中是否存在多个干预措施合并为一个结点的情况（并说明理由）
Eligibility criteria		Specify study characteristics (e.g., PICOS, length of follow-up) and report characteristics (e.g., years considered, language, publication status) used as criteria for eligibility, giving rationale. Clearly describe eligible treatments included in the treatment network, and note whether any have been clustered or merged into the same node (with justification).
信息来源	7	介绍检索的全部信息来源（如文献数据库及其时间跨度、为获得其他研究信息而跟作者联系）及最新的检索日期

内容	编号	PRISMA-NMA 条目
Information sources		Describe all information sources（e.g., databases with dates of coverage, contact with study authors to identify additional studies）in the search and date last searched.
检索	8	报告至少一个电子数据库的整个检索策略，包括所有使用的限制项，以保证该检索可被重复
Search		Present full electronic search strategy for at least one database，including any limits used，such that it could be repeated.
研究选择过程	9	描述研究选择的过程，如筛选、合格性评估、纳入系统综述和 Meta 分析的过程等
Study selection		State the process for selecting studies（i.e., screening, eligibility, included in systematic review，and，if applicable，included in the Meta-analysis）.
数据提取	10	描述从研究报告中提取数据的方法（如经过预实验后完善数据提取表，双人独立、重复提取数据等），向原始研究的作者索取和确认数据的过程
Data collection processes		Describe method of data extraction from reports（e.g., piloted forms, independently, in duplicate）and any processes for obtaining and confirming data from investigators.
数据变量	11	列举和定义所有变量（如 PICOS，资助来源等），并对变量的任何假设和简化形式进行说明
Data items		List and define all variables for which data were sought（e.g., PICOS, funding sources）and any assumptions and simplifications made.
网状图	S1	描述网状图的评估方法以及潜在的偏倚；包括数据是如何整合成网状图的，以及如何在网状图中体现证据的基本特征
Geometry of the network		Describe methods used to explore the geometry of the treatment network under study and potential biases related to it. This should include how the evidence base has been graphically summarized for presentation，and what characteristics were compiled and used to describe the evidence base to readers.
单项研究的偏倚评价	12	描述单项研究偏倚风险的评价方法（说明评价是针对研究还是仅针对结局），并描述在数据合并中将如何使用偏倚评价的结果
Risk of bias within individual studies		Describe methods used for assessing risk of bias of individual studies（including specification of whether this was done at the study or outcome level），and how this information is to be used in any data synthesis.
效应指标	13	说明主要的效应测量指标（如相对危险度 RR、均数差等 MD）。并对其他效应评价指标进行说明，如干预措施排序和 SUCRA 值，以及呈现 Meta 分析合并结果的修正方法。
Summary measures		State the principal summary measures（e.g., risk ratio, difference in means）. Also describe the use of additional summary measures assessed, such as treatment rankings and surface under the cumulative ranking curve（SUCRA）values，as well as modified approaches used to present summary findings from Meta-analyses.

内容	编号	PRISMA-NMA 条目
分析方法	14	描述每一个网状 Meta 分析进行数据处理和结果合并的方法。这部分内容应该包括，但不局限于以下： ● 多臂研究的处理 ● 方差结构的选择 ● 贝叶斯分析先验分布的选择 ● 模型拟合的评估
Planned methods of analysis		Describe the methods of handling data and combining results of studies for each network Meta-analysis. This should include, but not be limited to: Handling of multigroup trials; Selection of variance structure; Selection of prior distributions in Bayesian analyses; Assessment of model fit.
不一致性评估	S2	描述网状 Meta 分析中直接比较和间接比较的一致性评估的统计方法，以及存在不一致性时的处理方法
Assessment of inconsistency		Describe the statistical methods used to evaluate the agreement of direct and indirect evidence in the treatment network(s) studied. Describe efforts taken to address its presence when found.
研究集的偏倚	15	对于可能影响合并结果的偏倚（如发表偏倚、研究内选择性报告结果等），应说明其评估方法
Risk of bias across studies		Specify any assessment of risk of bias that may affect the cumulative evidence (e.g., publication bias, selective reporting within studies).
其他分析	16	描述其他分析方法，并说明哪些是事先计划的分析。这部分内容应包括但不局限于以下内容： 敏感性分析或亚组分析； Meta 回归 网状图的其他构建方法 贝叶斯分析中选用不同的先验分布（适用时）
Additional analyses		Describe methods of additional analyses if done, indicating which were prespecified. This may include, but not be limited to, the following: Sensitivity or subgroup analyses; Meta-regression analyses; Alternative formulations of the treatment network; Use of alternative prior distributions for Bayesian analyses (if applicable).

结果

Results

内容	编号	PRISMA-NMA 条目
研究选择	17	分别描述筛选、合格性评价以及纳入到综述的研究数量，并说明各阶段排除的理由，最好列出流程图
Study selection		Give numbers of studies screened, assessed for eligibility, and included in the review, with reasons for exclusions at each stage, ideally with a flow diagram.
网状结构呈现	S3	提供一个网状图，使得干预措施间的关系可视化

内容	编号	PRISMA-NMA 条目
Presentation of network structure		Provide a network graph of the included studies to enable visualization of the geometry of the treatment network.
网状图概括	S4	简要概括网状图的特点。这部分内容可以对单个干预措施和两两比较时所涉及的研究数量、受试者数量，以及对网状证据结构中直接证据的缺失情况和可能存在的潜在偏倚等信息进行解读
Summary of network geometry		Provide a brief overview of characteristics of the treatment network. This may include commentary on the abundance of trials and randomized patients for the different interventions and pairwise comparisons in the network, gaps of evidence in the treatment network, and potential biases reflected by the network structure.
研究特征	18	对每个进行信息提取的研究，应描述各研究的特征（例如样本量、PICOS、随访时间等），并提供引文出处
Study characteristics		For each study, present characteristics for which data were extracted（e.g., study size, PICOS, follow-up period）and provide the citations.
单项研究内部偏倚	19	展示各单项研究可能存在偏倚的相关数据，如有可能，列出偏倚对结局影响的评价结果
Risk of bias within studies		Present data on risk of bias of each study and, if available, any outcome level assessment.
各单项研究结果	20	对所有结局指标（获益或危害），每个研究均应展示：1）每个干预组的汇总数据；2）干预组之间的效应估计值及其置信／可信区间。当涉及较复杂的网状信息时，展示方法可适当调整
Results of individual studies		For all outcomes considered（benefits or harms），present, for each study：1）simple summary data for each intervention group, and 2）effect estimates and confidence intervals. Modified approaches may be needed to deal with information from larger networks.
合并的结果	21	展示每项 Meta 分析的结果，包括置信／可信区间。在复杂的证据网状中，作者可以重点关注和某个特定对照（如安慰剂或标准治疗）的比较，并在附录中呈现此结果。可以考虑使用效应对照表和森林图来展示相互比较的结果。若采用了其他综合测量指标（如干预措施排序），该结果也需要呈现
Synthesis of results		Present results of each Meta-analysis done，including confidence/credible intervals. In larger networks，authors may focus on comparisons versus a particular comparator（e.g., placebo or standard care），with full findings presented in an appendix. League tables and forest plots may be considered to summarize pairwise comparisons. If additional summary measures were explored（such as treatment rankings），these should also be presented.
不一致性探索	S5	描述不一致性分析的结果。这部分内容可能包括：用于比较一致性和不一致性模型的拟合优度指标、模型间统计学检验的 P 值、对网状图局部不一致性估计的结果等信息
Exploration for inconsistency		Describe results from investigations of inconsistency. This may include such information as measures of model fit to compare consistency and inconsistency models，P values from statistical tests，or summary of inconsistency estimates from different parts of the treatment network.

内容	编号	PRISMA-NMA 条目
研究集的偏倚	22	展示研究集中可能存在的任何偏倚的评估结果
Risk of bias across studies		Present results of any assessment of risk of bias across studies for the evidence base being studied.
其他分析的结果	23	如进行了其他分析，需描述其结果（如敏感性分析、亚组分析、Meta 回归分析、网状图的其他构建方法以及贝叶斯分析所选用的先验分布等）
Results of additional analyses		Give results of additional analyses, if done (e.g., sensitivity or subgroup analyses, Meta-regression analyses, alternative network geometries studied, alternative choice of prior distributions for Bayesian analyses, and so forth).

讨论
Discussion

总结证据	24	总结研究的主要发现，包括每一个主要结局指标的证据强度；考虑这些结果对主要利益相关者（如卫生服务提供者、使用者及政策制定者）的参考价值
Summary of evidence		Summarize the main findings, including the strength of evidence for each main outcome; consider their relevance to key groups (e.g., health care providers, researchers, and policymakers).
局限性	25	探讨研究层面及结局层面的局限性（如偏倚风险），以及系统综述层面的局限性（如未能获得所有相关研究、报告偏倚等）。讨论前提假设的符合程度，如可传递性和一致性。以及对构建网状结构图的相关问题进行说明（如未纳入某特定比较的原因）
Llimitations		Discuss limitations at study and outcome level (e.g., risk of bias), and at review level (e.g., incomplete retrieval of identified research, reporting bias). Comment on the validity of the assumptions, such as transitivity and consistency. Comment on any concerns regarding network geometry (e.g., avoidance of certain comparisons).
结论	26	结合其他相关证据，提出对研究结果的总结性解读，及其对进一步研究的启示
Conclusions		Provide a general interpretation of the results in the context of other evidence, and implications for future research.

资助
Funding

资助来源	27	描述该系统综述与网状 Meta 分析的资助来源和其他支持（如提供数据），及资助者在完成该系统综述中所起的作用。这部分信息应包括：资助是否来自于利益相关的药厂以及作者之间是否存在专业上的利益冲突，以判断是否可能影响到该网状 Meta 分析中干预措施的推广使用
Funding		Describe sources of funding for the systematic review and other support (e.g., supply of data); role of funders for the systematic review. This should also include information regarding whether funding has been received from manufacturers of treatments in the network and/or whether some of the authors are content experts with professional conflicts of interest that could affect use of treatments in the network.

附表 9 系统综述和 Meta 分析研究方案 PRISMA-P 的报告条目清单

内容	编号	PRISMA-P 条目要求
管理信息 **ADMINISTRATIVE INFORMATION**		
题目 **Title**		
标识	1a	明确说明是系统综述的研究方案
Identification		Identify the report as a protocol of a systematic review.
更新	1b	如果研究方案是关于之前系统综述的更新，需要说明
Update		If the protocol is for an update of a previous systematic review, identify as such.
注册	2	如果研究方案有注册，需要提供注册平台（如 PROSPERO）和注册号
Registration		If registered, provide the name of the registry（e.g., PROSPERO）and registration number.
作者 **Authors**		
联系方式	3a	提供所有作者的姓名、单位和 Email 以及通讯作者的邮寄地址
Contact		Provide name, institutional affiliation, and e-mail address of all protocol authors; provide physical mailing address of corresponding author.
贡献	3b	说明每位作者的贡献，确定该综述的总负责人
Contributions		Describe contributions of protocol authors and identify the guarantor of the review.
修改	4	如果需要对已经完成或发表的研究方案进行修改，应清楚列出修改的地方，此外还要说明修改的计划
Amendments		If the protocol represents an amendment of a previously completed or published protocol, identify as such and list changes; otherwise, state plan for documenting important protocol amendments.
支持 **Support**		
来源	5a	说明系统综述的资金或其他支持的来源
Sources		Indicate sources of financial or other support for the review.
赞助者	5b	说明资助者的名称
Sponsor		Provide name for the review funder and/or sponsor.
资助者的作用	5c	描述资助者、支持者和 / 或机构在制作系统综述的作用
Role of sponsor/funder		Describe roles of funder（s）, sponsor（s）, and/or institution（s）, if any, in developing the protocol.
背景介绍 **INTRODUCTION**		
理论依据	6	用已知的背景知识作为论据支持该系统综述

内容	编号	PRISMA-P 条目要求
Rationale		Describe the rationale for the review in the context of what is already known.
目的	7	用病人、干预、对照、结局（PICO）等方面来清楚地构建综述的问题
Objectives		Provide an explicit statement of the question(s) the review will address with reference to participants, interventions, comparators, and outcomes (PICO).

方法
METHODS

内容	编号	PRISMA-P 条目要求
纳入标准	8	纳入标准里应报告研究特点（例如，PICO、研究设计、场所和时间）和报告特点（例如，年份、语言、发表状态）
Eligibility criteria		Specify the study characteristics (e.g., PICO, study design, setting, time frame) and report characteristics (e.g., years considered, language, publication status) to be used as criteria for eligibility for the review.
信息来源	9	报告所有计划的信息来源（例如，电子数据库、跟研究者的联系、试验注册平台、或其他灰色文献来源）以及覆盖的时间
Information sources		Describe all intended information sources (e.g., electronic databases, contact with study authors, trial registers, or other grey literature sources) with planned dates of coverage.
检索策略	10	提供至少一个电子数据库的检索策略，包括限定词，该检索策略应能为读者所重复
Search strategy		Present draft of search strategy to be used for at least one electronic database, including planned limits, such that it could be repeated.

文献纳入
Study records

内容	编号	PRISMA-P 条目要求
数据管理	11a	描述系统综述中整个数据管理的过程
Data management		Describe the mechanism(s) that will be used to manage records and data throughout the review.
纳入流程	11b	报告研究纳入过程（例如，两名独立的评价者）的每一个环节（如，筛选、纳入系统综述、纳入 Meta 分析）
Selection process		State the process that will be used for selecting studies (e.g., two independent reviewers) through each phase of the review (i.e., screening, eligibility, and inclusion in Meta-analysis).
数据收集	11c	报告数据提取的方法（例如，预实验、独立进行、双人录入），从研究者中获得和确认信息的所有过程
Data collection process		Describe planned method of extracting data from reports (e.g., piloting forms, done independently, in duplicate), any processes for obtaining and confirming data from investigators.
数据变量	12	列举和定义需要提取的变量（例如，PICO、资助来源），以及事先设定的假设和简化
Data items		List and define all variables for which data will be sought (e.g., PICO items, funding sources), any pre-planned data assumptions and simplifications.

内容	编号	PRISMA-P 条目要求
结局及其次序	13	列举和定义所有需要提取的结局信息，包括各种结局的重要性排序，并说明排序的理由
Outcomes and prioritization		List and define all outcomes for which data will be sought, including prioritization of main and additional outcomes, with rationale.
单个研究的偏倚风险	14	描述评价单个研究偏倚风险的方法，说明这方法是基于结局水平和/或研究水平；报告这些信息在数据合并中如何使用
Risk of bias in individual studies		Describe anticipated methods for assessing risk of bias of individual studies, including whether this will be done at the outcome or study level, or both; state how this information will be used in data synthesis.
数据处理		
Data		
合并	15a	描述数据定量合并的判断标准
Synthesis		Describe criteria under which study data will be quantitatively synthesized.
	15b	若数据适合定量合并，描述合并的指标、数据处理方法、数据合并方法，包括同质性的检验指标（如 I^2、Kendall's tau）
		If data are appropriate for quantitative synthesis, describe planned summary measures, methods of handling data, and methods of combining data from studies, including any planned exploration of consistency (e.g., I^2, Kendall's tau).
	15c	描述其他计划的分析（如敏感性分析、亚组分析、Meta 回归）
		Describe any proposed additional analyses (e.g., sensitivity or subgroup analyses, Meta-regression).
	15d	若数据不适合定量合并，描述汇总的方式
		If quantitative synthesis is not appropriate, describe the type of summary planned.
Meta 偏倚	16	明确说明评价 Meta 偏倚的计划（如发表偏倚、选择报告偏倚）
Meta-bias（es）		Specify any planned assessment of Meta-bias（es）(e.g., publication bias across studies, selective reporting within studies).
证据质量	17	描述证据强度的评价方法（如 GRADE 系统）
Confidence in cumulative evidence		Describe how the strength of the body of evidence will be assessed (e.g., GRADE).

（杨智荣　孙　凤）

中英文名词对照索引

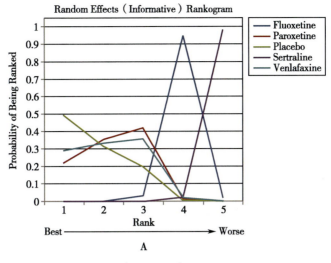

A

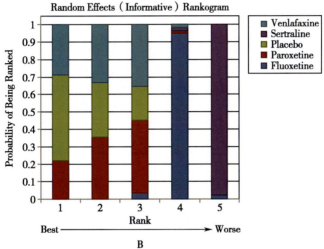

B

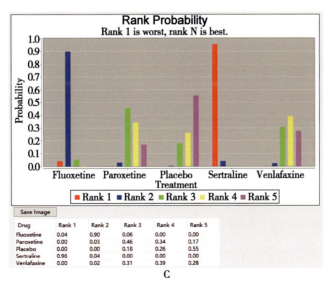

Drug	Rank 1	Rank 2	Rank 3	Rank 4	Rank 5
Fluoxetine	0.04	0.90	0.06	0.00	0.00
Paroxetine	0.00	0.03	0.46	0.34	0.17
Placebo	0.00	0.00	0.18	0.26	0.55
Sertraline	0.96	0.04	0.00	0.00	0.00
Venlafaxine	0.00	0.02	0.31	0.39	0.28

C

图 8-4　干预措施的排序概率图与排序概率表

A. 排序概率曲线图；B. 排序概率柱状图；C. 排序概率表

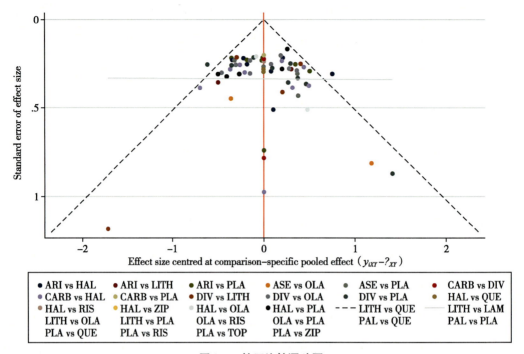

图 8-7　校正比较漏斗图